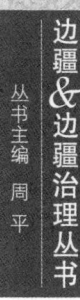

边疆&边疆治理丛书
丛书主编 周平

Frontier & Frontier Governance Series

国家的疆域与边疆

周　平◎主编

The Territory and
Frontier of the State

中央编译出版社
Central Compilation & Translation Press

前言 Preface

中国在快速发展和全面崛起的过程中，国家的边疆以前所未有的姿态赫然凸显在世人面前。边疆治理也成为了国家治理中重要而特殊的部分。这一方面是由于中国在实现了现代化建设的第二步目标以后，全面增强国家的综合实力成为了国家发展追求的核心目标，国家需要且有能力通过对边疆的全面开发和治理来创造新的增长极；另一方面则是由于中国的快速现代化是在全球化背景下实现的，因而在快速发展中国家利益溢出国界的现象越来越普遍，海外利益已经逐步凸显成为国家的核心利益，国家需要从维护海外利益的角度来看待和界定自己的边疆和谋划边疆治理。在此条件下，边疆及其治理与国家发展目标的实现以及国家崛起和中国梦的实现，都直接相关。

全面的边疆治理迫切需要一套完整且适应形势需要的边疆及边疆治理理论。然而，我国既有的边疆及边疆治理理论却无法满足现实的需要。"现有"与"应有"之间存在着巨大的反差。诚然，中国是世界上最早在疆域内划定边疆并开展边疆治理的国家，并在长期的边疆治理中形成了内容丰富的边疆治理理论。而且，如此丰富的边疆治理理论已经成为中国传统政治文化和国家治理文化的重要组成部分。但是，这样一种既定的边疆及边疆治理理论是在王朝国家的历史条件下形成的，其基本内容由王朝国家边疆及边疆治理的观念、理论、方略和政策思想构成，核心是从国家核心区的角度看待和界定边疆，并使边疆治理服务和服从于核心区的治理，虽然内容十分丰富并在王朝国家边疆治理的实践中发挥了十分重要的作用，却无法满足今天中国边疆形态多样化条件下边疆治理的要求。尽管它的许多内容可以经过重新整合后为今天所用，但从整体上看已经无法适应形势发展的要求了。

古老的王朝国家被辛亥革命终结以后，中国便开始了构建民族国家的历史进程。新中国的成立，标志着中国民族国家构建的基本完成。中华人民共和国就是中华民族的民族国家。改革开放以来，中国在全球化的背景下快速地现代化，并越来越广泛和深入地融入世界。中国的国家活动遍及全球，国家利益溢出领土的范围已经越来越成为新常态。中国不仅快速地崛起，而且整个国家的发展已经处于一个前所未有的巨大的地理空间场域之中。在这样的条件下，中国不但要从自身疆域的角度，而且要从维护海外利益的角度，还要从中国与世界关系的角度来看待和界定国家的边疆，并按照国家治理体系和治理能力现代化的要求来加强边疆治理，以实现国家崛起和中国梦的目标。这样的现实自然对边疆和边疆治理理论提出了新的要求。

在传统的边疆及边疆治理理论无法满足现实中越来越凸显的要求的情况下，通过全面创新来构建一套适应国家发展需要的边疆及边疆治理理论，就显得十分必要和紧迫。为了实现边疆及边疆治理理论的创新，既要全面挖掘和总结传统的边疆及边疆治理的理论和经验，也要总结新中国成立以来的边疆划定和边疆治理的实践，还要借鉴其他国家边疆构建和边疆治理的经验和教训。

我们在开展国家社科基金重大项目《中国的边疆及边疆治理理论研究》的过程中，主动把上述要求内涵于整个研究工作之中。随着研究工作的全面展开和不断深入，我们陆续取得了一系列的阶段性成果，先后发表了数十篇相关论文。目前呈现在读者面前的这部论集，就是从这些已经发表的论文中辑选出来的。

构建适应国家发展需要的边疆及边疆治理理论，是一项艰巨的任务和庞大的工程。以上这些论文，只是我们在研究工作中取得的部分成果，未必能够达成构建完整且适应国家发展需要的边疆和边疆治理理论的目标，我们还要继续努力，力争取得更多和更有分量的创新成果，同时也希望有更多的学者来从事此项工作。

周平
2015 年 12 月 16 日

目录 Contents

国家的疆域：性质、特点及形态 ｜ 周　平 …………………………… 1

全球化时代的疆域与边疆 ｜ 周　平 …………………………………… 17

论国家疆域的治理 ｜ 周　平 …………………………………………… 36

边疆在国家发展中的意义 ｜ 周　平 …………………………………… 54

论北方游牧民族两次南下西南边疆 ｜ 方　铁 ………………………… 69

西南边疆汉族的形成与历朝治边 ｜ 方　铁 …………………………… 83

继承与发展：元明清时期的南海经略 ｜ 刘俊珂 ……………………… 101

清前期海疆治策之检讨 ｜ 刘俊珂 ……………………………………… 113

建国以来明清海上商业力量研究述评 ｜ 刘俊珂 ……………………… 126

陆兴祺与民国时期西藏治理研究
——以陆氏职衔、所属机构为中心 ｜ 孙宏年 …………………… 139

陆疆治理：从"族际主义"转向"区域主义" ｜ 周　平 ……………… 154

中国陆地边疆的软治理与硬治理 ｜ 方盛举　吕朝辉 ………………… 167

论我国陆地边疆的情感型治理模式 ｜ 方盛举 ………………………… 183

论我国陆地边疆的合作型治理 ｜ 方盛举　吕朝辉 …………………… 198

当代中国族际关系的特点和走向 ｜ 周　平 …………………………… 213

论中国的边疆政治及边疆政治研究 ｜ 周　平 ………………………… 234

论边疆的国家属性
——我国边疆若干基本问题析论 | 周 平 ……………… 253
国家发展中的疆域安全问题 | 周 平 ……………… 271
论我国边疆的多重属性及其安全风险 | 朱碧波 ……………… 287

国家治理须有政治地理空间思维 | 周 平 ……………… 298
国家治理的政治地理空间维度 | 周 平 ……………… 311
中国应该有自己的利益边疆 | 周 平 ……………… 328
论我国利益边疆的当代困境与安全建构 | 朱碧波 ……………… 341
国家视阈里的中国边疆观念 | 周 平 ……………… 353
强化边疆治理 补齐战略短板 | 周 平 ……………… 372
我国边疆治理的一般客体与特殊客体 | 方盛举 王志辉 ……………… 380
论我国边疆治理取向的调适与重构 | 王砚蒙 朱碧波 ……………… 395
中国的崛起与边疆架构创新 | 周 平 ……………… 407
中国边疆观的挑战与创新 | 周 平 ……………… 422

国家的疆域：性质、特点及形态[*]

| 周　平 |

随着国家的迅速崛起，中国的边疆受到了越来越多的关注。的确，在国家迅速崛起的过程中，尤其在中国融入世界的广度和深度迅速提升的条件下，边疆成为国家发展中极具潜力的区域。从某种意义上说，中国能否实现持续发展以及能否成为真正意义上的世界大国和强国，在很大程度上取决于国家边疆的开拓、开发和治理。[①] 在边疆的意义不断凸显的背景下，边疆研究也异军突起，各种边疆理论逐渐浮出水面，关于构建新的边疆观的呼声日渐高涨。然而，边疆乃国家疆域的边缘性部分或边缘性区域。对边疆的认识、界定和调整，皆以国家的疆域为基础或前提；边疆理论或观念也是建基于国家疆域理论或观念之上的。因此，脱离了国家的疆域和疆域理论，就无法构建起适应国家发展需要的边疆理论和边疆观念，或者无法对适应国家发展需要的边疆理论和边疆观念作出有说服力的论证。而国家的疆域并非一成不变，相反，它随着国家的发展演变而不断变化和改变形态，以此相联系的国家疆域理论也随着时代的变化而不断发展。面对中国的现实，不论是构建适应国家发展需要的边疆理论和边疆观念，还是构建适应国家发展需要的边疆战略，以及制订恰当的边疆政策等，都需要以一定的国家疆域理论和观念为前提。因此，开展国家疆域及疆域理论的研

---

[*] 本文原载《四川大学学报》（哲学社会科学版），2015年第1期。
[①] 当然，这里所说的边疆，绝不止于传统的陆地边疆，还包括海洋边疆、空中边疆、底土边疆，以及利益边疆、战略边疆等新形态边疆。关于边疆对于国家发展的影响，可参阅笔者的《边疆在国家发展中的意义》，载《思想战线》，2013年第2期。

究十分必要和紧迫。有鉴于此，本文就从学理的角度对国家疆域的性质、特点和形态进行考察，对相关的理念进行简要的梳理，以期引起学界对此问题的重视和进一步的研究。

一、疆域是国家形成和存在的前提

在当代的知识体系中，国家无疑是一个十分重要的政治现象，并受到高度的重视和长期的研究。可是，今天的知识体系基本上是在近代民族国家、工业革命和科技革命基础上建立起来的。因此，其对国家现象的描述、分析和理论阐释中，针对近代以来民族国家的成分居于主导地位。许多文献甚至教科书中关于国家的定义以及理论，基本上都是基于近代以来的民族国家的。《中国大百科全书》就说："在现代政治学中流传最普遍，最广泛的国家定义，是以主权为中心的三要素说。国家的主权、领土、人口三个要素，是国家存在的前提。"① 然而，民族国家只不过是欧洲国家形态演进过程中的一种形态。② 仅就欧洲的国家形态演进而言，在民族国家以前就有城邦国家、罗马帝国、基督教普世世界国家、王朝国家等多种国家形态，而且民族国家也终将要被其他国家形态所取代。所以，那些仅基于民族国家的分析和论述并不能全面揭示国家的本质和特征。

国家并不是自然形成的，它是人类创造的一种管理社会的政治形式。在不同的文明和社会环境中，国家具有不同的形式和特征。③ 但人类最早的国家中，大多数是在氏族或部落的基础上建立的。作为一种取代氏族或部落组织的政治形式，国家最为根本的特征便是建立以暴力为支撑的公共权力——国家权力，并运用这个以暴力为后盾的公共权力对社会进行管理或治理。的确，"将国家与其他社团组织区分开来的很多重要原则都源于这样

---

① 《中国大百科全书》第8卷，中国大百科全书出版社2009年版，第437页。
② 关于民族国家的形成及性质、特点问题，可参阅笔者的《对民族国家的再认识》和《民族国家与国族建设》两篇文章，分别载于《政治学研究》2009年第4期和《政治学研究》2010年第3期。
③ 古代国家的形式尽管多种多样，但都是在某种文明的基础上建立起来的。该文明不仅构成了国家这种政治共同体的基本底蕴，而且支撑着国家的发展。可是，国家反过来又巩固了这种文明，为文明的发展和传播提供政治保障。近现代国家是从古代国家发展而来，文明对国家的影响不可低估。从总体上看，国家的建立、治理和发展，文明都发挥着浓厚的影响。

一个简单但又是最基本的事实：国家必须使用暴力，否则将不成其为国家"。而且，国家还必须垄断暴力。"首先，因为国家必须实施暴力，不可避免地它就要试图垄断暴力。因为任何不被国家控制的暴力都会给国家的行为带来限制，成为潜在的抵抗势力，为了在实施安全职能时不受任何阻碍，国家就要成为强制技能的唯一拥有者。另一方面，一旦暴力可以被社团而不是国家，或者被个人而不是政府使用，国家和政府就会有被取代的危险。"①

作为国家形成之前提和基础的氏族或部落组织，就是在一定的地域范围内活动并占据着一定的地域范围的。而占据或控制一定地理范围的本质特征，在国家这种政治形式中得到了进一步的巩固和强化。作为政治形式的国家的根本特性，是建立以暴力为后盾的国家权力，并运用此种特殊的公共权力对社会进行管理。而国家权力的作用，必须有一个特定的范围；国家权力作用的对象，是一定地理范围内的社会或民众。因此，国家的地域特征便不可避免地凸显出来了。恩格斯指出：国家是在氏族组织解体的基础上形成的，"国家和旧的氏族组织不同的地方，第一点就是它按地区来划分居民。……这种按照居住地组织国民的办法，是一切国家共同的"②。在长期的历史发展中，国家的这种地域特征更是被不断地强化。"一个国家存在并被承认，就必须有一个边界分明的区域，在其中进行管辖与仲裁。这已是普遍的规则。"③

人类在发展的过程中创造了国家这种政治形式之后，便将置身于该政治形式作用范围之内的民众组织成为一个团体。因此，国家既是政治形式，也是一种政治共同体。同时，由于国家这种政治形式占据或控制着一定的地理范围，国家政治共同体也存在于一定的地理范围之内，因此，国家同时也是一个政治地理空间单位。

由国家占据或控制的地理范围，便是国家的疆域。换句话说，某个地理范围被国家占据或控制，便成为该国的疆域。疆域问题的核心是国家的占据或控制。正是有了国家的占据或控制，某个地理空间才能为国家的疆

---

① 〔美〕莱斯利·里普森：《政治学的重大问题——政治学导论》，刘晓等译，华夏出版社2001年版，第52页。
② 《马克思恩格斯选集》第4卷，人民出版社1972年版，第166—167页。
③ 〔美〕莱斯利·里普森：《政治学的重大问题——政治学导论》，刘晓等译，华夏出版社2001年版，第265页。

域。疆域既是国家形成的基础和前提条件，也是国家发展①的重要条件。从人类历史长河中的各种国家现象来看，国家疆域的大小决定着国家的体量，而国家的体量则在一定程度上反映着国家的实力，进而决定着一个国家在激烈的国家竞争中的竞争能力；从一个国家内部的发展来看，国家的疆域决定着国家拥有的自然资源的数量和质量，并且往往与国家的财富联系在一起；从国家的外部竞争来看，国家自形成起便不可避免地与其他国家相互竞争，而且国家间的竞争具有愈演愈烈之势。而国家疆域的范围、特点以及承载的资源，又决定着国家的国际竞争能力和地缘政治形势。概而言之，国家的疆域是影响国家发展的根本性因素。

国家疆域在国家发展中带来的实际利益和潜在影响，引发并构成了国家拓展疆域的原始冲动。正是在这样的冲动推动下，拓展疆域往往成为重要的国家行动。纵观人类的国家发展史，历史上国家为拓展自己的疆域而展开的政治活动比比皆是，既有国家间的合纵连横，也有兵戎相见的大打出手。国家为争夺疆土的战争更是不胜枚举。今天能够对世界格局具有重要影响的国家，哪个没有在历史上开展过拓展自己疆域的行动？美国从独立时居于大西洋东岸的13个州发展到太平洋西岸，俄罗斯从俄罗斯公国发展成为庞大的国家，中国的疆域自秦统一中国后也不断拓展。欧洲建立民族国家后的殖民扩张，更是凭借自己强大的国家能力公开强占其他国家的疆土和掠夺其财产，是通过强盗手段拓展疆域的典型。

不过，虽然拓展疆域的行为与国家发展在历史上如影随形，但在国家主权原则和相应的主权制度建立前后，尤其是主权国家为基础的民族国家世界体系建立前后，国家的疆域拓展行为以及受到的评价等，存在着巨大的差别。在主权原则和相应的国家主权制度建立以后，通过对主权国家的侵占而获取疆土或拓展疆域的做法，受到了普遍的抑制和批判。但是，这并没有阻止主权国家以其他方式拓展疆域，如通过割让、购买的方式获得领土，以及通过专属经济区、控制太空、维护国家的利益范围等方式获得超领

---

① "国家发展"是笔者为了描述和分析国家政治单位的整体进步状态而构建的一个概念，指国家通过有效的内部和外部治理而稳定政权、增加社会财富、提升公共利益、建立必要的安全保障，以及获得较好的外部环境和产生国际影响而达成的整体性进步。关于此概念的论述，可参阅笔者的《边疆在国家发展中的意义》，载《思想战线》，2013年第2期。

土疆域。尤其是后者，已经成为今天一些国家拓展疆域的方式而付诸实践。

在疆域对国家发展的作用日渐凸显的情况下，关于国家疆域的认识、观念和思维之综合的国家疆域观，也就成为了国家治理中不可回避的重要的问题，这方面的具体内容也成为一个国家政治文化的重要内容。在这样的情况下，一个国家具有什么样的疆域观，以及能否根据形势的变化而实现国家疆域观念的创新，对该国的治理以及国家发展等，都会产生重要影响。因此，与时俱进地调整和充实国家疆域观，在国家疆域问题上建立与形势发展相适应的思维和观念，并用创新的国家疆域观指导国家的治理和建设，是那些力图在新的世界格局中大有作为的国家必须面对的重大理论和现实问题。

二、国家疆域是一种变动着的存在

作为国家占据或控制的地理范围，国家疆域的形成和发展不可避免地受到两个因素的深刻影响：一是人类活动的范围。在人与自然的关系中，随着人类自身生产和创造能力的增强，人类在自然空间中的活动范围也呈现出逐步拓宽的趋势；二是国家的形态。自然的地理空间范围由于国家的占据或控制而成为国家的疆域，具有了政治的内涵。可是，国家本身也处于发展变化的过程中，并因此而形成了国家发展演变的过程。在不同的社会历史条件下，国家的性质、结构和内部治理形式及外部关系等，存在着重大的差别。这样的变化和差异，也给国家占据和控制地理范围的方式以及广度、深度等打上深深的烙印。在这两个方面的因素的深刻影响下，国家的疆域在不同社会历史条件下具有不同的内涵和形态，从而呈现一个发展演变的过程。不过，自然的地理空间范围是由于国家的占据或控制才成为国家的疆域的。因此，国家在疆域的形成和演变过程中发挥着主导性的影响。对国家疆域的演变的考察，也主要以国家的发展过程为主线。

世界近代以来，主导性的国家形态是民族国家。民族国家既是基本的、主导性的国家形态，也是世界体系的基本政治单元和法律单元。所谓世界体系，实际上就是民族国家的世界体系。今天世界仍然处于民族国家时代。尽管民族国家及其世界体系的不足或弊病已经显现，而且不乏否定民族国家存在和构建超民族国家的政治形式的呼声和努力，但人类至今还尚未找到和构建起超越并取代民族国家的新的政治形式。除了最早构建民族国家的欧洲和北美之外，世界范围的大多数国家还在努力建设民族国家，尽可能地挖掘民族国家的制度内涵。既然如此，我们不得不站在民族国家的历史基点上来看待人类的国家形态演变过程。从这样的角度来看，民族国家的构建在人类国家演变历史上具有划时代的意义。而且，在国家疆域演变的过程中，民族国家及民族国家世界体系的形成，也发挥了根本性的作用。

国家的构建在人类的政治史上具有普遍性。但是，处于不同文明中的人们构建的国家之间存在着巨大的差异，并因此而形成了各具特色的国家形态演进过程。只是到了民族国家成为主导性国家形态和民族国家世界体系形成以后，人类的国家形态演进才进入了一个相对一致的框架之中。前民族国家的各种国家类型，其纷繁复杂的形态可谓叹为观止。但从国家疆域演变的角度来看，由于没有主权制度和国际规则体系的约束，各个国家完全凭借自己的国家意志和国家能力来占据和控制疆域。就一个个具体的国家来看，疆域拓展并不受规则的限制，国家疆域的大小完全取决于其国家意志和国家能力。与此相适应，国家疆域的界限并不固定——国家会在国力强盛时扩大疆域，也会在国力衰弱时收缩自己的地理控制范围，从而缩小其疆域。

进入民族国家时代以后，国家疆域的拓展则受到了主权原则和制度的限制。诚然，国家的主权是王朝国家时代由1648年10月签订的《西荷和约》确认的威斯特伐利亚体系而确立的。该体系确认每个国家的主权，以及主权争端的解决方式。但是，取代王朝国家的民族国家不仅继承了国家主权的原则，而且通过民族国家的普遍化及民族国家世界体系的建立而巩固了国家主权原则，以及通过不断丰富的国际规则构建了国家主权制度。随着国家主权原则和主权制度的形成，国家的疆域便与主权联系在一起，从而使疆域从一般意义上的国家占据或控制的地理范围演变为由国家主权管辖的地理范围，即国家的领土。[①] 领土的范围是由边界确定的，而体现

---

① 在英文中，表示国家占有或控制的地理范围的词是"territory"。但是，在国家的主权原则和相应的制度确立之前，"territory"指的就是国家占有或控制的地理范围；而在国家主权原则和相应的制度确立以后，"territory"指的就是主权管辖的地理范围，即领土。从这个意义上说，民族国家时代的"territory"与前民族国家的"territory"存在根本性质的差别。在翻译为中文的时候，前民族国家时代的"territory"，应翻译为"疆域"；民族国家时代的"territory"，才应翻译为"领土"。

国家主权界限的边界，则是由相关主权国家通过条约确定的。在此基础上，先占、时效、添附等领土变更方式逐渐形成。①

然而，那些最早建立民族国家的西欧和北美国家，并没有将国家主权原则运用于尚未构建民族国家制度框架的其他国家。相反，它们在构建民族国家以后，不仅通过民族国家这种政治形式进一步整合国内居民，增强了国族的凝聚度，而且充分运用民族国家制度②与民族相得益彰产生的动力促进国家发展。随后，这些国家便凭借其强大的实力进行殖民扩张，将自己的国家疆域拓展于或覆盖于其他国家的领土之上，形成对殖民地的占领。19世纪末20世纪初，整个世界已被英、法、俄、德、美、日、比利时、荷兰等国分割完毕。在国家领土的变更中，征服、时效、割让、委任统治、租借地、势力范围等领土变更方式③逐步形成，形成了民族国家时代特殊的领土变更方式。

第二次世界大战以后，亚洲、非洲、拉丁美洲的民族解放运动风起云涌。在民族解放运动强烈冲击下，帝国主义的殖民体系土崩瓦解。获得民族解放的殖民地人民陆续收回了被占领土的主权，纷纷按照民族国家的制度框架构建民族国家，并在开展民族国家建设的过程中推动了政治发展。在这样的条件下，体现国家主权制度的国家领土制度和领土争端解决机制才逐渐在全球范围内普遍建立起来。

新兴的民族国家获得独立后，在努力收复失去的领土和维护国家主权和领土完整的同时，纷纷在全领土的范围内推动了现代化的进程。而那些实施殖民统治的帝国主义国家，在失去了在殖民扩张中强占的疆域以及由疆域扩张给国家发展带来的红利后，也在谋划拓展疆域的新的途径。另外，随着民族国家数量的大幅度增加，民族国家的数量发展到了前所未有的程度。迄今为止，全世界已经有194个主权国家，其中的绝大部分是在"二战"后建立

---

① 参见〔英〕詹宁斯、瓦茨修订：《奥本海国际法》第1卷第2分册，王铁崖译，中国大百科全书出版社1998年版，第74—258页。
② 从形式上看，民族国家给民族披上了国家的外衣，具有了国家的形式，同时也使国家具有了民族的内涵，从而实现了民族与国家的有机结合。但就其本质而言，民族国家则是一套保障民族——国内居民凝聚而成的群体——认同于国家的制度安排。正是通过这样的制度安排，民族才与国家有机地结合在一起。
③ 参见〔英〕詹宁斯、瓦茨修订：《奥本海国际法》第1卷第2分册，王铁崖译，中国大百科全书出版社1998年版，第74—258页。

或获得独立的。如此众多的国家在地球这个有限的地理空间内追求无限的发展，于是便导致了"国家拥挤"。而且，这样的拥挤现象还会随着时间的推移而越来越显示其影响。在这样的情况下，各个国家基于扩张疆域冲动的边疆争夺达到了前所未有的程度，国家间的领土争夺也达到了前所未有的程度。这样的争夺不仅出现在岛屿主权以及由岛屿主权带来的领海和专署经济区问题上，而且也发生于对南极和北极土地的争夺上。一些国家还将这样的争夺拓展到了太空和外太空。太空和外太空逐步成为一些国家拓展疆域的热点。

20世纪后期以来，在以跨国公司为主要形态的资本跨国流动、新的科学技术革命的浪潮以及苏联解体后世界两极格局不复存在等因素结合在一起而导致的全球化在深度和广度两个方面快速发展，进一步加强了国家的领土或疆域的争夺。全球化的浪潮这股前所未有的世界性力量，导致了国家发展的外部依存度大幅上升。国家利益的形成和发展在相当程度上取决于国家之外的因素。在这样的形势下，一些西方国家在传统的疆域拓展方式受阻的情况下，根据全球化深化过程中出现的国家对外依存度提高的现实情况，往往在本国领土的范围之外拓展国家的利益疆域、战略疆域和文化疆域。于是，国家疆域问题再度突出，并在新的形势下形成了由传统的国家疆域形态和疆域观念向新的疆域形态和疆域观念的转变，导致了领土疆域之外的超领土疆域形态的形成。显然，这些所谓的超领土疆域的构建或形成，已经使疆域概念超越了地理范围的范畴，形成了基于地理范围又超越于地理范围的软性疆域。这样的疆域是在传统的地理范围的基础上形成的，却又超越了地理范围，是一种利益范围及军事控制或军事力量的影响范围。地理范围意义上的疆域是排他性的，而这种软的疆域则是非排他性的，并且往往存在一定程度的重叠。

回顾国家疆域的演变，我们便可看到国家疆域由国家占据或控制的地理范围演变为国家主权管辖的领土，再超越领土的范围而出现超领土的疆域的演变过程，同时也可看到国家的疆域由平面拓展为立体，再发展到太空和外太空的过程。

三、当前国家疆域的多种存在形态

从国家疆域变迁的角度来看，当前这个时代具有三个明显的动向：一是随着科学技术的迅猛发展，人类在自然界活动的范围迅速扩大，不仅扩大到南极和北极，而且深入到地层和海洋的深处，还进入了外层空间。人类在自然环境中的活动范围从深度和广度来看，都达到了前所未有的程度；二是在全球化快速推进的背景下，国家发展的外部依存度迅速提升，一个国家争取、实现和维护自身利益的活动越来越超越于领土的限制，日渐具有全球的特征；三是在现代化带来的巨大利益的诱导下，各个国家发展的冲动被充分唤醒，国家间的竞争在全球范围内全面展开并日趋激烈。在国家拥挤现象日渐突出的情况下，国家期望通过疆域拓展而促进发展愿望日渐强烈，并将这样的冲动付诸实践。在这样的背景下，国家疆域具有了新的形态，从而形成多种形态并存的复杂局面。

在国家疆域形态的研究中，有的学者主张将国家的疆域划分为地理疆域和非地理疆域。诚然，今天不断被提及的利益疆域、战略疆域、文化疆域和网络疆域等，都是疆域的非地理形态。但是，一定的空间范围是由于国家的占据或控制才成为国家的疆域的。在疆域形成和演变过程中，国家才是根本性的因素。因此，在国家疆域形态的划分问题上，也必须突出国家因素。而在这其中，国家主权是核心。第二次世界大战以来，在海洋疆域的划分、南极和北极的领土争端及外层空间的控制问题上，援引的都是国家主权原则。① 因此，从国家主权的角度来分析国家疆域的形态，才符合疆域的本质要求。而从国家主权的角度来看，今天的疆域形态虽然呈现纷繁复杂的特点，但总起来看，无外乎主权性疆域和非主权性疆域两种基本的类型。

1. 国家的主权性疆域。主权性疆域是与国家主权联系在一起的疆域形态，除了国家主权直接管辖的领土以外，还包括国家享有主权权利的区域。具体来看，包括以下具体形态：

（1）领土。领土是国家主权管辖的地理空间，国家对其拥有完全的排他的主权，即领土主权。根据国际法，国家的领土由多个部分组成，它包

---

① 1959年12月1日，在华盛顿签署的《南极条约》，是以不得提出主权要求的方式冻结相关国家的领土要求的；1963年12月13日，联合国大会第1962号决议《各国探索和利用外层空间的法律原则宣言》为保证外层空间的探索和利用服务于全人类的目的，规定"外层空间和天体决不能通过主权要求、使用或占领、或其他任何方法，据为一国所有"。

括主权管辖的陆地、水域、上述陆地和水域的底土以及上述陆地和水域之上的空气空间，即领陆、领水、领空和领底土。领陆是国家领土的陆地部分，包括大陆（含飞地）和岛屿；领水是国家领土的水域部分，指位于陆地疆界以内（内水）或与领陆邻接的水域，包括内陆水域（河流、湖泊、运河）、内海水域（内海、内海湾、内海峡、港口水域）、群岛国的群岛水域和领海海域；领空是国家领土的上空部分，指处于国家主权管辖之下的领陆、领水之上的空气空间；领底土是国家领土的地下层部分，包括领陆的底土、领水的水床及底土。

（2）主权权利区。主权权利区是邻近某国领土并由该国家通过行使主权权利而进行管理、管控的区域。这样的区域只存在于海洋，并且由国际海洋法进行规范。沿海国对于这样的区域并不拥有主权，但却在行使领土主权和维护自身利益的过程中对邻近海域或海域中的某些事项形成实际的控制或管理。这样的控制和管理得到国际海洋法认可后，便演变成为主权权利。享有主权权利的国家，对这样的区域进行着实际的管制，从而使其成为既非领海也非公海的区域。目前，这样的国家管制区域主要有毗连区①、专属经济区②和大陆架③。

2. 国家的非主权性疆域。非主权性疆域，是国家对其形成某种程度的控制但却不享有主权管辖的地理空间区域和基于地理范围的其他形态的空间范围。具体来看，又可分为两种形态：

---

① 1982年通过的《联合国海洋法公约》第三十三条规定："沿海国可在毗连其领海称为毗连区的区域内，行使下列事项所必要的管制：（a）防止在其领土或领海内违犯其海关、财政、移民或卫生的法律和规章；（b）惩治在其领土或领海内违犯上述法律和规章的行为。""毗连区从测算领海宽度的基线量起，不得超过24海里。"

② 《联合国海洋法公约》第五十六条规定："沿海国在专属经济区内有：（a）以勘探和开发、养护和管理海床上覆水域和海床及其底土的自然资源（不论为生物或非生物资源）为目的的主权权利，以及关于在该区内从事经济性开发和勘探，如利用海水、海流和风力生产能等其他活动的主权权利；（b）本公约有关条款规定的对下列事项的管辖权：（i）人工岛屿、设施和结构的建造和使用；（ii）海洋科学研究；（iii）海洋环境的保护和保全；（c）本公约规定的其他权利和义务。""专属经济区从测算领海宽度的基线量起，不应超过200海里。"

③ 《联合国海洋法公约》第七十六条规定："沿海国的大陆架包括其领海以外依其陆地领土的全部自然延伸，扩展到大陆边外缘的海底区域的海床和底土，如果从测算领海宽度的基线量起到大陆边的外缘的距离不到200海里，则扩展到200海里的距离。"第七十七条"沿海国为勘探大陆架和开发其自然资源的目的，对大陆架行使主权权利。"这里"所指的权利是专属性的，即：如果沿海国不勘探大陆架或开发其自然资源，任何人未经沿海国明示同意，均不得从事这种活动"。

（1）国家控制的非主权地理范围。通过控制一定的地理范围（主要是其蕴藏的资源）而为国家发展创造有利条件，这几乎是国家本能性的冲动。在地球上的国家越来越拥挤的条件下，国家对新的地理空间的探索和争夺愈演愈烈。因此，在地球上唯一没有主权归属的陆地南极、国际海底区域、外层空间等已经有人类活动并且对国家的发展和安全的影响越来越突出而又未归属于具体国家的地理空间[①]，已经逐渐被某些国家实际地控制，而且随着这些领域内的人类活动的加剧，这些领域的重新分配的可能性不能排除。各个国家实际控制的这些区域，已经成为了相关国家的非主权疆域，天疆、海底疆、太空疆等名词已经广泛地出现于各种文献之中，而且进入了实际操作的阶段。

（2）国家具有实质性影响力的基于地理范围的利益范围。在国家利益的对外依存度达到一定程度的时候，国家争取、实现和维护自身利益的活动大量地在领土之外展开。于是，国家基于维护自身利益的需要而凭借自己的力量在领土外控制一定的范围，或对这样的范围施加影响以便维护和实现本国利益的活动日渐频繁。这样一种国家通过国家能力去施加影响或进行控制的利益范围或战略范围，往往被视为"利益边疆"、"战略边疆"或"文化边疆"，实际上就是国家的非地理形态的控制范围，可称为利益疆域、战略疆域或文化疆域——这就是今天这个时代国家疆域的新的存在形态。它们虽然不是明确的地理空间范围，但却依附于地理空间范围之上；相关国家对其进行的控制，并不是地理性的控制，只是对影响国家利益的其他主体施加影响。这样的影响并不是实际的占据，但却会在国家利益受到损害的情况下通过军事手段去维护国家利益。因此，国家对此种区域的控制是弹性的，也是实际存在的。这样的区域具有某种虚拟的性质，往往是超越于领土范围的。但是，如果这样的区域覆盖于其他国家的领土之上，也会对相关国家的领土主权造成一定的影响。

随着人类活动范围的扩大和国家活动方式的不断变化，国家的疆域形态还会发生新的变化。但是，从目前的情况来看，国家疆域的形态已经呈现一种复杂多样的特征。而有的疆域形态已经超越了传统的地理范围的范

---

① 由于国际法的相关规定，南极、国际海底区域和外层空间等并无主权归属。对其探索和利用，只能服务于全人类的利益。

畴。而且，国家疆域形态的新变化，已经对今天的人类自身以及国家治理、国际关系、地缘政治格局等造成了深刻的影响。因此，世界格局、国际关系、地缘政治和国家治理的研究，也必须对国家的疆域形态给予高度的关注。

四、国家须对疆域进行管控和治理

客观存在的地理空间范围以及在一定地理空间基础上形成的利益范围等，因为某个国家的占据或控制而成为该国的疆域。国家之所以要占据或控制该地理空间以及基于地理空间的利益范围，并使之成为国家的疆域，目的在于为国家的存在和发展提供必要的和有利的条件。然而，国家的疆域，尤其是国家疆域的边缘部分和拓展部分——国家的边疆，只有得到国家有效的管控和治理，才能在国家存续和发展的过程中发挥积极的支持作用。反之，如果国家的边疆不能得到有效的管控和治理，边疆就会陷于某种衰弱状态甚至崩塌。如果出现这样的情况，边疆就会成为国家的拖累，甚至得而复失。换句话说，疆域对国家的影响是基础性的，它到底能否发挥多大的作用，取决于国家对国家疆域管控和治理效果。因此，对疆域进行有效的管控和治理，是国家治理和国家发展必须要面对和解决的重大问题。

疆域的管控之所以必要，是由于疆域尤其是国家的边疆，虽为国家所占据或控制，但这样的占据或控制并不是一劳永逸的。在民族国家将国家的主权原则发展为一种国家间关系的基本准则以前，一个国家的疆域被其他国家强占或主动去夺取其他国家疆域的现象屡屡发生。在民族国家时代，国家间的边疆争夺也不断上演。因此，国家只有对自己的疆域进行有效的管控，国家的陆地边疆、海洋边疆、太空边疆，以及利益边疆、战略边疆和文化边疆等，才会稳定和巩固。今天许多的边疆争夺或领土纠纷，都与某个当事国未能有效地管控自己的疆域直接相关，或者就是某个国家疆域管控不力的后果。

而疆域的治理，则是疆域在国家发展中发挥积极作用的前提条件。国家占据或控制着一定的疆域以后，尤其是国家疆域的边缘性部分即边疆，只有通过有效的治理，才能成为国家发展的条件或积极因素。否则的话，则可能问题百出，甚至成为国家的拖累。一些国家的边疆空虚、边疆衰弱，或边疆屡屡出现问题，都与其未能进行有效的边疆治理或边疆治理失策、失当直接相关。

从国家治理的角度看，疆域的管控和治理是两种不同的政治行为。前者是为达成疆域（主要是边疆）的稳定和巩固的行为，往往以直接付诸军事力量或以军事力量为后盾；后者则是运用国家政权的力量去解决边疆问题，促进边疆的稳定和实现边疆发展的行为，主要是运用国家的行政力量、法律手段和经济手段。但是，二者又不可分割地联系在一起。没有对疆域的有效管控，就不可能实现对疆域的治理；而疆域的有效治理，又为疆域的管控创造有利的条件，促进边疆的管控。

从理论上说，疆域乃国家存在和发展的必要条件，国家必须对其疆域从总体上进行管控和治理。对疆域的管控和治理是国家治理的重要内容。但是，从实践上看，国家疆域的管控和治理问题，主要出现或存在于其疆域的边缘性部分，即国家的边疆。① 疆域较大的国家，在发展的过程中往往会形成一个具有特定内涵的"核心—边缘"结构。在这个结构中，核心区域乃国之根本。它不仅是国家建立的根基，也是国家积聚力量的基本条件，决定着国家的存续和发展。一个国家一旦失去这个核心区域，或者这个核心区域被其他力量控制、摧毁，这个国家就灭亡或名存实亡了。而边缘地带则是国家核心区域的外围地带，拱卫国家的核心区域，为国家核心区域的稳定和发展提供条件和安全保障，支撑着国家的发展。国家疆域的核心区域，通常情况下不存在被其他国家侵占的问题，并且都会得到较好的治理，因此，在管控和治理方面一般不存在问题。而疆域的边缘性部分即国家的边疆，管控和治理的问题就不仅存在，而且往往会比较突出。在不同的边疆形态中，疆域的管控和治理问题又各有其特点。从目前的形势来看，以下几个方面的问题显得较为突出。

第一，陆地边疆的管控和治理。与陆地疆域是国家疆域的传统形态相适应，陆地边疆也是国家边疆的最早形态。陆地边疆是国家陆地疆域中围

---

① 国家的边疆，就是国家的边缘性疆域，是客观存在和主观构建相结合的产物。具体的论述，可参阅笔者的《边疆在国家发展中的意义》，载《思想战线》，2013年第2期。

绕并拱卫着核心区的边缘地带，它由于与核心区存在一定程度的异质性而被国家划分出来采取特殊的措施加以治理，因而成为国家陆地边疆。陆地边疆的范围，由其与核心区的分界线及国家陆地疆域的外部控制线围合而成。[①] 在国家通过特殊的措施对陆地边疆持续治理并取得实效的情况下，陆地边疆与核心区相邻的区域逐渐丧失了异质性，因而其边疆的性质和特点逐渐淡化，从而导致边疆与核心区的分界线逐渐向外推移及陆地边疆的范围逐渐被压缩。对于尚存陆地边疆的国家来说，陆地边疆的管控主要是维护边界的安全和边境地区的管理，维护领土主权的完整。陆地边疆的治理，内容则相对比较丰富。对于多民族国家来说，边疆的稳定、民族问题和宗教问题，往往凸显为边疆治理的主要问题。

第二，海洋边疆的管控和治理。在海权时代，随着海洋疆域地位的凸显，海洋边疆也逐渐成为重要的边疆形态。一个国家的海洋边疆，其中所包含的岛礁成为海洋边疆的重要组成部分。在国家海洋疆域的确定过程中，这些海洋边疆中的岛礁又对海洋边疆范围的划定产生着重要甚至是决定性的影响。在海洋的战略地位、海运交通、矿产和渔业资源等越来越突出的情况下，海洋边疆对于国家发展的意义也越来越突出。然而，对于海洋边疆包括海洋中的岛礁的管控和治理，其面临的问题和困难都明显高于陆地边疆。在国家间的边疆争夺日渐突出的情况下，许多海洋边疆方面的争端都是以岛礁争端的形式出现的。而许多在海洋边疆尤其是岛礁方面的争端，又在一定程度上与拥有海洋边疆及其岛礁国家的管控和治理方面存在问题有关。这从另一个侧面突出了海洋边疆管控和治理的重要性。

第三，太空边疆的管控和治理。在航天技术快速发展的今天，随着各个国家发射的航天器的数量以及在轨航天器数量的激增，太空疆域的问题已经逐渐浮出水面。而太空疆域相对于地球表面的国家来说，都是遥远的边疆。诚然，为了和平探索和利用太空及将太空开发用于全人类的目的，

[①] 陆地边疆的外部边缘线（边际线），在民族国家及其世界体系形成之前，就是国家的疆域的外部边际线。在民族国家时代，随着国家的主权原则和主权体制的建立，陆地边疆的外部边缘线就是国家的边界，它由相邻国家通过条约确定。

国际社会制订了多项规定和决议。① 但是，迄今为止有能力探索和利用太空的国家并不多，国际社会关于太空探索和开发的规则的执行力受到了很大的限制。因此，有能力探索和利用太空的国家拓展一定领域的太空边疆的可能性日渐增大。而美国早在20世纪80年代就形成了"制天权"的思想，进而提出了"高边疆"战略和"星球大战计划"，开始了太空边疆的管控和治理的实际步骤，一步步地将太空边疆做实。时至今日，太空边疆的开拓、管控和治理已经成为一个无法回避的事实。

第四，利益边疆的管控和治理。"20世纪80年代中期，美国等西方大国从维护自身利益的需要出发确定战略控制范围，首先使用了'利益边疆'概念"②，并将这些理论逐渐地付诸实践。与此同时，其他国家基于国家利益的外部性而构建自己的利益边疆的行动也逐渐显现并日渐增强。放眼今天的世界，"'利益边疆'的存在已是事实，并成为全球化时代维护国家主权和制订国家战略的重要基点"③。从目前的现实来看，某个国家的利益边疆，其实就是该国具有重要利益并运用自己的国家力量去影响或制约其他利益主体，以维护自身利益的特定区域。一个国家将某个特定的区域构建为自己的利益边疆，一是国家在该区域内具有现实的或潜在的重大利益，二是具有对该区域进行实际控制的能力，这样的能力包括经济的、文化的、军事的影响，三是通过上述能力的运用，形成了对该区域的实际控制（这样的控制并不是排他性的），从而保证了国家利益的实现。因此，利益边疆的形成过程，其实也就包含着对该区域的管控和治理的内容。

第五，战略边疆的管控和治理。战略边疆通常被看作"一国国力和影响力所能达到的、可控制的地理与空间区域，它是国家实力、战略意志以

---

① 联合国先后于1963年通过了《各国探索和利用外层空间的法律原则宣言》，1967年通过了《关于各国探索和利用包括月球和其他天体在内外层空间活动的原则条约》，1968年通过了《宇宙航行员协定》，1972年通过了《空间实体造成损失的国际责任公约》，1975年通过了《关于登记射入太空外层空间实体的公约》，1979年通过了《月球条约》，逐渐构建了一个外层空间法律体系。
② 于沛：《从地理边疆到"利益边疆"——冷战结束以来西方边疆理论的演变》，载《中国边疆史地研究》，2005年第2期。
③ 于沛：《从地理边疆到"利益边疆"——冷战结束以来西方边疆理论的演变》，载《中国边疆史地研究》，2005年第2期。

及国家战略能力的投射范围"①。国家疆域日渐多样化的今天，新形态疆域的凸显成为不可避免的事实。但如果说主权性疆域的根本是国家的占据并拥有主权或主权权利的话，那么，新形态边疆虽然超越了主权的范围，但却是以国家的控制为根本特征的。国家的利益边疆与战略边疆紧密地联系在一起，并具有较大的相似性。因此，有的学者指出："国家利益与利益边疆、战略边疆是对同一内容从不同角度进行的认识和概括。如果说利益边疆回答的是国家利益的范围，战略边疆则是回答国家利益的战略要求。"② 但是，二者之间的区别也是不可忽视的。利益边疆侧重于国家的经济利益和现实利益，战略边疆侧重于国家的战略利益和长远利益；利益边疆的构建在依托于国家的军事影响的基础上要充分运用经济的、外交的影响力，而战略边疆的建构则主要运用军事力量。

在上述边疆形态中，如果说主权性边疆要通过有效的管控和治理才能稳定、巩固并充分发挥作用的话，非主权或超主权的边疆的管控和治理是与其构建过程结合在一起的。对于后者而言，只有在构建的过程中实施长期有效的管控和治理，才能真正成为国家的疆域。

---

① 陈迎春：《战略边疆：助推中国和平发展的切入点》，载《世界地理研究》，2011年第6期。
② 于沛等：《全球化境遇中的西方边疆理论研究》，中国社会科学出版社2008年版，第351页。

全球化时代的疆域与边疆*

| 周　平 |

国家疆域问题在今天被提出来进行专门的讨论，与边疆问题的突出直接相关。在今天这个全球化时代，边疆问题日渐突出，利益边疆、战略边疆、高边疆等新形态边疆日渐凸显，不仅引起了极大的关注，并已经对地缘政治和国际格局产生了深刻的影响。然而，边疆问题总是与疆域问题不可分割地联系在一起的——不论从什么角度去界定边疆，都无法回避边疆不过是国家疆域的边缘地带这个本质性问题。国家的疆域既是界定边疆的前提，也是全面讨论边疆问题的基础或理论预设。可是，疆域并非一成不变，它是不断发展变化的。在不同的社会历史条件下，疆域有不同的内涵、特点和表现形态。本文就从全球化时代的角度，分析和讨论疆域和边疆的形式和特点，以及在全球化进程中崛起的中国面临的挑战和问题。

一、疆域与边疆皆是变动的存在

在疆域及边疆的研究中，所有关于疆域及边疆的议题都是在国家的框架下设置或展开的。离开了国家这个前提和主题，就无所谓疆域及边疆。时下论及国家时，往往以当前的一般国家形态为标准或典型，所以，主权、领土、政府、人民等现代国家的基本条件被界定为国家的基本构成要素。然而，现代国家乃民族国家，是在世界近代以来才逐步出现并发展成

---

* 本文原载《中国边疆史地研究》，2014年第3期。

为主导性的国家形态的。事实上，民族国家不过是人类国家形态演变过程中的一个阶段，国家在此之前已经经过了长期的历史发展，并形成了不同的形态。而且，民族国家也终将被新的国家形态或政治形式所取代。①

国家不过是人类社会所创造的一种政治形式，也是迄今为止人类所创造的最为有效的政治形式，其本质特征是建立起一个以暴力为支撑的公共权力体系（即国家权力），并运用这个以暴力为支撑的公共权力按地域进行管理或统治。在这样的政治形式持续发挥作用的情况下，该权力管辖范围内的居民逐渐被凝聚为统一的政治共同体。然而，不论是作为政治形式还是作为政治共同体，国家都必须占据或控制一定的地理空间，并以此作为国家形成和存在的前提。因此，国家既是具有特定内涵的政治形式，也是政治共同体，还是政治地理空间单位。

国家所占据或控制的地理空间范围，就是国家的疆域。国家都必须占据或控制一定地理范围，当然，国家占据或控制地理范围的方式千差万别。某个地理空间范围，一旦被国家以某种方式占据或控制，从而成为国家存在和发展的支撑条件，它就成为国家的疆域。

作为基础性的条件，疆域对国家形成、存在和发展的影响是根本性的。纵观人类的国家历史，国家疆域的范围决定着国家的体量，体现着国家的实力；国家的疆域决定着国家拥有的自然资源的数量和质量，进而影响着国家创造物质财富的能力和国家的安全；国家疆域在一个更加广大的地理范围及与其他国家相对来说的地位，决定着国家发展的潜力和在国际竞争中的影响力；国家疆域的范围、特点以及承载的资源，又决定着国家的国际竞争能力和地缘政治形势。总之，疆域是影响国家发展的根本性因素。在导致国家强盛或衰亡的诸多原因中，疆域及其与之相关的因素，是无法回避的一个重要因素。正因为如此，自古以来的绝大多数国家都有开疆拓土的冲动。

在国家疆域的范围内，如果边缘性部分与核心区之间存在着显著的区别，并且在国家发展或整体利益格局中的地位与核心区明显不同，国家需要采取专门的政策或措施加以统治或治理，这个边缘性的区域就往往被界

---

① 关于民族国家及国家形态演变的分析和论述，可参见作者的《对民族国家的再认识》和《民族国家与国族建设》，分别载于《政治学研究》2009年第4期和2010年第3期。

定为边疆。汉语中的"边疆"一词，以及英语中的"frontier"一词，指的都是这样的区域。边疆的形成、存在和界定，都以国家的疆域为前提。离开国家的疆域，就无法对边疆进行有效的说明或讨论。

边疆并非纯客观的存在。它是在国家疆域的边缘性部分与核心区存在客观差异的基础上，国家从统治或治理的角度考虑而界定的，因而渗透着相当多的主观因素。从这个意义上说，边疆的形成和发展都具有突出的构建性，是客观基础上主观构建的产物。

也正因为如此，并非所有的国家都有边疆，或者说，并不是所有的国家都有将疆域的边缘性部分界定为边疆的必要。一个国家如果疆域范围较小，或者疆域的边缘性部分与核心区之间在文化、人口构成、经济发展和在国家中的战略地位等都没有明显异质性，那么，国家就不会将疆域的边缘部分界定为边疆。

国家的疆域及边疆都不是一成不变的。相反，它们都是变动着的存在。首先，人类在地理空间中的活动范围是不断变化着的。随着人类社会的生产力和科学技术的发展，人类在地理空间中活动的范围会不断扩大。在此过程中，国家占据或控制地理空间的方式和范围本身，以及国家的边疆的界定等，都会随之而变化。其次，国家自身、国家间的关系和国家统治和治理的方式，也是不断变化着的。因此，在不同的社会历史条件下，国家占据或控制地理空间范围的方式、能力等有所不同。总的来说，人类活动的范围和国家自身的变化，是导致国家的疆域及边疆发展变化的根本性原因。

从国家疆域的角度来看，在全球化时代形成之前，疆域在以下几个方面的变化十分突出和典型，需要也值得国家疆域研究高度关注。

一是国家主权的确立和疆域的主权化暨领土的形成。国家应当拥有主权，最早是由法国的思想家让·布丹提出，随后荷兰的思想家格劳秀斯从国际法的角度进行了全面的论证。不过，国家主权原则的最终确立，是在王朝国家时代由1648年10月签订的《西荷和约》确认的威斯特伐利亚体系而实现的。取代王朝国家的民族国家将主权作为国家的基本条件和国家间处理相互关系的基本原则，并通过民族国家世界体系的建立而巩固了国家主权原则，进而建立了民族国家的主权体制。国家主权体制的确立，对国家发展史产生了历史性的影响。① 而在国家主权确立以后，国家的疆域就转变成为主权管辖的范围，从而实现了国家疆域的主权化。这样一个由国家主权管辖的范围，便是国家的领土。而这样的领土又是由主权国家通过条约确定的边界围合而成的。因此，领土与边界不可分割地联系在一起，边界既是国家主权的体现，也是国家间领土主权的分界线。在国家疆域主权化以后，领土便成为国家疆域的基本形态。在许多情况下，领土甚至被作为国家疆域的代名词使用。在这样的背景下，一些学者甚至反过来用"领土"概念来描述和分析主权体制确立以前的国家疆域。

二是"海权论"的提出和海洋疆域受到重视。自从国家产生之日起，国家的疆域皆是在陆地上确定的，都是陆地疆域。虽然许多国家也通过海军对某些海域或海上通道进行控制，却没有形成稳定的和成规模的对海洋的控制。可是，这样的状况随着海权时代的到来而彻底地改变了。1890年，马汉的《海权对历史的影响（1600—1783）》一书在美国出版，明确提出了海权概念："自有史以来，海权都是统治世界的决定性因素，任何国家要称霸世界，并在国内达到最大限度的繁荣与安全，控制海权为首要之务。""海军占据优势，不仅能够确保海上交通线，还能够保持通过战争而确立的优势地位。"② 该书出版后很快便风靡世界，引起了世界大国对海权的重视，从而将国家疆域史推进到了海权时代。因此，该书也被西方知识界誉为影响人类历史进程的 16 本著作之一。在世界大国高度重视海权并极力建立强大海军来实现和维持对海权的控制的背景下，国家的海洋疆域受到了高度的重视，从而使海洋疆域成为重要的疆域形态。美国的崛起便与海洋疆域的开拓直接相关。"如果有什么

---

① 德国学者乌尔里希·贝克在论及影响国际政治局势将过去三个世纪中产生影响的原则概括为三条：一是"领土原则：国家拥有确定的边界，这些边界划定并确立国家的统治范围"；二是"主权原则：国家及其代表拥有采取行动和实行统治的主权"；三是"合法性原则：主权国家之间的关系可以成为国际协议与国际法的对象，但是，国际协议与国家法要产生效力，则必须得到各个国家的同意"。（[德]乌·贝克、哈贝马斯等：《全球化与政治》，王学东、柴方国等译，中央编译出版社 2000 年版，第 11—12 页。）

② George Hodelski, William R. Thompson, *Seapower in Global Politics, 1494 - 1993*, Seattle: University of Washington Press, 1988, pp. 13 - 26.

事件标志着美国崛起成为一个主要强国，那就是1898年的美西战争。"①但是，美西战争不仅是以马汉的"海权论"为基础的，而且实现了美国拓展海洋疆域的目的。

三是制空权理论的提出和空中疆域的形成。海权的凸显和海洋疆域的形成，虽然拓展了国家疆域的范围和形态，毕竟都是在地球的平面上实现的。但是，随着飞行器和飞行技术的发明和提高，人类的活动逐渐拓展到空中，"制空权"的问题受到了越来越多的重视。1921年，杜黑长期研究空军战略理论的成果《制空权》一书问世。该书以"制空权"为核心，从战略高度论述了有关空军建设和作战使用的许多问题，论述了制空权是赢得一切战争胜利的前提、独立的空中作战是未来战争战略行动的主要样式和空军应当成为国家军事力量的主体等重要观点。它不仅是一部专门论述空军战略理论的著名军事著作，也是地缘政治理论中空权理论的代表作。它在凸显此前有所争论的"制空权"问题的同时，也凸显了国家对"空中领土"的主权管辖问题，从而引起了国家对空中疆域的重视和空中疆域观念的确立。"尽管杜黑的理论更多地侧重于军事，而且有一定的时代局限性，但对于20世纪上半叶的边疆问题，特别是对空中边疆的问题仍有一定的影响。"②

不论是海洋疆域还是空中疆域，都是在拓展国家原有疆域的基础上形成的。这样的疆域形态形成以后，相对于原有的疆域来说，它们都是国家疆域的边缘性部分，都属于国家的边疆。因此，国家的海洋疆域通常都以"海洋边疆"的问题来加以描述和分析，而国家的空中疆域则是以"空中边疆"的问题来加以讨论。

二、全球化时代疆域与边疆的变化

20世纪90年代以后，全球的国家和地区之间的联系在深度和广度方面出现了迅猛发展和根本性的变化，从而使得人类生活在全球的范围内展

---

① 〔美〕E.B.波特主编：《海上实力》，马炳忠等译，海洋出版社1991年版，第366页。
② 于沛等：《全球化境遇中的西方边疆理论研究》，中国社会科学出版社2008年版，第127页。

开和发展成为必然。人类社会生活发生了前所未有的变化。"我们眼前所发生的一切足以与美洲新大陆的发现相提并论。"① 于是，用以描述这种变化的"全球化"一词广泛流传并炙手可热。导致如此深刻变化的"全球化"形成、充分显现并发挥影响的历史时段，就是全球化时代。

然而，虽然全球化特征的充分凸显是在20世纪90年代以后，但充分体现全球化的这些因素或特征并不是在一夜之间形成的。恰恰相反，将全球各个国家和地区在经济上紧密联系在一起的制度机制，是在第二次世界大战后建立起来的。其中，以国际货币基金组织、世界银行和关税及贸易总协定为三大支柱的布雷顿森林制度发挥了根本性的作用。正如有学者指出的那样："布雷顿森林体系在带动各国经济增长，加深国际经济联系，推动发展中国家参与国际经济合作，从而促进世界经济一体化与全球化的进一步发展等方面，功不可没。"② 此外，联合国对全球化的影响也不可低估。20世纪70年代布雷顿森林体系崩溃了，关税及贸易总协定也在1994年被世界贸易组织所取代，但是，国际货币基金组织、世界银行、关税及贸易总协定和联合国对全球化的模铸作用是无法否定的。"到20世纪80年代末，经济全球化趋势已经相当明显。"③ 正是这些机制发挥了根本性的作用，全球化才会在世界两极对垒瓦解后出现迅速的爆发。从今天的情况来看，"联合国、国际货币基金组织、世界银行和世界贸易组织等最为重要的全球性的国际政治经济组织，仍然是支撑和协调21世纪的世界政治和经济秩序的主要支柱"④。因此，如果把今天的全球化看作一个时代的话，那么，这个时代应该是从第二世界大战后开启的。

第二次世界大战后开启的全球化时代，对整个人类社会产生了巨大而深刻的影响。而且，随着全球化的深入，这样的影响还将进一步加深。从

---

① 〔德〕乌·贝克、哈贝马斯等：《全球化与政治》，王学东、柴方国等译，中央编译出版社2000年版，第5页。
② 徐蓝：《试论第二次世界大战后国际秩序的建立与发展》，载《世界历史》，2003年第6期。
③ 杨雪冬：《全球化：西方理论前沿》，社会科学文献出版社2002年版，第103页。
④ 徐蓝：《试论第二次世界大战后国际秩序的建立与发展》，载《世界历史》，2003年第6期。

国家的疆域和边疆的角度来看，全球化的影响也是十分巨大的。一方面，它对国家的行为及活动方式造成了深刻的影响，进而影响到国家对地理空间的控制方式。另一方面，在国家控制地理空间方式改变的情况下，现实的疆域和边疆的形态发生了重大的改变，不仅传统的疆域和边疆形态有所调整，而且形成了全新形态的疆域和边疆形态。

从国家占有或控制地理空间的角度来看，全球化时代国家自身和国家行为方式在以下几个方面的变化具有突出的意义。

首先，国家的利益已经大大超越其领土的范围，并与其他国家的利益交织在一起。全球化在将不同的国家和地区紧密联系在一起进而凸显全球利益的同时，各个国家的利益之间的联系日渐密切。尽管各个国家的利益与其他国家利益联系的方式和程度有所不同，有的甚至不能相提并论，但可以肯定的是，一个国家的利益并不局限于领土的范围，不仅与其他国家紧密联系，甚至会遍及全球。据此，有人甚至将全球化时代的经济称为"无国界经济"。在这样的情况下，自古以来形成的并在民族国家世界体系出现以后不断巩固的国家维护自身利益的方式受到了严峻的挑战。国家必须在领土的范围之外去谋求和维护自身的利益，进而从根本上改变了国家的活动方式。

其次，超主权的国际规则作用的日渐显现，传统的国家主权观受到了严峻的挑战，国家主权在至上性基础建立起来的神圣性逐渐被消解。创始于王朝国家末期的国家主权体制随着民族国家世界体系的确立而得到巩固。但国家主权体制在世界范围内的真正确立，大体上是在第一次世界大战之后。20世纪50、60年代，国家主权体制发展到了顶点，国家主权的至上性和神圣性得到普遍认同。然而，20世纪90年代以后随着全球化的迅猛发展，超越民族国家主权甚至是以民族国家主权的让渡为前提的国际规则不仅被广泛认可，而且发挥着越来越重要的作用。美籍日裔学者大前研一甚至断言："从经济活动的真实流动角度讲，民族国家已经失去了它们作为今天无国界的全球经济中的有意义的参与单位的作用。"[①] 一些政

---

① Kenichi Ohmae, *The End of Nation State: The Rise of Regional Economies*, New York: The Free Press, 1995, p. 11.

治学家也认为,民族国家"现在已经过时,正在被人们废弃,并且将被废止"①。在这样的背景下,民族国家的主权逐渐失去了昔日的辉煌和尊严,主权的神圣不可侵犯性已经大不如前。

再次,在新的科学技术革命不断拓展人类活动范围的背景下,国家利用新科学技术革命成果去控制更大地理空间的活动日趋突出。人类进入全球化时代以来,席卷全球的科学技术革命接踵而至。发端于20世纪40年代的以电子计算机、原子能、航天和空间技术为标志的第三次科学技术革命的大潮尚未完全退去,以微电子技术、生物工程技术、新型材料技术为标志的新技术革命又扑面而来。包括信息技术、生物技术、新材料技术、新能源技术、空间技术和海洋技术等在内的高新科学技术领域,在21世纪持续升温。新科技革命的成果转化为产业的速度也达到了前所未有的程度,并引发了新的产业革命。这一系列的巨大变革,不仅在拓展人类活动的领域和范围方面发挥了巨大的作用,也促进了军事科学技术的巨大飞跃。同时,这样的科学技术成果又被许多国家运用于国家战略和军事战略,服务于国家对新地理空间范围的控制。

最后,在一大批民族独立国家出现以后,随着国家拥挤现象的出现,国家间的政治地理空间关系趋向于复杂和紧张。第二次世界大战以后,在持续多年的民族解放运动浪潮的冲击下,帝国主义的殖民体系迅速瓦解,主权独立的民族国家急剧增加。今天全世界194个主权国家中的绝大部分,是在"二战"后建立或获得独立的。如此众多的国家在地球这个有限的地理空间内追求无限的发展,于是便导致了"国家拥挤"。而且,这样的拥挤现象还会随着时间的推移而越来越显示其影响力。每个国家都占据或控制着一定的地理空间,拥有自己的领土。国家的数量在较短的时期迅速增加,在改变了此前的政治地理空间关系的同时,也随着这些国家对领土主权的申张和拓展疆域冲动的勃兴而引起了全球或地区范围内国家间政治地理空间关系的紧张,从而使国家间的政治地理空间关系更为复杂,也更为脆弱。

以上这些因素都是在全球化时代形成的,并且往往还相互渗透、相互

---

① 〔美〕莱斯利·里普森:《政治学的重大问题》,刘晓等译,华夏出版社2001年版,第290页。

影响、相互激荡。在这些因素单独或共同作用下,国家占据或控制地理空间的方式发生了重大的变化,出现了超主权的控制,即国家在自己主权管辖范围之外的其他地理空间进行不具主权管辖性质的占有或控制,以实现或维护自己的利益。这种超主权的控制并不具有主权的性质,但却是凭借自己的硬实力和软实力而实现的,因而也是实实在在的。这样的控制大致有三种情形:一是对尚未属于具体的主权管辖区域的占据或控制,如对"地球公地"的控制。海洋沿岸国对邻近海域中毗连区①、专属经济区②和大陆架③的管辖,就属此列。相关国家对这些区域并不拥有主权,但却享有排他性的利益。此外,一些国家对国际海底和北极某些区域的控制,也已现端倪;二是对已经属于具体主权管辖区域的控制,即对他国领土的控制。在国家利益超越于领土的情况下,当国家的利益在其他国家或地区聚积的条件下,如果某个或某些国家凭借自己的经济、军事或地缘政治上的优势所形成的影响力而形成对该区域的实际控制时,就会形成对其他国家主权管辖区域的变相控制。这样的控制不同于传统意义上的军事占领或势力范围,不仅没有剥夺所涉国家的主权,没有侵犯相关国家的领土主权,也许还得到了主权国的认可、默许甚至欢迎,是一个主权之上的权力形态;三是对并不存在主权归属的太空的控制。1982 年,时任美国里根总统国家安全顾问的丹尼尔·格雷厄姆领导的小组提交的《"高边疆"研究报告》,将太空视为人类即将全面涉足的全球"公地"或"宇宙公海",

---

① 1982 年通过的《联合国海洋法公约》第三十三条规定:"沿海国可在毗连其领海称为毗连区的区域内,行使为下列事项所必要的管制:(a)防止在其领土或领海内违犯其海关、财政、移民或卫生的法律和规章;(b)惩治在其领土或领海内违犯上述法律和规章的行为。""毗连区从测算领海宽度的基线量起,不得超过 24 海里。"

② 《联合国海洋法公约》第五十六条规定:"沿海国在专属经济区内有:(a)以勘探和开发、养护和管理海床上覆水域和海床及其底土的自然资源(不论为生物或非生物资源)为目的的主权权利,以及关于在该区内从事经济性开发和勘探,如利用海水、海流和风力生产能等其他活动的主权权利;(b)本公约有关条款规定的对下列事项的管辖权:(i)人工岛屿、设施和结构的建造和使用;(ii)海洋科学研究;(iii)海洋环境的保护和保全;(c)本公约规定的其他权利和义务。""专属经济区从测算领海宽度的基线量起,不应超过 200 海里。"

③ 《联合国海洋法公约》第七十六条规定:"沿海国的大陆架包括其领海以外依其陆地领土的全部自然延伸,扩展到大陆边外缘的海底区域的海床和底土,如果从测算领海宽度的基线量起到大陆边的外缘的距离不到 200 海里,则扩展到 200 海里的距离。"第七十七条"沿海国为勘探大陆架和开发其自然资源的目的,对大陆架行使主权权利。"这里"所指的权利是专属性的,即:如果沿海国不勘探大陆架或开发其自然资源,任何人未经沿海国明示同意,均不得从事这种活动"。

并从美国的利益出发，较为系统地提出了开拓和利用宇宙空间的总构想。基于这个构想，美国逐渐构建了以控制和利用太空或在太空中谋求优势为目的的"高边疆"战略，并一步步地加以实现。在这样的背景下，具有太空能力的国家也在开展太空活动的同时，围绕对太空的控制与反控制展开激烈的博弈。一场在太空中开展的"圈地运动"正在悄然进行。随着此类博弈的加剧，太空也逐渐被视为新的疆域形态。

  随着国家对地理空间占据或控制方式的改变，一些新的疆域及边疆形态也逐渐浮出水面，并受到越来越多的关注，从而丰富了传统的疆域或边疆的形态。首先，利益疆域或利益边疆日渐凸显。"20世纪80年代中期，美国等西方大国从维护自身利益的需要出发确定战略控制范围，首先使用了'利益边疆'概念"①，并将这些理论逐渐地付诸实践。从当前的情况来看，"'利益边疆'的存在已是事实，并成为全球化时代维护国家主权和制订国家战略的重要基点"②。其次，战略疆域及战略边疆的理论已经付诸实践，并出现了现实的战略边疆。战略边疆通常被看作"一国国力和影响力所能达到的、可控制的地理与空间区域，它是国家实力、战略意志以及国家战略能力的投射范围"③。美国重返亚太地区或进行亚太再平衡，就是为了巩固其在亚太地区的战略边疆。再次，"高边疆"已经从概念或理论逐渐转变为现实。在许多国家对太空疆域或太空边疆可望而不可即的时候，美国已经通过远超其他国家的太空能力而逐渐实现了对太空一定范围的实际控制，将"高边疆"逐步做实。最后，海洋疆域及海洋边疆具有了新的内涵。一些海洋大国已经不满足于12海里的领海和200海里的专属经济区，正在通过其强大的海上军事力量，达成了对某些海疆的实际控制，或将其作为自家的战略空间，排斥其他势力的介入。

---

① 于沛：《从地理边疆到"利益边疆"——冷战结束以来西方边疆理论的演变》，载《中国边疆史地研究》，2005年第2期。
② 于沛：《从地理边疆到"利益边疆"——冷战结束以来西方边疆理论的演变》，载《中国边疆史地研究》，2005年第2期。
③ 陈迎春：《战略边疆：助推中国和平发展的切入点》，载《世界地理研究》，2011年第6期。

三、国家的疆域扩张及边疆战争

全球化时代展开为一个全球化的内涵越来越丰富的过程。处于这个过程中的国家，其占据和控制地理空间的方式已经发生了明显改变。这就不仅导致新的疆域及边疆形态日渐凸显，同时也唤起了国家拓展疆域的新冲动，从而致使各种拓展疆域的进程日渐活跃。国家的疆域拓展都发生于边疆，因此，国家疆域拓展基本上都表现为边疆的拓展。随着一些国家拓展疆域及边疆的行动的持续进行，以及一些国家争取和维护自己领土主权斗争的持续，国家间的边疆争夺日渐凸显并呈加剧的趋势。

国家的边疆扩张及国家间的边疆争夺的根源在于，疆域尤其是边疆在国家发展中的意义进一步凸显。国家的疆域及边疆的状况不仅影响着国家的现实发展，而且决定着国家的未来。

首先，国家在发展中普遍呈现一个"边缘—核心"结构。在这个结构中，核心区域乃国之根本，不仅是国家建立的根基，也是国家积聚力量的基本条件，决定着国家的存续和发展。而边缘地带则是国家核心区域的外围地带，拱卫国家的核心区域，为国家核心区域的稳定和发展提供条件和安全保障，支撑着国家的发展。[1] 国家实力的形成和发展，是由二者共同成就的。也正是由于如此，所以历史上的国家和今天的国家，都具有拓展疆域的冲动。这是一种基于国家在竞争中的成败和存续考虑的冲动，因而是根深蒂固的。

其次，在全球化时代，边疆的意义得到进一步的凸显。在全球化时代，随着国家疆域和边疆形态日渐多样化，不同形态的边疆给国家发展带来的实际利益也越来越突出和多样。在这样的背景下，国家的边疆拓展和国家间的边疆争夺进一步加剧。这是一种双向的互动：边疆意义的进一步凸显，促成了国家间的边疆争夺；而边疆争夺的加剧，又进一步凸显了边疆的意义。而且，就目前的形势来看，边疆尤其是新形态边疆对国家发展的意义还将进一步突出。这也正是一些国家努力拓展边疆的根源所在。

---

[1] 关于国家发展中的"边缘—核心"结构，可参阅作者的《边疆在国家发展中的意义》，载《思想战线》，2013年第2期；《新华文摘》2013年第12期全文转载。

最后，边疆尤其是新形态边疆对一个国家在国际体系中的地位具有根本性影响。第二次世界大战后建立的国际体系，在两极格局解体后不仅日渐紧密，而且影响也越来越凸显。就具体国家而言，其在国际体系中的地位直接影响着国家的发展。而国家在国际体系的地位及其获得的利益，皆以其对该国际体系的影响力为前提。可是，这样的地位和影响力又与其控制的疆域或边疆直接相关，由此就进一步凸显了国家的疆域及边疆拓展对于国家战略地位和战略空间的意义。从这个意义上说，国家在整个国际体系中的地位、国家的战略地位和战略空间，皆以其疆域为物理支撑。

边疆对国家的影响日渐凸显，直接挑动了国家疆域及边疆拓展的敏感神经。于是，国家的疆域及边疆拓展呈现出一种不断加剧的趋势。随着相关国家的疆域及边疆拓展的加剧，国家间的边疆争夺就不可避免，不仅在疆域及边疆的各种形态上全方位地展开，并呈现出不断强化的趋势。从目前的情况来看，国家间的边疆争夺在以下几个方面表现得较为突出：

一是陆地边疆的争夺。从总体上看，陆地边疆的争夺在今天已经不是十分突出了，不仅具有领土之争的国家的数量较之于"二战"前大大减少，而且其剧烈的程度也有所降低，甚至呈现出某种较为平和的态势。但是，陆地边疆的争夺仍然在继续，全球目前仍有国家间的领土争端近百起。中国与印度之间就有藏南地区（此区域目前由印度控制，印度称为"阿鲁纳恰尔邦"）的领土争端。这些领土争端中的相当部分，属于边疆争夺的范畴。诚然，这些边疆争夺中的相当部分是由于历史的原因造成的，并且牵涉民族分布、民族感情和居民的跨国界居住等问题，涉及相关国家的领土完整和安全。但是，一些争端的存在和加剧，与相关国家的地缘政治利益及战略边疆直接相关。

二是海洋岛礁的争夺。海洋岛礁的争夺是当前边疆争夺的典型形式。在19世纪末"海权论"提出并产生重大影响的情况下，一些大国便纷纷拓展自己的海洋边疆。全球化时代，海洋的经济、资源和战略意义更加突出。尤其是1982年《联合国海洋法公约》通过以后，国家拥有了岛礁便能拥有领海的主权，以及毗邻区、专属经济区的主权性权利，进而还能获得更大范围海洋的战略控制权，拥有广大的海洋边疆。同时，还能在扩大自己国家的安全空间的同时压缩相关国家的安全空间。因此，海洋岛礁争夺的实质是海洋边疆的争夺和战略边疆的争夺。今天中国南海的岛礁争端，就是中国维护自己的海洋边疆与其他一些国家夺占中国海洋边疆之间的矛盾和冲突。

三是利益边疆的争夺。"利益边疆"的概念及利益边疆的战略形成于20世纪末期，这并非偶然。在全球化日益加深的条件下，国家利益超越领土边界不仅成为必然，而且国家利益在领土外（其他国家的领土上）的积聚也呈增加和上升的趋势。在这样的背景下，国家维护自己的利益也不能局限于领土的范围。当某个国家利用自己的硬实力和软实力，尤其是军事方面的实力和影响力，形成这一利益区域的影响或控制的时候，这个区域便成为该国的利益边疆。利益边疆的形成有两个基本条件：一是国家利益在领土外某个地域的聚积，二是国家能够有效地维护这一区域的利益。然而，在一个特定区域内有某个国家的利益聚积，并不排除其他国家利益在此区域内聚积的可能性。于是，当不同国家对某个利益聚积的区域的控制权展开争夺时，利益边疆的争夺随即形成。事实上，这样的争夺总是不时地在特定的区域上演。

四是战略边疆的争夺。在国家的利益边疆已经存在及维护国家利益的行动须在一个更加广大的地理空间内展开的时候，国家安全的概念和范围就会发生根本性改变，进而会形成国家的安全空间。在国家运用自己的军事力量去维护自己安全空间的时候，战略边疆也随之出现，并被看作"一国国力和影响力所能达到的、可控制的地理与空间区域，它是国家实力、战略意志以及国家战略能力的投射范围"①。国家的战略边疆以利益边疆为基础，并围绕利益边疆构建，但依凭的是国家的军事能力。而一个国家在确立或构建自己战略边疆的行动，如果对其他国家的战略空间形成排挤或压缩时，战略边疆的争夺便随之形成。美国重返亚太并策动日本、菲律宾等国在东海、南海挑战或挑衅中国，目的就在于巩固自己的在太平洋的战略边疆，遏止崛起的中国对美国战略边疆的挤压，进而维护美国在现行国际体系的地位及由它主导的国际秩序。其实，美国的所有战略部署，都是在界定其"国家利益"的基础上，根据国家利益来部署军事力量的。

---

① 陈迎春：《战略边疆：助推中国和平发展的切入点》，载《世界地理研究》，2011年第6期。

五是高边疆的争夺。随着人类开发和利用太空的程度不断加深，太空对人类的影响也越来越突出。从国家的角度来看，取得对太空的控制权就意味着获得了对其他国家的巨大战略优势，获得了巨大的战略空间。自从美国于20世纪80年代提出高边疆战略，并觊觎太空的控制权以后，美国获取太空控制权的步伐一天也没有停止。随着太空技术的不断发展，美国不断发明和创造新的航天工具和太空武器，美国企图取得太空控制权的步伐越来越快，进而将其作为巩固其在国际体系和国际秩序中优势的有力手段，由此便引起了对这块"全球最后公地"的争夺，把国家对边疆的争夺从地球引向太空，形成了真正意义上的高边疆争夺。

国家间的边疆争夺皆以国家的经济实力、军事实力和地缘政治影响力为基础，或直接施加军事威慑，表现为国家间围绕边疆而进行的直接角力。这样的边疆争夺，实质上是国家间的边疆战争。所谓的战争，本质上是一种有组织地相互使用暴力的集体行为，常常表现为国家间或组织间使用暴力或以暴力相威胁而解决争端的过程。今天正在发生在陆地和海洋上的边疆争夺，相关国家或者直接使用军事手段，形成兵戎相见的军事对抗；或者以武力相威胁，形成直接的军事对峙，并致使直接的军事冲突一触即发。在国家间此种直接冲突的形式越来越多样化，以及国家间在石油、能源、货币中发生的冲突被描述为石油战争、能源战争、货币战争的背景下，国家间的边疆争夺也完全可以描述或界定为边疆战争。

在人类生活的地球上，可资利用的地理空间是有限的。尽管人类也会在科学技术发展的基础上去拓展地球之外的地理空间，但这样的拓展也是十分有限的。相反，人类还需要通过国家这样的方式来进行治理，这样的过程还会长期持续。而在国家时代，国家发展的无限性已经充分地体现出来，国家拓展边疆的冲动日渐强烈。因此，国家间的边疆战争不仅难以避免，而且将会愈演愈烈，并对地区局势、地缘政治形势和国际秩序造成深刻影响。从某种意义上说，今天国际地缘政治环境的改变、地区局势的紧张，都与这样的边疆战争存在着千丝万缕的联系。

四、中国传统的观念面临严峻挑战

在全球化时代开启的20世纪中叶，中国的民族国家构建基本完成，开始以民族国家的身份登上世界历史舞台。在全球化于20世纪末期全面深化并取得巨大进展的背景下，中国在改革开放推动下全面展开的现代化进程也快速推进，并开始全面崛起。从总体上看，当代中国的发展和崛起是在全球化时代实现的。随着中国的快速崛起，中国传统的疆域观念和边疆架构的不适应也日渐凸显，面临着越来越严峻的挑战。

中国传统的疆域和边疆架构，是在中国历史上国家形成和国家发展的过程中逐步形成的。自中国历史上第一个国家政权——夏——建立始，中国的疆域就出现了。秦统一六国并建立中央集权的国家政权后，随着国家疆域的统一和进一步巩固，王朝国家为了实现对国家的有效治理，便以王朝中央所在地为核心，运用先秦存在的"一点四方"和"五服"、"九服"观念，将疆域边缘的地区划分为"边郡"，并通过对疆域的谋划而逐步实现对疆域的自觉。随后的汉代，在承袭秦制的同时，也承袭了秦的疆域谋划，并将富有文化内涵的"夷狄"观念与之结合。东汉班固提出的"内诸夏而外夷狄"的主张，不仅将疆域划分为"内诸夏"和"外夷狄"，也提出了"是以外而不内，疏而不戚，政教不及其人，正朔不加其国；来则惩而御之，去则备而守之。其慕义而贡献，则接之以礼让，羁縻不绝，使曲在彼，盖圣王制御蛮夷之常道也"①的治理之策。这样的划分，明确将地处疆域边缘地带的"夷狄"划分出来，采取特殊的方式加以治理，从而在形成了明确的边疆观念和边疆治理方略的同时，体现了当时的疆域自觉和疆域谋划，开启了中国历史上疆域观念和边疆架构的演进历程。

王朝国家自秦以后的各个朝代，大都在扩大疆域和边疆的同时坚守了这样的疆域观念和边疆架构。这样一种以"内诸夏而外夷狄"为价值底蕴的疆域观念和边疆架构，由于内含着"非我族类，其心必异"②的贵华贱夷观念和戒备心理，因而总是对"先王封疆之外"③的边疆采取"守在四夷"④的边疆治理方略。对于地处疆域边缘的四夷之地，采取的具体措施

---

① 《汉书》卷94下《匈奴传·赞》。
② 《晋书》卷56《江统传》。
③ 唐代鸾台侍郎狄仁杰在上疏中说道："臣闻天生四夷，皆在先王封疆之外。"（《旧唐书》卷89《狄仁杰传》，中华书局1975年点校本。）
④ 《汉书》卷94下《匈奴传》，颜师古注引《左传》昭公二十三年。

是"叛则讨之，服则怀之"①。在这样的疆域谋划和边疆架构中，疆域中的核心区处于至上地位，而疆域的边缘部分即边疆则处于完全的从属地位，它服从于和服务于核心区的治理和发展。因此，王朝国家并没有明确划定疆域或边疆的外部界限，并总是根据国家实力的大小而确定疆域的拓展或收缩；海洋边疆长期未被纳入到疆域的谋划中，即便在海洋活动已经开启并在一定范围内形成优势时，也未建立起海洋疆域或海洋边疆的观念和政策；而在面临边疆危机的时候，王朝国家常常以让渡或割让边疆土地为代价而换取王朝的其他利益。

民族国家的构建，是中国国家发展史上划时代的转变。开启于19世纪初的民族国家构建，终于在1949年取得了巨大成就。中华人民共和国的成立，标志着中国民族国家构建的基本完成。② 中华人民共和国就是中华民族的民族国家。随着主权的独立，传统的国家疆域转变为主权管辖的领土，边疆也成为领土的边缘性区域。③ 如同第二次世界大战中获得独立的其他民族国家一样，新兴的民族国家高度重视国家的主权，尤其是强调领土主权的完整和安全。但是，受制有限的国力和长期在封闭环境中搞建设，传统的疆域观念和边疆架构并未彻底改变。重视核心区轻视甚至忽视边缘区、重视陆地疆域轻视海洋边疆的倾向仍然相当明显。而且，在边界争端地区以放弃某些领土要求为条件而改善与邻国关系的事例并不鲜见。

传统的疆域观念和边疆架构，虽然也在发展中发生了很大的变化，尤其是在民族国家构建完成后按民族国家的要求对疆域和边疆架构进行了重大的调整，但并未使传统的疆域观念和边疆架构发生根本性的改变。这样的疆域观念和边疆架构，既没有根据全球化时代疆域和边疆形态的变化来构建疆域构想，也没有将领土范围内的边疆与核心区的发展结合起来，海疆的地位和维护更是十分滞后，边疆的建设和发展都服从和服务于核心区的建设和发展，甚至可以为了内地的发展而不惜放缓边疆的发展。从总体

---

① 《旧唐书》卷80《褚遂良传》。《资治通鉴》卷56，《汉纪四十八》建宁二年七月。
② 关于中国民族国家构建的分析和论述，可参阅作者的《论中国民族国家的构建》（《当代中国政治研究报告Ⅵ》，社会科学文献出版社2009年版），及《多民族国家的族际政治整合》第五章第二节（中央编译出版社2012年版）。
③ 关于中国边疆的发展和演变，可参阅作者的《国家视阈里的中国边疆观念》，载《政治学研究》，2012第2期。

上看，这是一种内聚式的疆域观念和边疆架构。

中国实行改革开放以后，在改革开放的推动下，中国的现代化进程以前所未有的速度向前推进。而中国现代化的加速期与全球化在20世纪末期的迅速深化基本是重合的。现代化在深度和广度上的全面推进并取得成效，促成了中国的迅速崛起，也使中国迅速地融入世界，中国的发展深受世界形势影响的同时也深刻地影响着世界。在这样的形势下，中国传统的疆域观念和边疆架构就越来越不适应形势的要求，也越来越不适应国家发展的需要，面临着外部和内部的双重挑战。

从外部形势来看，今天的中国在快速崛起的同时，融入世界的程度也达到前所未有的程度。因此，中国的利益已经不局限于领土范围，已经遍布全球，而且领土范围内的利益与领土外的利益之间并无截然的分界，已经融为一体，它们一荣俱荣一损俱损。在这样的背景下，中国争取和维护自身利益的活动，也不局限于领土的范围。可是，当我们将注意力转向国外时会发现，世界上的许多国家早已将疆域拓展到领土之外。伴随着全球化而出现的新的疆域形态及其边疆争夺已经如火如荼。我国南海岛礁中的大部分也已经被其他国家占据。美国重返亚太和日本谋求在亚太地区的领导权，已经将中国发展的外部环境变得越来越复杂。

从内部形势来看，在小康社会目标基本实现，经济总量居于世界第二位，以及国际地位迅速上升以后，我国国家建设的基本目标已经实现，正朝着全面发展的方向前进，我国已经由全面建设时期向全面发展时期转变。① 国家的全面发展将国家疆域中边疆部分的意义进一步凸显出来：一方面，陆地边疆的稳定和发展，对国家整体实力的提升具有根本性的作用，同时也影响着与周边国家的关系以及地缘政治战略的实现；另一方面，海洋边疆的意义进一步突出，直接关系着国家崛起的真正实现和国家根本战略利益的实现。从总体上看，边疆在国家发展目标实现的过程中是发挥促进作用还是成为滞后因素，关键是看能否进行有效的治理，由此也就把边疆治理的地位和作用进一步凸显了出来。

在传统的疆域观念和边疆架构不能适应国家发展的新形势和新要求的

---

① 周平：《中国的崛起与边疆架构创新》，载《云南师范大学学报》，2013年第2期。

情况下，突破传统思维和观念的束缚，进行国家疆域观念和边疆架构的创新，构建适应国家发展需要的疆域观念和理论，及与中国的地位和发展相适应的疆域架构，就成为必然的选择。

首先，要构建完整的疆域理论和边疆理论。在国家疆域观念的变化已经从自在变成自觉和自为的今天，新的国家疆域观念构建，离不开严密的理论论证。因此，构建完整的疆域理论和边疆理论就显得十分重要。然而，疆域理论及边疆理论都不过是国家理论的组成部分或重要内容，只有在一定的国家理论的基础上才能构建完整的疆域理论和边疆理论。而中国历史上占主导地位的国家形态是王朝国家，不像西方那样经过城邦国家、罗马帝国、基督教普世世界国家、王朝国家、民族国家等诸多的形态，民族国家这种国家形态也是从西方传入中国的，所以缺乏丰富的国家理论。与疆域相关的主权、领土、边界等核心概念，也是西方国家理论的产物。所以，今天要构建适应中国发展的疆域理论和边疆理论，需要在全面把握现代国家理论的基础上对疆域的本质、形态和变迁进行充分的论证，进而形成既与世界主流的国家理论和疆域理论相衔接，又能有效服务于中国崛起的疆域理论和边疆理论。

其次，要构建完整的疆域构想和边疆架构。作为一个迅速崛起并在世界舞台上发挥重要影响的大国，中国需要构建自己的疆域构想及相应的边疆架构。在国家疆域问题上，过去我们接受了来自于西方的主权、领土、边界和条约等观念和海权、陆权、制空权等概念，今天又被西方的利益边疆、战略边疆、高边疆的布置所牵制，一步落后就步步落后，始终抓不住先机。在中国正在崛起的背景下，我们必须确立全球视野，根据今天世界格局和地缘政治变化的形势，构建包括主权性疆域、超主权疆域在内的疆域构想和相应的边疆架构，在地缘政治、地缘经济方面加强与周边国家合作，实现合作共赢，拓展中国的安全空间和发展空间，在一个更加广大的范围内谋划和维护国家利益，完成中国的崛起。

最后，实现边疆治理体系和方式的现代化。国家疆域的巩固集中表现为边疆的巩固，具体又包括陆地边疆的巩固、海洋边疆的巩固、利益边疆的巩固、战略边疆的巩固和高边疆的巩固。而边疆的巩固是有效治理结果。领土范围内的陆地边疆和海洋边疆的情况，尤其如此。作为边疆范围广大的国家，边疆治理在我国国家治理中占有举足轻重的地位。而在国家努力构建完善的国家治理体系，并通过强有力的治理促进国家发展的背景下，构建完善的边疆治理体系并全面加强边疆治理，尤其是加强陆地边疆和海洋边疆的治理，不仅尤其重要而且显得十分迫切。从某种意义上说，国家发展目标的实现，在相当大程度上取决于能否在一个科学的顶层设计的前提下有效地推进陆地边疆的治理和海洋边疆的治理，同时构建起稳固的利益边疆和战略边疆。

论国家疆域的治理

| 周 平 |

"疆域"是一个被广泛使用的社会政治概念，它所标示的政治地理空间与国家之间存在着不可分割的联系。离开了国家就无所谓疆域，也无法谈论疆域。疆域就是国家占据或控制的地理空间范围。疆域对国家的意义也特别重大。疆域既是国家形成的必要条件，也是国家的重要组成部分，并对国家的治理和发展具有重大而深刻的影响。因此，从国家治理的角度来思考疆域问题，对国家的疆域治理进行深入的研究，进而探讨疆域治理方式的创新，不论是对于加深和拓展关于疆域的认识，还是深化国家治理问题的认识，构建完整而有效的国家治理体系，都是必要而紧迫的任务。本文拟从疆域与国家发展关系的角度，对疆域治理中的若干基本问题进行深入的讨论，以期引起学界对疆域治理的关注，进而加强对疆域治理的研究，促进疆域治理研究的深入。

一、国家疆域的变迁及新疆域观的凸显

自古以来，"疆域"概念所标示的地理空间范围就与国家不可分割地联系在一起。从这个意义上说，"疆域"是一个政治性的地理空间概念，具有突出的国家属性。从本质上看，国家不过是人类为适应社会管理的需要而创设的政治形式，而且是人类有史以来所创造的最为有效的政治形

---

* 本文原载《思想战线》，2015 年第 4 期。

式。但是，国家一旦形成，它就不仅将管辖的居民整合为一个政治共同体，而且必须占据一定的地理空间范围。① 因此，国家既是政治形式，也是政治共同体，同时还是政治地理空间单位。国家占据的地理空间范围，就是国家的疆域。作为国家疆域而存在的地理空间范围，支撑着国家的全部政治结构和社会结构，以及国家的所有政治活动，因而是国家政治共同体赖以存在的客观基础。与此同时，国家也给这个地理空间范围打上了深深的烙印。因此，国家的疆域既是国家形成、存在和发展的物质基础，也是国家的有机组成部分。任何现实的国家，都以占据一定的地理空间范围为前提，并把该地理空间范围纳入到国家的内涵之中。离开了一定的疆域，国家的一切都无从谈起。

国家的疆域并不是一成不变的。相反，疆域是一种变动着的存在。一定的自然地理空间范围，因为国家的占据或控制而成为了国家的疆域。而国家本身又处于发展和演变的过程之中，从而形成一个国家形态演变的历史过程。② 国家的形态、结构、国家权力的组织方式、国家的行为方式以及国家间关系的模式等，都直接影响着国家对于疆域的占有或控制。不过，在国家发展演变的过程中，对国家内部和外部关系均具有根本性影响的，是国家主权及主权体制的构建。③ 因此，国家主权体制也往往成为划分和界定国家疆域发展阶段的主要依据或基本标准。此外，人类在科学技术和生产力发展基础上形成的开拓地理空间的能力，以及由此导致的人类活动范围的拓展，也直接影响着国家占据或控制的地理空间范围的形态。

---

① 许多经典著作对此都有论述。恩格斯那个国家按地域划分居民的著名论断，说的就是这个意思。恩格斯说：国家是在民族组织解体的基础上形成的。"国家和旧的氏族组织不同的地方，第一点就是它按地区来划分居民。……这种按照居住地组织国民的办法，是一切国家共同的。"（《马克思恩格斯选集》第4卷，人民出版社1972年版，第166—167页。）里普森的《政治学的重大问题——政治学导论》也写道："一个国家存在并被承认，就必须有一个边界分明的区域，在其中进行管辖与仲裁。这已是普遍的规则。"（〔美〕莱斯利·里普森，《政治学的重大问题——政治学导论》，刘晓等译，华夏出版社2001年版，第265页。）

② 仅就欧洲的国家形态演变来说，就经历过城邦国家、罗马帝国、基督教普世世界国家、王朝国家、民族国家等形态，目前正朝着民族国家共同体的方向发展。

③ 国家主权这一影响人类历史尤其是国家历史的概念，是让·布丹（1530—1596）首先提出，格劳秀斯（1583—1645）从国际法的意义上进行论证的。国家主权体制，则是由欧洲三十年战争后签订的《西荷条约》而确认的威斯特伐利亚体系才确立的。随着以国家主权为本质内容的民族国家的建立和全球扩张，国家主权体制逐渐具有世界的意义，对世界历史造成了深刻的影响。

在人类活动由陆地走向海洋、由地球表面发展到天空、由地球拓展到宇宙太空等的过程中，国家疆域的形态也日渐多样。回顾历史可以看到，国家疆域的形态随着人类活动范围的拓展而不断创新，是一个不可避免的趋势。不过，在国家主权及相应的主权体制仍然是规约国家行为的基本规范的情况下，依据主权或以主权为基本标准来划定和界定疆域类型，就成为国家疆域研究中普遍采用的方式。

在国家出现以后一直到1648年10月威斯特伐利亚体系的确立，在这个漫长的历史过程中国家并没有主权规则，更没有国家间的主权原则和主权体制。在这样的条件下，国家占据地理空间范围并将其作为自己疆域的行为，自然也就无主权的约束和限制，而是处于某种自由状态或自然状态——这是一个以力为雄的时代，强权成为处理国家间关系的基本遵循。国家占据或控制地理空间范围的程度，主要取决于国家的需要（君主的雄心以及一个国家与其他国家关系中形成的利益关系）、国家的实力以及相关国家的力量对比。国家疆域的范围也与此直接相关：一个国家在国力强大时，往往扩大自己的疆域；而在国力衰弱时，便会收缩疆域，或者放弃已经获得的疆域。在此条件下，国家疆域的范围和位置，也成为国家能力的某种表征。

但是，在威斯特伐利亚体系确立了国家主权并因此而构建了国家主权体制以后，国家占据地理空间范围的活动就受到了主权的制约。国家主权既是国家自主管理本国国土和国民的最高权力，也是其他国家承认其拥有的权力。[1] 国家拥有主权的地理空间范围，就成为国家的领土。从这个意义上看，领土就是国家主权管辖的地理空间范围，并需要通过主权国家政府间的条约或协定而确定的边界来界定。因此，领土、边界都是国家主权的表现形式。当然，国家的领土也是可以变更的。为了解决国家间的领土关系，国家间逐步形成了领土获得、领土让渡等的规则以及领土争端的解决方式。主权国家凭借自己强大的国家力量去掠夺和侵占其他国家的领土主权，将其变成自己的殖民地或半殖民地，进而将其领土纳入到自己的疆

---

[1] 一个国家的主权，并不是自我宣称的结果，而是其他国家承认的结果。当然，一个国家自主管理的权力，首先必须现实地存在，同时也需要自我宣称，但更为重要的却是得到其他国家的承认。

域范围的帝国主义行为，是对国家主权原则的违背和对国家主权体制的破坏。

第二次世界大战以后，随着全球化时代的逐渐形成，国家的活动方式以及人类活动的范围都发生了巨大的变化，国家占据地理空间范围的方式也发生了根本性的变化。一方面，第二次世界大战以后，在轰轰烈烈的民族解放运动冲击下，帝国主义殖民体系全面坍塌，一大批民族独立国家出现了，主权国家的数量快速增加，国家主权体制也在世界范围内建立。主权原则成为处理国家间关系的基本原则。另一方面，第二次世界大战后的一系列国际规则体系的建立，如联合国、国家货币基金组织、世界银行、关贸总协定等，则把所有国家都拉到全球化的进程中，开启了构建全球化时代的进程。由于如此，国家利益的外溢和国家间的利益交融也日渐突出和深化，超主权的国际规则的作用逐渐形成并日渐突出，其作用的范围也在不断扩大。与此同时，科学技术革命的浪潮又持续高涨，推动着人类活动范围的快速拓展，尤其是从地球表面拓展到了太空、深海以及地底（地表之下的相当深度）。在这样的形势下，国家占据地理空间的范围迅速扩大，并且在主权性占有的基础上出现了超越主权的占有或控制，因而出现了超越于主权的疆域。事实上，许多国家的疆域中，有的是主权性的，如领土；有的是超越于主权的，如海洋中的毗连区、专属经济区和大陆架，以及南极和北极由特定国家使用和管理的考察站、太空实验室，等等。而这些超主权的疆域，不仅相对于领土的核心区来说，而且相对于领土来说，都处于边缘地带，因而是一种边疆形态。所以，超主权的疆域形态都是新形态边疆的方式表现出来。

随着超越传统的主权观念的疆域形态的出现，国家疆域不论是表现形态还是发挥作用的方式，都更加多样和丰富。而这样一种现实的出现，首先是由一些西方国家用越来越多的具体行动促成的。那样首先建立民族国家并因此而大幅提升了国家力量的列强，对国家疆域扩大带来的国家红利早就有了充分的认识，并凭借国家实力而通过殖民的方式强占别国领土，把自己的疆域扩展到别的国家的领土之上。在全球化时代，又是这些国家尤其是上个世纪迅速崛起的美国，凭借实力而大量地占据或控制"地球公地"中的许多区域，尤其是大量占据地缘政治的关键性区域，20世纪80

年代又在高边疆理论的指导下将疆域拓展到了太空，从而迅速且大幅度地扩大了自己的疆域，并以此来建立和巩固自己的霸权。美国也成为了通过快速扩大自己的疆域而促进国家发展和强大的典型。

在这样的形势下，尤其是西方国家拓展疆域的行动加剧及其所造成的事实面前，一种在全球化时代这个特定历史条件下形成的新疆域观便浮出了水面。这样的疆域观，与近代以来逐渐形成的主权疆域观即把国家的疆域视为领土甚至直接把疆域等同于领土的观念之间，存在着重大的差别，甚至在某些方面有悖于主权国家时代占统治地位的领土疆域观念。但是，不论我们是否认同它接受它，这样的疆域观都不可避免地出现了，而且它的影响也越来越大，不仅反过来影响着当代国家疆域形态的进一步演变，而且对世界格局尤其是地缘政治形势造成了深刻的影响。这也是在"领土"概念被广泛使用多年以后，"疆域"概念再次受到重视并广泛使用的重要原因。

这样的现实也引起了学界许多人的纠结，这在中国的学界表现得尤为突出。相当数量的学者，在国家疆域问题或相关的研究中，往往把主权理论和主权原则绝对化了，不仅将主权、领土等概念延伸到前主权时代——用这些观念去分析和描述主权和主权体制形成以前国家的疆域，而且对主权或领土以外的疆域持绝对排斥的态度。持此观点的论者，不仅有意无意地忽略了疆域形态随历史条件的变化而变动的事实，而且把西方国家拓展超领土疆域的做法斥为帝国主义的行径而坚决地摒弃。然而，今天的世界已经发生了深刻的变化，一些西方国家已经将超主权的疆域做大做实做强了。如果我们故步自封、抱残守缺，就会作茧自缚并错失良机，迟滞了中国崛起的步伐。面对已经变化了的形势，我们也必须与时俱进，摒弃传统的不合时宜的疆域观，采取新的疆域观念。

二次大战后开启的构建全球化时代的进程，在20世纪末期形成了标志性的成果。随着两极格局的解体，一个全球所有国家紧密联系为一体的时代立刻呈现出来。此后，随着全球化在深度和广度两个方面不断向纵深发展，国家间的利益依存关系和依存度也在不断加深，那些海外利益本来就占有重要地位今天又更显突出的国家，不仅率先接受并运用新的疆域观来界定自己的疆域，在更大的空间内来谋划国家发展，而且加快了通过控制新的地理空间来扩大自己疆域的步伐，进而加剧了国家间的疆域争夺，从而使得疆域问题更显突出，对相关国家的发展和世界格局的影响也更加深化。

二、疆域的构成及其对国家发展的意义

作为一个政治地理空间概念，"国家疆域"只是表示一个国家实际占有或控制着一定的地理空间范围，并运用国家力量去捍卫自己对该空间的占有或控制，进而竭力去挖掘该地理空间对于国家的意义并充分地利用它。在这样的情况下，该地理空间就打上了国家的深刻印迹，并成为国家的重要组成部分。在此基础上，该政治地理空间也对国家间的关系和国家秩序或格局造成了实际的影响。

在国家疆域尚无主权约束的时代，国家往往凭借自己的实力去拓展自己的疆域。国家主权及主权体制形成以后，尤其是主权成为国家的核心要素和处理国家间关系的基本原则的条件下，国家的行为要受到主权的约束，主权也就成为界定国家疆域的核心指标，从而导致了国家疆域的演变进入了主权时代。随着主权原则的不断强化，领土概念几乎取代了疆域概念，或者说，领土成为了疆域的代名词。但是，随着全球化时代出现的超主权或在主权之外占据或控制地理空间的现实的凸显，"领土"一词已经无法表明国家占有或控制的地理空间范围了。在此情况下，为了有效地描述和分析国家占有或控制的地理空间范围，"疆域"概念重新受到重视，并被广泛使用。

在今天这样一个全球化时代，国家的疆域并不等同于领土。对于许多国家来说，领土只是其拥有主权的疆域或主权性疆域。除此之外，它还在领土之外占据或实际控制、管理着一定的地理空间范围，并将其视为自己的疆域，从而拥有了超越于国家主权的疆域，即超主权疆域。对于这样的超主权疆域，时下的人们往往用"边疆"一词来指称它，于是便有了"太空边疆（或高边疆）"、"底土边疆"、"利益边疆"、"战略边疆"等概念。

国家的疆域尤其是对于那些疆域广大的大国来说，就明显是由多个部分构成的，具有突出的结构性特点。当然，各个国家的疆域的构成是不同的，具有明显的差异性，陆权国家、海权国家、陆海兼备的复合型国家在

疆域的结构上就存在着很大的差别。从陆海复合型国家来说，国家的疆域大致由以下两个部分构成：

第一，主权性疆域。国家的主权性疆域是与国家主权联系在一起的疆域形态，具体又分为两种类型：一是领土。这是国家主权管辖的地理空间，国家对其拥有完全的排他性的主权，即领土主权。根据国际法，国家的领土由多个部分组成，它包括主权管辖的陆地、水域、上述陆地和水域的底土以及上述陆地和水域之上的空气空间，即领陆、领水、领空和领底土；二是主权权利区。这是邻近某国领土并由该国家通过行使主权权利而进行管理、管控的区域。这样的区域只存在于海洋，并且由国际海洋法进行规范。沿海国对于这样的区域并不拥有主权，但却在行使领土主权和维护自身利益的过程中对邻近海域或海域中的某些事项形成实际的控制或管理。这样的控制和管理得到国际海洋法认可后，便演变成为主权权利。享有主权权利的国家，对这样的区域进行着实际的管制，从而使其成为既非领海也非公海的区域。

第二，非主权性疆域。非主权性疆域是国家对其形成某种程度的控制但却不享有主权管辖和主权权利的地理空间区域，以及基于地理范围的其他形态的空间范围，具体又可分为两种形态：一是国家控制的非主权地理范围。在疆域对于国家发展的意义日渐凸显的情况下，一些国家在对没有主权归属的地理空间，如南极地区、北极地区、国际海底区域、外层空间等的开发利用过程中，形成对其某些区域的实际控制或管理，并将其视为自己的疆域，从而形成了国家控制的非主权地理空间范围；二是国家具有实质性影响力的基于国家利益的地理空间范围，即国家为了维护自己的海外利益，运用国家力量对利益聚积区施加影响进而形成对该区域的实际控制，从而形成一种新的疆域形态。①

---

① 这样的区域，常常被以"利益边疆"、"战略边疆"等概念来指称。它们虽然不是明确的地理空间范围，但却依附于地理空间范围之上；相关国家对其进行的控制，并不是地理性的控制，只是对影响国家利益的其他主体施加影响。这样的影响并不是特定地理空间的占据，但相关国家却会在利益受到损害的情况下通过军事手段去维护。从这个意义上说，国家对此区域的控制是弹性的，也是非排他性的。这样的控制往往会对其他国家的主权形成重叠，但又不侵害其他国家的主权，甚至还能得到了主权国家的支持，因而并不违背国家主权原则。关于利益边疆问题，可参阅作者《中国必须有自己的利益边疆》，载《探索与争鸣》，2014年第5期。

国家将自己的权力覆盖或延伸于一定的地理空间之上，使其成为自己的疆域。国家的机构、组织、财富，以及国家能力的生成、国家的发展，都是在此基础上进行的。国家的活动，也主要是在此基础上展开的。从这个意义上说，疆域是国家构建、存在和发展不可或缺的地理条件。从国家发展的角度来看，国家疆域的范围、区位、形态、结构等，都发挥着重要的影响。在国家间的竞争趋向于激烈的背景下，疆域对于国家形成优势和增强竞争能力的意义也更加突出。从总体上看，疆域对于国家发展的意义，主要表现在以下几个方面：

一是决定国家的总体体貌。国家的疆域本身就是外在形成的重要表现，也是国家体量的一个重要标志。而且，国家疆域还是国民生活的范围，以及国家经济活动的主要空间范围，对国家的人口数量和经济规模等，都具有直接影响。另外，国家疆域的位置，尤其是是否拥有海岸线和领海，又决定着一个国家是陆权国家还是陆海兼备的复合型国家。陆海兼备的复合型国家，在海上运输线、海洋开发乃至太空开发方面，都具有显著的优势。从这个意义说，疆域因素往往是大国形成的重要条件。

二是决定国家的资源贮备。国家的建设和发展，最终都依托于经济的发展，以及以此为基础形成的经济体量。但是，国家的所有经济活动都必须以一定的资源条件为基础。诚然，不同的国家在资源禀赋方面的差异是巨大的，疆域规模较小的国家也会拥有丰富的资源储量，但通常的情况却是疆域规模大的国家资源贮备在品种和数量方面自然占有优势，而且往往拥有对整个经济活动具有至关重要的战略性资源。因此，国家疆域是国家资源形成的基础。

三是提供国家的发展空间。国家的所有活动，尤其是国家的经济活动和物质财富的创造，以及强大国家能力的形成，都是在国家疆域的基础上进行的。国家疆域提供了国家活动的基础性条件，支撑着国家的建设和发展。相对来说，拥有广大和辽阔疆域的国家，不仅资源条件相对优越，而且国家活动和发展的空间条件相对充裕，人口发展和市场的潜力巨大，国家蕴涵的发展潜力也就比较强劲，就会具有良好的前景。

四是影响国家的战略性利益。在国家间的相互依存和竞争的情况下，地理因素既是一个国家发展自己和维护自身利益的基础条件，也会成为一个国家限制、挤压、遏制对手时可资利用的手段和条件。在此条件下，尤其是一些国家利用地缘因素和关系去压制和攻击对手国家的行为愈演愈烈的情况下，作为国家政治地理空间的疆域也有成为国家战略性利益尤其是地缘政治利益的条件，对于国家的发展和安全产生着重要而深远的影响。

五是影响国家的整体安全。在人类社会通过国家方式治理的国家时代，国家间的竞争往往如影随形般地伴随着国家的发展，通过战争手段来解决国家间争端也是常态。因此，战争也就成为国家必须面对的最大风险。维护国家安全成为国家维持自身存在和发展的首要选择。而在维护国家安全的视野中，国家的疆域是一个基本的条件。国家疆域的规模、结构、形态和地缘政治条件等，都对国家的安全具有重要的影响。

六是制约国家的竞争能力。在人类以国家的方式进行治理的条件下，国家间的竞争是国家关系的常态。而且，随着国家间关系越来越紧密，国家间的竞争也趋向于激烈和全面。于是，具备较强的竞争能力，成为国家存在和发展的重要条件。而在国家竞争能力形成的过程中，疆域往往发挥着十分重要的作用。优厚的资源禀赋在造就国家竞争能力方面的作用是明显的，国家疆域的规模、结构及地缘形势，也在造就国家竞争能力方面发挥着十分重要的作用。

疆域对于国家发展来说具有重大意义，这也为无数的经验事实所证明。美国的迅速发展并在较短的时间内成为世界头号强国，在相当大程度上就是凭借其优越的并不断拓展的疆域条件。"一部美国历史，是不断拓展'边疆'的历史。从大西洋西岸向太平洋东岸的移动、从北美大陆向海外进而向地球各个角落的延伸、从地球表面向外层空间的发展，是美国从北美'大陆边疆'向'全球边疆'的发展过程。"正因为如此，"美国能够在短短的两百多年里，从英属北美13个殖民地壮大为一个独立的民主共和国、从一个位于大西洋西岸的孤立国家演进为一个影响巨大的世界大国、从一个并不先进的农业国发展成为一个世界顶级的工业强国。"① 曾经的"日不落帝国"英国的衰落，则与其海外疆域（殖民地）的丧失直接相关，这又从另一侧面说明了疆域对于国家发展的意义。

---

① 石庆环：《从"大陆边疆"到"全球边疆"——美国走向世界的历史进程》，载《辽宁大学学报》（哲学社会科学版），2005年第4期。

第二次世界大战以后，在民族解放运动和国家分裂的双重影响下，新增了大量的民族国家，"国家拥挤"的现象日渐突出。与此同时，全球化时代导致的国家间关系日渐密切及国家间的竞争在全球范围内深度展开，科学技术革命的持续高涨，人类开拓和利用地理空间的能力空前提高。在这样的情况下，疆域对于国家发展的意义进一步凸显，占据或控制更多的疆域对于国家竞争优势形成的作用更加突出。在国家占据更大地理空间的冲动和能力的发展同人类能够利用的地理空间的有限性之间的矛盾越来越明显和越来越突出的情况下，国家间的疆域争夺——这样的争夺一般发生于国家疆域的边缘地带因而表现为边疆争夺——也越来越突出。当下正在发生的美国重返亚太，以及美俄围绕乌克兰而展开的博弈和缠斗，也与国家间的边疆争夺存在着直接或间接的联系。

　　中国在崛起的过程中，疆域问题也是一个绕不开的问题或必须迈过去的坎。夺回被占的领土和全面地维护自己的疆域，是中国崛起的必要条件。在领土被占和领土外的其他形态的疆域不能得到有效维护的情况下，中国的崛起就无法实现。收复被占领土和有效维护自己的疆域，也是中国完成崛起的重要标志之一。

三、有效治理的疆域才能充分发挥作用

　　疆域作为国家存在和发展的地理条件，对国家发展的意义已经为无数的实例所证明。可是，在人类国家发展的历史上，国家的疆域由于管控不善而丧失、由于衰弱或动荡而无法有效利用、疆域的边缘地带即边疆由于失去控制而崩塌，进而拖累国家甚至拖垮国家的例子也不胜枚举。西方历史上的罗马帝国的衰落和最终败亡，与其边疆的衰弱和崩塌直接相关。中国历史上边疆动荡或骚乱导致国家政权倾覆或国家分裂，边疆受到外部势力入侵而将战火延至内地而拖累国家的例子也比比皆是。这说明疆域只有在得到有效管控、稳定而有秩序、合理规划、具备开发和利用的条件时，它才能发挥作用进而实现疆域功能的最大化。如若不然，疆域的功能就得不到发挥，甚至会成为国家的拖累。

　　然而，作为国家政治地理空间的国家疆域，并不会自然而然地具备这

样的条件。回顾历史可以看到，在国家疆域的发展中总是会存在着削弱甚至破坏这些条件的因素，从而导致疆域问题不时发生，给国家发展造成困扰甚至破坏。历史的经验表明，这些导致国家疆域弱化或给国家疆域造成消极影响的因素，既来自于国家的外部，也会产生于国家的内部，但主要是以下几个方面：

一是竞争对手的蓄意干扰。在人类社会以国家的方式进行治理的条件上，国家既是政治共同体也是利益共同体。国家在追逐自身利益的过程中便会形成相互间的竞争，竞争已经成为国家间相互关系的一种基本形态。在某些特定的情况下，国家间的竞争还会十分激烈的，有的时候国家间的竞争甚至是你死我活的。在这样的情况下，利用疆域问题（尤其是边疆问题）或疆域因素去干扰或压制竞争对手，就会成为经常被采用的手段。从某个具体的国家的角度来看，国家的疆域或边疆面临着竞争对手的干扰和破坏造成的威胁，往往是一种常态。

二是地缘政治因素的搅动。在国家间存在依存和竞争关系的条件下，地理因素就会对相关国家的治理和发展造成深刻的影响而成为国家的地缘政治条件。某个特定区域也会形成某种特定的地缘政治环境，进而对相关国家造成或大或小的影响。与此相适应，地缘政治环境中发挥作用的各种因素也会被相关国家操弄而成为重要的地缘政治变量或地缘政治工具。于是，地缘政治环境尤其是特定时期的某些重要因素，就会对特定国家的疆域带来重大影响。蒙古从中国独立并另立国家，就与苏联基于地缘政治利益的考量而施加的影响直接相关。

三是社会政治因素的作用。在疆域规模较大的国家，不同区域由于历史和现实因素的作用，在人口构成方面往往存在明显的差异。这一点在疆域的核心区与边缘区即边疆的对比中表现得尤为突出。相对于核心区来说，边疆往往存在着多个民族群体，不同的民族群体不仅有多样性的文化，同时又会信仰着为数众多的宗教。具有特殊区位和复杂人口结构的边疆，往往又是境外势力渗透的重点区域。因此，边疆地区的社会政治因素是最为复杂的，由此导致和引发的矛盾难以避免。这样的状况就不可避免对该区域的稳定和秩序造成严重的影响。

四是开发中的非理性行为。疆域作为一种地理空间条件，它提供的发展条件须经一定的开发行为和过程才能发挥作用。疆域对于国家的经济价值、政治价值和社会价值等，都是在一定的开发利用过程中发挥出来的。然而，介入疆域开发和利用过程的各种行为主体，不论是政府、企业、社会集团还是个人，都是基于自身的利益来进行疆域开发的。而边疆开发和利用行为的逐利性及其追求眼前和直接利益的动机，就可能导致疆域开发的非理性化，难以避免的破坏性、掠夺性开发，会对疆域造成消极性的影响。

五是社会意识形态的影响。国家的疆域尤其是有人居住的陆地疆域，社会意识形态是一个不容忽视的影响变量。对于疆域规模较大的国家来说，疆域不同区域间的人口或人群往往在文化方面存在较大的差异性，它们是不同的民族群体或具有不同宗教信仰群体。这样的社会历史条件为多样性意识形态的形成、传播和发挥作用提供了条件。在特定意识形态的影响下，特定区域的人民会掀起独立和分裂的政治运动，从而给国家疆域的统一和稳定造成深刻的影响。比如，民族自决的思想和观念，就造成了许多国家的分裂和疆域版图的重构。

六是国家疆域政策的失当。某个地理空间因为被国家占据和控制而成为国家的疆域，而国家直接或间接的疆域政策或边疆政策，也会对国家的疆域产生重要的影响。某个国家如果由于战略取向失当或在疆域问题上缺乏深谋远虑，就会在对自己疆域的管控和治理的政策方面出现失误，甚至制定和实施错误的政策。而这样的情况一旦出现，该国的疆域的某些部分，尤其是疆域边缘部分即边疆的某些区域，就会出现虚弱甚至失控。国家疆域如海疆的或其他形态边疆的失去或被他国占据，往往就发生在这样的情况之下。

对于国家的疆域来说，上述这些因素都不仅是客观存在的，也是难以避免的。这些因素既然存在了，也就不可避免地会发挥作用，有时它们中的一个因素单独发挥作用，有时则多个因素同时发挥作用，给国家疆域的安全造成消极的影响甚至是严重的威胁，从而引发各种各样的矛盾和问题。其中，比较突出的有以下几个方面：一是疆域的管控问题。在国家间的竞争不能排除并趋向于激烈化的条件下，国家的疆域面临其他国家的争夺和挤压都是难以避免的，国家有效维护领土主权的安全，并对超主权的疆域进行有效控制，疆域才能稳定运行。然而，疆域尤其是超主权疆域的管理并不会自然而然地实现。二是边疆的秩序问题。对于一个正常的国家来说，领土的核心区的秩序是能得到优先保障的。但领土的边缘区域和领土外的其他边疆形态的秩序，就会在内外因素的影响下出现问题。三是边疆的稳定问题。在边疆的社会发展中，自生的和外来的许多因素都会导致社会的动荡，从而出现不稳定问题。四是边疆开发问题。相对于国家疆域的核心来说，不论是领土边疆还是非领土的边疆，都存在开发问题。边疆只有得到有效的开发，才能充分发挥作用。五是民族宗教问题。相对于疆域的核心区来说，边疆有着更为多样的民族群体和多样性的宗教信仰，因此，民族群体之间和宗教信仰之间的矛盾和冲突也就表现得更加突出，而且这两个方面的问题常常相互渗透并相互纠缠，引发民族问题和宗教问题。

在国家疆域面临着诸多矛盾和冲突的情况下，国家必须运用政治力量来解决或处置这些问题，或者将矛盾和冲突控制在一定的范围内，对自己的疆域实行有效的管控，在疆域内建立并维护正常的秩序，社会的矛盾和冲突虽然不能排除但得到了有效的控制，边疆得到了有效的开发利用，只有在这样情况下国家的疆域才能充分发挥自己的功能。

换个角度来看，国家疆域总是会面临诸多挑战和问题的事实也表明，疆域的确是国家存在和发展的条件，但疆域对于国家发展的意义的有效发挥，并不是无条件的，而是有条件的。这个条件就是疆域得到有效的治理。历史和现实的情况一再表明，只有得到有效治理的疆域，才能充分发挥自己的功能，在国家发展中发挥积极作用，促进国家的发展。疆域在国家发展中的作用发挥到何种程度，与疆域的治理水平直接相关。所谓国家的疆域治理，就是国家运用政权的力量或国家力量，动员和调配国家的资源，去解决疆域面临或凸显的各种矛盾和问题的行为和过程。疆域治理是国家治理的一个重要的面向，也是国家治理的重要组成部分。

由于疆域是国家形成和发展的基础，疆域规模和形态等对国家发展具有根本性的影响，国家也就总是具有巩固疆域和拓展疆域的冲动。追求更大或更为有利的疆域，往往会成为国家的重大目标并付诸于实践。这一点已经为古今中外无数事实所证明。纵观人类的国家发展史，众多的国家尤其是那些规模较大的国家都有过拓展疆域的行动，或者说，现有的疆域就是历史上疆域拓展的结果。但是，获得了疆域并不意味着这些新辟疆域一定能够为国家壮大和发展提供支持或支撑。新辟的疆域如果不能得到有效的管控和开发利用，就会失去意义甚至因为社会动荡而成为国家的包袱和累赘。新的疆域只有得到有效的治理，才能巩固并在国家发展中发挥积极的作用。相对于边疆的获得和拓展来说，疆域治理的意义一点也不逊色。回顾人类的历史可以看到，只有得到有效治理的疆域，才能稳定并保留在国家的版图中，才能得到有效的开发利用，成为国家发展的有力支撑。相反，疆域如果不能得到有效的治理，就会失去或弱化、崩塌，从而成为国家发展的累赘，就会把国家拖垮。

既然国家的疆域并不局限于主权性的范畴，还包括一些国家虽然不拥有主权却实际控制或使用的区域，因此，国家的疆域治理也可划分为主权疆域的治理和非主权疆域的治理两个部分，两个部分又相互支撑，相互配合，联为一体。

四、疆域治理的凸显及治理方式的创新

作为一种基本的政治现象，国家是在一定疆域的基础上形成和发展的，疆域既是国家形成的基本的条件，又对国家的进一步发展形成制约。因此，国家不仅面临着扩大国家政治地理空间的问题，即疆域的拓展问题，也面临着对既定疆域进行控制、维护、管理和开发利用的问题。当国家运用政权的力量去解决或处置后一个问题的时候，国家的疆域治理就形成了。离开了疆域治理，或者说，国家的疆域治理问题不能得到有效的解决，国家的其他方面的治理就会受到影响，甚至都无从谈起。因此，疆域治理就成为了国家治理的重要组成部分，而且关乎国家的统一和稳定，关乎国家治理的成效，关乎国家发展的未来，从而在国家治理体系中占有十分重要的一席。纵观国家发展的历史，疆域治理是一个既古老又常新的命题。

从国家疆域治理的历史经验来看，疆域治理本质上是国家运用政权的力量去解决或处置国家面临的疆域问题的活动和过程。从总体上看，国家

面临的疆域问题可大致分为两个方面：一是传统疆域问题。在国家主权体制建立起来以后的主权时代，传统疆域的主要形态就是领土。因此，传统疆域问题也就是领土中的问题，涉及的主要是领土主权的维护问题，以及疆域不同部分的治理问题，如核心区的治理、边疆的治理，边疆治理又分为陆地边疆治理、海洋边疆治理等；二是新辟疆域问题。在疆域发展的无主权时代，国家疆域的获得和拓展，大都是由国家的能力和需要来确定。国家疆域的主权时代开启以后，国家疆域主要由主权来规定，超主权的疆域受到排斥。而在全球化时代，随着国家间利益依存关系日渐密切以及国家的海外利益的日渐突出，正视超主权的疆域成为了不可回避的必然选择。但是，无论是疆域的前主权时代、主权时代，还是超主权时代，如何对新辟疆域进行管制、维护和开发，都是国家面临的重要的疆域问题。

国家在解决疆域问题即开展疆域治理的过程中，总是会根据当时具体的社会历史条件，包括国家间处理疆域关系的基本规则，有目的有计划地进行疆域治理，并因此而形成多种多样的疆域治理方式。而这些具体的疆域治理方式，又会对相关国家的治理以及国家间关系乃至地缘政治关系和地缘政治版图产生直接或间接的影响。从这个意义上说，国家的疆域治理实践及其方式也往往成为影响人类历史的重要因素。

罗马帝国在人类的疆域拓展和疆域治理的历史上，留下了浓墨重彩的一笔。罗马从建立城邦到统一意大利，与其在疆域的拓展和治理的成效直接相关。罗马由共和国转变为帝国，不仅是公元前27年屋大维被元老院授予"奥古斯都"称号并确立了个人的专制统治，更为重要的是它对其他国家实行军事征服之后，将所征服国家或王朝变成自己的行省，并通过有效的疆域治理而对其实行殖民统治。其实，帝国作为一种国家形态，不仅是拥有集国家权力于一身的皇帝，更为根本的是它将其他国家或王朝纳入到了自己的统治范围之中，从而使自己的国家成为一种控制着其他若干政治实体的政治集合体。

中国也曾经在历史上形成了独特的疆域治理制度。一方面，在国家统一的条件下，那些有作为的王朝通过各种经济、政治和文化的措施，将疆域的不同部分紧密地结合在一起，实行疆域整合而提升了疆域不同区域的同质性，同时也把疆域的边缘部分与核心区区分开来，采取特殊的政策和方式进行治理，从而建立了富有特色的边疆制度。另一方面，一些王朝的统治者又基于扬威名于天下、披声教于四方的理想，把那些主动来朝的国家或王朝变成自己的藩属并对其实施保护，从而形成了与罗马帝国有着本质区别的疆域治理方式。正因为如此，笼统地把中国历史上的王朝称为"中华帝国"的做法是不恰当的，至少是不准确的。中国历史上的那些庞大的王朝，都不是真正意义的帝国。

世界近代以来，那些率先建立民族国家的欧洲国家，一方面凭借其民族国家的制度优势，另一方面凭借其在民族国家条件下迅速发展起来的资本主义经济，采取了帝国主义的手段，把许多国家变成自己的殖民地或半殖民地，不仅拓展了自己的疆域而且以殖民统治的方式实行疆域治理，从而使自己国家得以迅速地发展和壮大。昔日号称"日不落帝国"的英国，就是通过这种方式建立起自己的英国世纪。

国家疆域治理的方式在第二次世界大战后发生了重大的改变。第二次世界大战是人类历史上最具影响的重大事件。第二次世界大战前后人类历史发展的区别是如此之大，二次大战堪称人类历史的一个重大转折点。从国家疆域和疆域治理演变的角度来看，情况也是如此。第二次世界大战后，随着全球化时代的逐渐形成，国家间的利益依存度大幅度提升，国家的海外利益日渐增多并且对国家发展的影响也日渐突出。在这样的情况下，疆域对于国家的意义也更加突出，拥有更加宽广的疆域尤其是领土外疆域更加成为国家发展的重要条件，国家间的疆域争夺更加激烈。但是，在风起云涌的民族解放运动的冲击下，帝国主义的殖民体系土崩瓦解并被历史无情地抛弃了。传统的通过殖民统治或对其他国家实行殖民化的方式来拓展和治理海外疆域的做法，面临着严峻的挑战，已经无法继续。与此同时，由于科学技术持续地高速发展，人类活动的地理空间得到了前所未有的拓展，为国家获得和占有更大的地理空间提供了新的可能。因此，创新疆域治理方式，根据形势的发展而创造或实施不同于以往又能适应新的形势并有效对疆域进行治理的新方式，成为一个历史性的课题。

在疆域治理尤其是边疆治理方面，美国的实践及其根据形势变化所作的创新，不仅十分突出并具有典型意义，而且也是富有启发性的。美国在立国后的相当一段时间，都偏居于大西洋的沿岸。美国的兴盛是与以西部开发为主要内容的边疆拓展联系在一起的，美国也因为边疆的拓展和开发而具有了活力。"在这一进程中，边疆是向西方移民浪潮的前沿"，国家获得了巨大的发展空间。"美国的发展不仅表现为一个单线的前进运动，而且是在一个不断前进的边疆地带上回复到原始状态，并在那个地区有新的发展的运动。美国的社会发展就是这样在边疆连续地、周而复始地进行着。""这种不断的再生，这种美国生活的活动性，这种向西扩张带来的新机会以及跟简单的原始社会的不断接触，提供了支配美国性质的力量"①，对美国的发展造成了深远的影响。

第二次世界大战以后，美国更是在把疆域拓展和疆域治理的范围拓展到全球的同时，创造了许多新的疆域概念和疆域治理形式。20 世纪 80 年代，美国为了抢占新的外层地理空间，提出了"高边疆"战略，把外层空间纳入了边疆的范畴。不仅如此，"20 世纪 80 年代中期，美国等西方大国从维护自身利益的需要出发确定战略控制范围，首先使用了'利益边疆'概念"②，以及"战略边疆"概念。战略边疆通常被看作"一国国力和影响力所能达到的、可控制的地理与空间区域，它是国家实力、战略意志以及国家战略能力的投射范围"③。"如果说利益边疆回答的是国家利益的范围，战略边疆则是回答国家利益的战略要求。"④ 正是通过这些创新性的边疆概念以及相关的边疆治理，并依托于分布广泛的军事盟友，美国有效地把自己的疆域拓展到了全球，并有力地支持了美国的发展。从这样的事实来看，"一部美国历史，是不断拓展'边疆'的历史"的判断无疑是恰当的。

对于正在崛起的中国来说，根据形势的变化而进行疆域治理的创新，也是一个必须引起高度重视的重大课题。回顾历史可看到，疆域的拓展和

---

① 特纳：《边疆在美国历史上的重要性》，见杨生茂编：《美国历史学家特纳及其学派》，商务印书馆 1984 年版，第 3—38 页。

② 于沛：《从地理边疆到"利益边疆"——冷战结束以来西方边疆理论的演变》，载《中国边疆史地研究》，2005 年第 2 期。

③ 陈迎春：《战略边疆：助推中国和平发展的切入点》，载《世界地理研究》，2011 年第 6 期。

④ 于沛等：《全球化境遇中的西方边疆理论研究》，中国社会科学出版社 2008 年版，第 351 页。

治理在国家发展的历史上一直占有重要的位置。中国历史上的第一个中央集权制王朝秦建立时，其疆域是十分有限的，在此基础上形成的国力虽然强大但也相当有限。但是，此后的那些统一的王朝，凭借其强大国力和辉煌文明产生的影响力，通过积极的开疆拓土过程而拓展了自己的疆域，并通过有效的边疆治理而使之巩固，进而在国家发展中发挥积极的作用，有效地支持了国家巩固和发展。然而，历史上疆域的拓展和边疆的划定，都是基于王朝统治中心的"一点四方"的观念而进行的，而这样的疆域观念和实践对于今天正在崛起的中国来说，却成为消极的因素。

按照中国传统的疆域观和边疆观，国家传统疆域内的核心区才是国家的命脉所在，处于核心区外围并拱卫着核心区的边缘区域即边疆以及边疆的治理，都必须服务于和服从于核心区的利益。而那些远离王朝核心区的藩属国，虽然也被纳入到国家疆域的范畴之中，但它也只是一种更次一级的边疆，其地位还不如传统疆域内的边疆，自然是要根据王朝核心区的利益来进行取舍的——这样的疆域结构，是导致中国历史上边疆弱化乃至丧失的重要根源。这样的观念延续下来并对今天的疆域治理发挥着影响，并对日渐融入世界且必须从全球角度来看待自己疆域和边疆的现实要求形成消极影响——这也是一些人不能从世界格局和海外利益发展的角度去看待国家的疆域，不愿意承认领土外疆域的重要原因。

今天的中国，不仅迅速地崛起并融入世界，而且正在由传统的农业文明向工业和信息文明、由内陆文明向海洋文明、从地域性文明向全球性文明转型，国家治理也必须形成与之相适应的政治地理空间思维，进行疆域制度和疆域政策的创新。从这个意义上看，根据全球化时代国家疆域形态的新变化，借鉴其他国家的疆域观念和疆域政策，创新疆域治理思维和方式，维护自己的疆域利益，促进国家发展，是国家治理体系现代化必须解决的重大课题。

边疆在国家发展中的意义

| 周　平 |

"边疆"是一个人们耳熟能详的词汇。在边疆概念的基础上构建起来的边疆研究,越来越深入并不断有新成果问世。但是,边疆之所以被确认、被重视,以及边疆研究日渐深入,皆因边疆在国家发展中具有举足轻重并越来越突出的影响。边疆研究受到重视的程度,也往往与边疆在国家发展中的地位和影响之间成明显的正相关关系。利益边疆、战略边疆、信息边疆等新形态边疆被描述和研究,更是与全球化进程深入导致的国家发展外向依存度快速提升,以及国家利益越来越超越于国家领土疆域的限制、国家发展必须在一个更加广大的空间内谋划的事实,具有不可分割的联系。因此,只有紧扣国家这个根本,从国家治理或国家发展的角度,才能对边疆这个特定的区域和各种边疆现象、边疆问题作出合理的解释。本文即从国家发展的角度,讨论边疆在国家发展中的意义。

一、国家治理中的边疆构建

边疆乃国家疆域的特定部分,即国家的边缘性疆域。因此,对边疆的认识和对边疆问题的讨论,都不能离开国家政治共同体。在边疆研究中,如果将边疆与国家割裂开来,脱离国家这个主体,就边疆谈边疆,既不可

---

* 本文原载《思想战线》,2013 年第 2 期;《新华文摘》2013 年第 12 期全文转载。

能客观、全面地认识边疆，也不可能对边疆及边疆问题进行建设性的讨论。

今天被称之为"国家"的这种政治形式或政治组织，已经存在数千年了，是一种历史悠久的政治现象。国家这种政治形式一旦形成，又以其承载国家权力的组织体系，以及该权力体系按照地域对居民的统治而构建起一个有形的社会团体，即国家政治共同体。这样的政治共同体在深刻影响着社会及其成员的同时，也引起了人们对它的关注。不过，国家的内容虽然十分丰富，但显现在人们面前的，通常是那些具象的、可感知（观察）的丰富的外部现象。这些具体的表象的东西往往成为认识的首要对象。这也是关于国家的诸多描述、定义都是针对国家的各种具体现象或特征的重要原因。

然而，国家这种政治形式或政治组织是不断发展变化的，并具有多种多样的形态。不同的文明背景和社会发展阶段的国家之间，存在着巨大的差异。不同文明中国家之间的差异甚至大于同一文明中国家与非国家政治组织之间的差异。历史上的国家与今天的国家更是判若两样，其外部形态的差异甚至难以比较。因此，那些就国家的现象特征而形成的对国家的定义，也许能够解释某些国家形态，却难以解释差异性很大的国家及国家现象。只有揭示国家的本质的定义，才可能具有广泛的解释力。就其本质而言，国家不过是为了实现对社会的有效管理而创设的政治形式，而且是迄今为止人类所创造的最为有效的政治形式。一般表现为通过一个以暴力为支撑的权力体系对一定地域范围内的居民进行管理，这个权力体系被称之为国家权力。在长期的历史发展中，国家这种治理形式的不足或弊端不断被揭示，而且创造超国家治理形式的努力一直在继续，但到目前为止，人类尚未找到比国家更为有效的政治（治理）形式。国家以外的其他政治治理形式，皆以国家为基础或前提。

国家这种政治形式被创造出来以后，一方面要根据社会环境的变化而不断改变自身，另一方面要根据有效发挥作用的需要而不断调整，因而处于不断的变化之中，从而形成了国家形态演进的过程。每一个时代的国家，都是国家形态演进过程中的一种形式。不同文明中的国家形态演进过程有很大的差异。中国的国家形态演进与西方的国家形态演进之间，便存在着巨大的差异。①

每个具体的国家，都面临着如何处理国家与社会的关系，以及本国与其他国家之间的关系这两对基本的矛盾。前一对矛盾需要通过有效的治理来处理，后一对矛盾则是在国家间的外部竞争中展开的。国家通过有效的治理和外部竞争来稳定政权，增加社会财富，提升公共利益，建立必要的安全保障，获得较好的外部环境，产生国际影响力，从而达成一种整体性的进步，即国家发展。国家发展是国家治理水平和国家参与国际竞争所取得的成果的综合体现。谋求自身发展，是所有国家追求的目标。

国家发展离不开有效的治理。在谋求发展的过程中，一定规模的国家，往往将国家疆域②中与核心区存在差异的边缘性部分区分出来，有针对性地采取特定的方式（包括军事战略和军事部署）加以治理。"疆域是国家构成的第一要素。没有疆域就不成为国家。"③ 国家疆域中这个有意划定并对其采取特殊的方略和政策进行治理的边缘性区域，就是国家的边疆。④ 因此，边疆既与地理范围有关，也与国家权力有关，是国家因素与地理因素相结合的产物；边疆并非纯客观的存在，而是在客观基础上主观认定的存在。边疆不完全是自然形成的，而是构建起来的，具有丰富的历史文化内涵。⑤

各个国家的边疆构建，皆基于国家发展中的国家治理需求，目的在于

---

① 关于国家形态演进的分析，可参阅作者的《对民族国家的再认识》（载《政治学研究》，2009 年第 4 期）和《民族国家与民族建设》（载《政治学研究》，2010 年第 3 期）两篇文章。

② 国家的疆域不同于领土。疆域是一个与国家相伴生的现实，指国家权力能够有效影响和控制的地理范围或地理空间。领土则与国家主权存在着不可分割的联系，是国家主权管辖的地理范围或地理空间。而国家主权，是让·布丹（1530—1596）首先提出，格劳秀斯（1583—1645）从国际法的意义上进行论证，并由 1648 年的威斯特伐利亚体系才确立的，是一个近代意义的原则。国家主权建立后，国家疆域概念逐渐由领土概念所取代，但二者之间的差别却是不容抹杀的。

③ 郑汕：《中国边疆学概论》，云南人民出版社 2012 年版，第 5 页。

④ 历史上最早的边疆概念出现于罗马帝国时期。帝国的统治者从统治的需要出发，把帝国统治范围内那些远离罗马的区域认定为边疆。当时所谓的边疆，不过是罗马帝国统治范围的边缘性地带。

⑤ 边疆与边界、边境紧密联系，但又不等同于后者。边界与主权直接相关，是国家行使其主权的界线，一般指划分一国领土与他国领土，或一国领土与未被占领的土地、与公海以及国家领空和外层空间的想象的界线。边疆与边界紧密联系，但它是一个区域、一个地理范围。边境是国家为了管理的需要而划定的与边界相连的区域。边境属于边疆，但只是陆地边疆的一个部分。

实现国家的有效治理。然而，并不是每一个国家都把国土的边缘性部分认定为边疆的。幅员太小的国家，既没有必要也没有可能把疆域的边缘性区域划定为边疆。即使幅员较大的国家，如果其边缘性区域与核心区没有差别，也没有必要将这样的区域区划出来采取特殊的措施加以治理，也就无边疆可言；或者，有些区域曾经被认定为边疆，但随着这些区域在发展的过程中逐步丧失了原先的特点和异质性，与其他区域相比无异甚至比其他区域发展程度更高，这样的区域也就逐步丧失其边疆的特性，慢慢地不再被作为"边疆"看待。只有在那些疆域较大的国家，其边缘性区域与核心区之间存在较大差异，具有明显的异质性，国家才会将那些边缘性的特定区域视为边疆，并采取特殊的方式加以治理。而且，在不同的社会历史文化环境中，人们对边疆的看法也不尽相同。这样的事实表明，边疆是由于国家治理的需要而被认定（确定）的特定区域，它的形成离不开客观的地缘性条件，即要以客观的地缘性条件为基础，同时还要受人们对国家的边缘性区域的认识所制约，渗透着浓厚的历史文化内涵。

中国历史上边疆的形成，与中央集权制的王朝国家的形成和治理有着不可分割的联系。秦统一六国建立起统一而庞大的中央集权制国家之后，便面临着对疆域内差异巨大的不同区域采取特殊政策进行治理的问题。但秦王朝仅存在了15年，这个逐渐凸显的问题并没有得到有效的解决。继之而起的汉王朝，将先秦存在的"一点四方"和"五服"、"九服"观念，与以中原为政治、经济和文化中心及把外围区域划分为"四夷"（东夷、北狄、西戎、南蛮）的现实结合起来，将中原确定为国家的核心区，将中原之外王朝国家统治能力所及的区域确定为边缘区——夷狄区，采取特殊的方式对其进行治理。这个被特别区分出来的边缘性的夷狄之区，就是边疆的最早形态。正如有学者指出的那样："在中国历史上，'边疆'是一个在很长的历史时期形成的概念。它最初只是泛指相对于中原地区的'四夷'，其地域并不确定。"① 这样一种将区别于核心区的边缘性区域区分出来并采取特殊措施进行治理的做法，在此后的各个王朝中得到了继承和发展。这个边缘性的区域，逐渐被明显地称之为边疆。

---

① 成崇德：《清代前期边疆通论（上）》，载《清史研究》，1996年第3期。

美国更是将边疆与国家紧密地联系在一起，不仅将国家在不断拓展过程中获得的新疆域界定为"边疆"，而且将边疆的拓展作为国家发展的重要条件。边疆学派的创始人弗里德里克·杰克逊·特纳就指出："一部美国史大部分可说是对于大西部的拓殖史。一个自由土地区域的存在及其不断的收缩，以及美国向西的拓殖，就可以说明美国的发展。"①

二、边疆是一种变动的存在

国家为了实现有效治理和持续发展而构建边疆。但边疆一旦被构建起来，就不是一成不变的，而是一种变动着的存在。现实中的边疆，总是在适应国家治理和发展需要的过程中，不断地变化、调整和再构建，不断改变自己的样式和形态，体现为一个动态的过程，并在此过程中丰富自身的内涵。

从总体上看，边疆的变化主要体现在两个基本的向度上：一是在国家既定疆域或领土的范围内，边疆在范围上发生盈缩变化，以及逐渐由陆地边疆拓展到海洋边疆，再由平面边疆拓展为立体边疆；二是在领土边疆的基础上形成超领土的边疆形态，在硬性的排他性领土边疆的基础上构建软性的可重叠的边疆，导致边疆形态的多样化。

既定边疆的盈缩和调整，是边疆变化的传统形态。历史上边疆的变化，也主要体现为这样的范围变化。国家边疆观念的此种变化，具体体现在三个基本的方面。首先，随着国家疆域的变化（扩大或缩小），边疆的外部边际线向外拓展或向内收缩，于是便形成了边疆的盈缩变化。这也是历史上长期存在的现象。不论是王朝还是帝国，这样的现象都相当普遍。历史上的许多国家共同体，也就是由于大规模的边疆拓展而被称之为"帝国"的。到了民族国家时期，尤其是民族国家的早期，这样的现象也曾经普遍存在；其次，在国家治理尤其是边疆治理不断推进的过程中，随着治理成效的显现，国家疆域内边疆与核心区（或腹地）的分界线会逐渐向外

---

① 〔美〕特纳：《边疆在美国历史上的重要性》，见杨生茂编：《美国历史学家特纳及其学派》，商务印书馆 1984 年版，第 3—38 页。

推移①。于是，边疆的范围便逐渐缩小；最后，国家在发展的一定阶段，为了实现有效治理的目标，也会在对疆域和领土的地理空间进行全面规划的基础上，将国家的疆域或国土的边缘性区域重新划定为边疆②，并采取有针对性的政策和措施加以治理，从而形成对领土边疆的调整或重新划定。

早期的边疆大都是在陆地上构建的，很少涉及海洋，基本上是陆地边疆。中国的传统边疆也是如此。但是，随着舰船制造技术和航海技术的发展，海洋在人类活动范围中的地位日渐凸显。马汉的"海权论"（《海权对历史的影响（1600—1783）》，1890年版）的提出，更是将海洋对国家发展的影响充分地凸显出来，从而使海洋备受重视。在这样的条件下，海洋逐渐被纳入国家边疆考虑的范畴。1930年海牙国际法编纂会议界定了领海概念，并提出领海主权的问题后，海洋国土的概念逐渐明晰。1958年《领海与毗连区公约》和1982年《联合国海洋法公约》确认海洋主权以后，海洋作为边疆的组成部分就以制度的形式被固定下来了。

在飞行器被发明和飞行技术不断提高的基础上，国家的空中边疆受到关注。第一次世界大战后，各国开始了划定"空中疆界"的实践。1919年的《巴黎航空公约》（《关于航空管理的公约》）规定，缔约各国承认"每一国家对其领土上的空间具有完全的和排他的主权"③，从而确定了各国空中的疆界。杜黑的"制空权"理论（《制空权》，1921年版）的提出，进一步加强了各国对"空中疆界"和"空中领土"的重视，空中边疆逐渐被纳入到国家边疆的范畴。

---

① 在国家治理取得成效的基础上，边疆与核心区或内地的分界线相邻的区域，会随着与核心区或内地的同质性的增多而不被当作或确定为边疆，这样的分界线会显现出一种逐步向外推移的趋势，从而导致传统边疆范围的缩小。这一点在当代中国体现得最为突出。中华人民共和国成立之初被界定为边疆的许多地区，如今已经不被作为边疆看待了。在国家民委推动的"兴边富民"行动中，边疆仅被定义为与边界相连的135个陆地边境县（旗、市、市辖区）和新疆生产建设兵团58个边境团场。

② 也许，国家并不把这种重新划定的区域称之为边疆。但这种重新划定并采取特殊措施治理的区域，完全符合传统的边疆的涵义。中国实施的西部大开发战略中的所谓西部，就具有突出的边疆特征。

③ 〔英〕詹宁斯、瓦茨修订：《奥本海国际法》第1卷第2分册，王铁崖等译，法律出版社1998年版，第54页。

20世纪80年代，美国为了抢占新的利益空间，提出了"高边疆"战略，把外层空间也纳入了边疆的范畴。在人类活动范围不断扩大和领土受到全方位关注的情况下，国家领土的地下部分也由于蕴藏丰富的资源和对国家安全的影响而备受关注。于是，"底土边疆"的概念随之出现，并为一些国家所强调。

在传统的领土边疆逐渐由平地拓展到空中、高空和地底，从而形成一个立体化边疆的基础上，随着20世纪后期全球化的快速推进，国家间在经济联系基础上形成的全面联系日渐紧密，国家利益和国家发展的外向度日渐提高，国家利益迅速地超越国家的领土范围，于是，一些全新的边疆概念逐渐被创造出来，并被一些国家迅速地付诸实践，在对相关国家的治理和发展产生重要影响的同时，也深刻地影响着国际格局和地缘政治格局，并构成地缘政治格局变化的关键性因素。如果说，那些建基于领土的边疆形态都属于传统边疆范围的话，那么，近年来出现的超越于领土边疆的边疆形态就是全新的边疆形态。这样的新形态边疆，不仅丰富了传统边疆的内涵，也对传统的边疆观造成巨大的冲击。

战略边疆是最早凸显的新形态边疆，通常被看作"一国国力和影响力所能达到的、可控制的地理与空间区域，它是国家实力、战略意志以及国家战略能力的投射范围"①。战略边疆是从国家发展外部（全球）战略角度拓展传统领土边疆而构建起来的，虽属于新形态边疆的范畴，但与传统的领土边疆的联系十分密切，具有明显的由传统边疆到新形态边疆的过渡的特征。但利益边疆出现后，战略边疆又与利益边疆紧密联系在一起。"如果说利益边疆回答的是国家利益的范围，战略边疆则是回答国家利益的战略要求。"②

利益边疆是新形态边疆的典型。"20世纪80年代中期，美国等西方大国从维护自身利益的需要出发确定战略控制范围，首先使用了'利益边疆'概念"③，并将这些理论逐渐地付诸实践。近年来，利益边疆由于受

---

① 陈迎春：《战略边疆：助推中国和平发展的切入点》，载《世界地理研究》，2011年第6期。
② 于沛等：《全球化境遇中的西方边疆理论研究》，中国社会科学出版社2008年版，第351页。
③ 于沛：《从地理边疆到"利益边疆"——冷战结束以来西方边疆理论的演变》，载《中国边疆史地研究》，2005年第2期。

到持续关注而不断升温。正如有的学者所说的那样，"'利益边疆'的存在已是事实，并成为全球化时代维护国家主权和制订国家战略的重要基点"①，但利益边疆涉及的相关因素非常多，难以明确界定。所以，虽然利益边疆概念使用的频率越来越高，但大多还只是将其作为一种分析工具来使用，尚未将其作为一个严谨的概念来使用。

信息边疆也是近来逐渐流行起来的概念。"国家主权在信息时代面临的突出问题之一，就是信息得不到传统的国家边界的保护。""哪个国家掌握了信息控制权，就可以随意地侵占他国的信息资源。如果一个国家的信息控制权丧失了，那就意味着这个国家主权的丧失，后果不堪设想。"在这样的情况下，"主权国家为了保护自身的信息资源同时获取和创造新信息的空间和领域"②，便提出了"信息边疆"的概念。信息边疆的内涵不仅难以界定，而且在实际操作中的难度也很大。该概念更多是一个阐述国家利益、国家安全和国家治理面临现实问题的概念。

上述新形态边疆的形成，并未终结边疆形态的创新，文化边疆、经济边疆等字眼也逐渐出现在边疆研究的相关文献中。随着人类与自然关系的不断改变，国家发展中对疆域的认识也在改变，边疆观念也会随之改变，提出新的边疆概念和构建新形态的边疆，将是一个不断持续的过程。

基于领土的传统边疆由于受主权原则的保护，具有独享性、排他性和固定性的特点，因而是一种硬性的边疆。而新形态边疆，超越于领土的范畴且不受主权的保护和约束，具有多样性、共享性、重叠性的特点，因而是一种软性边疆。

从传统的陆地边疆到海洋边疆，从平面边疆到立体边疆，从领土边疆到新形态边疆，从硬性边疆到软性边疆，不仅充分体现了边疆的国家属性，也充分体现了边疆的变动性，从而将边疆凸显为一个围绕国家治理而展开的流变的过程。这也表明，只有在一个流变的过程中，才能把握边疆

---

① 于沛：《从地理边疆到"利益边疆"——冷战结束以来西方边疆理论的演变》，载《中国边疆史地研究》，2005年第2期。
② 于沛：《从地理边疆到"利益边疆"——冷战结束以来西方边疆理论的演变》，载《中国边疆史地研究》，2005年第2期。

的本质。

三、国家发展对边疆的依赖

国家的边疆之所以不断地变动，或者不断地拓展，尤其是新形态边疆之所以快速且密集地被构建，都是因为边疆在国家发展中扮演着重要的角色。而且，边疆对国家发展的影响有越来越突出之势，或者反过来说，国家发展对边疆的依赖越来越突出，所以边疆变化、拓展和新形态边疆构建的速度也显得越来越快。

边疆之所以在国家发展中发挥举足轻重的作用，是由于在国家发展中普遍存在着一个"核心—边缘"模式。"国家疆域有大小，总有'中心'与'边缘'之分。"① 纵观古今中外国家，除极少数袖珍国家外，绝大多数都拥有（或占据着）一个庞大的地理空间，而该地理空间又处于由其他国家围合而成的更大的地理空间中。因此，国家在发展中总是要划定核心区域和边缘地带，并从国家发展的需要出发，对核心区域和边缘地带采取不同的治理措施，制定不同的发展战略，从而构建起一个"核心—边缘"模式。该"核心—边缘"模式，始终伴随着国家的发展。古老的国家是这样，现代国家也是如此，不论何种形态的国家发展都普遍存在着这样一个模式。

在这个"核心—边缘"结构中，核心区域乃国之根本，不仅是国家建立的根基，也是国家积聚力量的基本条件，决定着国家的存续和发展。一个国家一旦失去这个核心区域，或者这个核心区域被其他力量控制、摧毁，这个国家就灭亡或名存实亡了。而边缘地带则是国家核心区域的外围地带，拱卫国家的核心区域，为国家核心区域的稳定和发展提供条件和安全保障，支撑着国家的发展。

边疆就是这样的边缘性地带。正是由于边疆对国家发展发挥着如此重要的影响，所以，古往今来的绝大多数国家，都具有开疆拓土、拓展边疆的内在冲动。历史的事实也表明，拓展边疆是国家发展中的一个普遍性现

---

① 郑汕：《中国边疆学概论》，云南人民出版社2012年版，第5页。

象。拓展边疆是普遍性的国家行为。只不过有的国家不仅成功地捍卫了自己的边疆，也实现了边疆的拓展；而有的国家则在激烈的国家竞争中失去了边疆，或由于经营不善而导致边疆崩塌。

边疆的有效拓展，极大地支持了国家发展，有许多的例子为证。但若论典型，美国首当其冲。美国学者特纳，就是以1893年在芝加哥"美国历史协会"上论述《边疆在美国历史的重要性》而著名的。他在文中指出："美国的发展不仅表现为一个单线的前进运动，而且是在一个不断前进的边疆地带上回复到原始状态，并在那个地区有新的发展的运动。美国的社会发展就是这样在边疆连续地、周而复始地进行着。"① 正如有的学者指出的那样："一部美国历史，是不断拓展'边疆'的历史。从大西洋西岸向太平洋东岸的移动、从北美大陆向海外进而向地球各个角落的延伸、从地球表面向外层空间的发展，是美国从北美'大陆边疆'向'全球边疆'的发展过程。"正因为如此，"美国能够在短短的两百多年里，从英属北美13个殖民地壮大为一个独立的民主共和国、从一个位于大西洋西岸的孤立国家演进为一个影响巨大的世界大国、从一个并不先进的农业国发展成为一个世界顶级的工业强国"。②

边疆对国家发展具有重要的影响，在中国的发展过程中也表现得极为突出。中国历史上的第一个中央集权制王朝秦建立时，其疆域东至海，西至陇西，南至岭南，北至河套、阴山、辽东。此后的相当长的历史时期，王朝国家周边未出现能够与之抗衡的政治共同体。王朝国家的统治者又多有开疆拓土，扬威德于天下的雄心。于是，王朝国家强大的国力和辉煌的文明，不仅对周边的其他民族产生了政治上的吸引力、军事上的威慑力，也具有经济上的影响力和文化上的感召力，从而导致周边的其他民族纷纷内附、归附、臣服、降服于中原王朝，由此便拓展了王朝国家的边疆。而拓展的边疆又有力地支持了国家发展。那些国家发展成效显著的强盛的王朝，都拥有广阔的边疆。代表清王朝发展顶峰的清代乾隆时期，其边疆的

---

① 〔美〕特纳：《边疆在美国历史上的重要性》，见杨生茂编：《美国历史学家特纳及其学派》，商务印书馆1984年版，第3—38页。
② 石庆环：《从"大陆边疆"到"全球边疆"——美国走向世界的历史进程》，载《辽宁大学学报》（哲学社会科学版），2005年第4期。

范围也在中国历史上达到了顶峰。①"清朝政府在继承中国历代疆域的基础上,进一步完成了对边疆地区的统一,对边疆地区行使主权,进行有效的管辖",将"一个清晰完整的中国边疆展现在世界面前","在近代以前奠定了中国疆域的版图"。②

从历史和现实两个方面来看,遵循"核心—边缘"模式发展的国家中,边疆对国家发展的影响主要表现为以下几个方面:一是影响国家的规模。历史已经表明,许多规模较大的国家,其疆域面积的扩大、人口的增加,都是通过边疆拓展实现的;二是提供物质财富。拓展边疆而获得的物质财富,往往增强了国家的实力;三是扩大资源供给。由于地理构造和开发程度的原因,边疆蕴藏着丰富的自然资源,尤其是战略资源,能够为国家发展持续提供资源;四是为核心区提供安全保障。拱卫核心区的边疆,不仅是军事设防之地,是国家军事安全屏障,而且为国家的军事安全提供战略纵深,在外敌入侵时为国家提供战略回旋余地;五是影响国家发展的外部环境。领土边疆常常与邻国接壤,利益边疆等新形态边疆甚至会覆盖到其他国家的疆域。因此,边疆的经营和变动,会影响到地缘政治格局乃至国际关系形势,对国家发展造成直接影响。

从动态历史过程的角度来看,一个国家边疆的现行状态,是该国长期治理、经营的结果,是国家发展的现实成果;边疆实际状况又会对国家的未来发展产生深远的影响。拥有广阔、稳定、巩固的边疆,能够为国家发展提供有力的支撑。从一定意义说,边疆决定国家的未来。

但是,国家的边疆如果治理不当,经营不善,也会对国家发展造成负面影响,不仅会滞后国家发展、拖累整个国家,甚至会拖垮一个国家,导致国家的败亡。这也是国家发展中"核心—边缘"模式发挥作用的另一种表现。纵观历史,边疆不稳、边疆动荡、边疆崩塌导致国家衰亡的例子比比皆是。

时下有一本书叫做《帝国兴衰与帝国边疆的崩塌》,基于"大国衰落的标志是对边疆控制的萎缩,大国边疆转移了中心地带的政治经济是大国

---

① 1762年,清王朝在分区测绘的基础上绘制完成了著名的《乾隆内府舆图》。根据此图,中国的疆域面积达1270万平方公里,其中的大部分为边疆地区。

② 成崇德:《清代前期边疆通论(上)》,载《清史研究》,1996年第3期。

衰落的结果"①的认识,讲述了许多古今中外边疆的崩塌导致帝国衰亡的例子。其中的一些例子还十分典型,而且在历史上广为流传。在中国的唐朝,"'安史之乱'虽然是边疆省份的节度使之乱,但它引爆了唐帝国的内部矛盾",最终导致王朝的瓦解。整个唐王朝,"兴也边疆,废也边疆"。②庞大的罗马帝国,广阔的边疆是其分裂的重要原因。而东罗马帝国的最终瓦解,与边疆的丧失直接相关。"在它的政治生命晚期,边疆急剧萎缩,边界大规模地倒退回原始状态,直至只剩下一个孤单的城堡",最终被彻底摧毁。③而"在英帝国的世界里,边疆就是它苦心经营的殖民地"④。而由于各种原因丧失殖民地这个海外边疆后,退回本土的英国终于失去了"日不落帝国"的辉煌。苏联的解体也与边疆问题连在一起。"正是边疆的民族矛盾导致了民族共同体的分离。苏联因为民族分裂而分裂,因为边疆独立而弱小。"⑤

从边疆动荡或崩塌导致国家衰亡的事实中,可以概括出边疆动荡或崩塌影响国家发展的几种情况:一是边疆动荡或危机引爆国内矛盾,造成国家动荡;二是边疆的丧失、被蚕食或分裂,导致国家的衰弱或分裂;三是边疆的社会和政治制度与国家的制度不一致,引发边疆与核心区之间的矛盾;四是边疆萎缩导致重要资源地的丧失,削弱国家的发展能力;五是边疆危机导致地缘政治环境恶化,影响国家的发展。上述这些情况,都会对国家发展造成根本性的影响,甚至导致国家的衰亡。

边疆矛盾激化或崩塌会导致国家衰亡的事实,不仅从反面说明边疆对于国家发展的影响外,也说明边疆治理对于国家发展的影响。只有得到有效治理的边疆、巩固而稳定的边疆,才能对国家发展产生积极的推动作用。

四、边疆的争夺与国际秩序

边疆对国家发展具有重要影响,这是一种必然性的现实。然而,边疆

---

① 徐亮:《帝国兴衰与帝国边疆的崩塌》,法律出版社2011年版,第7页。
② 徐亮:《帝国兴衰与帝国边疆的崩塌》,法律出版社2011年版,第45、41页。
③ 徐亮:《帝国兴衰与帝国边疆的崩塌》,法律出版社2011年版,第75页。
④ 徐亮:《帝国兴衰与帝国边疆的崩塌》,法律出版社2011年版,第122页。
⑤ 徐亮:《帝国兴衰与帝国边疆的崩塌》,法律出版社2011年版,第173页。

对国家发展的意义又是通过一个具体的事实而显露出来的，并日渐成为普遍的现象。随着边疆对国家发展意义的显现，必然导致边疆意识的普遍觉醒和升温，促使相关国家加强边疆治理，甚至催生国家拓展边疆的冲动。于是，重视边疆并努力拓展边疆、加强边疆治理，成为绝大多数国家的理性选择。古往今来，几乎所有的国家都十分重视边疆，努力拓展自己的边疆，竭力扩大自己的生存和发展空间，占据战略要冲，营造有利于国家发展的外部环境，同时也对竞争对手国的边疆拓展进行限制，或设置障碍。但是，国家间治理水平和竞争能力等存在巨大的差异。因此，有的国家有条件和能力拓展或维护自己的边疆，有的国家则在这方面显得力不从心，甚至完全无能为力，只能望"疆"兴叹。

在历史上，国家拓展自己的疆域，扩大国家边疆的方式多种多样。其中，先占、添附、征服、交易、割让、租借、委任统治、确立势力范围等，由于经常性被使用而被视为典型的领土变更方式和边疆拓展方式。但是，第二次世界大战后，形势发生了根本性的变化。首先，随着帝国主义殖民体系的瓦解，以占领和殖民方式建立殖民地边疆的做法受到国际社会的普遍反对；其次，在勃兴于第二次世界大战后的声势浩大的民族解放运动中，一大批殖民地半殖民地国家获得国家独立和民族解放后建立了民族国家①。在国家主权受到尊重的同时，领土也受到重视，并且被视为国家主权的具体表现。在这样的背景下，不仅传统的领土变更和拓展边疆的方式受到遏制，而且那些曾经失去领土的国家，纷纷将夺回被占领土作为维护和拓展边疆的手段。于是，在确认利益边疆的基础上，凭借国家的军事实力控制国际公共地理空间，将其确立为战略边疆，成为边疆拓展的重要途径。

国家发展是在国家竞争中实现的。边疆争夺不仅是国家竞争中的必然现象，而且直接就是国家竞争的具体表现。相对于人类的发展来说，地球并不算宽广。地球上适合人类生存和发展的地理空间，以及可资利用的资源，都是有限的，而国家发展却具有无限性。各个国家在发展中，边疆意识逐渐觉醒并努力拓展自己的边疆，因而导致边疆争夺，这是不可避免

---

① 民族国家是实现了民族与国家统一的主权国家。它通过一系列的制度安排，保障民族认同国家，并以这样的方式实现民族与国家的统一。具体的论述，可参阅作者的《对民族国家的再认识》，载《政治学研究》，2009年第4期。

的。今天美国重返亚太，一般都将其解读为，美国不愿意看到中国的迅速崛起，因此要加强在亚太地区的军事存在，意在遏制中国的发展。其实，美国的意图和目标并非如此简单。美国的确已经看到亚太地区的经济增长，以及在此基础上的影响力提升。美国将军事部署的重心转向亚太地区，更多的是为了未雨绸缪，确保美国在这一地区的优势地位和影响，巩固美国的利益边疆和战略边疆。这其实就是典型的边疆争夺行为。

国家间的边疆争夺，在第二次世界大战以来表现得最为突出，而且呈现愈演愈烈之势。"二战"以后，随着民族解放运动的蓬勃兴起，帝国主义的殖民体系迅速瓦解，主权独立的民族国家急剧增加。至今，全世界已经有近194个主权国家，其中的绝大部分是在"二战"后建立或获得独立的。如此众多的国家在地球这个有限的地理空间内追求无限的发展，于是便导致了国家拥挤。而且，这样的拥挤现象还会随着时间的推移而越来越显示其影响。国家本来是生活在地球上的人类创造的治理社会的方式，但现在有了如此众多的国家，各个国家各自为政，并在分别治理的过程中争夺有利的地理空间和资源，必然会使地球上的国家过分拥挤。在如此拥挤的国际社会中，绝大多数国家都有拓展边疆或夺回所失边疆的冲动，而尚未属于某个国家的"自由土地"却日渐稀少。新的力量的崛起，也对边疆有着强烈的诉求。于是，国家间边疆争夺就愈演愈烈。① 纵观当今世界，国家间的边疆争夺从陆地扩展到海洋，从传统的大陆扩展到北极和南极，从地面扩展到空中再到太空，从地球表面扩展到地球的内部，从本国的领土扩展到国际公共空间再到其他国家的领土。也许，有朝一日，国家间的边疆争夺还会发展到其他星球，并引发真正的星球大战。

国家间的边疆争夺，实质上就是一场战争，即国家间的边疆战争。战争的形式多种多样，但本质上是一种有组织地互相使用暴力的集体行为，是国家或其他组织之间解决争端的形式。此外，战争一词的含义也被引申到较大规模的集体性冲突中，从而形成了石油战争、能源战争、货币战争等概念。国家间的边疆争夺，不仅是国家之间为了争夺边疆地区的领土或疆域的集体冲突，而且卷入争端的国家常常直接使用军事手段，或者直接

---

① 国家拥挤和国家间的激烈争夺也表明，加强国家间的联合与合作，尤其是探讨超国家的治理方式，已经是一个全球性的根本问题。

引爆一定规模的战争，形成炮火连天的军事对抗，或者以武力相威胁，形成一种以军事力量为后盾的高压态势，致使战争一触即发，目的在于维护或拓展国家的边疆，或维护和获得对某个边疆地区的控制。今天国家间的边疆战争，不仅直接使用武力或以武力为后盾，而且大量使用具有极大破坏力的高科技军事武器；同时，边疆战争在新的"合纵连横"形势下进行，往往是多个国家直接或间接卷入边疆战争，从而使边疆战争更加激烈、复杂。

国家间的边疆战争是一种延续数千年的现象。不同历史时期的边疆战争，不仅表现形式多样，而且争夺的对象也有差异。传统的边疆战争，主要是对土地的争夺。而今天的边疆战争，既有领土之争（如岛屿的争夺、资源地的争夺等），也有对太空的争夺、利益边疆的争夺和战略边疆的争夺、信息边疆的争夺。其中，尤其以对战略边疆的争夺最为突出。通过对战略要冲（包括航道、运河、能源供应地、水源地）的控制，获得战略上的优势，或对某些国家形成围困之势，以维护国家的利益边疆，实现本国的重大利益。

国家间的边疆争夺、边疆战争，必然会对地区的地缘政治格局及国际秩序造成影响，甚至改变现行的地缘政治格局和国际秩序。地缘政治格局、国际秩序的变化，都是相关国家间力量对比关系改变的结果。就一个地区而言，地缘政治格局往往是由相关国家间的力量对比关系造成的。相关国家，尤其是主要国家间的边疆争夺以及相应的国家疆域的变化，不可避免地会对既定的地缘政治格局造成影响，甚至导致地缘政治格局的改变。自从地缘政治理论及相应的分析范式建立以来，地区内的边疆争夺都给地缘政治格局造成了重大的影响。而从国际秩序来看，国际秩序往往以大国和大的国家集团为基础。大国之间或以大国为背景的边疆争夺，必然会对国际秩序造成深刻的影响，甚至导致国际秩序的调整。事实上，现今的某些日益凸显的边疆争夺，就正在表明或预示着国际秩序的调整或重新构建。因此，边疆是在国家治理中构建起来的，但边疆形成以后就对国家治理和国家发展产生着越来越突出的影响，同时也会对以国家力量为基础的地缘政治格局和国际秩序造成深刻的影响。在这样的条件下，不论是国家治理还是国际秩序的调整，都必须更加重视边疆因素。

论北方游牧民族两次南下西南边疆[*]

| 方　铁 |

战国汉初，西北的一些游牧部落自河湟一带南下，通过现称"藏缅语民族走廊"的今川西进入西南边疆，以后扩散至今云南、川西南和贵州等地，大部分人口长期居住在山区。经与土著民族交融，这部分游牧人口成为属汉藏语系藏缅语族彝语支的彝、哈尼、纳西、傈僳、拉祜、基诺等民族的祖先。

南宋后期，蒙古大汗蒙哥命弟忽必烈率十万骑兵远征大理国。平定后在西南边疆建云南行省与湖广行省，先后有一些蒙古人和色目人移居其地。元朝先后派多位云南王和梁王镇守云南，随从的蒙古军人也不少。进入西南边疆的蒙古人和色目人，主要具有军人、官吏和商人的身份，大致分布在西南边疆的腹地、城镇和交通沿线。

北方游牧民族这两次大规模南下西南边疆，均产生了重要而深远的影响。由于历史条件及相关因素不同，北方游牧民族的这两次南下，在若干方面虽有相似之处，但在发展过程、产生的作用和影响等方面，却存在明显的差异。

一、北方游牧民族两次南下的时代背景

西周时期，秦国多次对西北一带的游牧部落用兵，秦献公远征居住渭

---

[*] 本文原载《中南民族大学学报》（人文社会科学版），2013年第1期。

水源头的诸戎。在秦国强大的军事压力下，西戎部落中的一些羌人被迫南迁。羌人首领爰剑的后裔率领族人，逐渐南下并与众羌远离。这一部分羌人分布在西南地区的有三支，其中"牦牛种"分布在今四川汉源、西昌一带，西汉于其地设越巂郡，在史籍中称"越巂羌"；"白马种"居今四川绵阳以北、甘肃武都以南的区域，西汉在这一地区置广汉郡，这一部分羌人被称为"广汉羌"；"参狼种"部落迁至今甘肃武都一带，西汉于其地设武都郡，于是称为"武都羌"。一般认为《史记》中的"巂"和"昆明"，便属于先秦时南迁羌人中的牦牛种与白马种。

巂和昆明进入西南边疆后，继续保持随畜游牧的习俗，并向周围地区扩散。据《史记·西南夷列传》，西汉初年巂和昆明的主要活动地域，为桐师（今云南保山）至楪榆（今云南大理）一带，"地方可数千里"，这部分羌人尚处于无大君长与固定住所的原始游牧阶段。

从东汉及其后的记载来看，分布在上述地区的巂、昆明部落，从最初进入的今川西、滇西北一带向东部与南部扩散，其中活动在今川西一带的部落，在西汉中期进入今四川西昌地区，在蜀汉时发展为强大的地方势力。一部分巂、昆明部落进入位今云南东部的滇国地域，遂与滇人发生激烈战争，汉武帝后期被西汉和滇国击败，被迫接受益州郡的统治。巂、昆明的其余人口，则规避汉朝的锋芒，辗转进入今滇东、黔西一带的山区，在宋代发展为称"滇东三十七部"的松散部落联盟。①

在滇国与巂、昆明部落的战争中，西汉站在滇国一边。原因是西汉所遣自今四川盆地经西南夷（指今云贵地区）赴大夏（在今阿富汗北部）的使者，屡次受到巂、昆明的阻拦并被劫去财物。元封二年（前109），西汉遣将军郭昌等率兵数万进攻巂和昆明，但汉军撤回后巂和昆明卷土重来，西汉使者再次遭受巂和昆明的抢劫。②次年，汉武帝令在京城长安修凿昆明池，练习水军准备与巂、昆明决战。事实上巂、昆明为来自西北的游牧部落并不擅长水战，可能汉武帝听说楪榆一带有大池，误认为巂和昆明傍水而居。

---

① 方铁：《〈史记〉、〈汉书〉失载西南夷若干史实考辨》，载《中央民族大学学报》，2004年第3期。
② 《史记》卷123《大宛列传》，中华书局1959年点校本，第3171页。

元封六年（前105），汉武帝再次派郭昌率军进攻嶲和昆明，但效果不显，郭昌因此受到夺印处分。① 元封以后汉朝对嶲、昆明继续用兵，并最终打败进入滇国地域的嶲、昆明部落。据《后汉书·西南夷传》记载：元封二年，西汉在滇国旧地设置益州郡，其后数年西汉攻占昆明人活动地区，"皆与之属之此郡（按：指益州郡）"。由此可见，滇国、西汉与嶲、昆明之间的战争，最终以西汉获胜而结束，西汉乃将战败的嶲、昆明的活动区域，归入滇王与汉朝太守共同管辖的益州郡。②

西汉战胜进入滇国地域的嶲和昆明部落后，有一部分嶲和昆明的人口绕过滇国，迁回迁入今滇东、黔西一带的广大山区。其事发生在《史记》杀青后，因此《史记》阙于记载，但有关情形却见载于西汉以后的史籍。据《水经·温水注》：温水流经味县（今云南曲靖），温水之侧皆是高山，在山水之间，"悉是木耳夷居，语言不同，嗜欲亦异。虽曰山居，土差平和而无瘴毒"③。《水经·温水注》记载的"木耳夷"，当指流行"曲头、木耳"习俗的嶲和昆明部落。④ 在嶲和昆明的后代彝族、哈尼族等民族中，延至近代男子仍有戴硕大木耳环、以铁铜质发箍束发的习俗。

另据宋代《太平寰宇记》：嶲州（今四川西昌）地区的"木耳夷"死，亲属积薪烧其尸，烟平稳上升，则大杀牛羊相贺作乐，若遇风向旁逸散，则认为不吉而聚首悲哭。⑤ 火葬是羌系民族共有的习俗。早在汉代，便有羌人战不畏死，唯忧死后不得焚其尸的记载。《水经·温水注》所说居今云南曲靖附近山地的木耳夷，以及见于《太平寰宇记》记载今四川西昌一带死后必焚其尸的木耳夷，均为汉代迁至上述地区的嶲、昆明的后裔。

北方游牧民族的第二次南下发生在宋元之际。成吉思汗问谋士郭宝玉攻取中原之策，郭宝玉回答南宋尚强难以骤图，而西南诸蕃勇悍可用，宜

---

① 《汉书》卷6《武帝纪》。郭昌率兵第一次进攻嶲、昆明在元封六年。中华书局1962年点校本，第198页。
② 据《史记》卷116《西南夷列传》记载：滇王降汉，"诸置吏入朝。于是以为益州郡，赐滇王王印，复长其民"。证明滇王享有与郡太守共同管辖益州郡的权力。
③ 《水经注》卷36《温水》，上海人民出版社1984年王国维校本，第1125页。
④ 《华阳国志》卷4《南中志》："夷人大种曰'昆'，小种曰'叟'，皆曲头木耳，环铁裹结，无大侯王，如汶山、汉嘉夷也。"巴蜀书社1984年刘琳校注本，第364页。
⑤ 《太平寰宇记》卷80《嶲州》，《丛书集成初编》本。

先获取籍以攻金，必能奏效。① 后因时局变化其策未能用。窝阔台执政时大举攻宋，与对手纠缠难解。宪宗二年（1252），蒙哥汗决定先攻大理国，汲取其兵力"斡腹"夹击南宋。其弟忽必烈与大将兀良合台受命，率十万骑兵绕道西北远征大理国。待云南初定，忽必烈留一部分军队继续征伐，自己率其余军队北归。据拉失特《史集》说，出自战斗减员、军中疫病流行和留驻部分军队等原因，随同忽必烈远征大理国的十万蒙古军，还归北方者不超过两万人。

忽必烈继汗位后，于至元四年（1267）封其子忽哥赤为云南王。在忽哥赤出镇云南前，世祖当面告谕："大理朕手定，深爱其土风，向非历数在躬，将于彼分器焉。汝往，其善抚吏民。"② 可见忽必烈对云南怀有深厚的眷念之情。更重要的是云南为元朝进攻邻邦的基地和扩大对外交往的门户，因此他对治理云南尤为重视。忽哥赤被下属暗害后，忽必烈思虑再三，决定派重臣赛典赤至云南建立行省。云南行省的设立，标志着云南地区正式成为中央政府直辖下的一省，为外地人口移居和充实云南，促进民族间的交往与融合，均创造了有利的条件。

据《经世大典叙录·屯戍》：统一全国后，元朝实行"命宗王将兵镇边徼襟喉之地"的制度。云南因战略地位重要深受朝廷重视，因此先后派蒙古宗王多人镇守云南。这些被封为云南王或梁王的蒙古宗王，与行省官衙参差而治。元朝在全国设十余处行省，但派遣蒙古宗王前往镇守的不多。见于《元史》记载的云南王，有忽哥赤、也先帖木儿、老的、王禅、帖木儿不花、阿鲁、孛罗；见于记载的梁王，则有甘麻剌、松山、孛罗、把匝剌瓦尔密。通常云南王镇守大理，与设治于中庆（在今昆明）的行省，分别位于云南腹地的两端，对云南全省形成钳制之势。梁王的地位高于云南王，元代后期云南行省的事务被梁王控制。云南王和梁王统率众多的亲兵，成为移居云南蒙古人的一个重要来源。

元朝在西南边疆所设政区，论设置时间最早、管辖地区最广者首推云南行省。其辖境包括今云南省、贵州省西部、四川省西南部和中南半岛的北部，云南行省辖地之大，超过此前历朝在西南边疆所设政区。云南行省

---

① 《元史》卷149《郭宝玉传》，中华书局1976年点校本，第3521页。
② 《蒙兀儿史记》卷76《云南王忽哥赤传》，上海古籍出版社1989年影印本，第510页。

的各级机构众多且严密,据《元史·地理四》:云南行省共辖37路、2府、3属府、54属州与47属县,其余的甸寨军民则数不胜数。在行省之下,还设多处军事统治机构宣慰司和宣抚司。行省所辖的路府州县,与宣慰司、宣抚司等交错分布,形成完整、严密的统治系统。

云南行省还设有多种职能明确的管理机构,见于《元史》等史籍记载的机构有:(1) 各级监察机构。至元二十年(1283)元朝设立云南按察司,二十七年设云南行御史台,大德二年(1298)罢去云南行御史台,改设肃政廉访司,泰定四年(1327),又置云南行省检校官。(2) 管理屯田的机构。至元二十二年,行省令专门官员主持全省屯田;泰定四年,皇帝颁诏以马思忽为云南行省平章政事,专门负责乌蒙地区的屯田。云南行省还设有乌蒙等处屯田总管府与建昌路屯田总管府。(3) 管理教育的儒学提举司和各级学校。据赵子元《赛平章德政碑》:至元十年,平章政事赛典赤在中庆、大理两地首设儒学提举;二十八年,在云南诸路遍立学校,教官从蜀士中选用;延祐元年(1314),云南行省正式设专门管理教育机构儒学提举司。(4) 管理金属制作及其税收的规措所。至元十二年,有始设云南诸路规措所的记载。(5) 管理食盐税收的榷税官。至治三年(1323),元朝设大理路白盐城榷税官,同时设立的还有中庆路榷税官。(6) 管理宗教的广教总管府。至顺二年(1329),元朝在全国设广教总管府16所,设立的地区中有云南诸路。(7) 国家经营的养马场。元朝在全国设14处大型国家养马场,云南、亦奚不薛(在今贵州)有设立养马场的记载。(8) 负责采集、加工药材和治疗疾病的惠民药局。据记载,湖广行省、四川行省和云南行省均设有惠民药局。

今广西和贵州东部属湖广行省管辖。湖广行省在上述地区亦置不少的统治机构。据《元史·地理六》记载,元朝在今广西地区设置以下官署:大德元年(1297),合并南丹州、庆远路为庆远南丹溪洞等处军民安抚司,元贞元年(1295),并左右两江宣慰司为广西两江道宣慰司。又设静江、南宁、梧州、浔州、柳州、钦州、廉州、思明、太平、田州、来安、镇安、容州、象州、宾州、横州、融州、全州诸路,以及平乐府、郁林州、滕州、贺州和贵州。湖广行省还设置岭南广西道肃政廉访司,至元三十年(1293),又设海北海南道肃政廉访司。元朝在广西地区设立的宣慰司,主要有广西两江道宣慰司、海北海南道宣慰司。

湖广行省在今贵州地区设立的官署有：八番顺元蛮夷官，下辖小程番等53处蛮夷军民长官。顺元等路军民安抚司，管辖24处基层机构，包括九溪十八洞蛮夷、雍真乖西葛蛮等处军民长官司。思州宣抚司，管辖镇远府等67处基层机构。播州宣抚司，管辖黄平府等33处土官负责的府州。新添葛蛮安抚司，管辖南渭州等131处土州与洞寨。定远府管辖桑州等五处土州。

由于云南行省和湖广行省的管辖范围广阔、管理机构完整严密，派驻的各级官吏数量众多。元朝主要依靠蒙古人和色目人统治，派驻的大部分官吏为蒙古人和色目人。据近人统计，《元史》中镇守云南的将吏有传者计100人，其中有蒙古人31人，色目人32人，汉人及其他民族者37人。① 收入《元史》的将吏多为显宦，其中以蒙古人、色目人居多。出任西南边疆官吏的蒙古人和色目人，任职既久多落籍当地。

元朝的土官制度尚处于待完善阶段。土官制度下的一些基层官吏，也由蒙古人或色目人担任，甚至许其世袭。例如：属燕只吉歹得氏的蒙古人别儿怯不花，世袭八番宣抚司的长官，英宗乃授别儿怯不花以八番宣抚司达鲁花赤之职。别儿怯不花赴任以后，当地土民感悦，有积年不服者亦称：别儿怯不花为前代贤官子孙，我等怎敢违命。②

至于军人驻守西南边疆，大致有在指定地点屯守以及守卫城镇、形胜险要等两种情形。据《元史·兵三》：在蒙古军南下初期，遇坚城大敌必屯田围困之。自从全国统一，元朝在各地设立军民屯田，籍以解决军队给养所需。云南、八番、海南和海北等地，因是蛮夷所据腹心，尤其需要驻扎军队以为控扼。延祐三年（1316），元朝在乌蒙（今云南昭通）设立军屯，原因即是云南行省上奏：乌蒙为云南咽喉要地，别无屯戍兵马，且其地广阔，土质膏腴，所见皆有前代耕种的痕迹，乃请求诏令畏吾尔军及新附汉军，前往乌蒙屯田镇守。朝廷从之。

云南行省举办的屯田，以乌蒙、中庆、大理、威楚、曲靖、临安等处的规模最大，驻守的军人也最多。仅乌蒙等处屯田总管府所辖军屯，土地面积便达125000亩，约占全省屯田总数的1/3强；置办屯田较多的中庆、

---

① 《元代云南史地丛考》，民国刊本。
② 《元史》卷140《别儿怯不花传》，第3365页。

大理、威楚、临安等地，均为传统的农业地区。但元朝在乌蒙、乌撒、罗罗斯等偏僻之地也大量兴办屯田，在建昌路（治今四川西昌）还设过屯田总管府，至元二十五年才罢去①，这样做必有原因。元朝在此类地区兴办屯田，看来是寓寄保护当地所经重要驿道之意。今贵州和广西的官办屯田亦不少。凡官办屯田之处，通常以驻军为屯垦的主要力量，而且有一部分为蒙古军与色目军。如延祐三年元朝立乌蒙军屯，负责屯垦的是5000户畏吾尔军与新附汉军，耕种1250顷土地。

守卫城镇等要害之处，也是蒙古军和色目军的重要任务。有关记载如：至元二十二年（1285），元朝沿安南大罗城（在今越南河内）至邕州（治今广西南宁）的道路设置驿站，每三十里设一寨，六十里置一驿，每一寨一驿屯军300人，负责在当地镇守和巡逻。②云南行省和湖广行省的驿道网络十分发达。据研究③，蒙元在云南等地先后开通的重要驿路有：大理经察罕章（今云南丽江）至成都道、中庆（治今昆明）经乌蒙（今昭通）至叙州（今四川宜宾）的道路、中庆达邕州（今广西南宁）道、中庆经建都（今四川西昌）至成都道、中庆经普安（在今贵州）达黄平道、中庆经乌撒（今贵州威宁）达泸州道、大理或中庆至车里（今云南景洪）道、中庆经蒙自至大罗城道、中庆经大理至缅国（今缅甸）道。

在以上驿道中，以中庆经普安达黄平的道路最为重要。该驿道东抵黄平后，乃接通辰州（今湖南沅陵）往东地带的"常行站道"。元朝又在镇远到岳州（今湖南岳阳）的沅江河段设多处水站，这条道路乃成为云南、湖广两省联系内地的交通要衢。经今滇东北和黔西一带的重要驿道，还有中庆经乌蒙至叙州的通道以及中庆经乌撒达泸州的道路，朝廷设驿之后，这一地区乃成为重兵镇守之地。

《元史·地理六》说："贵州（治今贵州贵阳）地接八番，与播州（今贵州遵义）相去二百余里，乃湖广、四川、云南喉衿之地。"元朝向西南边疆派驻蒙古军和色目军，一个重要的特点是主要部署在城镇和交通

---

① 《元史》卷15《世祖十二》，至元二十五年十一月壬辰条，第316页。
② 《元史》卷209《安南传》，第4644页。
③ 方铁：《唐宋元明清的治边方略与云南通道变迁》，载《中国边疆史地研究》，2009年第1期。

沿线。今滇东北、黔西地区为重要驿路的交会之地,乃有众多的蒙古军镇守。近年居住在今云南、贵州相连地带姓余的居民①,向当地政府反映说自己是蒙古族的后裔,据说当地的余姓居民约有十万人,看来与历史上当地有重要交通线经过有内在联系。

二、汉、元等王朝经营西南边疆的策略及影响

北方游牧民族两次南下西南边疆之后的境遇,与其时中原王朝经营西南边疆的策略有很大关系。

汉武帝前后数次经营西南夷(汉代对今云贵、川西地区的称呼),都与拓建这一地区的交通线有关。具体来说西汉经营西南夷,主要是为开通由僰道沿牂柯江(今北盘江)抵番禺(今广州)的军事用兵道路,以及从蜀地经过西南夷、身毒(今印度)达大夏(在阿富汗北部)的国际交通线。汉武帝企望开通上述道路,又与蜀地的重要战略地位有关。

周慎王五年(前316),秦军攻灭蜀巴两国,巴蜀地区为秦国所并。②经过秦国和秦朝115年的积极经营,四川盆地成为号称"沃野千里"的丰腴之地。秦国一度经营蜀地以南的地区,修建自僰道(治今四川宜宾)达今滇东北的五尺道,并在道路所经地区设置官吏。③秦朝还开拓自成都至今西昌的道路,亦在其地设官守。④以后,这两条道路成为成都平原联系印巴次大陆交通线的北部路段。

东汉经营西南夷,在前代的基础上增设永昌郡(治今云南保山),使通往身毒至大夏国际交通线的安全得到保证,同时奠定了中原王朝在西南部的疆界。东汉经营西南边疆的其他方略与举措,较之西汉并无明显不同。

由此看来,两汉经营西南夷,主要目的是打通和维护前往身毒和大夏的国际通道。两汉时形成以四川盆地为基地经营西南夷的地缘政治格局,

---

① 据笔者调查,这部分铁姓居民自称"铁改余",谓为铁木真的后代,元代以后为避害而改姓"余"。
② 《华阳国志》卷1《巴志》,第32页。
③ 《史记》卷116《西南夷列传》,及正义引《括地志》,第2993页。
④ 《史记》卷117《司马相如列传》,第3046页。

对后世也产生了深远的影响。至于对西南边疆进行深入统治与积极开发，显然未列入两汉谋划的范围。两汉采取这一较为保守的经营策略，亦与北方匈奴经常南侵造成巨大压力有关。① 因此，在今川西和滇西一带游牧、多次阻挠甚至抢劫汉朝使者的巂和昆明，自然被西汉统治者视为仇敌。自元封时被西汉与滇国彻底打败，巂和昆明的一部分人口被益州郡统治，其余的大部分人口，则辗转迁入益州郡附近的山区，并逐渐淡出两汉统治者的视野，在很长的时期属于无人过问的山地民族。

两汉及其后的蜀汉、晋朝与唐朝，经营西南边疆的主要目的，均是维持赴身毒、大夏等国际通道的畅通，对统治山区的巂和昆明并无很大兴趣。也由于安置在郡县治地来自四川盆地的汉族移民，在文化面貌与发展水平等方面与巂和昆明有很大差距，亦增加了朝野与巂和昆明的距离感，甚至视巂、昆明为不可理喻、难以管辖的"怪逆蛮夷"。汉至唐历代中原王朝与巂、昆明间的疏远关系，在史籍中多有记载。

两汉以来聚居在西南边疆坝子（盆地）的汉族移民，与山地民族的接触不多，甚至相互防范。章武三年（223），刘备率军攻吴失败，不久病死在白帝城。南中（蜀汉对今云贵地区的称呼）的大姓（汉族移民首领），以及夷帅（山地民族首领）纷纷倒戈反蜀，益州郡大姓雍闿与越巂郡（治今西昌）叟帅高定元商定联合起事。建兴三年（225），诸葛亮率军进攻叟帅高定元。雍闿闻讯率众赴援，却在内讧中被叟帅高定元的部曲杀死。② 其经过因记载阙失不可得知，但也说明南中大姓与叟帅相互戒备，甚至轻易便反目为仇。

为实现进取中原的长远目标，蜀汉注重维护南中地区的稳定。诸葛亮经营南中十分成功，其治策亦堪称开明实用。即便是诸葛亮这样开明的政治家，对南中的山地民族亦无好感。他认为南蛮"失意则相攻，居洞依山，或聚或散"③，官府对之很难约束，因此，诸葛亮对叟、昆明采取重在防范与分化瓦解的政策。据《蜀书·张嶷传》：张嶷以武力平定越巂郡

---

① 方铁：《秦汉至隋代封建统治者眼中的西南边疆》，见马大正主编：《中国边疆史地论集续编》，黑龙江教育出版社2003年版。
② 《华阳国志》卷4《南中志》，第353页。
③ 《诸葛亮集》卷4《南蛮》，中华书局1960年编校本，第102页。

捉马部落，上表朝廷封其渠帅魏狼为邑侯。在蜀汉的军事压力下，汉嘉的旄牛夷首领狼路接受招降，零关道才得以复通，张嶷奏准封狼路为旄牛鉤眦王。此外，诸葛亮还抽调叟族丁壮入伍，同时"劝令"大姓聘"恶夷"为部曲，以尽量分散和削弱夷王、叟帅掌握的武装力量。

唐朝建立不久即经营西南边疆。唐朝对今云南地区的经营，以今滇东北和滇中为突破口，逐渐向今滇西等地推进，以后把经营的重点，放在通往四川盆地道路所经的今滇西和滇北一带。由此可见，唐朝经营今云南地区仍不出两汉窠臼，即以确保自剑南道（治今成都）通往云南以西地区交通线的安全为首选目标。

天宝年间，唐朝与受扶持的地方势力南诏决裂，云南地区乃被南诏割据。在天宝以前唐朝有效控制云南的100余年间，唐朝对云南诸族的用兵屈指可数。除睿宗时数次出兵驱赶自青藏高原进入洱海流域的吐蕃势力外，仅有贞观二十二年（648），为解决松外蛮反叛干扰西洱河通天竺道（即前代的通往身毒和大夏的道路）等个别用兵见于记载。即便是出兵与南下洱海地区的吐蕃势力争夺，其主要原因，也是为防止西洱河通天竺道上的重要枢纽洱海地段受吐蕃侵害。

在这一时期，唐朝与叟、昆明的后裔乌蛮的接触甚少。① 集中记载云南蛮夷的《新唐书·南蛮传》和《新唐书·南蛮传》，对居住在今西昌地区、滇东北等地乌蛮的情形言之甚少，书中的内容，主要也是在唐朝与南诏、吐蕃的争夺之中，乌蛮身处其中摇摆、俯仰一类的情形。唐代居住山地乌蛮的一个重要变化，是天宝五年（746）南诏奉唐朝之命，平定今滇东地区爨氏白蛮的反叛，随后南诏王阁逻凤遣部将杨牟利以兵胁迫爨氏白蛮，迁其20余万户至永昌（今云南保山）地区。乌蛮因语言不通且多散居林谷，因此未被强徙。这次大迁徙后，今昆明以东的广大地区"荡然兵荒"，今滇东北山区的一部分乌蛮，乃下山徙居西爨故地②，形成今云南东部彝族、哈尼族分布的大致格局。其时云南的大部分地区已被南诏控制，唐朝既无兴趣、亦不可能过问这一次乌蛮的大迁徙。

---

① 方铁：《论唐朝统治者的治边思想及对西南边疆的治策》，载《云南民族学院学报》，2001年第2期。
② 《蛮书》卷4《名类》，中国社会科学出版社1985年赵吕甫校释本，第129页。

宋朝对发展与大理国的关系十分冷淡。太祖赵匡胤制订划大渡河与大理国为界的治策，一直为两宋诸帝所遵循。由于两宋视大理国为异邦，对居今西昌地区、滇东北等地的乌蛮，两宋不可能有真正的兴趣。出自牵制大理国的需要，两宋虽多次接纳今西昌地区、滇东北等地乌蛮部落的朝贡，但待之总是漫不经心，甚至误认为居今四川美姑一带的邛部川蛮首领诺驱即大理国国王，宋太宗于淳化二年（991）颁诏，封"云南大理国主"诺驱为检校太保、归德大将军。①

南宋后期南下西南边疆的蒙古人和色目人，在地位、境遇和演变过程等方面，与战国汉初南下的羌人游牧部落均明显不同。

蒙元据有西南边疆后，先后建云南行省和湖广行省，对西南边疆进行全面的统治。蒙元在西南边疆成功推行土官制度，是使其统治深入到广大地区的一个重要因素。

蒙元的土官制度在西南边疆取得成功的原因，主要是土官制度与当地社会的特点相契合。②西南边疆的地理气候环境，及其派生的动植物资源有复杂多样的特点，受其影响，西南边疆蛮夷的生产生活方式也属复杂多元。各民族长期生活在特定的自然环境中，对当地的动植物资源建立起密切的依赖关系。另一方面，土著民族在不同时期吸收外来的人口和经济文化因素，长期积累的结果使其文化类型与内地类似，对中原王朝容易产生亲近感。因此，西南边疆蛮夷的主要矛盾，是诸族内部及相互间为资源占有和恩怨相报而进行的争斗，并由此形成盘根错节的利害关系。若施用得当，中原王朝可利用西南边疆蛮夷内部的矛盾，使其为己效力而不至于引火上身，实现真正意义上的"以夷制夷"。

土官制度的基本内容，是朝廷任命边疆蛮夷首领为国家的正式官吏，承诺其世守其土、世辖其民，由此使土官获得占有资源及拥有权势的合法性，在与其他蛮夷的争斗中处于有利地位。另一方面，朝廷掌握收回其资源和权势的权力，迫使土官为朝廷奔走效忠。土官制度施行后便迅速取得成效，蒙元对西南边疆的统治，也深入前代难以企及的山地和边远地区。

---

① 《续资治通鉴长编》卷10，中华书局1980年点校本。
② 方铁：《论元朝的土官制度》，见方铁主编：《中国蒙元史学术研讨会暨方龄贵教授90华诞庆祝会文集》，民族出版社2010年版，第298页。

蒙元实行土官制度，还表现出充分信任西南蛮夷及待之以宽等特点，这是因蒙元自身的特点所决定。据明末人估计，入主中原初期的蒙古人仅有40万人。①征服者企望依靠极少的蒙古人，统治人数众多的汉族地区十分困难。蒙元统治者乃在全国推行四等人制，以蒙古人和色目人为依靠对象，重点防范众多的汉人和南人。元朝在西南边疆推行土官制度还有一个目的，即希望通过土官制度，解决自身兵力和边疆官吏严重不足的问题。另外，蒙元统治者来自草原深处，很少受到"华夷有别"传统观念的影响，也容易与西南边疆蛮夷和睦共处。

出自上述原因，在实行土官制度的过程中，蒙元统治者视西南边疆蛮夷为得力助手，这是元朝大量任命其首领为各级土官，并给予充分信任的深层原因。凡边疆蛮夷首领来降，朝廷视其势力大小授以不同官职；以后若反叛，平定后亦可官复原职，甚至有多次反叛、多次复职的记载。边疆蛮夷亦感其厚意，回报以忠诚和积极效力。至元年间，云南土官争相赴京觐见，致使由云南入京的驿道人满为患，世祖不得已颁诏：以后云南土官入朝，非初附者不给乘传，所进马匹亦不供草料。②

凭借土官制度，蒙元对西南边疆的统治渗透至基层。由于土官制度主要施用于山区和边远地区，为前代所忽视的乌蛮等山地民族，乃成为土官制度下最大的获益者。如前所述，因今滇东北和黔西一带有多条重要驿道经过，其地乃成为设置土官最密集的地区。今滇东北和黔西一带是乌蛮的重要聚居区，他们感受到了蒙元统治者的充分信任与礼遇。蒙元在西南边疆设州县等官府，大致有军事征服后设置与蛮夷接受招降置立两种情形；后者在边疆和山区较为常见，反映出蒙元的边疆治策，对乌蛮等山地民族有很大的吸引力。蒙元授他们以协助统治的权柄，同时给予较高待遇和充分信任，与其进行的合作亦多，如允许他们组织土军，协助蒙元进攻南宋及中南半岛诸国，由此获得乌蛮等山地民族的由衷拥护。

关于土官制度在西南蛮夷中产生的深刻影响，试举一例。洪武十四年（1381），朱元璋令将领傅友德等率30万军队进攻云南，虽力戒不可轻敌，

---

① 转引自韩儒林主编：《元朝史》上册，人民出版社1986年版，第5页。
② 《元史》卷17《世祖十四》，至元二十九年五月丙午条，第362页。

但亦估计若战略正确,"破之必矣"①。明军经贵州攻入云南,迅速击溃扼守曲靖的元军主力,随后转战云南中部和大理一带。此时已平定地区的元朝土官纷纷反叛,并推举被击溃的元军将领为首领,云南全省尽陷动乱。明军回军镇压,耗时十余年才最终平定云南和贵州。由此可窥知各级土官对元朝的忠诚。

另一方面,蒙元信任和放手使用乌蛮等山地民族,表明蒙元对其并无歧视,并将之视为积极的合作者,颠覆并改变了前代以山地民族为"怪逆蛮夷"的偏见,朝廷与山地民族的关系,也因此发生明显的改变。据研究,元明清时期,历朝不再如同前代将西南边疆蛮夷划分分为"驯顺蛮夷"与"怪逆蛮夷",而是将之区分为"熟夷"和"生夷"。元代以前划分"驯顺蛮夷"与"怪逆蛮夷"的标准,主要是根据其性格及行为方式是否怪诞、对待朝廷是否友好驯顺;而元明清三朝区分熟夷和生夷,则是根据其社会发展的水平,以及接受官府有效管辖及相互合作的程度而定,而且区分熟夷和生夷的范围,包括为前代所忽视的山地民族。

元明清三朝在西南边疆民族中区分熟夷与生夷,表明统治者有主动接近边疆民族、企望将其改造为编户齐民的积极心态。元明清三朝经营西南边疆形成上述认识,是其深入统治和开发西南边疆的一个思想根源,因此具有进步意义。对包括山地民族在内的西南边疆诸族,元明清三朝采取积极争取和推动进步的开明政策,也有利于打破民族间的隔阂,促进民族间的交往与融合。

明朝统一西南边疆后,为避免新朝对旧朝统治民族可能施加的迫害,落籍西南边疆的蒙古人逐渐隐入本地民族中。延至民国时期,在西南边疆坚持原有民族身份的蒙古人,仅剩云南通海等地的数千人。元代落籍西南边疆以万数计的蒙古人,在明清时期大部分顺利融合入其他民族,表明其他民族对落籍的蒙古人亦乐于接纳。其中虽有前面所说蒙古人与西南边疆本地民族较为亲近等原因,但同时也反映了时代改变后的变化。至于南下西南边疆的色目人,则陆续融合其他本地民族,在元明之际形成西南边疆的回族,明代其继续吸收以军士、商人等身份从外地迁入的同族人口,在

---

① 《太祖洪武实录》卷139,洪武十四年九月壬午朔条,南京国学图书馆影印本。

清代前期发展为西南边疆人数众多的本地民族。

总体上来看，战国汉初西北羌人游牧部落的南下，为西南边疆民族增添了新的血液，并促进西南边疆民族构成多样化的发展，也有利于广大山地的早期开发。蒙元时期，蒙古人和色目人以军人、官吏和商人等身份大量移居西南边疆，扩大了官府直辖人口的分布范围，不仅增加了新的民族和边疆建设者，也发展了西南边疆与内地的血肉联系。

由于元明清统治者采取较开明的治策，迁入西南边疆的蒙古人、色目人与本地民族的关系较和睦，对西南边疆与内地的一体化发挥了积极作用。在数千年的发展过程中，西南边疆经历了从前期南下羌人与本地民族的相对陌生，到元明清时期蒙古人、色目人与本地民族较为和睦、民族融合较为顺利的改变。这既是对元明清王朝西南边疆治策的肯定，同时也是值得肯定的历史性进步。

西南边疆汉族的形成与历朝治边[*]

| 方　铁 |

秦汉时内地汉族移民迁入西南边疆，以后经历了与原有民族融合演变的过程。明清时期，汉族成为西南边疆人数最多、影响最大的民族群体。这一时期西南边疆社会迅速发展，当地汉族在其中起到重要作用。西南边疆汉族与原有民族的关系，在2000余年间经历了持续的演变，西南边疆汉族也形成不同于内地汉族的一些特点。[①] 历代王朝对西南边疆汉族的形成与特点，也经历了较长时间的认识过程，在不同时期对一些问题的看法亦有变化。西南边疆汉族的形成及其作用，对历朝治理西南边疆亦产生了重要的影响。

一

西南边疆原有民族与迁入汉族人口的融合，经历了上千年的演变过

---

[*]　本文原载《中国边疆史地研究》，2012年第4期。

[①]　西南边疆古代民族的情形十分复杂。从民族发展的过程来看，有相互融合、内涵变化与时分时合等情况，其经济文化也可分为不同的类型。兹就本文使用的概念说明如下：西南边疆汉族：指西南边疆本地的汉族，与外来移民有关但并非重叠。外来移民：指历代进入西南边疆的外地移民，汉族是其主体部分，还包括蒙古族、色目人、满族等民族，本文所说的外来移民或移民主要是指汉族移民。少数民族：为近现代使用与汉族相对的概念，本文所说的少数民族指汉族以外的其他民族。原有民族：指新石器时代以来居住在西南边疆的本土民族。本地民族：既含原有民族，也包括在不同时期迁入西南边疆定居的民族，亦指外来移民与原有民族融合形成的白蛮等新的群体。山地民族：为从坝子、山地相对的二元性结构视角划分的类别，与坝区民族相对；坝区民族主要经营水稻种植，亦有相当程度的商业与加工业，主体部分是汉族及与之关系密切的本地民族；山地民族居住坝子以外的广大山地，畜牧业发达，流行狩猎和采集，亦经营以旱地种植为主的山地农业，经济发展水平通常低于坝区民族。

程。西南边疆之所以出现汉族移民与原有民族的渐进性融合，主要是两者在较大的范围内长期杂居和互相影响的结果。

西南边疆存在少数民族自称祖先为汉人的现象，反映了内地汉族人口迁入西南边疆后，被原有民族逐渐接受并相互融合的事实。隋朝统一全国后，益州总管梁睿上疏北周朝廷建议经营宁州（治今云南曲靖），称宁州户口殷众、富饶金宝，滇池、洱海有骏马和明珠，益宁两州产盐井和犀角。又说"其地沃壤，多是汉人，既饶宝物，又出名马"。所言今云贵地区"多是汉人"，指的是坝子多为汉人后裔居住，并将居住地区经营为富饶之地。①《新唐书》说云南今曲靖以西至禄丰一带，居住称为"西爨白蛮"的本地民族。西爨白蛮自称是山西夏县安邑人氏，七世祖出任晋朝的南宁州（治今云南陆良）太守，时值内地纷乱，"遂王蛮中"。梁元帝时，西爨白蛮中的大姓爨瓒割据今云贵地区。② 四川商人王佐等奉北宋之命赴大理国联系买马。王佐等至大理国，王廷遣"头囊儿"来驿馆相伴。"头囊儿"为南诏从今四川所掠汉人的后代，至大理国时仍有子孙居尊位食世禄，"多聪悟挺秀，往往能通汉语"③。王士性说居今云南保山一带自四川迁来的"诸葛遗民"，明代繁衍甚多，虽地处边陲，仍保留"红颜白皙"的外貌，言语、服食均与成都相同，"其匠作工巧，中土所无有"。④

古人还注意到在西南边疆地区，当地夷人与外来汉人因广泛杂居，彼此的文化和习尚相互浸润的情形。魏人邢峦说：今川东南一带居民虽多居山地，但亦有"豪右"，其"文学笺启往往可观，冠带风流亦为不少"。⑤所说之"豪右"，指的便是迁入边疆的内地移民大姓。清人王崧如此形容西南边疆民族融合的情形：云南诸族滋育蕃息，其大者聚为城邑，小者分为部落，久之邻境百姓迁入边疆，"蚁附蜂攒，杂厕其中，华夷互薰染，渐相仿效"⑥。

---

① 《隋书》卷37《梁睿传》，中华书局1973年点校本，第1126页。
② 《新唐书》卷222下《南蛮下》，中华书局1975年点校本，第6315页。
③ 《云南买马记》，载《续资治通鉴长编》卷67，熙宁八年八月庚寅条注引，中华书局1988年点校本。
④ 《广志绎》卷5《西南诸省》，中华书局1981年标点本，第124页。
⑤ 《魏书》卷65《邢峦传》，中华书局1974年点校本，第1442页。
⑥ 《道光云南志钞》卷3《封建志上》。

综观有关记载，西南边疆汉族大致有如下特点：一是由内地迁入西南边疆的过程延续很长，其迁徙过程虽有高潮和低潮，但向西南边疆的迁徙活动从未间断，而且在西南边疆的影响呈逐渐加强的趋势。二是在历代迁入的外地移民中，汉族以数量最多、影响最大居于首位，汉族移民与原有民族的关系，基本上主导了西南边疆的民族关系。三是汉族移民与原有民族的融合，其融合方向以元代为界大致分为两个时期，汉至宋代汉族移民主要被原有民族融合，呈现以"夷化"为主的演变过程；明清时汉族移民的数量大量增加，在重要聚集地形成地方性汉族群体，并将居住区域的原有民族人口融合于己，一部分汉族移民还向原有民族的主要聚集地扩散。[1]四是汉族移民迁居的途径、方式和分布状况等均有规律可循，其类型与原有民族明显不同。五是在长期的发展过程中，汉族移民与原有民族形成了杂居相安、共存共生的关系，民族关系的基本特点是和谐共处多于矛盾纷争。六是西南边疆汉族历来受中原王朝重视，在历朝对西南边疆的治理中占有重要地位。

汉族移民的来源较为复杂，大致由以下部分组成：其一是官方组织的各类移民，其中遣驻西南边疆的军将占较大比例，因镇守时间甚长，不少军人落籍当地，因此可视为军事性质的移民。通常郡县既置，中原王朝即派军队驻守。如唐朝设姚州都督府，"每岁差兵募五百人往姚州镇守"[2]。明朝实行卫所制度，并规定守边军队三分守城、七分屯种。卫所所辖军户通常携带家眷，据研究驻守云南的军人及家眷不少于六七十万人，驻守贵州、广西的军人及家眷为数也不少。卫所驻地对汉族移民有很大的吸引力，由此成为他们聚集与活动的重要地点。《广志绎·西南诸省》说：明初在西南边疆所设仅有卫所，后虽逐渐改流并置郡邑，但治所皆建于卫所之中，通常以卫所为主，郡邑为客；地方缙绅拜表、祝圣皆在卫所。官府对地方的管理大致是卫所治军，郡邑治民。在卫所驻地，举目所见皆为汉人。另外还有一些移民是官府组织到边疆屯种的百姓。据《华阳国志·南

---

[1] 方铁：《南北方古代民族融合途径及融合方式之比较》，载《烟台大学学报》，2006年第1期。

[2] 《请罢姚州屯戍表》，载董浩等编：《全唐文》卷175，中华书局1982年影印本，第1784页。

中志》：西汉置益州郡（治今云南晋宁），"汉乃募徙死罪及奸豪实之"。其二是因谋生或避祸等原因自发迁入西南边疆的百姓，此类迁徙历代均有。《通典·板楯蛮》说：刘宋时赋役严苛，贫者不堪多逃亡入蛮地。蛮夷既无徭役，强者又不须供官税，遂致逃亡入蛮地者结党连群，动辄有数百千人，若州郡官府力弱，逃亡者便聚为盗贼，其种类甚多，户口情形不可得知。唐朝官吏张柬之上书称姚州都督府暗藏诸多危机，其中之一便是剑南逋逃及中原亡命之徒，有2000余户分散在姚州，"专以掠夺为业"。至于姚州都督府所辖的57处羁縻州，"巨猾游客，不可胜数"。① 就数量多寡而言，自发迁徙入西南边疆的内地人口，以清代迁入寻觅谋生机会的流民居多。其三是参加征讨战争的军士，战败被俘亦落籍西南边疆，南诏三次打败唐朝军队的征讨，唐军被俘落籍云南者不少于10万人。其四是因经商、仕宦等原因进入西南边疆，以后亦有部分人落籍当地。《广志绎·西南诸省》说：清代云南等省地旷人稀，"非江右商贾侨居之则不成其地"，反映了内地商贾在西南边疆经商及定居的情形。

二

就汉族移民与治边关系而言，历朝关注的一个重点是"奸豪"与镇将官吏。

汉晋时期迁入西南边疆的移民，其中的"奸豪"多有来头。据孙盛《蜀世谱》："初，秦徙吕不韦子弟宗族于蜀汉。汉武帝时，开西南夷，置郡县，徙吕氏以充之，因曰不韦县。"② 三国时叛据益州郡反抗蜀汉的南中大姓雍闿，其祖先是被汉高祖封为汁防（在今四川什邡县）侯的雍齿，元鼎五年（前112）雍齿的后裔坐酎金免爵，其家族遂被募徙至益州郡（治今云南晋宁以东）③，类似的情况还不少。李恢、朱褒、爨习、孟琰和孟获等有名的南中大姓，也都是内地移民的后裔。南中大姓主要来自汉族

---

① 《请罢姚州屯戍表》，见董浩等编：《全唐文》卷175，中华书局1982年影印本，第1784页。
② 《三国志》卷43《蜀书·吕凯传》注引，中华书局1959年点校本，第1047页。
③ 《汉书》卷16《高惠高后文武功臣表》，中华书局1962年点校本，第555页。《三国志》卷43《蜀书·吕凯传》吕凯答雍闿檄，第1047页。

移民，还可从考古材料得到证实。今滇东北、滇中、滇西和黔西等地的坝子分布有不少墓葬。这些因地表有高大的封土堆被称为"梁堆"的古墓，是汉代以来南中大姓的墓葬。①

被朝廷遣发的"奸豪"迁入西南边疆，带来众多的族人、家丁和佃户。这些族人、家丁和佃户泛称"部曲"，具有家奴与农奴的双重身份，平时为大姓守家护院，亦参加耕种等生产活动，遇有争斗则冲杀在前。"奸豪"迁入不久便成为雄据一方的豪强，或称"大姓"。《华阳国志·南中志》说：滇池地区平敞广大，多有稻田，有"盐池田渔之饶，金银畜产之富"。因此"俗奢豪，难抚御，惟文齐、王阜、景毅、李颙及南郡董和为之防检，后遂为善"。所言"俗奢豪，难抚御"，当指迁居其地的"奸豪"或大姓，势力颇大官府难以抚御，以后"奸豪"与当地官吏具连勾结，相互关系趋于平和，即作者常璩所说"后遂为善"。当地官吏亦凭借大姓的支持而雄起，在权势与敛财方面长袖善舞，《后汉书·西南夷传》因此说滇池地区"人俗豪忲，居官者皆富及累世"。诸葛亮平定南中夷汉的反叛后，以大姓为凭借力量予以扶持，将夷人丁壮分给大姓充当部曲，又"劝令"大姓以金帛聘请"恶夷"为部曲，得多者获官府奖励可世袭官职，"于是夷人贪货物，以渐服属于汉，成夷汉部曲"，取得了增强大姓势力与削弱山地民族的双重效果。诸葛亮施行的这一政策，对巩固蜀汉在南中的统治颇有成效，但认可大姓在政治、经济方面的特权，对大姓势力的膨胀起到鼓励和推动的作用。

对迁居西南边疆的"奸豪"或大姓，当地官府视为制约原有民族的重要力量，同时也畏其权势，因此多采取迁就甚至纵容的态度。"奸豪"或大姓违法，官府多从轻发落以求相安。据《三国志·李恢传》：刘璋治蜀时建伶令爨习犯法，姻亲李恢当连坐免官，因爨习是"方土大姓"，太守董和遂"寝而未许"。进一步来说，驻守西南边疆的镇将官吏，与"奸豪"或大姓存在共生共荣的关系。在元明清诸朝强化对西南边疆的统治之前，西南边疆有一个较普遍的现象，即中原王朝任命的镇将官吏日久易与地方豪强结合，形成盘根错节的地方势力。出现这样的情形，既有中原王

---

① 参见孙太初：《云南"梁堆"墓之研究》，见《云南省博物馆建馆三十周年纪念文集》，云南省博物馆编印。

朝对西南边疆的统治鞭长莫及，以及镇将官吏未能及时调迁等方面的原因，也与朝廷授予驻守边疆的镇将官吏，遇事有灵活处置甚至免却报告之权等有关。史籍的有关记载不胜枚举，以岭南地区为例。

东汉末年，岭南被当地官吏士燮兄弟把持。士燮为苍梧广信人，王莽时其祖避乱交州，六世传至士燮父赐，恒帝时为日南郡太守，死后士燮升任交趾郡太守。东汉末年天下纷乱，士燮奏准以诸弟分任合浦、九真、南海诸郡太守，以后朝廷又以士燮为绥南中郎将，"董督七郡，领交趾太守如故"。士燮兄弟在交州权势极盛，"并为列郡，雄长一州，偏在万里，威尊无上"。建安十五年（210），孙权遣步骘为交州刺史赴任。孙权亦封士燮为左将军，子弟皆拜为中郎将，后又以士燮为卫将军，封龙编侯。士燮对孙权虽甚恭敬，进贡土产无岁不至，但岭南的实际统治权仍操于士燮家族之手。黄武五年（226）士燮病死。孙权在岭南分合浦以北为广州，辖南海、苍梧、郁林等三郡，任命吕岱为刺史；以岭南之南为交州，统交趾、日南、九真、合浦等四郡，以戴良为刺史，并遣陈时出任交趾郡太守。① 至此士燮家族在岭南的势力才被铲除。

南朝对岭南的控制亦鞭长莫及。建元元年（479），齐高帝颁诏："曲赦交州部内李叔献一人即抚南土，文武详才选用。并遣大使宣扬朝恩。"② 萧齐曲赦交州一人委以统治岭南的重任，窥知南朝对岭南的统治已属绠短汲深力不从心，《南齐书·州郡志》也说："（岭南）尉他余基，亦有霸迹。"陈朝以欧阳頠为镇南将军、平越中郎将和广州刺史，以其弟欧阳盛为交州刺史，次弟欧阳邃为衡州刺史，"合门显贵，名振南土"。岭南遂被欧阳頠兄弟控制。

六朝时岭南的镇将或官吏经常反叛，主要原因是朝廷对镇戍岭南的将吏授权过重，镇将官吏就职太久不免坐大。朝廷对此甚感忧虑，于镇吏或戍将难免产生猜忌之心。若处理失当，有可能逼迫镇将官吏举兵造反。陈朝时，广州刺史马靖在岭南甚得人心，且"兵甲精练，每年深入俚洞，又数有战功"，因此朝野"颇生异议"。高宗遂遣使萧引至广州"审其举措，

---

① 《三国志》卷49《士燮传》，第1191页。
② 《南齐书》卷2《高帝纪下》，中华书局1972年点校本，第34页。

讽令送质"。萧引至番禺后宣布圣旨，马靖乃纳子弟为质。① 陈朝光大中，高宗因广州刺史欧阳纥镇守岭南十余年颇疑之。太建元年（569），高宗下诏征纥为左卫将军，欧阳纥畏惧不欲从征，部下多劝其反。欧阳纥乃发兵攻衡州刺史钱道戢，陈朝遣兵讨之。欧阳纥屡战失败，被俘后送京师斩首，家口籍没入官。② 士燮家族与欧阳頠兄弟等在岭南长期称雄，若无地方豪强的支持，是不可能出现的。

由于对西南边疆的控制鞭长莫及，也因所任命官吏多不愿赴远地就任，唐等王朝乃实行就地选官任用的制度。朝廷就地选官降低了选拔标准，且以当地籍人士为首选。唐朝在今贵州、广西和越南北部普遍实行这一制度。据《资治通鉴》："大略唐之选法，取人以身、言、书、判，记资量劳而拟官，……其黔中、岭南、闽中州县官，不由吏部，委都督选择土人补授。"③ 高宗敕："桂、广、交、黔等都督府，比来注拟土人，简择未精，自今每四年遣五品已上清正官充使，仍令御史同往注拟。"时人称其法为"南选"④。唐朝的"南选"之法为宋朝继承。据《宋史·选举四》："岭表初平，上以其民久困苛政，思惠养之。令吏部铨自襄、荆以南州县，选见任年未五十者，移为岭南诸州通判，得携族之官。"⑤ 唐宋两朝的"南选"之法弊端不少，王夫之说：唐初桂、广等府选官听任都督，朝廷不问，"治之大累也"。边徼之稍习文法者，居其土知其利多贪为官；中原优秀士人，则鄙夷之而不屑为，其法大弊。⑥ 王夫之的看法颇有道理。"南选"不仅易造成地方官吏的腐败与假公济私，也促使地方官吏、镇将与地方豪强勾连结合，进而形成雄霸一方的势力。另一方面，镇将官吏与地方豪强易于结合，又为西南边疆的本地民族融合外来人口创造了有利条件。明清以前，云南等地由原有民族融合汉族移民形成的白蛮发展很快，与地方官吏和镇将易与大姓结合有关；上述两者的顺利结合，实际上是这

① 《陈书》卷21《萧允传》附《萧引传》，中华书局1972年点校本，第290页。
② 《陈书》卷9《欧阳頠传》附《欧阳纥传》，第159页。
③ 《资治通鉴》卷201《唐纪十七》高宗总章二年十二月，中华书局1956年点校本，第6362页。
④ 《资治通鉴》卷202《唐纪十八》高宗凤仪元年八月，第6380页。
⑤ 《宋史》卷158，中华书局1977年点校本，第3697页。
⑥ 《读通鉴论》卷21《高宗》，中华书局1975年标点本，第622页。

一时期汉族移民落籍并融入土著社会的一种有效途径。

宋代关于广西等地"奸豪"大姓与镇将官吏结合的记载渐稀，元代以后则极少见于史载。究其原因，主要是历朝加强了对西南边疆的管理，此前有利于"奸豪"大姓与镇将官吏结合的社会土壤逐渐丧失，"奸豪"大姓与镇将官吏结合这一现象乃淡出历史舞台。因受官府压制和打击，"奸豪"或大姓亦趋衰落，不再成为威胁王朝统治的反侧势力。元明清三代，落籍既久的百姓与寓居流徙的商贾平民成为西南边疆汉族的主体。明《广志绎·西南诸省》说：云南虽为诸夷杂处之地，但历数各府，"其为中华人惟各卫所戍夫耳"。康熙时云贵总督蔡毓荣说云南最称难治，治云南须先治土人，"土人安而滇人不足治矣"。① 乾隆二十三年（1758），云贵总督爱必达等在奏请云南推行保甲制度时说：云南土著素少，而流寓人口最多，"江西、湖广、陕西、四川等省汉民，散在各郡各县者实繁有徒，"凡置有产业、娶有家室及虽无产业家室而在地方经营贸易者，自应编入保甲；至于其余往来商贾及走厂之人，踪迹无常，则设客长不时查察。爱必达等奏请将云南汉人纳入保甲制度，仅言及落籍和流寓各地的百姓。② 所说云南地区的状况，大致能代表清代西南边疆诸省的情形。

三

元代以前迁入的汉族移民大都聚居在郡县治地。这一时期中原王朝在西南边疆设置郡县选择治所，大都以农业基础较佳，为交通枢纽和常见商品的集散地，同时亦是地方势力据点与文化积累中心的地点为首选，而此类地点大都位于大中型坝子。若将汉晋时原有民族分布的范围形容为湖泊，这一时期汉族移民的分布可喻为广阔湖泊中的若干岛屿，这些岛屿也是历朝所设郡县的治地。随着外来移民逐渐增多，分布范围扩大到郡县治所周围的地区，尤其是有交通线经过的区域。

《通典》说自滇池以西到洱海一带，居有称为"松外诸蛮"的百数十

---

① 《云南通志》卷29《艺文三》。
② 《云贵总督爱必达、云南巡抚刘藻为钦奉上谕奏事》，乾隆二十三年五月二十八日，档号0219-021，微缩号01-032-0608。

部落，其中杨、李、赵、董为大姓。松外诸蛮自称祖先是汉人，有城郭、村邑、弓矢和长矛，"言语虽小讹舛，大略与中夏同。有文字，颇解阴阳历数"。种植的作物有稻谷、小麦、粟米和豆类，"种获亦与中夏同，而以十二月为岁首"。蔬菜有葱、韭、蒜与菁，果实有桃、梅、李和奈。"有丝麻、女工蚕织之事"，畜养牛、马、猪、羊、鸡与犬。① 从所述经济文化的特点来看，松外诸蛮应为汉族移民的后裔，因落籍较早虽受原有民族的一些影响，但汉族移民的基本特征仍未泯灭。值得注意的是松外诸蛮的居住地在滇池、洱海两大坝子之间，这一区域地势较平坦，同时有山岭插布其间，说明唐代汉族移民的分布，已从滇池、洱海等大中坝子扩大到周围地区。松外诸蛮的居住地为连结滇池、洱海的重要道路经过，也是其地有汉民后裔居住的一个原因。

今云南和川西南是中原王朝较早经营的区域。至于今贵州和广西西部，明清时原有民族聚居的范围仍相当大，汉族移民的分布有与云南不同的一些特点。《明史》说广西以瑶、僮居多，居万岭之中临三江之险，以六十三山为聚居地，其散布于桂林、柳州、庆远、平乐诸郡县者，"所在蔓衍，而田州、泗城之属尤称强悍"②。贵州在明代建省，王朝统治从前代经营较多的遵义一带向南逐渐扩展。因此汉族移民除集中在郡县与卫所的治地外，全省还形成"生苗在南，汉人在北，而熟苗居中"的分布格局。③ 万历三十三年（1605），巡抚贵州郭子章在奏疏中说：贵州多有苗仲杂居，明初虽设贵州、新添、平越、威清等十四卫，以保护通往云南的驿路，但一线之外，北连四川东接湖广，南通广西等地，"皆苗仲也"④。贵州普遍为苗仲等原有民族聚居，至清代仍有记载。贵州官吏方显说贵州多苗，自黎平府以西，都匀府以东，镇远府以南，广西柳州与庆远府以北，"皆生苗地"⑤。

由内地迁入今云贵地区的汉族移民，其来源以元代为界有所不同。元代以前今云贵地区联系内地，主要是通过汉代以来使用频繁的两条官道，即由今成都经宜宾入云南至曲靖的五尺道，以及自今成都过西昌入云南中

---

① 《通典》卷187《边防三·南蛮上》，中华书局1988年点校本，第5067页。
② 《明史》卷317《广西土司》，中华书局1974年点校本，第8201页。
③ 《清史稿》卷290《杨名时传》，中华书局1977年点校本，第10267页。
④ 《神宗万历实录》卷414，万历三十三年十月甲寅条，南京国学图书馆影印本。
⑤ 《平苗纪略》，清同治武昌刻本。

部的灵关道。通过这两条道路，今云贵地区与四川盆地建立密切联系，并形成由今四川管辖云贵地区的传统。因此，历朝向今云贵地区派遣军队及官吏，以及遣发移民均以今四川盆地为出发地。这一时期外来移民除聚居在郡县治地外，还有一些人口散居在五尺道、灵关道与滇池至洱海一带道路的沿线。迄今发现两汉时期汉式墓葬的地点，主要在云南的昭通、曲靖、大理、昆明、保山和嵩明，贵州的威宁、赫章、毕节、清镇、安顺、兴义以及川西南的西昌等地，这些地方大都是汉晋所设郡县的治地，其中一些位于五尺道或灵关道的沿线。

元朝建云南行省并将省治设今昆明，随后开通由今昆明经贵州入湖南的湖广道等驿路。出自保护云南至湖南驿路的安全等原因，明朝中期建贵州省。上述举措改变了西南边疆的地缘政治格局，今云贵地区始与长江中游及中原建立紧密联系，长江中游诸省的移民大量进入今云贵地区，使当地移民以四川人为主的局面明显改观。外来人口居住之地，也从郡县治地扩展到中小坝子及其周围地区。位于贵州通湖广道路的沿线及其两侧的今贵阳、曲靖、昆明、昭通和玉溪等地，乃发展为人烟密集经济繁荣的地区。乾隆二十三年（1758），云贵总督爱必达等在奏疏中历数外来移民，说"凡江西、湖广、陕西、四川等省汉民，散在各郡各县者实繁有徒"①。所言将江西、湖广列于陕西、四川之前，表明云南省来自江西、湖广的移民甚多，反映出移民的来源发生了变化。

若论历代迁入西南边疆汉族移民的数量，以明清两代居多，但明代、清代迁入移民的类型和影响却有不同。明代进入西南边疆的外地移民，虽有军户、百姓及商贾等类别，但军户占总人口数的七八成以上。朝廷在各地所设卫所，主要位于农业地区和形胜险要之处，因此卫所大都驻扎在城镇、农业地区和交通沿线。明代西南边疆社会的变化，主要是云南等省的腹地逐渐内地化，而与边疆及僻地发展水平的差距有所扩大。因此，明人王士性说云南（治今昆明）、临安（治今建水）、大理、鹤庆、楚雄五府为颇富饶地区，云南的其余区域则为瘠壤多警之地。② 贵州省因"夷多汉

---

① 《云贵总督爱必达、云南巡抚刘藻为钦奉上谕奏事》，乾隆二十三年五月二十八日，档号0219-021，微缩号01-032-0608。

② 《广志绎》卷5《西南诸省》，中华书局1981年点校本，第127页。

少"，迁入的军户等移民长期被少数民族聚居地包围，逐渐形成相对隔绝的"屯堡"。平坝、安顺、镇宁、普定、长顺等地的屯堡较多，据说屯堡人口现有30余万人。①

清代大体无官方组织的移民，进入西南边疆的内地人口，主要是因生计困难而自发迁徙的流民。因担忧变乱朝廷曾颁文禁止流动，但实际上是默许，云南等省官府则以提供启动金、耕牛及将新垦土地定为私田等优惠条件，吸引外地流民前来垦荒。②清代流民位于社会底层，既无组织亦乏谋生之术，选择定居地点与谋生途径均受限制。云南民谚："穷走夷方急走厂。"指外来流民进入云南，多选择入厂矿当矿工，或赴边疆僻地垦荒这两条路。流民认为只要能果腹，垦荒、烧炭和挖煤等均无不可，日久便落籍谋生之地。由于平坦地带人口稠密难以插足，外地流民大量赴山区及边疆僻地。明代中期玉米、洋芋和红薯等耐瘠薄作物的传入，为上山或赴边疆僻地解决口粮问题提供了有利条件。因此，清代在西南边疆的山地和边疆僻地形成规模性的开发，并构成延续至今人口分布的基本格局。

四

明了坝子、山地的自然环境与其开发过程的差别，对深入了解西南边疆汉族的特点与变化有重要意义。

由云南高原与贵州高原组成的云贵高原及其延伸部分川西南和桂西北，是一个具有大致相同的地质构造与地貌特征的地理单元。③该地理单元的主体部分是海拔1100—2000米的云贵高原，地势具有西北高东南低的特点。因金沙江、元江、南盘江、北盘江、乌江、沅江及柳江的冲击切割作用，云贵高原的地形较为破碎，呈现出多山地和高原、山地在地表面积占很大比例的特点。云南省的山地与高原占总面积的94%，6%的土地为大小不一的坝子（盆地）。贵州省的山地和高原约占其面积的87%，坝

---

① 翁家烈：《屯堡文化研究》，载《贵州民族研究》，2001年第4期。
② 《云南通志稿》卷39《田赋·事例》，雍正十年条引高其倬奏疏。
③ 参见方铁：《论影响云贵高原开发的社会历史因素》，载《中南民族大学学报》，2009年第3期。

子仅占 3%，其余地区为丘陵。广西的山地占总面积的 60.24%，山地在桂西北占地表面积的比例亦大。云南有湖泊 30 余个，其中滇池、洱海、抚仙湖的面积较大。贵州仅有威宁草海，川西南在西昌附近有邛海，桂西北无较大的湖泊。较大湖泊周围很早便有人类居住，以后逐渐发展为人群聚居的农业地区。

西南边疆山地的普遍特点，是高差悬殊大、坡度陡峭及土层较薄，因此种植作物的适宜性与宜耕性均差。同时土地生态系统脆弱，开发不当易引起水土流失和资源破坏。位于南方亚热带及热带气候范围的大面积山地，生物资源丰富，山地间分布众多草甸，尤以滇东北、贵州的部分地区较为集中，适宜发展畜牧业生产。与山地形成对照的是，呈插花式分布的坝子适宜发展农业，面积较大的坝子地势平坦，地表多有河流或湖泊，土层较厚肥力甚高。云南知名的大坝子有昆明、陆良、昭鲁、曲靖、祥云和蒙自，贵州的大坝子主要是贵阳、安顺、遵义与都匀，邛海是川西南最大的坝子。这些面积较大坝子大都是开发较早的地区，为历代经营者所重视。

大中坝子的稻作农业起步较早发展亦速，因有交通线所经而成为大宗商品的集散地，通常也是地方势力的据点和文化积累传承的中心。历代所置郡县的治所大都位于坝子，昆明坝、大理坝和贵阳坝分别是云南高原与贵州高原较大的坝子，又分别位于云南高原与贵州高原的腹心地带，前两个坝子先后发展为云南地区的政治中心，贵阳坝则成为贵州省会的所在地，均决非偶然。

山地虽拥有丰富的动植物资源，但森林茂密难入，常有猛兽毒蛇出没。山地气候变幻无常，也使人易患各种疾病。除了复杂多变的自然环境不适宜居住外，山地可耕的土地也很少。另外，山地交通不便落后封闭，山地民族社会发展的速度缓慢。因此，山岭地区人口稀少，与坝子的社会发展水平差距甚大。《华阳国志·南中志》说汉晋时滇池坝子平敞宽广，随处可见精心耕种的稻田、长松、鹦鹉和孔雀，且有盐池田渔之饶，金银畜产之富。而同一时期的今贵州西部，山地因险峻被称为"牛叩头"或"马搏颊坂"，"土地无稻田蚕桑，多蚖蛭虎狼。俗妖巫，惑禁忌，多神祠"。① 《后

---

① 《华阳国志》卷 4《南中志》，巴蜀书社刘琳 1984 年校注本，第 421 页。

汉书》也说今贵州西部"地多雨潦，俗好巫鬼禁忌，寡畜生，又无蚕桑，故其郡最贫"①。汉晋以后很长的时期，关于坝子与山地发展水平悬殊的记载仍不少。元初李京说，云南坝子多水田，"山水明秀，亚于江南，麻麦蔬果颇同中国（方按：指内地）"②。宋人周去非则称广西瑶人耕山为生，以粟、豆、芋魁充粮。其稻田无几，年丰尚可安居，"一或饥馑，则四出扰攘"③。

坝子与山地在自然条件、发展水平方面虽有很大差距，但相互间又存在联系，尤其体现在共生互补的关系方面。汉晋时南中大姓的上层"耆老"，与居住山区的"昆"、"叟"等原有民族的首领结为"遑耶"。耆老犯法多往夷人处藏匿，官府法办夷人耆老或为之报仇，耆老与夷人交情至厚者称为"百世遑耶"，"恩若骨肉"。④ "遑耶"的关系并不限于大姓与夷人上层，坝子百姓亦喜与山地夷人择对结谊，此类情形历代皆有。"遑耶"关系或相互结谊的实质，是双方在经济上建立共生互补的关系，并由此发展为互助的社会关系甚至政治结盟的关系。

坝子在西南边疆发展中的重要作用，以古代社会的前期最为突出。宋元及其后的一段时期，山地民族先后崛起并获得较快发展，坝子与山地居民之间的交往增多，两者相互依存、资源互补的关系不断加强。随着内地流民大量移居山地，清代坝子与山地的联系趋于紧密，西南边疆整体性的特征亦渐明显，也使汉族与山地民族的关系发生了变化。

由此可见，西南边疆普遍存在坝子与山地相对的一种二元性结构，坝子与山地在自然条件、发展水平和文化面貌等方面虽然有很大差异，但也存在联系与互补的关系。这种二元性结构使汉族移民与山地民族存在明显的差别，时代愈早差别愈明显，随着历史的发展和社会的进步，二元性结构中的共生互补关系逐渐强化，具体表现在汉族移民与山地民族的联系及相互影响的加强等方面。

---

① 《后汉书》卷86，中华书局1965年点校本，第2846页。
② 《云南志略·诸夷风俗》，云南民族出版社1986年王叔武辑校本，第88页。
③ 《岭外代答》卷3《瑶人》，上海远东出版社1996年辑注本，第119页。
④ 《华阳国志》卷4《南中志》，第364页。汉晋时"昆"、"叟（嶲）"主要居住在坝子周围山区，有关考证参见方铁：《〈史记〉、〈汉书〉失载西南夷若干史实考辨》，载《中央民族大学学报》，2004年第3期。

在元代以前，迁入西南边疆的汉族移民经历了"夷化"的过程。受坝子与山岭地区复杂关系的影响，逐渐"夷化"的汉族移民与坝子的原有民族（如云南的僰人、今贵州、广西地区的僚或俚僚）交往甚多，亦深受其文化的影响。蜀汉时南中大姓雍闿率众叛蜀。举事前雍闿借巫鬼教的名义说：益州太守张裔状如瓠壶，"外虽泽而内实粗"，令缚之送吴。① 雍闿将张裔喻为外泽内粗的葫芦，并借巫鬼教之名使众夷缚送至吴，可见雍闿不仅熟悉坝区僰人的习俗，在僰人中还享有与巫鬼教领袖"鬼主"类似的权威。另一方面，聚居坝子的汉族移民与山地民族的接触还不多，甚至相互防范。章武三年（223）刘备率军攻吴失败，随后病死于白帝城。南中的大姓和夷帅纷纷倒戈反蜀，益州郡大姓雍闿与越嶲郡叟帅高定元联手起事。建兴三年（225）诸葛亮出兵征讨，并率西路军进攻活动在今西昌一带的叟帅高定元。雍闿在危机时刻率众赴援，在内讧中被高定元的部曲所杀。② 雍闿被杀的经过因记载阙失不可得知，但也说明南中大姓与叟帅相互戒备，甚至轻易反目为仇。可见在发展程度与文化背景等方面，汉族移民与山地民族的差别十分明显。诸葛亮平定南中后对大姓和山地民族采取不同的治策③，便有上述方面的原因。

南北朝时期，云南的汉族移民融合僰人形成本地民族白蛮。白蛮是南诏、大理国的主体民族。南诏处理与山地民族的关系，主要是军事征服和征用参加对唐的战争。大理国处理与山地民族势力滇东三十七部的关系，则是与之正式结盟；主要是由于山地民族在宋代获得较大发展，大理国对三十七部已不可能进行军事征服。由此表明宋代山地民族的力量明显增强，并对坝区民族的权威提出了挑战。

五

元朝在西南边疆推行土官制度，推动了山岭地区的开发与山地民族的

---

① 《华阳国志》卷4《南中志》，第351页。
② 《华阳国志》卷4《南中志》，第353页。
③ 方铁：《论诸葛亮南中治策及其分类统治原则》，见胡绍华主编：《中国南方民族史研究文集》，群言出版社2005年版。

发展。如前所述，宋代以后"奸豪"大姓与镇将官吏结合的现象逐渐减少，落籍或流寓各地的百姓地位上升，至明清时成为西南边疆汉族的主体。这一时期民族关系的变化，就汉族而言，一是新的地方汉族群体逐渐形成且力量不断增强，进而在西南边疆成为占主导地位的民族；二是坝子中的豪强势力逐渐削弱甚至消失，中原王朝尤其是清朝，对郡县统治下编民进行管理的重点，从以前的豪强势力转向混迹少数民族中的"汉奸"，"汉奸"主要指新近迁入西南边疆流民的某些人口。在少数民族方面的变化，一是受汉族移民和内地文化的影响逐渐汉化，与汉族的交融更为广泛而深刻；二是因少数民族社会的发展普遍缓慢，一些地方仍然流行落后制度下肆意的抢劫、械斗或掠人为奴，还有一些土司或头目横行不法，阻挠政府管理和开发受己控制的地区，因此与朝廷的施政方略产生了尖锐矛盾，也不符合清代西南边疆坝子与山地的联系加强以及边疆地区需要整体性发展的潮流。因此，清朝在少数民族地区进行大规模的改土归流，并在改流地区推行保甲制度，鼓励移民到边疆和僻地垦种，同时加大打击"汉奸"的力度。

自秦汉在西南边疆设郡县，历代都有汉人为避罪或觅利进入这一地区。历朝对这一部分汉人的看法大体不佳，多认为他们挑唆朝廷与蛮夷的关系，搅乱了边疆地区的治安。唐朝官吏张柬之呈朝廷以《请罢姚州屯戍表》，称姚州的剑南逋逃、中原亡命之徒"专以掠夺为业"，由内地潜入姚州都督府辖地的"巨猾游客"数不胜数。明清以前历朝经营西南边疆尚欠深入，对"巨猾游客"的治理未列入日程。明代此类问题十分突出。弘治十二年（1499），云南巡按谢朝宣奏：蛮莫等处为水陆交通交汇之地，缅甸所需器物自此出境，江西与云南大理的逃亡之民多赴之，与违法官吏"漏我虚实，为彼腹心"①。万历三十三年（1605），巡抚贵州郭子章在奏疏中称：自征苗以来粮饷欠缺，官兵困苦，军士未能归籍者，"窜入各寨潜为勾引"，往年仅间或出没，今则无日不出劫，往年仅数十成群，今则动辄数百，往年仅劫客商今则劫及官员，抢劫行为甚至迫近省会，"贵州数百里之境顿成盗薮"②。所说的情形已十分严重，但明朝因国力衰落而无

---

① 《明史》卷315《云南土司三》，第8153页。
② 《神宗万历实录》卷414，万历三十三年十月甲寅条。

法治理。

清代进入少数民族地区的汉人较多，难免鱼龙混杂，经常出现汉人挑拨汉夷关系甚至煽动夷猓反叛的情形。雍正初年清水江苗众造反，起因是汉人曾文登煽动九股苗，称改流后税收加倍，官府将量田供役，而江深崖险官军难入，苗众受其煽动乃反。清军张广泗部攻入清水江流域，苗人缚曾文登以献。① 乾隆二十二年（1757），云贵总督臣恒文在奏疏中说：苗人虽顽亦具人性，此前所以滋生事端，"非汉奸潜入煽惑，即系兵役人等籍端骚扰逼勒，苦累所致"②。

清廷还认为一些汉人奸商游走于村寨，在交易时欺负夷猓；教诱夷猓或包揽诉讼，导致社会不安甚至变乱。乾隆二十年（1755），云南巡抚郭一裕上奏陈地方情形，称夷猓性愚而直，"汉人中之狡黠者，每每从而欺之"，夷猓俯首帖服不敢计较。又说汉人中有文武劣生，粗读诗书精于变诈，"视夷猓为愚懦可欺，遇事生风，每于村寨之中逞其讹诈之计"。③ 二十二年云南巡抚刘藻的奏疏称：夷猓已多畏法敬官，极为恭顺；但时有地棍或江广游民，在夷寨中放债盘剥，遇事讹诈，"虽历经严行整饬，而此风尚未尽革"④。四十七年，云贵总督富纲等上奏：以前属土司管辖的夷猓今大半改隶流官，奉公畏法最为醇谨，但时有被汉奸教诱、争控不休的情形。六十年，贵州松桃苗首石柳邓等起事，主要原因是不堪奸商欺负。松桃汉人奸商抱布换丝，遍游各处苗寨。初期厚取其息，以后以土地或房舍折抵，苗人因衣食被夺起而反抗。⑤

鉴于上述情况较为普遍，清朝对潜入夷猓之地的"汉奸"采取严密防范及从严惩处的治策，颁令严禁汉人进入夷猓村寨，禁止夷猓与汉人贸易，违者从重治罪。雍正五年（1727），云贵总督鄂尔泰奏准严禁"汉奸"，订立条约遍告汉夷，凡苗夷聚居之处，"夷民毋得容留汉民，汉民毋

---

① 《清史稿》卷515《土司四·贵州》，第14272页。
② 《云贵总督恒文为奏闻奏事》，乾隆二十二年三月十七日，档号23-0026-001，缩微号23-002-0849。
③ 《云南巡抚郭一裕为备陈地方情形奏事》，乾隆二十年十月初三日，《官中档乾隆朝奏折》，台北故宫博物院1982年编。
④ 《云南巡抚刘藻为滇省吏治等地方情形奏事》，乾隆二十二年十二月十一日，档号13-0025-021，缩微号13-01-1899。
⑤ 《黔南识略》卷19，清刊本。

得撞入"。凡擒获有违法行为的"川贩汉奸",予以奖励或记功。① 乾隆五十七年(1792),广西的桂林府与柳州府颁文,禁止汉民购买瑶户及其田产,若汉民购买瑶产允许苗瑶出告,官府将田产断还瑶民,不退购金且惩治买产之人。无论瑶产多寡,只许租与洞瑶耕种,不许佃给汉民。②

从有关记载来看,所谓"汉奸"当指涉足夷僳事务的某些汉人,包括商人、流民、流氓与讼棍等。其中有一些人挑拨夷汉关系、欺骗、敲诈夷僳甚至包揽讼事,还有一些人混迹夷僳中籍以谋生。清廷严格防范"汉奸",虽减少了夷僳受"汉奸"欺诈的情形,但也隔绝了夷僳与汉民的往来,削弱了夷僳经受锤炼及明辨是非的能力。另外,禁止汉民与夷僳交往终非善策,清廷因此在某些方面修改了法规。乾隆二十六年(1761),清廷正式废除禁止汉苗通婚的法令,允许汉苗联姻即为一例。③

六

综上所述,可作如下总结。

西南边疆汉族的形成经历了复杂的过程。自秦汉在西南边疆设置郡县,汉族移民便不断迁入这一地区。历代向西南边疆的人口迁徙虽有高潮和低潮,移民的身份及来源亦不尽相同,但迁徙活动具有持续连贯与逐渐增强的特点。历代移民向西南边疆的迁徙,不仅加强了开发边疆的力量,密切了内地与西南边疆的联系,促进了边疆地区的巩固与发展,在历朝治边的过程中,还深受朝廷重视并发挥了重要作用。

外来移民与西南边疆原有民族的融合,以元代为界,其融合倾向大致分为两个时期。在前一时期,外来移民与原有民族在经济文化上的差别较明显。随着时间推移,外来移民亦逐渐融合于原有民族,形成了白蛮等新的本地民族。在这一时期,历朝大都以外来移民为可依靠的力量,较为信任并实行积极扶持的政策。另一方面,外来移民尤其是豪族大姓与镇将官

---

① 《云贵总督鄂尔泰为覆奏奏事》,雍正五年正月二十五日,《朱批谕旨》鄂尔泰折二。故宫文物馆编,故宫印刷所1930年印。
② 黄钰辑点:《瑶族石刻录·桂阳禁令碑》,云南民族出版社1993年版。
③ 《清稗类钞》第五册《婚姻类·汉苗通婚》,中华书局1984年标点本,第1989页。

吏易于结合，又为地方势力的崛起甚至割据提供了土壤。

元代以后，迁入西南边疆移民的数量及影响明显增加，民族融合的倾向，转变为以移民为主融合某些原有民族，并以大中坝子和交通沿线为聚居地形成西南边疆汉族群体。外来移民的大量进入与西南边疆汉族的正式形成，为西南边疆的迅速发展和边疆稳定创造了有利条件。这一时期诸朝在西南边疆的治策，主要是积极扩大编民（以西南边疆汉族为主）的数量及分布的范围，并以之为边疆管理的可靠基点。清朝还顺应坝子与山地的联系加强、边疆地区需要整体性发展的潮流，通过对少数民族地区的改土归流、加强其管理与开发、鼓励移民迁居边疆和僻地等措施进行治理。清朝治理西南边疆汉族的重点，也从前一时期的地方豪强，转移到欺负夷倮及挑拨事端的"汉奸"方面。

继承与发展：元明清时期的南海经略*

| 刘俊珂 |

元明清时期是中国传统社会的最后一段旅程，同时也是中国历史疆域得以形成的关键时期。在近六个世纪的历史长河中，历朝统治者不仅在陆地上导演着一幕幕边疆经略的传奇，而且也并不缺乏经略海洋的经世情怀。就南海而言，这一时期的管辖力度呈现日渐加强的趋势，元明清三朝诸多措施的实行为中国南海历史海域的形成奠定了坚实的基础。近年来，学术界对中国拥有南海主权的历史依据、地名考证、史料辨析等方面均进行了更加深入的剖析和探讨，并取得了丰硕的成果。① 但对元朝以降尤其是从政府层面如何加强对南海海域系统化管辖，以及这一时期的管辖对中国现代海疆形成的影响研究较少。因此，本文拟对此问题进行解读，以期推进对南海历史研究的深化，不妥之处，敬请方家指正。

---

* 本文原载《云南师范大学学报》（哲学社会科学版），2013年第1期。
① 林荣贵、李国强：《南沙群岛史地问题的综合研究》，载《中国边疆史地研究》，1991年第1期；曾昭璇：《中国古代南海诸岛文献初步分析》，载《中国历史地理论丛》，1991年第1期；吕一燃主编：《南海诸岛：地理·历史·主权》，黑龙江教育出版社1992年版；周伟民：《中国在南海四沙群岛上的主权不容置疑》，载《海南大学学报》，1992年第1期；陈启汉：《中国渔民是开发南海诸岛的主人》，载《广东社会科学》，1993年第6期；林琳：《汉代以前中国人民对南海诸岛的开发和经营》，载《北京社会科学》，1995年第4期；韩振华：《南海诸岛史地研究》，社会科学文献出版社1996年版；李金明：《我国史籍中有关南海疆域的记载》，载《中国边疆史地研究》，1996年第3期；黄盛璋：《南海诸岛历来是中国领土的历史证据》，载《东南文化》，1996年第4期；李国强：《南中国海研究：历史与现状》，黑龙江教育出版社2003年版等。

一、元明清时期对南海行政管辖的历史演变

中国是最早发现、命名、开发经营和管辖南海的国家。秦朝以降，中国古代政府已经开始对南海进行行政管辖。秦始皇统一全国之后，郡县天下，在南方设闽中、桂林、象郡、南海四郡，其中治所在今之广州的南海郡所辖范围即包括广义上的南海海域。东汉以后的中国史志中多次出现对南海诸岛屿进行描述，如东汉杨孚的《异物志》有"涨海崎头，水浅而多磁石"的形象记载。当时称南海为"涨海"。南朝的宋、齐、梁、陈都曾多次派舟师巡视南海。唐朝时设振州（治所在今海南三亚市）管辖"西南至大海千里"，依次而论其地界当在今天的大沽岛一带。唐代岭南节度使即有管辖南海诸岛的职责。宋代的广南西路水军也已将西沙群岛列为巡海范围之内。唐宋时期仅记载的此时的南海地理著作多达数百种。此时的南海诸岛被称为"九乳螺洲"、"石塘"、"长沙"、"千里石塘"、"千里长沙"、"万里石塘"、"万里长沙"等。宋人周去非《岭外代答》说："海外诸蕃国"，"大抵'海'为界限，各为方隅而立国"，此处之海即为中、外界限。另谓"三佛齐之来也，正北行舟，历上下竺与交洋，乃之中国国境"。《琼管志》说今海南岛，"其外则乌里，苏吉浪之州，南与占城相对，西则真腊、交趾，东则千里长沙、万里石塘"。

迄至元代，其疆域空前辽阔，"自封建变为郡县，有天下者，汉、隋、唐、宋为盛，然幅员之广，咸不逮元。汉梗于北狄，隋不能服东夷，唐患在西戎，宋患常在西北。若元，则起朔漠，并西域，平西夏，灭女真，臣高丽，定南诏，遂下江南，而天下为一。故其地北逾阴山，西极流沙，东尽辽左，南越海表"①。在如此庞大的疆域内，元朝不仅对南海诸岛地理方位进行了更为详细的记载。民间航海家汪大渊先后两次远涉大洋，游历了今越南、马六甲、爪哇、苏门答腊、缅甸、印度、波斯、阿拉伯、埃及、索马里、莫桑比克、斯里兰卡、澳大利亚等国家，在游历过程中记述了各地的山川、土俗、风景、物产，其对南海诸岛的描述尤为精确："万

---

① 《元史》卷59《地理志》。

里石塘,由潮洲而生,迤逦如长蛇,横亘海中……原其地脉。历历可考。一脉至爪哇,一脉至渤泥及古里地闷,一脉至西洋遐昆仑之地。"① 蔡微《琼海方舆志》中说:"外匝大海,接乌里苏密吉浪之洲,南则占城,西则真腊、交趾,东则长沙、万里石塘。"从其描绘的地理位置来看,其中的"万里石塘"即指包括今南沙在内的南海诸岛。同时,元朝对南海海域的行政管辖的力度也开始加强。至元十五年(1278),元政府将宋时的琼州改为琼州路,在今海南三亚设吉阳军管辖南海诸岛。

明朝初年的疆域"东起朝鲜,西据吐番,南包安南,北距大碛,东西一万一千七百五十里,南北一万零九百四里"。从距离上看,今南沙群岛及其海域尽在版图之内。依据明朝的行政体制,明朝在全国设置两京13使司,海南设琼州府,作为隶属广东的地方行政管理机构,恢复崖州、儋州、万州建置。当时的南海隶属于万州管辖。明代已经将今南海四大群岛分别命名为"南澳气"、"七洲洋"、"万里长沙"、"万里石塘。"而且《万州志》等官方志书中已经把今西沙群岛和南沙群岛归入"疆域"、"山川"等条目之下:"万州有千里长沙、万里石塘"。显然"千里长沙"和"万里石塘"系前代所指称的今西沙、南沙群岛。此外,在被称为"海上的远征"的郑和下西洋活动中,郑和等人将南海中的一些岛屿进行命名,如"景宏岛"、"马欢岛"、"费信岛"、"郑和群礁"、"永乐群岛"等,这从另外一个侧面也反映了当时明政府对南海的管辖情况。

入清以后,其前期和后期疆域的范围变动较大,但南部海疆的管辖区域基本上没有大的变动。在行政管辖上,由于东沙群岛地近广东惠州而划归属惠州管辖。其他如西沙群岛、南沙群岛、中沙群岛依明旧制仍由海南的万州管辖。此外,从清水师巡洋的线路和范围亦可以看出清代对南海的管辖状况。据明谊撰《琼州府志》记载:"崖州协水师营,分管洋面;东自万州东澳港起,西至昌化县四更沙止,共巡洋面一千里,南面直接暹罗、占城夷洋。"1840年代以后,南海局势日益恶化,西方列强和日本开始不断染指南海诸岛。同治六年(1867)英国测量船"莱夫曼"(Rifleman)号到南海非法调查;光绪九年(1884)德国军舰"伊尔剔斯"号到

---

① 《岛夷志略》。

南海测绘航海图;光绪三十三年(1907),日本窃占东沙岛并进行疯狂地资源掠夺。

日本谋占东沙岛事件发生之后,两广总督张人骏派广东水师提督李准前往东、西沙群岛巡视勘察,并命令海防总办刘冠雄,在东沙岛设立旗台,派水师驻守。以此证明东、西沙群岛属于中国领土。宣统元年(1909)5月19日李准率兵分乘"伏波"、"深航"等舰,巡视西沙和南沙群岛,对甘泉岛等12个岛屿或以军舰名称或以随行诸人的籍贯给予命名。最后在永兴岛升旗鸣炮,公告中外,重申南海诸岛为中国领土。为了加强对东沙岛的行政管理,收回东沙、宣示西沙后,宣统二年(1910)7月,清政府相继成立了"管理东沙岛委员会"和"筹办西沙岛事务处",同时增派驻守东沙岛人员。东沙岛的设治管理和西沙群岛主权的宣示,改变了南海诸岛屿长期无人驻守的局面,表明了清政府已开始意识到海岛在海疆中的重要战略地位。

从元明清三朝对南海行政管辖的发展脉络来看,其管辖力度呈现一种逐渐加强的趋势。这种趋势的出现是自元以后中国历代政府对南海认识不断加深的结果。元明清时期的南海管辖并不是跳跃式的发展曲线,而是一脉相沿带有很强的历史继承性。

二、元明清时期对南海的军事维权与实地测绘

军事维权和版图实地测绘是疆域存在和保障安全的必要条件。不但陆疆的稳定需要有力的军事镇辖和勘测,海疆也是如此。同时由于海疆自身的特殊性,所以在军事维权的方式和测绘上又自有其特点。就南海而言,为了保障海域的主权和安全,元明清时期的历代政府在军事维权和实地测绘上相继做了不懈的努力,为中国南海历史海域的形成奠定了基础。

1. 军事维权

南海的军事维权并不始自元代,汉、唐、宋时期均有舟师巡视南海的记载。入元以后,巡视的规模和距离已远迈前代。元世祖至元二十九年(1293)12月,元将史弼"拜荣禄大夫、福建等处行中书省平章政事,往征爪哇,以亦黑迷失、高兴副之,付金符百五十、币帛各二百,以待有

功。十二月，弼以五千人合诸军，发泉州。风急涛涌，舟掀簸，士卒皆数日不能食。过七洲洋、万里石塘，历交趾、占城界，明年正月，至东董西董山、牛崎屿，入混沌大洋橄榄屿，假里马答、勾阑等山，驻兵伐木，造小舟以入"①。七洲洋、万里石塘分别指今天南海诸岛中的西沙、中沙和南沙群岛。史弼的海上之行不仅是一次海上军事远征，同时也是一次规模庞大的南海巡视。

明代由于海寇活动猖獗，所以明政府对海域和海岛的管理极为重视。如在海南岛设有海南卫备倭指挥所，其主要职责是"督管军船于所部海面巡视"。另有黄佐《广东通志》载："海寇，有三路，设巡海备倭官军以守之，春末夏初，风迅之时，督发兵船出海防御，中路自东莞县南头城，出佛堂门、十字门、冷水角、诸海澳。"另据《海南卫指挥佥事柴公墓志铭》记载，广东濒大海，海外诸国皆内属，"公统兵万余，巨舰五十艘，巡逻海道几万里"。② 由此可以看出明代的海南卫所管辖的地区已经包括今天的南海诸岛屿。

值得一提的是，1405—1433年的28年间，郑和率领200余艘船七下西洋，造访亚、欧、非等国，被后世称为古代最伟大的航海壮举。南海是郑和西行的必经之路，在出航的过程中巡视南海岛屿、保障航线安全是郑和船队的主要任务之一。郑和与费信、马欢等人曾亲自到今西沙群岛巡视，并在航行中对其他岛屿位置进行标绘和命名，如石塘（今西沙群岛）、万生石塘屿（今南沙群岛）、石星石塘（今东沙群岛及中沙群岛）及其他530多个岛屿的名称。郑和下西洋不仅是明朝海上国威的展示，同时也是对中国南海的军事巡视和主权维护。

步入清季，海疆建设的格局有所变化。清朝一反明代弃海岛而守沿岸的做法，而是建立了以海岛为依托的外海防线，并以此为基地加强对远海的巡视和维权行动。

南海的军事巡视主要同清政府在海南岛崖州设置的协水师营负责，其管辖范围基本包括今天大部的南海海域，据《崖州志》记载水师的巡视路线是，崖州协水师营分管洋面，东自万州东澳港起，西至昌化县四更沙

---

① 《元史》卷162《史弼传》。
② 《琼山县志》卷14"金石"条。

止,共巡洋面一千里。南面直接暹逻,占城夷洋。西接儋州营洋面,东接海口营洋面"①。康熙末年广东水师副将吴升巡海,"自琼崖,历铜鼓,经七洲洋、四更沙、周遭三千里,躬自巡视,地方宁谧"②。而且由于"粤省地势,东西袤长,南北稍狭,然前襟大海,其中岛屿多属险要,故水师每岁例有巡洋"③。另据《广东舆地图说》记载,清水师"每岁例有巡洋,东自南澳之东南南彭岛,而迄防城外海之大洲、小洲、老鼠山、九头山……皆粤境也。今之海界以琼南为断,其外则为七洲洋,粤之水师自此还矣"④。由此可以看出,清代南海巡视已成为水师的定例。从水师巡视的范围来看,已基本包括今南海的大部海域。

晚清时期,西方列强觊觎南海诸岛的行为,引起了清政府的重视。1900年代初,日本谋占东沙岛事件发生后,时任两广总督的张人骏立即派广东水师提督李准前往东、西沙群岛巡视勘察,"并饬海防总办刘冠雄,在该岛东沙岛设立旗台,派水师驻守。于此证明,东、西沙群岛属于我国领土,则毫无疑义"⑤。接收之后,为了加强东沙岛的防守,清政府"派委营牟,酌带勇丁,同蔡守(候补知府蔡康)前往东沙岛,以资驻守"⑥。1909年4月,为了西沙群岛的安全,张人骏又"特派副将吴敬荣前往勘查"⑦,"勘得该岛共有15处,内分西〔东〕七岛、东〔西〕八岛,其地居琼崖东南,适当欧洲来华之要冲。为南洋第一重门户,若任其荒而不治,非唯地利之弃,甚为可惜,亦非所以重领土而保海权也"⑧。次月,广东水师提督李准、广东补用道李哲浚、署赤溪副将吴敬荣等率170余人奉命乘军舰再次巡视西沙群岛,对伏波、甘泉等岛屿的地理环境、物产资源等情况进行了详细调查。每到达一岛屿即勒石命名,鸣炮升旗,以申中

---

① 《崖州志》卷12《海防志一·海防·环水海道》。
② 《泉州府志》。
③ 《广东舆地图说》。
④ 《新修会典〈广东舆地图说〉》。
⑤ 《大公报》,1947年2月2日。
⑥ 陈天锡主编:《西沙岛东沙岛成案汇编·东沙岛成案汇编》,商务印书馆1982年版,第70页。
⑦ 《海军巡弋南沙海疆经过》,台湾学生书局1975年版,第12页。
⑧ 陈天锡主编:《西沙岛东沙岛成案汇编·西沙群岛成案汇编》,商务印书馆1982年版,第22页。

国主权。清政府的维护海权行动也得到当时国际社会的普遍认可,"帕拉赛尔群岛〔西沙群岛〕是分散在海南岛南部中国海上的群岛"。"1909年中国政府把该群岛归于中国所有。"①

2. 实地测绘

实地测绘是明析疆域界限和维护领土主权的主要手段之一。就历史时期而言,有效的疆域测绘对一个国家历史疆域的形成具有重要的意义。元明清时期对南海海域进行了多次的实地测绘,而且达到了相当高的精准度。事实证明,这些政府组织的测量行为对中国南海历史海域的主权维护有积极的作用。

元世祖在统一中国前夕即着手制订新朝历法,治历主管机构为太史局,王恂负责学术推算,天文学家郭守敬主持制仪和观测。郭守敬的测量精度很高,他主持实测的子午线的纬度,误差几乎都在1°以内。历法修改以测验晷景数据为依据,为此元帝"敕郭守敬由上都、大都、历河南府,抵南海,测验晷景"②,此即为元代著名的"四海测验"。当时"四海测影之所,凡二十有七","南踰朱崖,北尽铁勒,是亦古人之所未及为者也"。③ 衡岳、雷州、琼州和南海等四个观测站在今湖广行省内。郭守敬"抵南海"后"测得南海北极出地一十五度,夏至景在表南一尺一寸六分,昼五十四刻,夜四十六刻",换算为现在的纬度则基本上在今黄岩岛的方位。郭守敬所主持的全国测量为元朝新历《授时历》的制定奠定了基础,同时也为中国古代维护南海疆域主权提供了确凿的历史证据。

明代对南海的测绘以郑和下西洋最为突出。郑和西航不仅是15世纪世界航海史上的壮举,而且在历次航行中对南海岛屿进行了测量、命名和标绘。郑和的随行人员费信著《星槎星览》、马次著《瀛涯胜览》、巩珍著《西洋番国志》等书,对南海及南海诸岛的方位和地理特征均进行了准确的记载。收录于茅元仪所著《武备志》中的《自宝船厂开船从龙江关出水直抵外国诸蕃图》(《郑和航海图》),详细地标绘了南海海域中的滩、礁、岛礁和航路,其中明确标明万生石塘屿(南沙群岛)、石塘(西沙群

---

① 韩振华主编:《我国南海诸岛史料汇编》,东方出版社1988年版,第571页。
② 《元史》卷10《世祖本纪》,至元十六年三月庚戌条。
③ 《元史·天文志》。

岛)、石星石塘（中沙群岛）的方位。而且该图明确地把南海诸岛划入明朝琼州府的行政管辖范围之内。

清代南海的测绘主要集中在晚清时期，由于列强对南海海域主权的不断挑衅，清政府不断加大对海岛的实地测绘工作。

1902年，清政府为参加米兰和华盛顿的国际渔业展览会，根据张謇的建议，按照国际通例绘制《江海渔界全图》，"非绘成全图，不足划清渔界，即不足表明领海"，藉此以伸中国海域主权。当时清廷高层认为，"南洋为重要之区，江海各防尤关重要，应将此项图志，加以考核，准经纬线，着色精绘。江海渔界全图，并该书内载中国渔船所到之处，地名及注说明华文，兼译英图原下文，俾外人明晓，趁此会场，得据此表明渔界，即可以表明领海主权。"① 日人侵占东沙岛事件后，两广总督张人骏深感"中国志书，只详陆地之事，而海中各岛，素多疏略"，"我国舆地学详于陆而略于海，偏于考据方向远近，向少实在测量，记载多涉疏漏。沿海岛屿，往往只有土名，而未详记图志。欲指天度为言，旧书无考。所恃者，仍是英国海图"② 之痛，在派员巡视西沙群岛的同时，令随船的测绘委员和海军测绘学堂的学生绘制了西沙群岛总图和西沙各岛的分图。③

综上所述，元明清时期的军事维权和实地测绘是维护疆域安全和主权的主要手段。由于时代的局限，这些措施的实施可能与现代海疆管理的要求相距较远，但却是符合当时的客观实际的。

三、从舆图标绘看元明清时期南海历史海域的形成

"天地有覆载之德，故谓天为盖，谓地为舆。"编绘地图在中国有十分悠久的历史，舆图即是中国古代地图的一种，其特点是以象形的手法将山川、河流、集镇等描绘出来的地图。宋代以后关于国家疆域的舆图相继出

---

① 李士豪、屈若搴：《中国渔业史》，台湾商务印书馆1980年版，第65页。
② 王彦威、王亮：《清季外交史料》第二册，北平外交史料编纂处1934年版，第47—48页。
③ 陈天锡主编：《西沙岛东沙岛成案汇编·西沙群岛成案汇编》，商务印书馆1982年版，第9—12页。

现，元代以后编制技术逐渐成熟，标绘的疆界精准已能达到很高的程度。即以南海来看，元明清政府编绘的官方舆图均有明晰的编绘和描述。

《元代疆域图叙》和元同知太史院士郭守敬到南海进行测量后绘制的《广舆图》是元朝政府组织编绘的疆域地图，在两图中今西沙群岛标识为"千里长沙"，南沙群岛标识为"万里石塘"。另据明朝地理学家罗洪先根据元人朱思本《舆地图》缩编增广而成的《广舆图》来看，罗图所绘西南海夷图对今南海诸岛屿均有明确的标识。其中的《东南海夷图》图中有"石塘"和"长沙"的地名，从分布的位置上看，"石塘"指东沙群岛，"长沙"指中沙和西沙群岛。而且"长沙"的标绘有特殊的圆圈形象地标识了随着潮起潮落而变化的中沙群岛和水面之上的西沙群岛。①《广舆图》用计里画方之法，按行政区划分幅列图，除图之处还有详细的文字说明，是一部比较完整地标识南海历史海域的综合性地图集。

明初朝鲜使者金士衡将元人李泽民《声教广被图》和明朝僧人清睿绘制的《混一疆理图》带到朝鲜，1402年由李荟和权近在两图的基础上合编为一图——《混一疆理历代国都之图》。此图中绘有两个"石塘"和一个"长沙"之名②，根据方位来看在东北方向的"石塘"应为今天的东沙群岛，图中西南部的"石塘"，是为今南沙群岛的西部群礁。"长沙"是在菲律宾的西北方向，应指西沙和中沙群岛。同时，根据汪大渊《岛夷志略》中所述："万里石塘；石塘之骨，由潮州而生，迤逦如长蛇，横亘海中，越海诸国。俗云：万里石塘。以余推之，岂止万里而已。舶由玳屿门，挂四帆，乘风破浪，海上若飞，至西洋或百日之外，以一日一夜行里计之，万里曾不足。故原其地脉，历历可考，一脉至爪哇，一脉至勃泥及古里地闷，一脉至西洋遐昆仑之地。盖紫阳朱子谓海外之地，与中原地脉相连者，其以是欤。观夫海洋，泛无涯涘，中匿石塘，孰得而明之，避之则吉，遇之则凶，故子午针，人之命脉所系，苟非舟子之精明，鲜不覆且溺矣。"③ 由此可以推知《混一疆理历代国都之图》中之"石塘"和"长

---

① 朱思本绘、罗洪先增补：《广舆图》，中国科学院图书馆藏清嘉庆章氏刊本，第107页。
② 织田武雄、室贺信夫、海野一隆：《日本古地图大成世界图编解说》，昭和五十年讲谈社版，第22—23页。
③ 汪大渊：《岛夷志略》，"万里石塘"条。

"沙"之名确为今南沙群岛西群及其附近海面。

此外，明朝的《郑和航海图》①、《东西洋考》②、《海防纂要》③、《皇舆考》④、《舆地要览》和正德《琼台志》等，不但准确地标识了南海诸岛的位置，而且把西沙和南沙群岛作为水师的海防区域。

进入清代之后政府编绘的疆域舆图开始增多，精确程度有明显的提高。清朝初年，西方的地图测绘技术传入中国，清代的舆图绘制进入新发展时期。翁文灏曾评价清初地图说："中国地图之重要依据，首推清初聘用西洋天主教士之测量。以后虽经西洋游历家多次续测，究皆沿循路线，或局于一隅，不及清初之有整个的计划，与普遍的实测。清末及民国初年，中央及各省测量局皆测有详图颇多，然皆注意局部地形，而未作全国之大地测量，迄今中国地图之七八，实尚源自清初。当十八世纪间，即欧洲各国大地测量亦尚未经始，或未完成。而中国全图乃告竣。实为中国地理之大业，虽出异国专家之努力，亦见中国计划规模之远大。"⑤ 康熙二十五年（1686），康熙帝谕令"肇开馆局，网罗文献，质订图经"，指示绘制官方地图。据统计，关于南海诸岛标绘的清代官方舆图即有十余种，清前期和中后期的舆图对南海诸岛及其附近海域的标绘名称略有不同，但值得肯定的是南海海疆已全部标注在舆图之中。

1709 年的《大清中外天下全图》⑥、1730 年的《海国闻见录》中之《四海总图》⑦、1755 年的《皇清各直省分图》⑧、1767 年黄证孙重刻本《大清万年一统天下全图》⑨、1817 年的《大清一统天下全图》⑩、1904 年

---

① 向达整理：《郑和航海图》，北京中华书局据明天启辛酉湖南刊本影印 1961 年版，第 39—40 页。
② 张燮：《东西洋考》卷首《东西南海夷诸国总图》，明万历四十六年王起宗刻本，南洋研究所藏。
③ 王在晋：《海防纂要》卷首，明万历四十一年自刻本，北京图书馆藏。
④ 张天复：《皇舆考》卷10《东南海夷图》，明嘉靖三十六年武昌原刻本，北京大学图书馆藏。
⑤ 王庸：《中国地理学史》，商务印书馆1956年版，第111—112页。
⑥ 《大清中外天下全图》，康熙丙申（1709）彩绘纸本，中国第一历史档案馆藏。
⑦ 陈伦炯：《海国闻见录》卷下，乾隆刻本，北京图书馆藏。
⑧ 《皇清各直省分图》，清乾隆二十年以前刊本，中国科学院图书馆藏。
⑨ 黄证孙：《大清万年一统天下全图》，乾隆丁亥（1767）黄氏家重刻本，北京图书馆藏。
⑩ 陶晋：《大清一统天下全图》，嘉庆丁丑（1817）姑苏宋仙洲板，中国第一历史档案馆藏。

的《大清天下中华各省府州一县厅地理全图》①、1838年的《洋防辑要》②、1905年的《大清天下中华各省府州县厅地理全图》③ 等，上述舆图均为官方主持下编绘的疆域图，图上均冠以"大清"二字。在这些舆图中，"南澳气"、"七洲洋"、"万里长沙"、"万里石塘"分别与今天的东沙群岛、西沙群岛及其附近海域、中沙群岛、南沙群岛相对应。在1800年的《清绘府州县厅总图》④ 中，"七洲洋"被标绘为清朝的一个府，由此可以看出今天的西沙群岛及其附近海域已经成为清朝府级行政管辖区了。

清朝舆图的绘制与当时国疆域的拓展和有效管辖密切相关，当疆域稳定之后，清政府即开始组织人力编绘舆图以达到画界封疆的目的。随着地图绘制技术的提高，清代舆图的精准程度比前代更高，特别是边疆地区如蒙古、新疆、西藏和海疆均有清晰地标绘。就南海海域的标绘而言，在元明时期舆图绘制的基础上，清代在官方编绘的舆图中对南海及其岛屿的标识更加准确和明晰，充分说明了清代对海疆主权意识的逐步提高。

四、结语

传统疆域的形成是历代王朝长期不断擘画和经营的结果。就南海海疆的经略而言，元明清时期的经略呈现出一条由弱而强、由模糊到清晰的发展主线。换言之，这一时期的南海经营是一个不断继承与发展完善的过程。由于海疆自身的特殊性，其管理不可能沿袭陆上疆域的手段和方式。元明清时期历代政府所采取的管理方式，无论是军事巡视、岛屿测绘抑或舆图标识等均是与其时代相适应的管理形式。虽然"国界只是在民族国家

---

① 吴长发重订：《大清天下中华各省府州县厅地理全图》，光绪三十年墨印纸本，中国第一历史档案馆藏。
② 严如煜：《洋防辑要》卷1《直省海洋总图》，道光戊戌（1838）来鹿堂版，第2页。
③ 王兴顺重订：《大清天下中华各省府州县厅地理全图》，光绪三十一年重订本，北京图书馆藏。
④ 晓峰：《清绘府州县厅总图》，晓峰氏摹绘乾隆三十二年黄证孙本，北京图书馆藏。

产生过程中才开始出现的"①，但是现代国界的形成对历史疆域的继承和强化，没有历史疆域的存在，现代国家领土主权维护将会成为无源之水、无本之木。作为中国传统社会发展历程中重要时期，元明清三朝为中国历史时期疆域的形成奠定了坚实的基础。

---

① 〔英〕安东尼·吉登斯：《民族—国家与暴力》，胡宗泽、赵力涛译，生活·读书·新知三联书店1998年版，第60页。

清前期海疆治策之检讨*

| 刘俊珂 |

疆域治理措施的出台是边疆治理思想的具体实践，不同时期各具特色的边疆政策走向并不是天马行空的臆想和率意而为的举动，而是客观环境影响下的产物和必然结果。就清朝前期的海疆治策而言，与前代相比，无论从思想主旨抑或实际效果来看，海疆治理水平已达到了前所未有的高度。不断完善的治海措施对维护清政权的稳定和国家疆域的完整具有重要的意义。当然，由于海疆局势的不断变化，清前期的海疆治策也出现了若干失误和为后世所诟病的污点，而且这也成为长期以来清代海疆政策研究中的一个持续热点问题。① 事实上，清前期的海疆治策在制定和推行层面

---

* 本文原载《中国边疆史地研究》，2013年第2期。

① 关于清朝海疆政策研究的主要成果有：陈柯云：《论清初的海禁》，载《北京师院学报》，1980年第1期；郭蕴静：《清代对外贸易政策的变化——兼谈清代是否闭关锁国》，载《天津社会科学》，1982年第3期；陈尚胜：《清朝体制与对西方的被动应战》，载《山东社会科学》，1990年第5期；张彬村：《明清两朝的海外贸易政策：闭关自守？》，载《中国海洋发展史论文集》第四辑，台北"中央"研究院中山人文社会科学研究所1991年版；韦庆远：《论康熙时期从禁海到开海》，载《中国人民大学学报》，1989年第3期；陈尚胜：《也论清前期的海外贸易——与黄启臣先生商榷》，载《中国经济史研究》，1993年第4期；何瑜：《康乾盛世与海疆政策》，载《清史研究》，1993年第1期；何瑜：《清代海疆政策的思想探源》，载《清史研究》，1998年第2期；陈尚胜：《明与清前期海外贸易政策比较》，载《历史研究》，2003年第6期；陈尚胜：《明与清前期海外贸易政策比较——从万明〈中国融入世界的步履〉一书谈起》，载《历史研究》，2003年第6期；范金民：《明清海洋政策对民间海洋事业的阻碍》，载《学术月刊》，2006年第3期；陈尚胜：《清初"海禁"期间海外贸易政策考》，载《文史》，2004年第4期；李德元：《海疆迷失：对中国传统海疆观念的反思》，载《厦门大学学报》（哲学社会科学版）2006年第2期；庄国土：《论中国海洋史上的两次发展机遇与丧失的原因》，载《南洋问题研究》，2006年第1期；陈尚胜：《"怀夷"与"抑商"：明代海洋力量兴衰研究》，山东人民出版社1997年版；万明：《中国融入世界的步履——明与清前期海外政策比较研究》，社会科学文献出版社2000年版；王日根：《明清海疆政策与中国社会发展》，福建人民出版社2006年版等。

都是充满了多样化的态势。对此，学界缺乏应有的关注和较为深入的探讨。所以，本文拟以清前期海疆军事防御体系的构建、禁海和开海之间的纠结、海岛治理得失及海疆治策对海上商业力量的影响等层面为考察对象，以期从不同的侧面去探讨这一时期海疆治理的经验与教训。不妥之处，敬请方家指正。

一、清前期海疆军事体系的嬗变

海疆军事体系的建构是清前期海疆治理政策的重要组成部分，其形成是在总结明代海防相对弱化的基础上不断进行完善的产物。岛岸一体化防御体系的构建，是清朝在与明郑势力的长期对峙和防范海上反清力量及西方商业殖民者的过程中逐渐建立起来的。清朝在完成大陆海疆的统一之后即着手加强海疆防卫体系的建设。顺治八年（1651），清朝开始于沿江沿海各省按陆上营制，设提督、总兵、副将、游击及以下各武职人员并在各省设造船厂修造战船。台湾统一后，在康雍乾三朝的悉心经营下，前清时期从东北沿海蜿蜒南下到广东沿海的防卫格局逐渐形成。

从整体上来看，清前期的海疆防御主要分为三个层次，最外围是以海岛为依托的外海防线；如康熙时于金州设驻防水师营，雍正时增设2营，兵额1000人，后又增设金州水师营于海岛内，选谙习水性者充之，以加旅顺口的防御力量。中间为八旗与绿营水师相互拱卫的沿岸防线；如江苏是清朝海防的重点区域之一，而且江海相交，海防任务较重。所以顺治初年置水军都督，后改江南提督，下辖10000人，驻防崇明岛和吴淞口。后又增设崇明水师总兵官，调拨江宁、江苏、安徽各省标兵万人，分防吴淞江及崇明诸口。平台之后设福建水师总兵官、下辖水师设31营、战船200余艘、兵额27000余人。为了防止反清势力的复燃，清朝又在台湾设总兵官1员，副将2员，兵8000人，并设澎湖副将1员，兵2000人。① 随着西方商业殖民者的东来，台湾的局势进一步严峻，台澎地区兵额后来增加到14000人。② 最内则是由八旗和绿营驻守的重要海口要地。如杭州、福

---

① 《清朝续文献通考》卷189《兵考》11，浙江古籍出版社2000年版，第6511页。
② 《圣武记》卷8《嘉靖东南靖海记》，中华书局1984年版，第314页。

州、广州则由驻防八旗承担防守任务。杭州将军兼辖乍浦水师,兵额4205人;福州将军统辖官兵2580人,兼节制沿岸绿营驻军;广州将军下辖官兵3902人。① 其主要职责是监视和控制当地绿营军队。这样,通过点线式相结合的部署措施,清前期就形成了以海岛为依托的海外防线、以海岸为凭借的近海防线和以沿海险要之地为重点防区的陆上防线。

同时,为了加强海防和提高水师的海上作战能力,清朝还制定了严密的海疆督抚操阅和会哨制度。乾隆初年规定:"闽浙总督莅任一阅;水师提督一岁阅海坛、闽安、烽火门等处,一岁阅金门、南澳、铜山等处。""凡大臣察阅之年,该省督、抚、提、镇停其察阅。当提督检阅之年,则各镇、停其检阅,当督抚检阅之年,则提、镇概停检阅。"② 乾隆时期海上巡哨制度逐渐完善,山东、江苏、福建和广东四省均划分了巡视洋面的范围,实行总巡、分巡和不定期巡视制度。为了加强对巡哨的管理,乾隆十七年(1752),令各省水师,其沿海各省战船,一律制备头巾插花,借助风力,以资巡哨。③ 此外,清朝在沿海据点还设有数量不等的墩台、烽台和水寨以备警戒之用。

从清前期的海防部署来看,与明代弃海岛而守海岸的思想不同,通过清初几代统治者的悉心经营,清朝的海防形成了岛、岸、陆三维一体较为完善的军事架构。这一防御体系的形成有效地保卫了海疆安全,对于海疆完整和抵御海寇侵扰、保护海上贸易直至抵御西方殖民者的东来等方面都有积极的意义。

当然,也正如清朝国运的发展趋势一样,随着时间的推移,乾隆中期以后海疆军事防卫体系逐渐表现出衰疲之势。而且这一时期也恰恰是海疆局势开始出现危机的严峻时刻。其一,海防兵额已严重不足,海疆巡防制度徒成具文。沿海水师各营自乾隆中期以后实际兵额只有额定数的百分之三十左右,且多由市井无赖、乞丐等无业游民,可以说海上战斗力几近于无。"水师废驰已可概见"④。同时,早年严格的会哨制度也流于形式,

---

① 《清朝续文献通考》卷189《兵考》11,浙江古籍出版社2000年版,第6511页。
② 《重纂福建通志》卷83《国朝兵制》,同治七年至十年(1868—1871)正谊书院刊本,第1页。
③ 《清史稿》卷153《兵六》,中华书局1977年版,第3983—3985页。
④ 《清世宗实录》卷129,台湾华文书局1973年版,第462页。

"虽有出巡会哨之文,皆潜泊于近香内岛无人之地,别遣小舟携公文,往邻界交易而还,其实两省哨船相去数百里,从未谋面也。其船窳漏,断不可以涉大洋"①。其二,早期的海疆军备已多有废弛,战船朽败不堪,十不能用其一。鸦片战争前御史杜彦士奏报:"沿海水师设立战船,原为巡哨洋面,捍御海疆之用。闽省战船大小二百六十只,近来水师营务废弛,额设战船,视为无用,风干日炙,敝坏居多,或柁折桅倾,或篷槽缆断,间有稍加修理者,不过涂饰着色,以彩画为工,其实皆损坏堪虞,难以驾驶。"② 而且连沿海缉盗的基本任务已不能完成,竟然出现了海盗劫掠之后,清军水师竟只有"望寇兴叹"的奇怪景象。所以时人评论说:"方今兵力疲劳之后,强弩之末,难穿鲁缟。"③ 英使马嘎尔尼在出使清朝之后就认为:"英国只要动用少许兵船,就能远胜中国帝国整个海军,在不到一个夏季的时间里,破坏中国海岸的整个航运。"④ 其三,战船技术落后。1730年,到达广州海面的西方商船有荷兰的"多维号"(Dove),载重400吨,携带炮位26;法国的"泰国号"(Thalant),载重550吨,携带炮位28;普鲁士的"阿波罗号"(Apollo),载重400吨,携带炮位28。⑤ 而在鸦片战争前,广东最大战船米艇的平均长度为95尺,阔20.6尺,载重量为2500石(约合150吨)⑥,竟远不及清初商船的载重量。可以说,仅从战船的作战能力上看,鸦片战争前中西双方的胜负已经基本确定了。

清朝前期海防体系的蜕变,是在清统一全国之后承平日久的形势下所孕育的必然结果。明郑氏集团的存在、海寇侵扰的压力使清朝的海疆防卫体系开始逐渐完善。但随着安全压力的减轻和陆地边疆的危机出现,清朝的海防实力也开始呈明显下降趋势。值得注意的是,清中期以后海疆局势所发生的深刻的变化并未引起清朝应有的警觉。早期东来的葡萄牙和荷兰人在后起之秀英国人的打压下逐渐退出亚洲海域。挟资产阶级革命之威的

---

① 《圣武记》卷8《嘉靖东南靖海记》,中华书局1984年版,第353页。
② 《清朝续文献通考》卷224《兵考》23,浙江古籍出版社2000年版,第9706页。
③ 《岭南集》卷5,道光元年刻本。
④ 张之毅:《清代闭关自守问题辨析》,载《历史研究》,1988年第5期。
⑤ 〔美〕马士:《东印度公司对华贸易编年史》,区宗华译,中山大学出版社1991年版,第211—212页。
⑥ 《清朝续文献通考》卷244《兵考》6,浙江古籍出版社2000年版,第9705页。

英国人的军事实力，是沉浸在天朝大国梦中的清朝远远无法预料的。长期的军备废弛形成了清朝海疆防卫的过度虚弱，迄至鸦片战争前，清朝舰船的作战能力和英军的海上作战能力相差已不啻天壤。所以，鸦片战争爆发后中英海之战使清军海防的不堪暴露无遗。这是自乾隆中期以降长期对海疆轻视所形成的结果，也是昧于世界大势自我陶醉而造成的苦果。

二、彷徨的禁海与开海

禁海与开海是清前期海疆政策的风向标，也是海疆地区治理措施的最核心部分。关于禁海与开海优劣的评判，我们不应胶着于政策措施的出台与当时世界大势是否相适应的层面，而是应该考察政策和措施出台的复杂的时代背景。前清时期海洋开闭的变奏是清朝对客观海疆环境变化不断调适的结果。

入清以后，郑成功据守台湾和大陆部分沿海岛屿，清朝海疆局势甚为严峻。为坐困郑氏集团、肃清海氛，清政府推行了极端严酷的海禁和迁界政策。顺治十二年（1655）、十三年和康熙元年（1662）、四年、十四年五次下达禁海令，多次重申："今后凡有商民船只私自下海，将粮食货物等项与逆贼贸易者，不论官民，俱奏闻处斩，货物入官，本犯家产尽给告发之人，其该管地方文武不行盘缉，皆革职从重治罪。"① 并饬沿海疆吏，"把截隘巷"，不许外地海船进口，亦不准本地商船运载米、麦、钉铁等项出口。② 另外，顺治十八年（1661）、康熙三年（1664）、十八年（1679）三次迁界，更造成了"昔之闾里繁盛者，化而为墟矣，昔之鸠宗聚族者，化而星散矣，户口凋残，典籍失矣，兄弟离散，神主遗之"③ 的惨剧。清初禁海措施是清朝与明郑势力长期对峙的结果，也是清朝当时一种无可奈何的选择。这也可以从平台之后康熙帝立即开放南洋的政策中找到佐证。康熙帝认为："向令开海贸易，谓于闽、粤边海民生有益，若此二者民用充阜，财货流通，各省俱有裨益。且出海贸易，非贫民所能，富商大贾，

---

① 《光绪大清会典事例》卷 776《刑部·礼律祭祀》，文海出版社 1995 年版，第 1 页。
② 《明清史料》丁编第 1 本，天津人民出版社 1981 年版，第 186 页。
③ 《清漳霞山杨氏族谱》，乾隆五年杨日蕴序。

懋迁有无，薄征其税，不致累民，可充闽粤兵饷，以免腹里省分转输协济之劳。腹里省分钱粮有余，小民又获安养，故令开海贸易。"① 平台之后，在沿海地区官员的大力呼吁下，清廷开始推行展界复业和解除海禁的措施。康熙二十三年（1684）正式下令取消海禁："今海内一统，寰宇宁谧，满汉人民相同一体，令出洋贸易，以彰富庶之治，得旨开海贸易。"② 次年，宣布江苏的松江、浙江的宁波、福建的泉州、广东的广州为对外贸易的港口，并分别设立江海关、浙海关、闽海关和粤海关等四个海关，负责管理海外贸易事务。这一政策的实行标志着清政府正式开放海禁。

迁界和禁海是清朝在特殊情况下所实行的一种极端措施，这项政策的推行对海疆地区特别是东南沿海地区的社会经济造成了重大的损失。但另一方面看，也在很大程度上坐困了郑氏集团，加快了清朝统一台湾的步伐。

海洋的开放很快使沿海贸易繁荣起来，为数众多的商民不断来往于东、西之间。在海上贸易的带动下海外移民不断增多，清廷开始担心外迁商民与海外反清势力的合流坐大，于是海疆大门又再次开始封闭。康熙五十五年（1716）10月，康熙帝对臣下表达了自己的忧虑："海防乃今日之要务，昔过苏州时，知每年造船出海贸易者多至千余，回来者不过十之五六，其余悉卖在海外。……海外有吕宋、噶喇吧等处，常留汉人，自明代以来有之。此即海贼之薮也。"③ 然而，此时的海洋禁令并不是完全切断了清朝与海外的一切联系，而是有针对性地关闭了通往南洋的大门。即使在这样的情况下，通往安南等中南半岛的商船仍在未禁之列。只是对海疆的管理开始趋于严格，船式、载重、商品、线路、往返时间等内容开始纳入沿海行政管理部门的职责。如雍正元年（1723）对闽浙沿海规定："出海商渔船，自船头起至鹿耳梁头，止大桅上截一半，各照省分油饰。江南用青油漆饰白色钩字，浙江用白油漆饰绿色钩字，福建用绿油漆饰红色钩字，广东用红油漆饰青色钩字，船头两披刊刻某省某州县某字某号字样，沿海汛口及巡哨官弁，凡遇商渔船验系照依各本省油饰刊刻字号者，即系

---

① 《清圣祖实录》卷116，中华书局1985年版，第205页。
② 《清朝文献通考》卷33《市籴二》，浙江古籍出版社2000年版，第5155页。
③ 《清圣祖实录》卷270，第372页。

民船当即放行,如无油饰刊刻字号,即系匪船拘留究讯。"① 到乾隆时期又对出海细则进行了补充和完善。尤其对军需品和大米等粮食实行禁止出口政策,"其有希图厚利,但将米谷偷运出口贩卖,并无接济奸匪情弊者,计算偷运米一百石以上,谷二百石以上,照将铁货潜出海洋货卖一百斤以上例,发边充军;米一百石以下,谷二百石以下,照越渡关津律杖一百,徒三年。至有米不及十石,谷不及二十石者,照违制例杖一百,仍枷号一月警示。为从及船户知情者,各减为首一等。米谷船只照例变价入官"②。但从整体上看,清前期的禁航并不同于明朝近于"一刀切"式的禁海措施,而是欲将沿海商民完全纳入到政府的严格管理之下,以保证海疆稳定的一种措施。据统计,即使在最严厉的康熙南洋禁航时期,中国的海上贸易量并不逊于以往,甚至还有不断扩大的趋势。据不完全统计,康熙二十年至道光十九年(1681—1839),东往日本贸易的商船就有 3840 艘;③ 道光十年(1830),到东南亚的菲律宾等多个国家贸易的商船达到 202 艘,总吨位 70000 吨。嘉庆二十二年至道光十三年(1817—1833),由广州出口的生丝货值达到 29886709 银元,绸缎货值达到 32595381 银元,茶叶货值达到 193134495 银元。④ 可以说,清前期的禁海和开海之间的变幻并不是所谓的锁国与闭关,而是一种稳固政权和保证海疆安全的策略而已。

16 世纪中叶以降,清朝逐步完成了国家统一大业,国内局势渐次稳定。就海疆形势而言,较之明代已有了新的变化。如果说 16 世纪世界性海洋贸易圈的形成还略显稚嫩的话,那么 18 世纪则已是名副其实的全球化商业扩张时代。事实上,清王朝所面对的已不是热切"求贡"的藩邦小国,而是已具有疯狂掠夺性的西方早期进行殖民事业的冒险家。18 世纪,英国商业殖民势力已进入中国海域,1780—1784 年英荷战争使荷兰海上霸权遭到沉重打击,荷兰对华贸易在 1781—1782 年基本停顿,取得产业革命成功的英国在亚洲海域的贸易地位也随之与日俱增。沿海贸易市场的竞

---

① 《钦定大清会典则例》卷 114,《兵部·职方清吏司·海禁》,台湾商务印书馆 1986 年版,第 659 页。
② 《广东海防汇览》卷 35《禁奸》,河北人民出版社 2009 年版,第 187 页。
③ 〔日〕木宫泰彦:《中日交通史》(下册),陈捷译,商务印书馆 1931 年版,第 327—334 页。
④ 姚贤镐:《中国近代对外贸易史资料》第 1 册,中华书局 1962 年版,第 254—255 页。

争渐趋激化。1756年洪任辉（James Elint）事件的发生引起了清朝廷的警惕，1792年英使马戛尔尼访华使清廷已骤然感到西方势力对中国的压力。

从清前期海疆治策的发展轨迹来看，西方势力的东来是清朝海疆治策导向趋变的一个重要因素，也是政策导向逐渐内趋化的主要原因之一。西人东来之后，清朝的海防压力逐渐增大，清廷对海外势力开始关注并充满了警惕。康熙帝已隐约感到了来自西方殖民者的压力，"海外如西洋等国，千百年后，中国恐受其累。此朕逆料之言。……国家承平日久，务须安不忘危"①。雍正帝已较之其父对西方势力的认识则更加深刻："中国北有俄罗斯是不可轻视的，南有欧西各国，更是要担心的"，"虽现在不必顾虑及此，然苟千万战舰来我海岸，则祸患大矣"。② 18世纪中叶以后，由于中西贸易冲突与日俱增，清政府海疆治策的主要目标由防内逐步向以防外为主转变。1850年代以后，因西方商船到浙江沿海日益增多，为了保证浙东海疆安全，乾隆帝特颁谕旨："外番船只陆续到浙，恐定海又成一市集之所，是以令该督抚等酌增税额，俾年利既征自不致纷纷辐辏。"③ 由此说明清朝已经感到，由于海洋的开放有可能带来更多的安全问题，特别是西方商业殖民者的侵扰问题。从另外一侧面也折射出清朝海上实力已经与西方海上国家拉开了距离。

中国海域贸易格局的演变加剧了清朝海疆局势的恶化。基于海疆安全的考虑，清廷在开、禁摇摆不定的海疆政策中已逐渐凸现收缩态势。诚然，尽管某些局部政策对抵御西方势力起到了一定的作用，但并未从根本上改变海疆局势的发展态势。虽然清朝的海疆政策是以国家最高利益为出发点，服从于国家安全这一大局。然而，在以国家实力为后盾的西方殖民商业势力面前，清廷没有采取积极的应对措施，却反而加快了关闭海洋的步伐，意欲以此置海外势力于国门之外。历史发展事实表明，一味的闭、防并不能使本已危机四伏的海疆局势有所改观，反而加快了西方殖民者侵略中国的步伐。清朝海疆治策的开与闭是贯穿整个清代海疆治理的主旋

---

① 李文海主编：《清史编年》第3卷（下），中国人民大学出版社1990年版，第488页。
② 《耶稣会士通信集》第3卷，大象出版社2000年版，第363页。
③ 转引自陈尚胜：《明与清前期海外贸易政策比较——从万明〈中国融入世界的步履〉一书谈起》，载《历史研究》，2003年第6期。

律。我们不能简单地以现代的眼光去评判关闭或开放海洋的是非功过。实际上每一次政策导向的转变均是海疆客观环境变化的产物。无论是南洋禁航、还是不断强化的防夷措施等无一不是体现了清朝加强海疆管理的初衷。后来的事实也表明，有限的开海对清朝海疆地区的治理不无益处。然而令清廷没有预料到的是，从本质上来讲海疆治理完全不同于陆疆，它充满了更多的复杂性和不确定性。西人东来以后，清朝完全以驱闭之策意欲中断与对方的贸易诉求，这是清朝海疆治理的失策之处，也因此使之失去了"睁开眼睛看世界"的机遇。

三、清前期海上岛屿治理的得失

清朝海疆地区防御体系的构筑，使星罗棋布的海上岛屿也纳入了海疆管理范围。海岛是清朝外围海防线的主要依托，所以清朝对于海岛特别是近岸海岛的管辖尤为重视。

在沿海重要的岛屿如辽东之金州、直隶之天津，山东之登莱，江南之狼山，浙江之黄岩、温州、定海，福建之福宁、厦门、金门、漳州，广东之潮州、碣石、虎门、高廉等地特驻军门，就近统领防御。① 军事上的镇辖为岛屿的防卫和开发提供了安全保障，这是清朝在海疆治理层面超越明朝的亮点。在众多的海岛中，地理位置较好、资源丰富的海岛则自古以来就有商民前往居住或经商，并进行农业或渔业生产。今辽东半岛沿海一带的岛屿上，在清中叶已有不少居民迁居于此，并且渐成村落，"房屋多至万余"，山东半岛沿海的长岛上已有人口两万余人。康熙五十二年（1713），舟山岛及其附近岛屿已有7000余人。这里自古以来便是沿海地区的著名的渔场，清代福建渔民曾在舟山岛上搭盖房楼，捕鱼营生并建有八闽会馆。雷州半岛沿岸的许多岛屿，"渔箔横列，以海为田"②，北部湾一带的沟岛、果了山岛、涠州岛、斜阳岛、七星岛、山心岛和巫头岛等岛屿，均是沿海渔民的主要捕捞基地。

---

① 贺长龄编：《皇朝经世文编》卷83，台北国风出版社1963年版，第764页。
② 叶廷芳：《电白县志》卷14《艺文》，《中国方志丛书》115，台北成文出版社1967年版，第127页。

然而，与清朝在军事镇辖海岛相比，其行政管理的步伐则明显滞后。由于海岛在大洋之中，自明代以后海岛特别是浙闽沿海的舟山、定海、浯屿、兴化、吉口、湄洲、浯屿、东澳等岛屿长期存在海盗活动，广东的南澎、黄冈、放鸡、广澳、钱澳、赤澳、小星、沱泞、伶仃山、旗纛山、九洲山、老万山、大横琴、三灶山等岛屿也是海盗经常盘踞之地。清廷平台之后仍然对海岛之民心有余悸，所以清廷频发谕令禁止各省海岛居民添建房屋，以防海岛成为匪类的潜居之地。乾隆五十四年（1729），清廷闻"近有搭盖房屋，窝聚匪徒之事"。因此"饬令巡哨镇将，督同弁兵，见有岛内房屋，立即烧毁"。① 同时《大清律·兵律》中亦规定："凡官员、兵民私自出海贸易及迁海岛居住耕种者，均以通贼论处斩。"② 直到道光初年，沿海岛屿的封禁政策一直没有放松。

清中期以后海防力量衰落后，海岛逐渐成为失控状态，这也恰恰为东来的西方殖民者提供了海上基地。后来英军进犯广东、浙东甚至天津大沽口等地时，沿海岛屿都成了他们的海上补给地。一位美国历史学家曾经指出："边疆总是人口移入的地区。"③ 事实证明，任何一个国家边疆的存在和巩固都是以相应的人口存在为前提的。因此，就传统海疆而言，保证一定海岸或海岛移民的人口数量也是海疆稳固和发展的基础。对于沿海岛屿，清朝主要以军事巡视和控制为主，而忽略了民政建设。

值得一提的是，作为中国东南和南方的海洋门户台湾岛和海南岛，清朝在统一之后长期推行限制性的开发政策，延缓了两大海岛地区的发展。从朝廷到地方清朝的决策者主要从政治安全的角度考量来制定治理之策，却忽略了海疆地区的健康发展。平台之后，康熙帝曾指示福建督抚："台湾地方多开田地，多聚人民，不过目前之计而已，将来福建无穷之害俱从此生，尔等会同细商，毋得轻率。"④ 至乾隆时期，都察院副都御史、兵部右侍郎温汝适甚至还认为海南"得其地不足益国家分毫之赋，得其人不

---

① 《清高宗实录》卷 1328，中华书局 1986 年版，第 176 页。
② 陈梦雷编：《古今图书集成》，齐鲁书社 2006 年版，第 965 页。
③ 何顺果：《美国边疆史》，北京大学出版社 1992 年版，第 78 页。
④ 中国第一历史档案馆编：《康熙朝汉文朱批奏折汇编》第 6 册，档案出版社 1985 年版，第 192 页。

能当一物之用,而立城池、学宫、衙宇、俸食,仓库徒縻朝廷无虑之金钱耳"①。此外,台湾地区行政建置的落后、城垣修筑的限制、汉蕃之间的隔离、赴台人员的控制和岛内限制性开发等政策对台湾地区的社会进步有深远的负面影响。

"不使其失,亦不使其失"是清朝海岛治理的根本宗旨。军事上的镇辖保障了海上岛屿的安全,但在维护安定的同时却牺牲了海岛地区的正常开发。限制性开发政策阻碍岛陆之间的正常交流,对海疆地区的整体发展产生了极为严重的消极影响。

四、清前期海疆治理政策对海上商业力量发展的影响

海上商业是沿海地区经济构成的重要组成部分,也是一个国家从陆地走向海洋的最主要的支撑点。就清前期的情况而言,由于制度保障的缺失,虽然海上商业力量的发展在一定程度上促动了沿海地区社会经济的变化,但传统体制并没有给予其适当的发展空间。海上商业力量日益走向式微的境遇与清朝不可胜数的限制条款和严刑峻法密不可分。

顺治十三年(1656)清廷下达令禁海:"海船除给有执照许令出洋外,若官民人等擅造两桅以上大船,将违禁货物出洋贩卖番国,或将大船赁与出洋之人,分取番人货物者,皆交刑部分别治罪。至于单桅小船,准民人领给执照,于沿海附近捕鱼取薪,管汛官兵,不许扰累。"②康熙二十三年(1684)开海之后,规定东南沿海各省的"商民人等有欲出洋贸易者,呈明地方官,登记姓名,取具保结,给发执照。将船身烙号刊名,令守口官弁查验,准其出入贸易"③,但是只"许令乘载五百石以下船只,往来行走"④。雍正时期海洋弛禁,虽然允许商民出海贸,但仍然抱有很强的防范心理。雍正六年(1728)规定:出洋商船"鸟枪不得过八杆,腰刀不得过十把,弓箭不得过十副,火药不得过二十斤"⑤。而且从雍正

---

① 《粤东文海》。
② 《光绪大清会典事例》卷629《刑部》,文海出版社1995年版,第1页。
③ 《光绪大清会典事例》卷629,文海出版社1995年版,第1页。
④ 《光绪大清会典事例》卷629,文海出版社1995年版,第1页。
⑤ 《光绪大清会典事例》卷629,第2—3页。

初年开始对出洋商船征收"规礼银",一等商船每船需向地方官员交纳进出口规银千两以上。因陋费过多过繁导致了海上贸易日益萧条。以当时主要港口大门而论:"福建之厦门码头,本为内地贩洋商船聚泊之所,后因陋费繁重,屡次禁革,乃愈禁则愈甚,遂致洋行歇业,洋贩不通。"① 在粤海关要加征货物总值的百分之十耗银税额,海关解税户部要征收称作"添平银"的附加税。粤海关在乾隆二十六年(1721)以前,每千两关税加缴添平银 20 两,以后则改为 15 两。上述所有税费的负担最后均由海商负担。直到嘉庆六年(1801),清廷才"覆准闽海关征收二八添平银两,永行革除"②。

由于生存空间的逼仄,海上商业力量无法在国家层面上找到政治上的支持力量。也可以说海上商业力量生存空间的狭窄是传统体制的内在运行机制要求所决定的。长期以来形成的"重陆轻海"意识使清统治者始终将国家的重点放在陆地,而且在以农业为经济基础的社会中也无法形成重视海上商业的传统。鸦片战争前,无论是战船还是民船,在吨位和装备都远远无法与同样处于帆船时代的西方相比。乾隆初年,英国来华商船的平均排水量在 350 吨左右,嘉庆初年,平均每艘商船的排水量在 1100 余吨,东印度公司的商船排水量多在 1300 吨—1400 吨,最高的可达 1527 吨。③ 而清朝用于展示国威的封舟长只有 7 丈,首尾虚梢 3 丈,宽 2.2 丈,舟深为 1.3 丈。而且当时福建沿海商船的规制皆大致如此。④ 从世界造船业发展轨迹来看,民船的修造技术水平是战船性能提高的基础。西方海上强国如荷兰、英国等均有发达的民间造船技术和工艺。特别是英国自 1800 年代以后,在国家的鼓励和推动下,航海和造船业迅速发展起来。而清朝对商船的过多限制遏制了造船业的正常发展,也直接影响到战船修造水平的提高。道光初年,游弋于清朝海疆的几艘英国三桅战舰竟使道光皇帝夜不能寐,而事实上仅在十几年前,湘人陶澍已提出了集海上商人之力发展海

---

① 《筹办夷务始末》(道光朝)卷 64,上海古籍出版社 2008 年版,第 452 页。
② 《清朝续文献通考》卷 29《征榷考》,第 312 页。
③ 〔美〕马士:《东印度公司对华贸易编年史》,区宗华译,中山大学出版社 1991 年版,第 309—321 页。
④ 李鼎元:《使琉球记》,载《近代中国史料丛刊》第 48 辑,台北文海出版社 1973 年版,第 35 页。

运以苏漕运困局的奏疏，但漕运的既得利益者促使甘于守成的道光皇帝否决了这一议案。在清统治者看来，海上贸易的繁盛和海商力量的强大有悖于传统体制的运作，因此，它无法在传统体制的土壤中汲取必要的养分和有效的生存空间。换言之，清时期中国的社会体制并未对海上商业力量这一新生的社会力量给予强有力的制度保障。鸦片战争开始后，清廷紧急征用民船以加强海上防卫力量，但仅能用于近海航行的民船在先进的英国战舰面前不堪一击。长期以来遏制民间海上商业力量发展的后果已昭然若揭。

五、结语

清朝建立之后社会发展曾一度达到了传统社会中新的高峰，但考察其社会机制，无论是政治体制、经济结构抑或文化形态并未突破前代而有任何质的变化。在内陆社会治理策略层面，可以说清朝集前代之大成可谓卓有成效。然而对于海疆治理却显得捉襟见肘甚至有力不从心之感。在清朝前期数代统治者的悉心经营之下，从海洋的布防、行政建置的规化、海疆管理等一系列治海措施的出台来看，海疆的治理水平确实也达到了前所未有的高度，为海疆社会的发展和国家疆域的稳固奠定了基础。但随着时间的推移，清廷在决策层面也出现了诸多的失误和为后世所诟病的败笔。客观而言，这是时代的产物，海洋对清以前历代传统中国的统治者而言，均是熟悉而又陌生的，也根本不存在系统化的治理方略，所以对清朝而言没有任何前鉴可察。严格来说真正的海疆治理则始于清代。清朝海疆治理的失策之处在于落伍于世界大势，背离了日益发展的时代要求，从而使中国与世界特别是西方国家的差距自此不断拉大。但是从更广阔的历史长河中来看这一历史轨迹，我们已能明显地觉察到，这其实已不仅仅是清王朝与西方资本主义国家之间的较量，而是两种文明和两种截然不同的体制下博弈的结果。清王朝不可能甩却数千年来的历史包袱轻装上阵，投身于方兴未艾的资本主义发展洪流中去。这其中既有清朝自身的因素，也有政治、经济和文化传统的局限。

建国以来明清海上商业力量研究述评

| 刘俊珂 |

明清时期是世界历史进程中的"突变"时期，也是传统中国走过辉煌而单调的漫长历程而进入了"天崩地解"的剧变时代。然而，这一切变化却是由原本被人们视为渺茫难测的海洋而引发的。从世界范围来看，无论是傲然天下的陆上帝国，还是偏居海徼的蒙昧部族，均在这一"突变"中渐次走上了新的历史舞台和别样的发展道路。世界历史揭开了新的一页。毋庸讳言，在如此诸多的变局之中，海上商业力量则成为不可或缺的关键因素。在某种意义上，海上商业力量的崛起是人类近代史开端的重要推进器。它不仅推动了人类对海洋的深度开拓，而且引起了社会政治结构、经济结构甚至文化结构的跨越式变迁。长期以来，东西方历史发展进程的相异与海上商业力量的关系引起了学者们热切的关注和考量。特别是20世纪50年代以来，我国大陆学术界和海外部分学者在明清时期海上商业力量研究方面取得了前所未有的成就，学术成果大量问世，不仅在研究的内容，研究的深度和广度方面有所突破，而且在史料的挖掘、整理和利用方面也超越了以往任何一个时期。现以时间坐标为参照序列，对建国以来我国学术界和部分海外相关研究成果，分别作一考察和评述。

---

* 本文原载《云南民族大学学报》（哲学社会科学版），2013年第1期。

一、海外贸易史研究

15世纪以降，海外贸易的发展是自宋元以后中国海外贸易持续扩大的直接反映，不仅体现在官方层面，也表现在非官方政策控制下的私人海上贸易的勃兴。张维华《明代海外贸易简论》① 对明代海外贸易的发展概况进行了一般性的总结和粗线条的勾勒。傅衣凌《明清时代商人及商业资本》② 一书认为，明清时代无疑是中国封建社会一个重要的转折时期，海上商业力量的壮大为资本主义萌芽的产生奠定了基础。但同时由于旧的生产方式的坚固性和内部结构的束缚，又使得海上商业力量受到限制，不能走向良性的发展路径。李金明《明代海外贸易史》③ 认为明代前期与中后期的海外贸易有明显不同的特点。前期的海禁政策导致了海外贸易的式微，海澄月港部分开放海禁，结束了明代前期维持近200年的朝贡贸易体系，并使明代后期的私人海外贸易得到迅速的发展，同时在贸易的推动下，使大量的华人开始移居到东南亚，形成了中国海外移民的一个高潮。李金明、廖大珂《中国古代海外贸易史》④ 是对中国古代海上贸易发展轨迹的回顾，特别是对贸易制度的沿革做了较深刻的考察和分析。王日根、陈支平《福建商帮（中国十大商帮）》⑤、陈柏坚、黄启臣《广州外贸史》⑥、张晓宁《天子南库—清前期广州制度下的中西贸易》⑦ 是三部区域贸易史研究，书中对海外贸易商人的发展、构成和衰落的原因进行了分析。杨国桢等《明清中国沿海社会与海外移民》⑧、何芳川《太平洋贸易网500年》⑨、陈希育《中国帆船与海外贸易》⑩ 等从移民、航线、贸易网

---

① 张维华：《明代海外贸易简论》，上海人民出版社1955年版。
② 傅衣凌：《明清时代商人及商业资本》，人民出版社1956年版。
③ 李金明：《明代海外贸易史》，中国社会科学出版社1990年版。
④ 李金明、廖大珂：《中国古代海外贸易史》，广西人民出版社1995年版。
⑤ 王日根、陈支平：《福建商帮（中国十大商帮）》，中华书局1995年版。
⑥ 陈柏坚、黄启臣：《广州外贸史》，广州出版社1995年版。
⑦ 张晓宁：《天子南库——清前期广州制度下的中西贸易》，江西高校出版社1999年版。
⑧ 杨国桢等：《明清中国沿海社会与海外移民》，高等教育出版社1997年版。
⑨ 何芳川：《太平洋贸易网500年》，河南人民出版社1998年版。
⑩ 陈希育：《中国帆船与海外贸易》，厦门大学出版社1991年版。

络等层面勾勒了明代以后海上贸易的基本发展态势和轨迹。

与此同时，学者们还从不同的视角，对海上私人贸易进行了学术探讨。林仁川《明代私人海上贸易商人与"倭寇"》①、田培栋《明代后期海外贸易研究——兼论倭寇的性质》② 两文从海商与倭寇之间的关系进行了不同角度的考察，认为部分海商在明代海禁政策下走向了"倭寇"的队伍。李金明《明代后期私人海外贸易性质初探》③、林仁川《明清私人海上贸易的特点》④、李金明《明代海外贸易实质初探》⑤、晁中辰《论明代的私人海外贸易》⑥ 等论文从不同的角度对明代非官方政策允许的民间海外贸易进行了研究。

值得一提的是，林仁川《明末清初私人海上贸易》⑦ 是对明清之际私人海上贸易研究的力作。作者从私人海上贸易发展的历史背景、海商的反海禁斗争、私人海上贸易集团的形成、海上贸易港的出现、私人海上贸易的影响和作用及其发展的困难和障碍等层面进行了全景式的描述。上述研究表明，所谓的私人海外贸易抑或民间海外贸易都是当时政府对外政策下的衍生物，沿海地区经济发展和社会需求促动了贸易的发展。从某种意义上看也是对宋元以降海外贸易发展的反动。

海上贸易是经济史的研究范畴，以经济研究为切入点使海外贸易史也取得了相当多的研究成果。李龙潜《明代广东的对外贸易》⑧、黄启臣《清代前期海外贸易的发展》⑨、黄启臣《明代广州的海外贸易》⑩、晁中辰《论明中期以后的海外贸易》⑪、林仁川《论十七世纪中国与南洋各国

---

① 林仁川：《明代私人海上贸易商人与"倭寇"》，载《中国史研究》，1980年第4期。
② 田培栋：《明代后期海外贸易研究——兼论倭寇的性质》，载《北京师院学报》，1985年第3期。
③ 李金明：《明代后期私人海外贸易性质初探》，载《南洋问题研究》，1985年第4期。
④ 林仁川：《明清私人海上贸易的特点》，载《中国社会经济史研究》，1987年第3期。
⑤ 李金明：《明代海外贸易实质初探》，载《中国社会经济史研究》，1988年第2期。
⑥ 晁中辰：《论明代的私人海外贸易》，载《东岳论丛》，1991年第3期。
⑦ 林仁川：《明末清初私人海上贸易》，华东师范大学出版社1987年版。
⑧ 李龙潜：《明代广东的对外贸易》，载《文史哲》，1982年第2期。
⑨ 黄启臣：《清代前期海外贸易的发展》，载《历史研究》，1986年第4期。
⑩ 黄启臣：《明代广州的海外贸易》，载《中国经济史研究》，1990年第4期。
⑪ 晁中辰：《论明中期以后的海外贸易》，载《文史哲》，1990年第1期。

海上贸易的演变》①、冯立军《清初迁海与郑氏势力控制下的厦门海外贸易》② 等文章，从经济史的层面对明清时代特别是自16世纪以后中国海外贸易的发展状况及历史地位进行了深入探讨，文章以经济学的研究方法，较为准确地分析了明清时期海上贸易的发展状况和不同时期的具体特征。

陈希育《清代海外贸易的经营与利润》③、李金明《清初迁海时期的海外贸易形式》④、陈伟明《明清粤闽海商的海外贸易与经营》⑤、庄国土《论17—19世纪闽南海商主导海外华商网络的原因》⑥、邱旺土《清代前期海外贸易商的构成》⑦ 则是从海外贸易的经营方式、运作模式等方面进行探索的代表。

韩振华《十六世纪至十九世纪前期中国海外贸易航运业的性质和海外贸易商人的性质》⑧、陈伟明《明清粤闽海商的构成与特点》⑨ 等文对海商的性质、构成及发展走向进行了论证，认为明清时期海商的构成限制了自身的发展壮大，虽然出现了较大规模的海商，但仍是传统商业经营方式的延续，从中不能看出向现代商业组织模式深化的迹象。

朝贡贸易是明清时期海外贸易的重要组成部分，对这一问题进行研究有助于我们厘清明清时期海上贸易政策转向的历史背景。晁中辰《论明代的朝贡贸易》⑩、庄国土《论郑和下西洋对中国海外开拓事业的破坏——兼论朝贡制度的虚假性》⑪、李金明《论明初的海禁与朝贡贸易》⑫、祁美

---

① 林仁川：《论十七世纪中国与南洋各国海上贸易的演变》，载《中国社会经济史研究》，1994年第3期。
② 冯立军：《清初迁海与郑氏势力控制下的厦门海外贸易》，载《南洋问题研究》，2000年第4期。
③ 陈希育：《清代海外贸易的经营与利润》，载《中国社会经济史研究》，1992年第1期。
④ 李金明：《清初迁海时期的海外贸易形式》，载《南洋问题研究》，1995年第3期。
⑤ 陈伟明：《明清粤闽海商的海外贸易与经营》，载《中国社会经济史研究》，2001年第1期。
⑥ 庄国土：《论17—19世纪闽南海商主导海外华商网络的原因》，载《东南学术》，2001年第3期。
⑦ 邱旺土：《清代前期海外贸易商的构成》，载《中国社会经济史研究》，2007年第4期。
⑧ 韩振华：《十六世纪至十九世纪前期中国海外贸易航运业的性质和海外贸易商人的性质》，载《南洋问题研究》，1996年第2期。
⑨ 陈伟明：《明清粤闽海商的构成与特点》，载《历史档案》，2000年第2期。
⑩ 晁中辰：《论明代的朝贡贸易》，载《山东社会科学》，1989年第6期。
⑪ 庄国土：《论郑和下西洋对中国海外开拓事业的破坏——兼论朝贡制度的虚假性》，载《厦门大学学报》（哲学社会科学版），2005年第3期。
⑫ 李金明：《论明初的海禁与朝贡贸易》，载《福建论坛》，2006年第7期。

琴《对清代朝贡体制地位的再认识》①等学术文章以翔实的史料，从实证原则入手，对明清时代的朝贡贸易作出了许多非常有益的研究，澄清了很多学术问题。

另外，李金明《试论明代海外贸易港的兴衰》②、黄顺力《明代福建海商力量的崛起及其对海洋观的影响》③、徐晓望《论17世纪荷兰殖民者与福建商人关于台湾海峡控制权的争夺》④、何锋《明代海上力量建设中的官民互动》⑤等文章则强调了海上商业力量的发展是客观环境影响下的产物，国内政策和西方殖民势力的东来均对中国海商的发展有至关重要的影响。

综括来看，既往的研究从整体上对明清时期海上贸易进行了多方位的考察，基本描绘了明清中国海上商业力量的发展路径与历史实景。但我们也可以看到，由于时代背景的局限，在研究方法和结构上，仍然显得过于单一，而且多重描述而缺少相应深入地分析。传统史学的研究方法固然重要，但新方法的运用可能会使研究对象的面目更加清晰。譬如，如何在多学科的视野下，突破以往研究中过度局限于经济领域的范畴和纯粹以经济学的研究手段对若干重大问题进行阐释的藩篱，从而达到更加全面地把握明清时期海上商业力量发展进程，仍是值得关注的问题。

二、对外政策和制度研究

明清时期，由于诸多的内外诱因，中国的对外政策发生了历史性的偏转，与宋元时代的海疆政策大相异趣。从历史发展的轨迹来看，中央政府的对外政策是影响海上商业力量发展的重要因素之一。因此，围绕这一问题的讨论，学术界产生了多部重要的研究论著。

---

① 祁美琴：《对清代朝贡体制地位的再认识》，载《中国边疆史地研究》，2006年第1期。
② 李金明：《试论明代海外贸易港的兴衰》，载《中国经济史研究》，1997年第1期。
③ 黄顺力：《明代福建海商力量的崛起及其对海洋观的影响》，载《厦门大学学报》（哲学社会科学版），1999年第4期。
④ 徐晓望：《论17世纪荷兰殖民者与福建商人关于台湾海峡控制权的争夺》，载《福建论坛》，2003年第2期。
⑤ 何锋：《明代海上力量建设中的官民互动》，载《厦门大学学报》（哲学社会科学版），2008年第5期。

陈尚胜《闭关与开放——中国封建晚期对外关系研究》①认为中国封建社会晚期所谓的闭关与开放是相对而言的，两者均是当时的政府根据自身的需要而制定的对外政策。陈尚胜另文《"怀夷"与"抑商"：明代海洋力量兴衰研究》②认为明清王朝内外有别的商业政策导致了中国海洋事业的长期落后局面。虽然当时的中国商品在海外非常畅销，但明清政府的"抑商"政策阻断了通过海外贸易利润来获得发展的中国海商的资本壮大之路。更为严重的是，西方通过对华贸易获得了经济上的起飞，迅速实现了早期的资本积累，从根本上改变了中西之间实力的对比，也由此造成了近代以来中国长期受制于西方的被动局面。万明《中国融入世界的步履：明与清前期海外政策比较研究》③是明清时期对外政策对比研究的力作。该书在研究对象和研究路径上独辟新径，以对外关系中的海外政策这一内容进行研究，着重阐释了明与清前期的海外政策发展过程，对重大的外交政策作出了新的诠释与评价。作者认为，从整体主导趋向来看，贯穿明朝海外政策的主线是开放的，因而其海外政策的实践也是较为成功的。而贯穿清朝海外政策的主线则是封闭的，因此严格意义的闭关政策是清朝形成、确立和完备的，最终导致了近代国家民族的深重灾难。

晁中臣《明代海禁与海外贸易》④、王日根《明清海疆政策与中国社会发展》⑤、陈国栋《东亚海域一千年（历史上的海洋中国与对外贸易）》⑥、陈尚胜《中国传统对外关系的思想制度与政策》⑦、李庆新《明代海外贸易制度》⑧等论著分别从政治、经济、文化和制度等层面对明清政府的外交政策进行了深刻剖析。研究认为，对外政策不仅有现实的政治、经济需要，更有深刻的文化思想背景，16世纪以降的中国沿海已不

---

① 陈尚胜：《闭关与开放——中国封建晚期对外关系研究》，山东人民出版社1993年版。
② 陈尚胜：《"怀夷"与"抑商"：明代海洋力量兴衰研究》，山东人民出版社1997年版。
③ 万明：《中国融入世界的步履：明与清前期海外政策比较研究》，社会科学文献出版社2000年版。
④ 晁中臣：《明代海禁与海外贸易》，人民出版社2005年版。
⑤ 王日根：《明清海疆政策与中国社会发展》，福建人民出版社2006年版。
⑥ 陈国栋：《东亚海域一千年（历史上的海洋中国与对外贸易）》，山东画报出版社2006年版。
⑦ 陈尚胜：《中国传统对外关系的思想制度与政策》，山东大学出版社2007年版。
⑧ 李庆新：《明代海外贸易制度》，社会科学文献出版社2007年版。

复昔日的平静祥和，西方殖民势力开始进入中国东南海域，时代背景的变幻对明清政府外交政策的变化有重要的影响。

肇始于近代的历史伤痕令学术界对 16 世纪以后中国对外政策倾注了更多的目光。自 20 世纪 70 年代末戴逸《闭关政策的历史教训》① 发表后，探讨明清时期政策走向闭关的学术论文大量涌现。陈柯云《论清初的"海禁"》②、汪敬虞《论清朝前期的禁海闭关》③、王先明《论清代的"禁教"与"防"——"闭关主义"政策再认识》④、韦庆远《论康熙时期从禁海到开海》⑤、向玉成《清代华夷观念的变化与闭关政策的形成》⑥、史志宏《明及清前期保守主义的海外贸易政策》⑦、范金民《明清海洋政策对民间海洋事业的阻碍》⑧ 等文倾向于明清时期，尤其是清朝后期开始形成了闭关自守的政策导向，并因此造成了近代以来中国落后挨打的局面。何瑜《清代海疆政策的思想探源》⑨ 是对研究清代海疆政策具有代表性的成果。何文认为清朝的海疆政策是传统治边政策的一个缩影。以仁义为核心、以怀柔为手段、以武备作为威慑力量、以德化一统为目标的治边思想，不仅被历代封建统治者所吸收和采纳，不断地丰富和完善，而且也被清统治者在海疆治策中继承和发展。由于清代前期历朝统治者均重西北陆路边疆而轻视东南海疆，因而造成了海疆治理的长期弱化和边缘化。虽然在殖民主义者横行世界的时代，清朝的海疆政策在很大程度上抵制和延缓了西方商业殖民者的入侵，但同时也形成了与西方世界的相对疏离，从而也拉开了中国与先进资本主义国家之间的距离。

这一时期研究成果最突出的特点是，突破了以往学术领域的某些桎梏，专题研究不断深化，研究手段和研究方法的推陈出新，提出了新的观

---

① 戴逸：《闭关政策的历史教训》，载《人民日报》，1979 年 3 月 13 日，第 3 版。
② 陈柯云：《论清初的"海禁"》，载《北京师院学报》，1980 年第 1 期。
③ 汪敬虞：《论清朝前期的禁海闭关》，载《中国社会经济史研究》，1983 年第 2 期。
④ 王先明：《论清代的"禁教"与"防"——"闭关主义"政策再认识》，载《近代史研究》，1993 年第 2 期。
⑤ 韦庆远：《论康熙时期从禁海到开海》，载《中国人民大学学报》，1989 年第 3 期。
⑥ 向玉成：《清代华夷观念的变化与闭关政策的形成》，载《四川师大学报》，1996 年第 1 期。
⑦ 史志宏：《明及清前期保守主义的海外贸易政策》，载《中国经济史研究》，2004 年第 4 期。
⑧ 范金民：《明清海洋政策对民间海洋事业的阻碍》，载《学术月刊》，2006 年第 3 期。
⑨ 何瑜：《清代海疆政策的思想探源》，载《清史研究》，1998 年第 2 期。

点和看法，在诸多重大理论问题上取得了创新性成果，推动了对明清时期对外政策的深入研究。主要不足在于过度重视国家层面对商业力量发展的影响，而对随着海上商业力量的不断壮大，如何突出中央与地方之间的互动和博弈关系；海上商业力量的发展对地方直至中央政府决策产生何等的影响等问题的研究尚显不足。

三、海外贸易与资本主义萌芽关系研究

海外贸易的发展推动了西方资本主义萌芽的产生，以此为契机西方国家迅速进入了经济发展的快车道。作为一种新型生产关系的产生，资本主义萌芽与海外贸易是否有必然的内在联系，中西方海外贸易不同发展趋向的原因何在以及资本主义萌芽与海上商业力量发展的关系等问题，中国学者对此进行了多方面有益的探索。

20 世纪 50 年代初期以来，该领域研究持续开展并有多篇学术论文和多部学术专著先后问世。主要的代表性成果有潘君祥《试论清初"海禁"政策的实施及其社会后果——兼与陈柯云同志商榷》[1] 提出了应该对清初海禁政策重新认识，走出了以往传统的研究范式。戴裔煊《明代嘉隆间的倭寇海盗与中国资本主义的萌芽》[2]、陈柯云《论清初的"海禁"与资本主义萌芽》[3] 等论文和论著，重新考察了明清时期的海疆政策、海上商业力量的发展与资本主义萌芽三者之间的关系。三者之间虽不存在必然因应关系，但却有一定的联系和不同程度上的影响。薛国中《国际贸易与资本主义成长的关系——对 16—18 世纪荷英中三国历史进程进行考察》[4] 运用比较的方法对荷英中三国在 16—18 世纪的国际贸易发展状况进行了考察，认为世界历史由封建社会向资本主义社会转变的同时，国际贸易也相应发

---

[1] 潘君祥：《试论清初"海禁"政策的实施及其社会后果——兼与陈柯云同志商榷》，载《北京师院学报》（社会科学版），1981 年第 4 期。
[2] 戴裔煊：《明代嘉隆间的倭寇海盗与中国资本主义的萌芽》，中国社会科学出版社 1982 年版。
[3] 陈柯云：《论清初的"海禁"与资本主义萌芽》，载《北京师院学报》（社会科学版），1983 年第 2 期。
[4] 薛国中：《国际贸易与资本主义成长的关系——对 16—18 世纪荷英中三国历史进程进行考察》，载《世界历史》，1989 年第 5 期。

展,区域性的国际市场扩大为世界市场。凡是积极进行对外贸易的国家,其资本主义经济成长得比较顺利、迅速,反之则艰难、迟滞,甚至走上畸形发展的歧途。16—18世纪东西方主要国家的历史进程,分别表明了这一点。唐力行《论明代徽州海商与中国资本主义萌芽》① 是以区域的视角对地方海上商业力量的发展与中国资本主义萌芽的关系进行了探讨,认为中国资本主义萌芽的生产过分依赖于海外市场,这就使它具有先天的脆弱性。资本主义萌芽的兴衰受制于封建统治者的外贸政策,所以有极强的脆弱性。这种特征同样表现于徽州海商的身上,徽州海商借助封建的血缘、地域关系以增强其竞争力,但是封建的躯壳同时又限制了其进一步竞争的可能。唐文基《16至18世纪中国商业革命和资本主义萌芽》② 对中国在16至18世纪的商业革命进行了解剖,文章认为中国发生了一场未完成的商业革命,当时海外贸易的扩张是世界范围内商业革命的重要组成部分。它的发展诱发了资本主义萌芽,但这是一场未完成的商业革命。其原因在于东西部经济发展失衡、封建势力的阻挠、商业资本控制生产之路狭窄、没有发生资本原始积累。而且所谓的"英国模式"和"江南道路"只是中、英资本主义萌芽的不同途径。

学者们的研究成果表明,海外贸易的发展与资本主义萌芽有一定的联系,但无疑当时国家政策的导向抑制了这种发展的良性趋势,而最终出现了长期处于萌芽状态的窘境。

事物的发生和发展是多种因素相互作用的结果,以海外商业力量的发展而论,不仅有国内因素的影响,同样外部世界的变化也不容忽视。16世纪以降,欧洲逐步在全球建立起了庞大的殖民商业圈,世界性经济体系日趋确立。但作为世界海洋贸易重要一环的中国海上商业力量,其贸易范围却由外向内逐渐萎缩,最后直至成为西方商业资本的附庸。如何把明清中国海上商业力量放到当时世界的历史背景下进行考察,在更宏观的视野中对这一问题进行重新审视也是值得关注的研究方向。

---

① 唐力行:《论明代徽州海商与中国资本主义萌芽》,载《中国经济史研究》,1990年第3期。

② 唐文基:《16至18世纪中国商业革命和资本主义萌芽》,载《中国史研究》,2005年第3期。

四、郑氏海商集团研究

　　中国海上商业力量的发展并没有随时代的发展而呈上升趋势，而是在16世纪崛起之后曾一度走向消寂。郑芝龙海上集团的兴起则将海上商业力量推向了发展的顶峰。但好景未久，明清鼎革的政治风云再度使这一上升态势发生逆转并迅速走向衰落。作为海上商业力量的代表，如果说诸多海盗式中小海上贸易集团的结局还带有些许偶然因素的话，以郑芝龙为代表的郑氏海上集团的历史际遇则透射出更多的悲剧意味。郑氏海商集团的兴起有其历史的必然性和偶然性，历史机遇是郑氏海商集团发展壮大的时代因素，而近千年来海洋贸易的发展是其成长的历史积淀。但自郑氏以后，中国海域的大型海商集团风光不再。作为对中国海疆历史发展进程有重要影响的郑氏集团研究一直是学界研究的兴趣所在。

　　聂德宁《明清之际郑氏集团海上贸易的组织与管理》[①] 一文认为，郑氏集团在海外贸易的组织上建立了以"五行"和"五常"为名号的山海两路各五大商行。这种贸易的组织形式，实际上是对明代后期以来民间海外贸易中的铺商和船商组织的继承和发展；在征税管理上确立了牌饷征税制度，将船、货二税合二为一，一次性征收，这是为适应战争环境需要的满足其养兵给饷需求的主要措施。聂德宁另文《郑成功与郑氏集团的海外贸易》[②] 考察了郑成功时期郑氏集团海外贸易的运作状况。文章认为，郑氏海商集团的海上优势，并未因郑芝龙的降清而削弱，反而由郑成功来加以继承和发扬光大。多边贸易的开拓使郑氏集团在较短的时间内更能发挥其贸易资本的效用，从而增强了中国商船在当时东方海上贸易竞争中的实力。驱逐荷兰殖民者，收复台湾，也是郑成功拓展其海外贸易活动的一项重要内容，而且这一行动对于郑氏海商集团生存发展的作用自不待言，同时在反抗西方殖民掠夺和维护祖国的领土完整上，具有不可磨灭的历史功

---

① 聂德宁：《明清之际郑氏集团海上贸易的组织与管理》，载《南洋问题研究》，1992年第1期。

② 聂德宁：《郑成功与郑氏集团的海外贸易》，载《南洋问题研究》，1993年第2期。

绩。林仁川《清初台湾郑氏政权与英国东印度公司的贸易》①从与西方国家贸易的角度对郑氏政权的贸易状况进行考论。作者以实证的研究方法，通过缜密的考察认为清代初期英国东印度公司在台湾和厦门虽然设立了商馆，并开展了与郑氏集团的贸易往来，但郑、英贸易无论在商品或市场上都是十分有限的，郑英贸易在台湾郑氏政权的对外贸易中不占主要地位。

徐晓望《论隆武帝与郑氏家族的权力之争》②和《论隆武帝与郑芝龙》③两文是研究郑氏集团与晚明隆武政权之间关系的代表性成果。作者认为，作为明清之际中国海商阶层的代表人物，郑芝龙与郑鸿逵等人进入南明隆武政权，这是中国历史上唯一一次海商集团进入中枢机构，并发挥了重要作用。但是，海商集团的商品交换原则与中国传统的忠君思想是不可调和的一对矛盾，郑芝龙的诉求自然会受到隆武朝中文官集团的强烈抵制。隆武帝利用这一矛盾展开对郑氏集团的斗争，并逐步掌握了朝廷大权，同时也失去了政权存在的基础，郑芝龙等人最终走上了与清廷合作的道路。王恩重《17世纪郑氏海商集团地位论》④一文认为，郑氏海商集团依傍东南沿海海上贸易长期不断发展的社会环境，得以发展为私人海上贸易的龙头。其发展虽与西方新兴资本主义海上贸易势力的发展特点有许多相似之处，但从其发展轨迹来看，走的是一条完全中国式的市场经济发展道路。由于历史条件和机遇等原因，郑氏海商集团无力改变中国封建社会长期延续的走向，但为台湾地区的开发和社会经济文化的发展及抵御外敌等方面作出了一定的贡献。李国强《论郑芝龙与明清王朝权力互动之关系》⑤从郑芝龙与明清两个王朝的关系互动方面，论证了一代海上巨商的两元化个性意识和在现实与权力之间徘徊的尴尬。郑芝龙所代表的海商集团虽然力图与世界贸易发展的大势相靠拢，但为中国传统社会的现实所不

---

① 林仁川：《清初台湾郑氏政权与英国东印度公司的贸易》，载《中国社会经济史研究》，1998年第1期。
② 徐晓望：《论隆武帝与郑氏家族的权力之争》，载《福建师范大学学报》（哲学社会科学版），2002年第1期。
③ 徐晓望：《论隆武帝与郑芝龙》，载《福建师范大学学报》（哲学社会科学版），2002年第3期。
④ 王恩重：《17世纪郑氏海商集团地位论》，载《学术月刊》，2005年第8期。
⑤ 李国强：《论郑芝龙与明清王朝权力互动之关系》，载《法国汉学》第12辑，中华书局2008年版。

容，因此中国海上商业资本的积聚不得不戛然而止。在高度中央集权的体制下，商业集团无法实现与中央政府权力之间的良性互动。

上述研究成果从不同层面论证了郑氏海商集团与当时朝廷的斡旋与互动以及海外贸易运作等问题，多取材于新史料，所以提出了诸多新的学术见解。郑氏集团的出现也恰恰与西方海上殖民者的东进同步。在世界性经济体系初露端倪的历史时刻，中国海上商业力量的脚步却戛然而止，不仅有上述研究成果中所提出的政治和经济的客观影响，传统文化和体制等因素也是制约海上商业力量发展的障碍。从目前来看，这方面的研究多停留在表面的描述，并未有研究力作出现。

五、海外相关研究成果

对于明清时期中国海上商业力量的专题研究，海外成果相对较少。主要论著有王赓武著、姚楠编译《南海贸易与南洋华人》①，该书回溯了秦汉以降的南海贸易的发展历程，分析了西方商人东来后对中国传统南海贸易的影响，考察了南洋华人的贸易特征和历史局限性。马士著、区宗华译《东印度公司对华贸易编年史》② 一书，是根据英国东印度公司档案及西方有关中国早期著作的资料按年编成，内容涉及该时期中国与英国等西方国家的贸易关系，是研究早期中西贸易历史的重要史料。荷兰学者包乐史著、庄国土、吴龙、张晓宁译《巴达维亚华人与中荷贸易》③，引用的大量荷属东印度公司的原始档案文献资料，探讨了海外华人与当时欧洲人商业合作的方式，厘清了巴达维亚华人与西方商人的贸易网络地图，剖析了早期的西方商业殖民者向中国海域的扩张轨迹，是当代西方学者对17、18世纪中国与东南亚贸易关系史研究领域主要成果之一。滨下武志著、朱荫贵、欧阳菲译《朝贡贸易体系与近代亚洲经济圈——近代中国的国际契

---

① 王赓武：《南海贸易与南洋华人》，中华书局1988年版。
② 〔美〕马士：《东印度公司对华贸易编年史》，区宗华译，中山大学出版社1991年版。
③ 〔荷〕包乐史：《巴达维亚华人与中荷贸易》，庄国土、吴龙、张晓宁译，广西人民出版社1997年版。

机》①，以外文资料如英国议会文书等为基础，从国际经济圈的理论分析了近代亚洲经济圈的状况，并论及了亚洲经济圈与西欧、美国经济圈的关系，重新阐释了传统与现代的关系和中国资本主义萌芽问题，开创了新的研究领域。

主要论文有内田直作著、王怀中译《明代的朝贡贸易》②，玛丽－西比尔·德·维也纳著、杨保筠译《十七世纪中国与东南亚的海上贸易》③，松浦章著、郑振满译《清代福建的海外贸易》④ 等。海外研究成果较注重于实证性研究，以经济学的方法推演出事物发展的导向。毋庸置疑，海外研究范式为我们提供了诸多有益的思维方式和理论启迪。

---

① 〔日〕滨下武志：《朝贡贸易体系与近代亚洲经济圈——近代中国的国际契机》，朱荫贵、欧阳菲译，中国社会科学出版社1999年版。
② 〔日〕内田直作：《明代的朝贡贸易》，王怀中译，载《食货半月刊》，1935年第1期。
③ 〔法〕玛丽－西比尔·德·维也纳：《十七世纪中国与东南亚的海上贸易》，杨保筠译，上海译文出版社1986年版。
④ 〔日〕松浦章：《清代福建的海外贸易》，郑振满译，载《中国社会经济史研究》，1986年第1期。

陆兴祺与民国时期西藏治理研究

——以陆氏职衔、所属机构为中心[*]

| 孙宏年 |

陆兴祺在清朝末年就与驻藏大臣、官员往来密切，辛亥革命后长期担任"护理驻藏办事长官"，并一度被授予陆军中将，参与西藏治理的多项工作，还提出了许多治藏建议。陆氏是民国时期西藏治理的重要人物，但包括陆氏的职衔、所属机构及其部属情况等问题的研究仍然十分薄弱。[①]本文主要依据《政府公报》和新近公布的民国时期档案等文献，以民国时期陆氏职衔、所领导的机构及主要部属为中心，简要论述他在民国时期西藏治理的主要活动和影响。

一、陆氏在清末民初治藏中的表现与出任"护理驻藏办事长官"

陆兴祺，字蕴秋、韵秋、鸣秋，又号韵[②]，生卒年月不详。他是广东

---

[*] 本文原载《中国边疆史地研究》，2013年第1期。

[①] 就笔者所见，尽管研究民国时期西藏历史的论著，如冯明珠著《近代中英西藏交涉与川藏边情》（台北"故宫博物院"1996年版）中对陆兴祺有所涉及，但专门研究的论著仍然很少，主要有房建昌：《英国秘密档案中记载的民国初年护理西藏办事长官陆兴祺——兼论印度华侨在维护中央对西藏的主权中所起的重要作用》，载《西北民族学院学报》，2002年第4期；孙宏年：《陆兴祺与中印边界交涉》，载《世界知识》，2009年第8期；邱熠华：《民政府任命的西藏办事长官——以陆兴祺研究为中心》，载《中国藏学》，2011年第3期。这些论著或受篇幅限制，或未采用重要的汉文文献，因此许多问题仍需要深入探讨。

[②] 参见《邮政总办所具陆兴祺报西藏正招兵购械用敌汉人商货运输甚稀节略》（民国元年四月十九日），《中国第二历史档案馆所存西藏和藏事档案汇编》（一），中国藏学出版社2009年版，第441—442页。按，1912年4月邮政总局在这份档案中提到，据邓维屏来函，"陆鸣秋，本名兴祺，号韵"。

客家人。据英国档案记载，19世纪末20世纪初陆兴祺就已经在印度加尔各答活动，经营天益商行（Thinyik Trade Company）。①辛亥革命前，陆兴祺与驻藏官员往来密切，天益商行还成为一些官员途经印度时的寓所。当时，印度进藏的中国官员大多得到他的照料，汉文记载中多称其为"天益号主"或天益长，如光绪三十四年（1908）道台陶思曾奉命赴藏处理开埠事宜，到印度加尔各答后，十月初八日（11月1日）早晨"天益号主陆君韵秋（兴祺）来访"次年三月二十二日（5月11日）他从西藏返回加尔各答，住在天益号。②因此，陆兴祺也得到了驻藏官员的信任，宣统元年十一月初八日（1909年12月20日）驻藏大臣联豫、温宗尧在致电外务部分析当时西藏形势时提到，他们委派在印度的"陆兴祺充采办委员，因该员商印日久，情形熟悉"，他在印度"查探一切"。③陆氏被委任为驻印采办后，每月发给饷银30两，也借此扩张业务，在拉萨设立了天益商行分号，贩运西藏羊毛货物。④宣统二年五月四日（1910年6月10日），联豫向清廷奏请保荐"三年差满暨各项出力人员"时，请将"候选布经历陆兴祺"以"同知归部候选，并加四品衔"。⑤

辛亥革命发生后，1911年11月清朝在拉萨、日喀则、江孜、亚东的驻军先后起事、哗变，一些西藏贵族官员也组织武装与清朝驻藏官兵对抗。英帝国乘机挑拨，使西藏地区的局势更加混乱。至1912年底，经过尼泊尔驻拉萨代表的调解，驻藏清军离藏，战事才结束。这期间，1912年1月1日中华民国在南京宣告成立，多次申明中国在西藏的主权；4月袁世凯接任临时大总统，把中央政府迁往北京，5月任命尚在西藏的前清军官钟颖为西藏办事长官⑥，6月命令四川、云南出兵进军西藏，7月设立

---

① 参见房建昌：《英国秘密档案中记载的民国初年护理西藏办事长官陆兴祺——兼论印度华侨在维护中央对西藏的主权中所起的重要作用》，载《西北民族学院学报》，2002年第4期。
② 陶思曾：《藏輶随记》，四川官印刷局宣统三年（1911）再版，第5、34页。
③ 中国藏学研究中心、中国第一历史档案馆等编：《元以来西藏地方与中央政府关系档案史料汇编》（4），中国藏学出版社1994年版，第1600页。
④ 谢国梁：《密呈说帖三》（民国十三年七月）。转引自冯明珠：《近代中英西藏交涉与川藏边情》，台北"故宫博物院"1996年版，第425页。
⑤ 吴丰培辑：《清代藏事奏牍》，中国藏学出版社1994年版，第1550—1552页。
⑥ 参见《临时大总统令》，《政府公报》第11号（民国元年五月十一日）。本文所引用《政府公报》为中国第二历史档案馆整理编辑，上海书店1988年影印本。

蒙藏事务局管理蒙古、西藏地区事务，与英国交涉。此时，身在印度的陆兴祺极为关注西藏局势，希望中央及早恢复与西藏的政治关系，抵制英国侵略。1912年9月2日，陆氏与印度华侨杨子范、王廷显等五人联名致电袁世凯、副总统黎元洪和国内各界，表示获悉"英使干涉藏事，阻我进兵，以承认民国为改藏约之谋"，还"不准华人由印度来往西藏"，呼吁中央与英国"据理交涉"，希望"派遣领事驻印，保护华侨，近顾西藏"！①

从1912年下半年起，陆氏对藏事更为关注，与中央政府的联系更为紧密，提出的部分建议受到重视并得到采纳，逐步成为西藏治理中的重要角色。第一，他在8、9月间被蒙藏事务局聘请为顾问。该局在呈报给国务院和通知各位顾问的文件中表示："本局办理蒙藏一切事宜，关系綦重，亟应延请熟悉蒙藏情形者聘为本局顾问，以便随时咨询。素稔执事，洞悉边情，富有经验，用特聘为本局。际兹边疆多故，筹划为劳，端赖硕学通才宏济艰巨，谅执事眷怀时局，必蒙俯就，即请随时赐教，襄助一切为祷。"这些顾问共19名，其中就有熟悉藏事的温宗尧、陆兴祺等人。② 第二，联豫、钟颖等原清朝驻藏官员把一些事务托付给陆氏，陆氏和清朝前亚东关监督马师周、江孜关监督史悠明等人都成了联络中央与原驻藏官兵的重要人物。9月6日，联豫、钟颖再次致电中央政府，表示清军到靖西（今属西藏亚东）后"商疲粮贵"，请求将汇款交给印度的陆兴祺收转。③ 第三，1912年底，联豫等驻藏官员和部分军队陆续离开西藏，中国政府派往西藏的杨芬等人又受英印当局阻挠无法入藏，一些人建议中央委派陆兴祺承担相关事务。11月20日，马师周致电袁世凯，强调"陆君少年留学印度，于藏印情形，至为熟识。藏事素著热心，向来驻藏官员，多所借重。刻藏务紧急，变态万端，消息（诚）贵灵通，委托尤须慎重"，推荐陆兴祺负责联络达赖的各项事宜，而"达赖等知陆君为政府委任之人，当必愈加信用，消息易通，感情益洽，或能转移达赖背向之心"，对于"西

---

① 参见吴丰培辑：《民元藏事电稿》，西藏人民出版社1983年版，第34页。
② 《蒙藏事务局照会先后延聘顾问熙凌阿等文附单》，《政府公报》第158号（民国元年十月初五日）第5页《公文》。
③ 参见吴丰培辑：《民元藏事电稿》，西藏人民出版社1983年版，第36页。

藏危局，大有裨益"。他还建议："速寄陆君密电码一本俾转消息，不致泄露机密。"① 12月9日，尹昌衡也致电袁世凯，认为陆兴祺："熟悉藏情，热心祖国，番民肇乱，牒报频传，于西征颇有裨益，大总统可否酌加委任，令该华侨从探一切？"② 根据这些建议，北京民国政府决定让陆氏在印度负责侦探西藏形势和联络达赖、班禅等事务。12月27日，国务院致电尹昌衡，表示大总统已饬令国务院，根据他的建议"委任陆兴祺侦探藏中情形"③。这之后，陆氏承担起"侦探藏中情形"、在中央政府与十三世达赖喇嘛、九世班禅额尔德尼、西藏地方政府之间传递文件、信息的任务，在传递文件的同时向中央提出很多建议。此外，他还协助邮政总局保管西藏邮政资产。限于篇幅，这里均不详述。

1913年4月14日，钟颖从亚东越过中印边界进入印度，正式离开西藏地区。④ 此时，北京民国政府被迫采取应对性的措施，其中重要的一项就是在4月2日大总统袁世凯颁布策令："任命陆兴祺护理驻藏办事长官。"任命发表后，有人提出异议，如曾任赴藏宣慰员的杨芬4月23日致电大总统、国务院、蒙藏事务局，提出陆兴祺"以商贾护理长官，令藏人轻视，请更命他人"，强调在印度"闻命陆兴祺护理长官，其才固堪任巨"，但"向营商业，为藏人所素知"，近期汉、藏"舆论"都说中国"无人，而以西藏重要事宜授之于一商贾，实属启人轻视"。⑤ 后来，谢国梁又说："陆兴祺系侨印商人，因与梁士诒有戚谋得暂代驻藏办事长官。"⑥ 对此房建昌和邱熠华都有分析，笔者赞同，但同时认为：北京民国政府任命陆氏为"护理驻藏办事长官"，主要是因为他在清末民初主动参与西藏治理，发挥了重要作用，表现非常出色，而仅仅让他临时"护理"，则表明当时中央政府暂时没有比陆氏更合适的人选，希望将来有更合适的

---

① 吴丰培辑：《民元藏事电稿》，西藏人民出版社1983年版，第102页。
② 吴丰培辑：《民元藏事电稿》，西藏人民出版社1983年版，第109页。
③ 吴丰培辑：《民元藏事电稿》，西藏人民出版社1983年版，第117页。
④ 参见中国藏学研究中心、中国第二历史档案馆：《西藏亚东关档案选编》，中国藏学出版社2000年版，第1199—1202页。
⑤ 《中国第二历史档案馆所存西藏和藏事档案汇编》（二），中国藏学出版社2009年版，第320—324页。
⑥ 《中国第二历史档案馆所存西藏和藏事档案汇编》（九），中国藏学出版社2010年版，第475—478页。

人选时再正式任命。

二、陆兴祺在 1913—1926 年间的职衔

陆兴祺在被任命为"护理驻藏办事长官"后至 1926 年间长期担任这一职务，同时也被授予过其他相应的职衔。从《政府公报》等档案文献的记载看，他在这十多年间几次请求休假、辞职，并由"护理驻藏办事长官"变为"驻藏办事长官"，被授予中将，1920 年以后还担任过藏事会议代表、国民代表会议西藏议员临时选举监督等职务。

根据笔者所见资料，陆氏在 1913 年 4 月 2 日被任命为"护理驻藏办事长官"，但正式的委任状却是在 1915 年 11 月补发的。这年春，他呈上履历"恳请觐见并请发给任命状"，5 月 1 日大总统袁世凯在批令中指示："藏事重要，该护长官毋庸来觐，由政事堂饬铨叙局查照补给任命状。"他在收到委任状之后，即呈文大总统报告说，"本年十一月二十日准政事堂铨叙局咨补送民国二年四月二日简任状一道"，内有"大总统策令：任命陆兴祺护理驻藏办事长官，此状"等内容，并表示："自奉职以来时逾两载，遥领卫藏益切悚心，既乏公辅之材，又无筹边之略"，并深切地为"国土未复，朔饬徒存，上负大总统期望之殷，抑且有负国人寄托之重"而忧心。① 这说明，陆氏的"护理驻藏办事长官"是在 1913 年 4 月 2 日正式任命的，可是他的委任状却迟迟没有拿到。1915 年春他为此呈报了自己的履历，恳请进京"觐见"和发给任命状。5 月 1 日袁世凯认为"藏事重要"，他"毋庸来觐"，但政事堂饬铨叙局要"补给任命状"，这年 11 月 20 日他才收到了政事堂铨叙局补发的委任状。

在担任了近三年的"护理驻藏办事长官"之后，陆氏请求休假。1916 年 3 月 2 日，袁世凯批准陆兴祺休假，派陆氏的秘书李嘉矗"代行事务"，并"交外交部、蒙藏院查照"。② 这年 6 月，袁世凯去世，黎元洪继任大

---

① 《大总统批令》，《政府公报》第 1071 号（民国四年五月二日）命令；《护理驻藏办事长官陆兴祺呈造报行署员名、履历请钧鉴文并批令》，《政府公报》第 1073 号（民国四年五月四日）呈；《护理驻藏办事长官陆兴祺呈造领到简任状日期文并批令》，《政府公报》第 1308 号（民国四年十二月二十九日）呈。

② 《政府公报》第 57 号（洪宪元年三月三日）命令。

总统，此后国内军阀混战，中央政府更迭频繁。在这种情况下，陆兴祺几次请求辞职。1917年初，陆兴祺第一次向中央政府请求辞职，1月13日大总统发布指令，就"护理驻藏办事长官陆兴祺呈请准予辞职"一事，表示"边事重要，得人綦难，该办事长官谙达藏情，正资倚任，所请辞职之处应毋庸议"。① 1920年，陆兴祺在印度向中央政府请假返回原籍探亲，以后便以母亲生病需要照顾为由，几次延期。1920年5月19日，大总统发布指令，内称"驻藏办事长官陆兴祺呈报请假回里起程日期"，并"以李嘉矗代理本署职务"，批复为"呈悉，交蒙藏院查照"。② 8月，"护理驻藏办事长官"陆兴祺又呈报"假期届满，母病未痊，恳准续假六个月"，大总统批复为"应准续假"。③

1921年，陆兴祺第二次向中央政府提出辞职。10月25日，对于"护理驻藏办事长官陆兴祺呈才轾不能胜任请另简贤能"，大总统强调"该长官驻藏已久，悉心擘理，克协机宜，正赖宏济艰难共匡大局，毋得遽萌退志，所请著无庸议"。④ 不久，由于华盛顿会议召开在即，国务院为应对中英藏事交涉，向有关专家询问，陆兴祺受邀进京作为咨询专家参加藏事会议。这年11月9日至12月7日，外交部连续召开五次藏事研究会议，钱锡宝、谢国梁、陆兴祺、吴廷燮、陈启图、曾彝进等人参加。根据会议的记录，在第七次会议上与会人士都主张及早议结藏案，如陆兴祺在发言时就强调"藏案久搁恐将别生枝节"。以后，又陆续召开了第八至十一次会议，最后形成了"筹藏五纲要"，包括"以前藏、后藏为西藏自治区域，惟外交、国防、交通须归中央主持"；驻藏长官职权"暂照前清光绪年间旧制"，待入藏后再协商制定详细办法，卫队不超过300人等。会议期间，达赖所派代表经香港前往北京，中央政府决定派陆兴祺、吴廷燮负责接待，希望重建中央与西藏地方的关系。⑤

---

① 《大总统指令第七十七号》，《政府公报》第364号（民国六年一月十四日）命令。
② 《大总统指令第一千三百五号》，《政府公报》第1532号（民国九年五月二十日）命令。
③ 《大总统指令第二千八十二号》，《政府公报》第1630号（民国九年八月二十八日）命令。
④ 《大总统指令第二千四百四十二号》，《政府公报》第2036号（民国十年十月二十六日）命令。
⑤ 参见冯明珠：《近代中英西藏交涉与川藏边情》，台北"故宫博物院"1996年版，第425—431页。

1922年，西藏地方政府与中央政府关系有所改善，陆兴祺希望中央以嘉奖的方式强化自己的地位，提高他在西藏问题上的权威性和作用。1922年12月23日，他呈文中央政府，希望给予中将军衔。他在呈文中指出"前清驻藏办事大臣兼辖藏中文武各属，而尤以练兵阅边为重要职务，故更兼以副都统之职"，这表明"除教务外，其权力实出达赖、班禅之上"，体现了"重边防"的考虑。他自己"服务十年，奉职无状，何敢尚有所开求"，只是因为"职权关系"，不能不在西藏有一定权威，而"前清副都统一职与现在陆军中将品位相当"，因此，如果中央政府"恩准赐给陆军中将，并给予二等文虎章，则体制既崇，观瞻亦壮，于统驭文武事宜尤形便利"。① 对于这一请求，中央政府予以批准，1923年1月1日陆兴祺被授为陆军中将。② 此后，他几次请求休假、续假，但《政府公报》中的职衔变成为"驻藏办事长官"，对于"护理"两个字很少用。1923年春，鉴于"驻藏办事长官陆兴祺呈拟暂行请假六个月回籍省亲"的要求，3月31日中央政府批准给假。③ 这次回到广东后，他住了很长时间，而且前往广州拜谒孙中山，讨论了西藏问题。④ 1924年，"驻藏办事长官"陆兴祺呈报"母病未痊，请准续假六个月俾得躬亲调养"，5月16日中央政府予以批准。⑤

　　1924年11月，直系军阀曹锟、吴佩孚在第二次直奉战争中战败，张作霖控制华北，2日段祺瑞组建中华民国临时政府，号称临时执政。⑥ 随后，他又在1925年2月13日至4月21日召开"善后会议"，孙中山、黎元洪和各地都统、长官及其代表参加会议，陆兴祺也参加了会议。同时，段祺瑞又筹划召开国民代表会议，8月28日陆兴祺被"特派为国民代表会议西藏议

---

① 天津市历史博物馆藏档案《陆兴祺求赐陆军中将呈（残缺）》（一九二二年十二月二十三日），见张黎辉等编辑：《北洋军阀史料·黎元洪卷》（四），天津古籍出版社1996年版，第1071—1072页。
② 参见《大总统令》、《大总统指令第 号》，《政府公报》第2451号（民国十二年一月六日）命令。
③ 参见《大总统指令第八百二号》，《政府公报》第2534号（民国十二年四月一日）命令。
④ 参见《呈中央国民政府文》（民国二十年四月二十一日），载陆兴祺：《西藏交涉纪要》（下），1931年8月刊印，第245页。
⑤ 参见《大总统指令第八百十一号》，《政府公报》第2929号（民国十三年五月十七日）命令。
⑥ 参见《临时执政令》，《政府公报》第3115号（民国十三年十一月二十五日）命令。

员临时选举监督",并于 29 日正式就职。① 9 月 14 日,陆氏发布公告,强调此次国民代表会议"系议定中华民国宪法及其施行附则,事属国家大法",请西藏地区所有"具有选举资格者,于投票期亲到投票所投票",不可"放弃权责",并公布选举日程、办法。② 11 月 20 日,陆兴祺"依法定手续当众监视开票",当天公布得票情况,按照"多数者当选为议员"的规定,前、后藏都选举产生了正式、候补议员各 8 人,随后将当选的名单呈报临时执政府,12 月 1 日得到批准。③ 1926 年 4 月 20 日,段祺瑞逃往天津,奉系张作霖控制了北京民国政府,国民代表会议未能如期召开。

三、"护理驻藏办事长官"机构、经费及主要部属

陆兴祺出任护理驻藏办事长官之后,英印当局不承认其合法性,采取多种手段加以阻挠,不准陆氏与西藏方面联系,也不准他进入西藏。1912 年 8、9 月间,他为此多次向北京民国政府报告这一情况,请示办法。8 月 16 日,他致电大总统、国务院和外交部,根据中央"现时不能进藏,不妨暂在印京护理"和办公经费"月限支银二千元"的批复,他已于 6 月开始办公,"宣布藏中,并照会印督",他特意"电请大总统照会驻京英使,知照印督"。当时英印当局派警察把"印外参赞函"递送给他,内称奉印度总督之命,英国驻华公使已向中国外交部声明,"藏约未议结期内,中国不能由印与藏交通",至于他"来文宣布护理驻藏长官一节",英印政府"不能承认,原文退回",并且告诫他"不得与藏人通信",否则让他离开印度。④ 9 月 4 日,他又在电文中强调"印政府不承认驻藏办

---

① 参见《临时执政令》,《政府公报》第 3380 号(民国十四年八月二十九日)命令;《特派国民代表会议西藏议员临时选举监督陆兴祺就职通告》,《政府公报》第 3383 号(民国十四年九月一日)通告。

② 参见《特派国民代表会议西藏议员临时选举监督公告》,《政府公报》第 3398 号(民国十四年九月十六日)布告。

③ 参见《特派国民代表会议西藏议员临时选举监督公告》,《政府公报》第 3461 号(民国十四年十一月二十二日)命令。《临时执政指令第一千八百三十九号》,《政府公报》第 3471 号(民国十四年十二月二日)命令。

④ 参见《陆兴祺关于英印政府不承认其为护理驻藏长官并不允与藏人通信请示如何办理致袁世凯等电》(民国二年八月十六日),见中国藏学研究中心、中国第一历史档案馆等编:《元以来西藏地方与中央政府关系档案史料汇编》,中国藏学出版社 1994 年版,第 2402—2403 页。

事长官,并不准与藏人通信"等情况。① 不仅如此,英印当局还一度监视他的活动,对他与中国政府往来函电进行监控,1914年前后英方截获并破译了陆氏与中央政府所有往来电文,西姆拉会议期间得以"更好地了解中方的意图"②。

由于英印当局极力阻挠,陆兴祺无法赴藏就任"护理驻藏办事长官",就在印度开始办公。他在组建机构时首先要解决三个问题:一是驻地问题。他本想及早进藏,但由于英印当局的阻挠和西藏亲帝分裂势力的阻止,他始终未能进入西藏。在受命担任护理驻藏办事长官之初,陆兴祺就致电中央,表示"藏路不通,不能进藏",请求辞职。随后,他接到中央回复,指示他"现时不能进藏,不妨暂在印京护理"。1913年6月,钟颖把"印信及文卷送来",陆氏考虑到"办事人多,地方湫隘,故电请经费,另租洋房开办"。中央批准了这一请求,财政部还电告陆氏,他的办公经费"月限支银二千元"。③ 根据中央的批复,陆氏便在印度设立"护理驻藏办事长官行署",开始办公。二是启用关防。1913年5月20日前后国务院秘书厅经与蒙藏事务局协商,确定了如何制作"护理驻藏办事长官"的关防,最后决定关防的印文采用汉、藏两种文字。④ 6月,钟颖把清朝驻藏大臣印信交给了陆兴祺,但陆氏仍希望及早接到"护理驻藏办事长官"的新关防。进入7月,关防仍未交给陆兴祺,为此他于7月2日致电国务院,请"速将驻藏办事长官关防造送,以资信用"。⑤ 9月,陆兴祺再次致电蒙藏事务局,希望把"西藏办事长官关防"邮寄到印度。⑥ 从档

---

① 参见《陆兴祺为告印政府不承认驻藏办事长官并不准与藏人通信等事致国务院电》(民国二年九月四日),中国第二历史档案馆藏档案1045-368。
② 参见房建昌:《英国秘密档案中记载的民国初年护理西藏办事长官陆兴祺——兼论印度华侨在维护中央对西藏的主权中所起的重要作用》,载《西北民族学院学报》,2002年第4期。
③ 参见《陆兴祺关于英印政府不承认其为护理驻藏长官并不允与藏人通信请示如何办理致袁世凯等电》(民国二年八月十六日),见中国藏学研究中心、中国第一历史档案馆等编:《元以来西藏地方与中央政府关系档案史料汇编》,中国藏学出版社1994年版,第2402—2403页。
④ 参见《陆兴祺为告印政府不承认驻藏办事长官并不准与藏人通信等事致国务院电》(民国二年八月十六日),中国第二历史档案馆藏档案1045-364。
⑤ 《陆兴祺为请速将驻藏办事长官关防造送以资信用等事致国务院电》(民国二年七月二日),中国第二历史档案馆藏档案1045-368。
⑥ 参见《中国第二历史档案馆所存西藏和藏事档案汇编》(三),中国藏学出版社2009年版,中国藏学出版社2009年版,第64—69页。

案影印件来看,他的电文原文如下:"腾越,转北京蒙藏局鉴:冬电悉,西藏办事长官关防,祈内用小木箱、外用铁匣,并权皮、重油布加密胶印封固,由邮加双保险寄上。照邮政章程,保险物件如有损失,须照价赔偿,彼必慎重传递。如蒙变通办理,似较派员费省而速。酌覆。陆兴祺佳。"这份电文标明为"(民国)二年九月十三日收西藏陆护长官电",因为"佳"是每月9日的韵目,所以这份电文应当是9月9日发出,13日收到的。它表明,蒙藏事务局想派人送到印度,陆兴祺建议变通,也就是"内用小木箱、外用铁匣",包上油布,再办理邮寄保险手续,以便让邮政机构"慎重传递"。这既表明了陆兴祺在印度盼望早点收到"关防"的急切心情,又反映出他对国际邮寄业务、商务的熟悉。尽管如此,由于资料限制,我们今天仍不能知道蒙藏事务局是否接受了他的建议,也不知道"西藏办事长官关防"是怎样送到印度的,能看到的就是到1916年初陆兴祺呈报给中央政府的《驻藏行署造送四年下半年经常用款四柱清册》①等文件上,已经加盖了"驻藏办事长官关防",印文为藏、汉合璧的两种文字。三是办事长官机构的人员配置与经费开支。1913年5月,他就致电国务院报告了最初筹办护理驻藏办事长官处的情况。② 到1915年5月,他再次呈文大总统"造报行署员名、履历"。他表示"兴祺受命于西藏乱离之际,印藏梗塞不通,不能进藏,曾呈明缘由,奉覆电令在印度暂设办事机关,旋于民国二年四月十七日接奉国务院知照,令择用留藏汉员以裨藏事等因,当即遵照于藏具有经验者酌留数人以资臂助。本拟藏事解决后,需员较多,所有履历俟汇齐造报,今既议约中止,续议无期",因此把"现在留用之员名、履历先行呈明"。他还说,曾任秘书的邓光远已经辞职,英文翻译汪懿、驻噶伦布委员谢庆尧已经暂行裁撤,此次未"造具履历"。③ 在固定的工作人员外,陆氏在上报中央的各种函电中还透露,他

---

① 参见《中国第二历史档案馆所存西藏和藏事档案汇编》(三),中国藏学出版社2009年版,第235—318页。
② 参见《陆兴祺为筹办护理驻藏办事长官处经过情形致国务院电》(民国二年五月三十日),中国第二历史档案馆藏档案1045-368。
③ 《大总统批令》,《政府公报》第1071号(民国四年五月二日)命令;《护理驻藏办事长官陆兴祺呈造报行署员名、履历请钧鉴文并批令》,《政府公报》第1073号(民国四年五月四日)呈。

秘密聘用一些"情报员"，或在印度，或前往西藏，搜集各种情报，建立了一个情报网。

陆兴祺的"护理驻藏办事长官"机构有多少人？他呈报的公务开支表提供了一定的信息。1915年4月1日，财政部的一份公文显示，该部接到了政事堂主计局抄交的陆兴祺"呈驻藏行署经常用款暨先时办理藏事、电报各费造册请鉴核一案"，接到批令"交财政部查核办理，并外交、交通两部暨蒙藏院查照"。陆氏在呈文和所造清册中表示"选派藏探、赠送品物各项费用均在驻藏机关未设之前"，所以专门编制"邮电费销册、派探旅费销册及赠送品物费销册"，免得和经常费用混淆；从1913年6月到1914年12月，共收到1000卢比和大洋36944元4角，按照当时的汇率，共折合54930卢比，而支出总额为96782卢比2安5文，因此不敷41852卢比2安5文，均"借款垫支"。① 由此可知，民国初年到1914年12月，陆兴祺经手的选派密探、邮电通讯、赠送物品和出任"护理驻藏办事长官"后所有公务开支为96782卢比2安5文，其中一部分先由他垫付，1915年初均由中央政府拨付。

对于护理驻藏办事长官行署的常规经费，1913年6月财政部致电陆氏，"每月不得过大洋二千之数"，第一次世界大战爆发后陆兴祺在印度的开支明显加大，为此他一再强调"经常用款不敷"，请中央给予补助，中央政府也在审核之后给予报销、补助。1915年9月，陆氏又报告中央，称"上年底曾将本处收支各项造册呈报在案"，1915年"自一月至六月止用过款目自应造报以备查核"。该行署欲遵照每月不超过2000大洋的规定，但是"印度通用卢比今年汇水奇跌"。此时"每月经常用款牵算仅卢比二千二百有零，约合大洋一千八百之数，实属无可再省"。② 9月19日，在接到陆兴祺"呈送行署经常用款各册"后，袁世凯批复"交财政部审计院核销，并交蒙藏院查照，册并发"。1916年2月14日，财政部、审计院报告"审查驻藏办事长官行署四年一月至六月支出各款"情况，"拟准核

---

① 参见《中国第二历史档案馆所存西藏和藏事档案汇编》（三），中国藏学出版社2009年版，第199—225页。
② 《护理驻藏办事长官陆兴祺呈送行署经常用款各册乞鉴核文并批令》，《政府公报》第1216号（民国四年九月二十六日）呈。

销",袁氏批准"准予核销,即由该部院转行遵照"。①

1916年3月,陆兴祺又报告"四年下半年行署经常用款不敷造册报销",并报告"行署经费不敷数目暨本年上半年用款请饬部筹拨",袁氏直接批复"交财政部查核筹拨"。② 1915年下半年的这份经费报告中的"四柱清册"清晰地反映了驻藏办事长官行署在印度的各项常规开支和邮电、通信的费用。在这份报告中,陆氏称1915年12月三次汇款收入共大洋8000元,按汇价合卢比11057元,6个月用款计13636卢比6安3文,"除收不敷"2579卢比6安3文,"连前垫支之数,共不敷"41058卢比14安3文;邮电费6个月用卢比207元5安2文,"由六月底册报实存项下开支仍实存"1100卢比9安2文,"留备以后电费支出之用"。以1915年11月为例,这个月共支出2183卢比12安2文,包括三大类:一是"薪给项"下共支出1208卢比3安2文,包括属员的"员薪"和工人的"工资"两部分,"员薪"共支出1038卢比3安2文,包含秘书、文案、庶务兼会计、书记、藏语通译兼差弁、打字生、"英医生"各一名,司书、藏事密探各二名的薪水。"工资"共支出170卢比,包含门丁、厨司、花工、厕役、打扫夫各一名,听事、厨役、杂役各二名的工资。二是"办公项"下共支出390卢比5安,包括洋纸、墨水、铜夹钉等文具,大米、薪炭、鱼肉、蔬菜、油盐酱醋、茶水,电灯、风扇等电费的"消耗"。三是"杂费项"下共支出585卢比4安,包括租房两层,木器家具,马车一辆连马夫,电风扇六架,购办零件杂项。③ 这份经费表说明,1915年11月陆氏的主要部属共11人,包括秘书、文案、书记、打字生、"英医生"、庶务兼会计、藏语通译兼差弁各1员,司书、藏事密探各二名。同时,行署还雇用了听事、厨役、杂役各2名,门丁、厨司、花工、厕役、打扫夫各1名。这些人中的主要成员后来应当维持了一定的时间,1916—1926年间,陆兴祺几次回国参加藏事会议和有关全国性会议,也几次请求辞职。在辞职不成的情况下,他便请求让秘书代行职权,并请中央表彰驻藏

---

① 《大总统批令》,《政府公报》第1211号(民国四年九月二十日)命令。《政府公报》第40号。
② 《政府公报》第57号(洪宪元年三月三日)命令。
③ 参见《中国第二历史档案馆所存西藏和藏事档案汇编》(三),中国藏学出版社2009年版,第235—333页。

办事长官行署职员，暂时维持着驻藏办事长官行署在印度办公的局面。通过中央政府的这些表彰，我们大致能够理清"驻藏办事长官行署"的主要部属。

1917年，陆兴祺呈报中央政府，请求给予"驻印机关职员并助理藏务之藏员勋章"。6月，中央政府给予布宜扎、汪曲策忍、杨恢五等嘉禾章，彭错六等嘉禾章，许建熊、邓汉章七等嘉禾章，王永福七等文虎章。①

1922年12月23日，陆兴祺呈文中央政府保荐贤才，都是自己的部属。他在呈文中表示，根据"前清旧例，凡调藏任用人员，除优予薪俸外，每届三年得保奖异常劳绩一次"，其赴川解饷人员也是如此，这是因为"西藏僻处边陲，毗连外邦，险阻困难，实较涉重洋为尤艰苦，若非破格保奖，不足以资鼓励"。他担任护理驻藏办事长官"迄今十载，随从办事诸人多系前清在藏资劳俱优之员，一切筹谋多资臂助，迄今中藏日益接近，而外人不能肆其狡谋者，实非兴祺一人之力所能至此"。但是，这些"异常劳绩"人员"历十载未经请奖叙一次，现值办理藏案正待解决之际，尤恃群策群力共济时艰，尤宜择尤请奖，以资鼓励"。李嘉嚞等人"或洞悉藏情计图善后，或严防外患智烛机先，或致力于疏通，或劳形于案牍，或且有纯尽义务足裨咨询者，均属不可多得之才"。除了以后呈请"各级勋章另案办理"的部属外，他开列出"任事异常出力人员"名单，包括秘书兼代理驻藏办事长官李嘉嚞、秘书兼总务处处长王寿昆、高等顾问兼驻京办事委员杨葆琛、高等顾问兼驻京文报委员胡宪徽，他们都"具有简任资格，拟请特准以简任职交院存记"；副官王永福，秘书室办事兼书记徐鸿勋，文电主任李善鋆，编纂主任兼书记张印涛，庶务主任陆超铭，英文秘书陈存理，前西藏学务局会办现充驻藏通讯专员王锡康，前任本署收支兼会计主任、现充驻京文报员徐锡年，机要科主任马吉悦，宗教科主任萧振声，交际委员胡庆生、陶良赟，他们都"具有荐任资格，拟请

---

① 参见《大总统指令第一千二十九号》，《政府公报》第505号（民国六年六月七日）命令。

特准以荐任职分发任用"。① 根据陆氏请求，1923年1月1日中央政府发布命令，批准李嘉嚞等均"准以简任职交国务院存记"，王永福等均"准以荐任职分发任用"。② 3月30日，中央政府又给"劳绩卓著人员"颁发勋章：全绍清晋给一等大绶宝光嘉禾章，李嘉嚞、王寿崑、陈世瑄给予二等嘉禾章，陈世璇、马世元、陈作钧给予三等嘉禾章，王永福、徐鸿勋、张印涛、陆超铭、邓汉章、陈致棣、陈洪毅、陆怀谦给予四等嘉禾章。③

陆氏在请奖时强调十年间"随从办事诸人多系前清在藏资劳俱优之员"，这一说法并非仅仅出于请求奖励的需要，他所开列的请奖人员中的确有一些是清末进藏的官员，如李嘉嚞1909年调入西藏，驻藏大臣联豫在《调罗长五员片》中强调"四川候补知县李嘉嚞"等人"或久历戎行，或长于文牍会计，均属有用之才"，奏请调往西藏任职。1911年夏，联豫奏请改革驻藏办事大臣衙门官制，设置"幕职分科办事"，其中"番务兼夷情藩属科参事一员，以奏调四川候补知县李嘉嚞充当"。④ 1913年以后，李嘉嚞长期担任陆兴祺的秘书，一度随同陈贻范参加西姆拉会议的谈判，陆氏请假期间多次代理其职务。

四、余论

国民政府成立后，通过"北伐"实现了形式上的全国统一，并设立蒙藏委员会管理蒙古、西藏地区事务。此后几年间，陆氏积极促成西藏地方与新的中央政府的联系，还参与缓和藏尼冲突、调解康藏纠纷、移交有关档案等事务，1931年完成《西藏交涉纪要》，呈交《呈中央国民政府文》，力求全面、系统地介绍清末民国以来藏事演变的脉络，分析其原因，并提出西藏治理的意见和建议。在《呈中央国民政府文》的最后，陆氏以

---

① 参见天津市历史博物馆藏档案：《陆兴祺荐贤呈文（附：请奖任事异常出力人员缮单）》（一九二二年十二月二十三日），见张黎辉等编辑：《北洋军阀史料·黎元洪卷》（四），第1073—1080页。

② 参见《大总统令》、《大总统指令第一号》，《政府公报》第245号（民国十二年一月六日）命令。

③ 参见《大总统令》、《大总统指令第七百九十二号》，《政府公报》第2533号（民国十二年三月三十一日）命令。

④ 吴丰培辑：《清代藏事奏牍》，中国藏学出版社1994年版，第1528、1575—1576页。

"驻藏长官"的名义,提出请"准予退职,另简贤员,以维大局,不胜恳切待命之至"。① 对于这一请求,南京国民政府并未以公文形式明确回复,但此前已暗示过陆氏的"护理驻藏办事长官"职事已经终结。档案表明,1930年7月19日,为安排由陆兴祺派员护送贡觉仲尼到南京一事,行政院院长谭延闿训令蒙藏委员会,其中就提到行政院接到国民政府文官处第4619号函,内称"奉主席交下前驻藏办事处长官陆兴祺电陈"。② 这里把陆氏称为"前驻藏办事处长官",虽然与陆氏曾担任过的"护理驻藏办事长官"职衔不完全相符,但其中的"前"字并非无意,而是明确认定这个"驻藏办事处"及其长官的使命已经终结。9月20日,蒙藏委员会委员长马福祥在给陆氏的信中,称赞陆氏"老成谋国,语重心长"、"身在林泉,心怀宗国"的爱国情怀,还希望他对于蒙藏事务"尽力协助,他日大功告成,国防巩固,执事之功",岂在班超等人之下。③ 马福祥给予陆氏很高评价,又无疑再次委婉地表达"护理驻藏办事长官"使命已经结束的意思。作为近代西藏治理史上的重要人物,陆兴祺对20世纪上半叶,特别是1912年至20世纪30年代实现历届中央政府的西藏治理的确作出了一定贡献。

---

① 陆兴祺:《西藏交涉纪要》(下),1931年8月刊印,第237—260页。
② 中国藏学研究中心等编:《元以来西藏地方与中央政府关系档案史料汇编》,中国藏学出版社1994年版,第2497—2498页。
③ 陆兴祺:《西藏交涉纪要》(下),1931年8月刊印,第236—237页。

陆疆治理：从"族际主义"转向"区域主义"

| 周 平 |

在中国的边疆发展史上，陆地边疆长期是边疆的主要形式。因此，陆地边疆治理构成了边疆治理的主要内容。而在陆地边疆的治理中，又存在着两种基本的价值取向：一是"族际主义"的取向，一是"区域主义"的取向。其中，"族际主义"取向的边疆治理，把陆地边疆视为"少数民族地区"或"民族地区"，着重于解决族际关系的矛盾和冲突，或将解决族际关系中的矛盾和冲突作为边疆治理的主要内容；"区域主义"取向的边疆治理，则把边疆视为国家疆域的边缘性区域，着重于解决这个特殊区域内的区域性问题，并将族际关系问题纳入到区域治理的框架中谋划，目的在于促进边疆的巩固和发展。两种取向的边疆治理追求的价值目标不同，将治理手段运用于边疆治理的作用方向也不相同，因而对国家治理和国家发展的影响也具有明显区别。在历史上的边疆治理中，"族际主义"一直占据主导地位。但在中国的边疆形势已经发生根本性变化的今天，"族际主义"的取向面临着严峻的挑战。在此情况下，陆地边疆治理由"族际主义"向"区域主义"转变，就已成为了必然的选择。

---

* 本文原载《国家行政学院学报》，2015年第6期。

一、历史上边疆治理中的"族际主义"传统

中国是世界上最早建立边疆制度并开展边疆治理的国家,具有悠久的边疆治理历史。在划定边疆、稳定边疆和治理边疆的过程中,由于边疆的划定和治理都围绕着族际关系展开,所以就逐渐形成了"族际主义"治理的传统。

边疆乃国家疆域的边缘部分。而国家的边疆,是在国家治理的过程中构建起来的。回顾国家发展的历史可以看到,那些疆域范围较大且不同部分间存在较大差异的国家,往往将核心区与边缘区区分开来,分别采取不同的政策进行治理,于是便构建了边疆。边疆乃构建的产物。

中国历史上的边疆构建,肇始于秦代。公元前221年,秦统一六国后便构建起一个强有力的中央集权制王朝。秦王朝不仅统治着一个庞大的国家政治共同体,而且面对着一片前所未有的广大疆域。如何才能对这样一个庞大的国家进行有效治理,对秦王朝来说是一个巨大的挑战。为了对这个疆域广大的国家进行有效的统治和治理,王朝中央采取了先秦就存在的"一点四方"和"五服"、"九服"的观念①,对王朝的统治区域进行了大致地区分,进而采取有针对性的方式进行治理。具体来说就是,在郡县制的总体框架中,以王朝国家的中央政权所在地为中心,把疆域内的传统统治区域确定为核心区,把处于疆域边缘的郡以下行政区域确定为"道"而非"县",采取专门的措施进行统治和治理。汉朝承袭秦代的做法,在巩固中央集权的政治统治的基础上,对国家的核心区域和边缘性区域的划分加以进一步明确和巩固,直接将疆域的边缘性部分确定为边疆,并采取特殊的方式对边疆进行治理,从而在国家治理中确立了边疆制度。

在这样的边疆制度中,边疆不仅是核心区的外围区域,更是异族群体

---

① 在先秦时期,人们形成了以中原为中心而向四周渐次推进的认识世界的方式,进而把中原以外的四个方向划分为"四夷"(东夷、北狄、西戎、南蛮),从而形成了"一点四方"的观念。同时,还以中央政权所在地的王畿为中心,把统治范围内围绕王畿的区域依次划分有等级差序的五个或九个层次,称为"五服"或"九服",进而采取不同的方式对其进行治理。显然,这是受制于当时生产力水平的限制而形成的认识世界的方式,以及基于这样的认识方面而形成的治理观念。

生活的异文化区，即所谓的"夷狄区"。正如有学者指出的那样："在中国历史上，'边疆'是一个在很长的历史时期形成的概念。它最初只是泛指相对于中原地区的'四夷'，其地域并不确定。"① 针对此种状况，方铁作出这样的论断："古人多以'华夷'不同文化分布的差异、区域经济开发的强弱等作为划分核心地区与'边疆'的分野，主要为蛮夷所控制、经济显然落后于核心地区的僻远之地，通常被认为是边疆乃至徼外。"②

历史上那些统一的王朝，往往都具有强大的国力并创造了辉煌的文明，不仅对周边的其他民族群体产生了政治上的吸引力、军事上的威慑力，也具有经济上的影响力和文化上的感召力，于是王朝国家周边的其他民族群体纷纷内附、归附、臣服、降服于中原王朝，并与华夏民族共同构建统一的国家政治共同体，这些民族群体的政权则主动向中原王朝输诚纳贡，直接并入王朝国家或成为王朝国家的藩属。与此同时，也有一些周边的其他民族群体，凭借其强大的军事实力而入主中原，并融入到统一的国家政治共同体当中。这样一种具有特定内涵的族际互动，在有效地拓展了王朝国家边疆的范围的同时，也进一步巩固了边疆的文化性质，进一步凸显了边疆作为异族和异族文化区、异文化圈的特点。

以王朝所在地为中心自内而外地划定边疆的做法，在17世纪末期发生了重大的改变。17世纪以后，沙俄势力扩展到了清王朝的西北和东北边疆，清王朝先后在1689年和1727年与之签订了《尼布楚条约》和《不连斯奇条约》。这是王朝国家与外国签订的最早的边界条约，它们在古老的王朝国家的历史上开了以条约方式确定国家边界的先河，不仅使王朝国家接触到了国家主权问题，也使王朝国家的统治权融入了主权的涵义③。古老的王朝国家有了边界以后，国家的疆域受到边界的限制，于是，王朝国家既需要由内而外地划定边疆，也需要由外而内地划定边疆，从而开启了中国历史上边疆制度的新的一页。但是，自外而内地划定边疆的观念和

---

① 成崇德：《清代前期边疆通论（上）》，载《清史研究》，1996年第3期。
② 方铁：《论古代治边的理论与实践》，载《社会科学战线》，2008年第2期。
③ 从国家疆域的角度来看，威斯特伐利亚体系确立的国家主权体制具有划时代的意义。在主要体制确立以后，主权管辖的国家疆域，就是国家的领土。边界则是主权国家通过政府间条约或协议确定的划定领土的界线，具有突出的主权内涵。随着主权体制在全球范围的确立，领土成为了疆域的主要形态。

做法，并没有成为主流。更为重要的是，这并没有改变历史上早已形成的边疆的文化性质，居住于边疆的人口仍然迥异于内地的华夏一族，边疆仍然是夷狄之地。

对于这样的边疆夷狄之地，王朝国家自然要采取不同于核心区的治理政策。东汉时的班固就提出"内诸夏而外夷狄"，主张内外有别，"是以外而不内，疏而不戚，政教不及其人，正朔不加其国；来则惩而御之，去则备而守之。其慕义而贡献，则接之以礼让，羁縻不绝，使曲在彼，盖圣王制御蛮夷之常道也"。① 唐代的鸾台侍郎狄仁杰就在上疏中说道："臣闻天生四夷，皆在先王封疆之外。故东拒沧海，西隔流沙，北横大漠，南阻五岭，此天所以限夷狄而隔中外也。"② 于是，王朝国家的边疆治理也就围绕着族际关系而展开，集中于族际关系的协调。边疆治理的其他方面或内容，都是围绕此内容展开的——在中国历史上影响巨大的羁縻制度、土司制度以及改土设流、改土归流政策，也都是围绕族际关系而展开的。

从总体上看，自秦代至清代的整个王朝国家的边疆治理，总体上都是围绕着族际关系开展的，核心内容都是协调族际关系。尽管在通过条约划定陆地边界以后，以解决区域问题为主的治理也开始付诸实践，从而萌生了"区域主义"的治理，但这样的治理并未得到发展。因为陆地边疆的主体乃是夷狄之区，边疆治理主要是治理夷狄之区，即处理"华夷关系"。因此，边疆治理的政策，也就成了"圣王制御蛮夷之道"③。于是，"族际主义"就成为了边疆政策的基本价值取向，"族际主义"的治理自然就成为传统。

二、"族际主义"在当代中国边疆治理中的延续

传统都是这样的，它虽然在过去的历史上形成，但却深刻地影响着现在和未来，往往成为巨大的惯性力量，在现实中发挥作用。传统是一种连

---

① 《汉书》卷94下《匈奴传·赞》。
② 《旧唐书》卷89《狄仁杰传》，中华书局1975年点校本。
③ 《汉书》卷94下《匈奴传》，颜师古注引《左传》昭公二十三年，中华书局1962年点校本。

结过去与现在的因素和力量。中国历史上边疆治理的"族际主义"传统，就是如此。在被适应形势发展要求的新的边疆治理取向取代之前，它都会顽强地发挥作用。

中华人民共和国的成立，标志着中国民族国家构建的基本完成。中华人民共和国就是中华民族的民族国家。① 由王朝国家到民族国家，这对古老的中国来说是一个天翻地覆的转变，不仅全面改变了延续数千年的国家结构、国家政权与社会的关系，以及国家的运行机制和运行方式，而且促成了僻居一方的古老国家逐渐融入世界体系，逐渐走上世界舞台并成为民族国家世界体系的一员。

中国实现了由王朝国家向民族国家的转变以后，就必须按民族国家的性质和特点来界定边疆。相应地，民族国家的民族性、主权性和人民性的基本特征，必然对边疆的界定形成硬性的约束，并直接影响到边疆的内涵和性质，从而赋予边疆新的涵义。因此，民族国家取代王朝国家以后，由边疆制度、边疆形态和边疆治理构成的边疆架构，也必须根据民族国家的要求和新的社会历史条件而进行根本性的调整。回顾新中国成立后边疆架构的发展和变化，这样的调整主要体现在这样几个方面：一是将边疆置于国家主权和领土的框架下看待和界定，形成了一种全新的边疆观；二是更加重视海洋边疆，对海洋和海岛问题给予了高度的关注，并将其纳入到边疆观念之中加以审视和界定；三是国家将边疆作为维护国家主权和领土安全的关键区域，采取大规模的实边、稳边行动，全面加强边防和边境管理；四是国家开展了全面的边疆建设，促进了边疆的巩固、稳定和发展；五是把边疆置于国际形势尤其是地缘政治格局的总体形势中来看待，注重运用国际规则来解决与我国边疆有关的国际争端。

但这样的调整主要是摒弃边疆架构中打上了王朝国家制度深刻烙印的内容，并根据民族国家的要求和新的形势而增添了反映民族国家制度特性和国家发展需要的内容，同时也在一定的范围内实施了以解决区域问题为

---

① 关于民族国家的性质和特点，以及中国民族国家构建的论述，可参阅作者的《对民族国家的再认识》（载《政治学研究》，2009 年第 4 期）、《民族国家与国族建设》（载《政治学研究》，2010 年第 3 期）和《论中国民族国家的构建》（见《当代中国政治研究报告Ⅵ》，社会科学文献出版社 2009 年版）。

主的"区域主义"取向的治理，从而使边疆架构适应新国家、新制度和新形势的要求并更加丰富。但是，边疆治理中的"族际主义"取向占据绝对主导地位的事实并未发生改变，甚至还加入了更多的民族因素①，从而使陆地边疆的"族际主义"治理得到了强化。

"族际主义"传统之所以会在新中国成立以来的陆地边疆治理中延续，除了"族际主义"传统已深深扎根于社会文化和国家治理文化之中，历史上"华夷之辨"的观念根深蒂固以外，也有着深刻的现实原因。一方面，从新中国成立后陆地边疆的实际状况来看，族际关系中的矛盾仍然是突出而典型的边疆问题，不仅十分复杂并与其他的边疆问题纠缠在一起，影响着其他边疆问题的解决，而且直接影响着新的国家政权对边疆地区的深入，关系着党和国家政治任务在边疆的实施和政治目标的实现。这就决定了当时在边疆地区开展工作，首先就必须疏通民族关系。邓小平当时在指导西南边疆多民族地区的工作时就指出："所有这一切工作，都要掌握一个原则，就是要同少数民族商量。他们赞成就做，赞成一部分就做一部分，赞成大部分就做大部分，全部赞成就全部做。一定要他们赞成，要大多数人赞成，特别是上层分子赞成，上层分子不赞成就不做，上层分子赞成才算数。"② 另一方面，当时的国家"一穷二白"，尚无能力将陆地边疆与海洋边疆结合起来，从总体上谋划国家的治理。陆地边疆治理中仍然沿袭传统的"核心—边缘"模式，未能将陆地边疆的治理提升至国家治理战略的层面。在这样的情况下，陆地边疆的治理被置于了民族问题的总体框架之中。此外，党在新民主主义革命时期就形成了一整套处理国内族际关系问题的经验，在取得执政地位后更能轻车熟路地运用，从而也导致了在陆地边疆治理中对"族际主义"的取向形成了一定的偏好。

在"族际主义"传统延续的条件下，陆地边疆治理主要围绕族际关系

---

① 这里所说的民族，是中华民族形成和民族国家构建起来以后的民族群体，是中华民族的组成部分。作为国族的中华民族，是政治性民族；而组成中华民族的各个民族群体，是历史上长期存在并在新的国家形态中具有全新面貌的历史文化共同体，因而是文化民族。关于政治民族与文化民族的划分，可参阅作者的《论民族的两种基本类型》，载《云南行政学院学报》，2010年第1期。

② 国家民委政研室编：《中国共产党主要领导人论民族问题》，民族出版社1994年版，第59页。

展开，并形成了一些趋势性的特点：一是突出边疆的民族特性，把边疆等同于或直接界定为"边疆民族地区"。纵览当代中国陆地边疆治理中有关边疆问题的论述，不论是官方的正式文件还是学术论述，"边疆民族地区"概念被频繁地用于指代边疆，甚至直接用"民族地区"来指称边疆；二是把族际关系问题作为边疆问题的核心，围绕族际关系问题来开展陆地边疆治理——近年来国家推出的典型的陆地边疆治理的举措，如"兴边富民"行动、扶持人口较少民族发展规划等，都是围绕族际关系问题开展的；三是与前面两点相适应，陆地边疆治理被纳入到民族问题的框架中谋划，由主管民族事务的机关——国家民委——来负责。"兴边富民"行动、对"少小民族"的帮扶，就是由国家民族事务委员会在民族政策的总体框架下提出并推动实施的；四是要求陆地边疆的治理服从于和服务于核心区的治理，使边疆的建设和发展服从于和服务于国家发展的"大局"，把边疆的稳定置于最高地位，并用边疆稳定来规约边疆的建设和发展。

当代中国的陆地边疆治理总体上是成功的，取得了良好的绩效，不仅在新中国成立初期疏通了历史上形成的复杂的族际关系，为边疆地区政权重建和社会改造任务的落实创造了条件，实现了边疆的巩固和稳定，推动了边疆的建设和发展，为国家整体的稳定和发展提供了有效的支撑。但"族际主义"治理的长期实施，尤其是相关政策越来越细化并涉及到非常具体的族际关系问题，也造成了一系列的矛盾和问题：一是边疆地区主体民族与少数民族、少数民族与少数民族之间的关系被固定化、刚性化；二是促进了某些民族群体利益要求的发展，进而使民族政策的边际效用降低；三是由于有区别的族际政策导致边疆地区各个少数民族享受到政策带来的好处有所区别，一些区域内相邻少数民族的关系出现了新的紧张，导致了族际关系中新的不平衡；四是没有把陆地边疆治理提升到应有的高度，迟滞了边疆的建设和发展。从总体上看，这些矛盾和问题正在呈现逐渐凸显之势。

三、"族际主义"取向已不适应国家发展需要

今天的中国，经过30多年的改革开放及其所推动的现代化的快速发

展，不仅已经已成为全球第二大经济体，而且国家活动遍及全球，并越来越凸显为一个全球大国。与此相适应，国家疆域和边疆的形势都发生了根本性的变化。陆地边疆及其治理也面临着新的问题，承载着新的使命。

考察近年来中国边疆形势的变化，首先要关注的便是全球化时代国家疆域形势和边疆形势的变化。回顾全球化的发展可以看到，全球化特征的充分凸显，与20世纪90年代苏联解体后世界两极对垒的瓦解不可分割地联系在一起。然而，那些导致各个国家和地区之间紧密联系从而将全球化推入全球化时代的那些制度机制，都形成于第二次世界大战之后。因此，如果把今天的全球化看作一个时代的话，这个时代应该是从第二次世界大战后开启的。从国家疆域的角度来看，第二次世界大战以后逐渐形成的全球化时代，对国家疆域和边疆的影响不容低估。一方面，它对国家的行为及活动方式造成了深刻的影响，进而影响到国家对地理空间的控制方式。另一方面，在国家控制地理空间方式改变的情况下，现实的疆域和边疆的形态发生了重大的改变，不仅传统的疆域和边疆形态有所调整，而且形成了全新形态的疆域和边疆形态。具体来说，在国家利益已经大大超越其领土的范围并与其他国家的利益交织在一起；超主权的国际规则的作用日渐显现，传统的国家主权观受到了严峻的挑战，国家主权的至上性神圣性逐渐被消解；新的科学技术革命不断拓展了人类活动范围，国家利用新科学技术革命成果去控制更大地理空间的活动日趋突出。在这样的背景下，一些新的疆域及边疆形态也逐渐浮出水面，并受到越来越多的关注：一是利益疆域或利益边疆日渐凸显；二是战略疆域及战略边疆的理论已经付诸实践，并出现了现实的战略边疆；三是"高边疆"即太空边疆已经从概念或理论逐渐转变为现实；四是，海洋疆域及海洋边疆具有了新的内涵。①

对于快速崛起并日渐融入世界进而在全球范围内发挥着越来越重要作用的中国来说，全球化时代国家疆域和边疆形态变化的影响是巨大而深刻的。但这不过是中国边疆形势变化的外在因素，中国疆域和边疆形势的变化，也有着深刻的内部原因。

---

① 关于全球化时代的形成及其对国家疆域和边疆影响的论述，可参阅作者的《全球化时代的疆域与边疆》，载《中国边疆史地研究》，2014年第3期。

从国家疆域和边疆形势的角度来看，中国自身的情况也发生了重大的变化。首先，中国改革开放 30 多年来的快速发展，是在全球化快速推进的背景下实现的，并且也是全球化的表现和组成部分。在此过程中，中国对世界的融入在深度和广度方面都有了大幅度的增长，国家利益溢出领土范围而在海外延伸和聚积已成为普遍现象或新常态。在这样的形势下，海外利益在国家发展中的地位日渐上升，并已经成为国家的核心利益。而且，随着国家在领土外的活动越来越广泛、越来越频繁，国家的海外利益还将更加突出。与此相适应，维护国家的海外利益的意义和紧迫性迅速上升。能否维护好战略利益支点和通道，直接攸关国家的崛起和中国梦的实现。在国家活动的覆盖范围大幅增加的情况下，利用一些国家率先使用的利益边疆、战略边疆等范畴来维护国家的海外利益，已经成为不可回避的选择。其次，随着国家力量的增强和快速崛起，陆地边疆、海洋边疆在国家发展中的重要性迅速凸显，直接关系到国家发展和综合实力的增强。而与此同时，国家也有能力来全面地开发和建设陆地边疆、海洋边疆。在这样的形势下，陆地边疆、海洋边疆等领土的边缘性区域，已经成为国家发展的新增长极。为了有效推进国家发展，必须把陆地边疆与海洋边疆结合起来，把边疆的开发和建设与核心的建设紧密地结合起来。这样一来，领土范围内的陆地边疆、海洋边疆就与核心区有机地结合在一起，把边疆对于国家发展的地位提升到了前所未有的高度。再次，在国家的海洋疆域受到重视的情况下，国家也必须按照通行的国际规则来管控好属于中国主权权利范围的区域，维护好专属经济区等超越于领土的疆域。

如此一来，中国的发展就处于一个前所未有的巨大地理空间场域——包括主权性疆域和超主权的疆域——之中。国家发展的空间场域如此变化，既是全球化时代国家疆域变化的结果，也是中国国家发展在实力增强基础上的疆域整体结构凸显的结果。但问题并不在于这样的局面是如何形成的，而在于它确确实实地出现了。这是谁也否认不了的事实。从地理空间范围的角度来看，中国也是当之无愧的大国。中国的崛起和中国梦，都是在这样一个巨大的空间场域中展开和实现的。在这样的形势下，国家的边疆从范围、拥有的方式和具体形态等方面来看，都发生了巨大而深刻的变化。

处于这样一种与过去完全不同的形势之下的陆地边疆,其性质和地位也发生了根本性的改变。首先,陆地边疆的文化因素或民族因素逐渐淡化,而地理空间特征则日渐突出。在这样的形势下,继续将"民族地区"或"边疆民族地区"等概念作为陆地边疆的代名词,已经严重不符合实际。其次,陆地边疆在国家发展中的地位明显上升。在新的形势下,陆地边疆已经从传统的边缘地带凸显为对国家发展具有重要影响的区域,战略地位更加突出。再次,陆地边疆治理的意义更加突出。今天的陆地边疆治理,在国家发展和治理中承载着更多的责任,与国家的地缘政治战略、全球战略、外交战略尤其是周边战略等直接相关,对整个国家的治理和发展的影响也更加突出。

此外,即使从调整和处理族际关系的角度来看,国家的政策取向也发生了重大的改变,已经从分别强调各个民族群体的权利以及着重于处理相关民族群体之间的关系方面,转向强调国家和中华民族的整体利益,要求从中华民族—整个国家发展的角度来看待和调整族际关系。[①] 既然族际关系的调整方式的取向已经从强调个别民族群体间尤其是主体民族与少数民族间的关系转向整个国家和中华民族,把边疆地区的族际关系作为边疆治理基本取向的做法也显得不合时宜。

总而言之,在国家疆域和边疆形势已经发生重大变化的情况下,陆地边疆治理的"族际主义"取向已经明显不符合形势发展的需要,必须通过根本性的改变而实现与时俱进。而这样的改变不能是对传统做法的简单的修修补补,而必须以新的价值取向来取而代之,从而实现陆地边疆治理的根本性转变。

四、新形势下的陆疆治理应选择"区域主义"

对于中国的陆地边疆治理来说,能够适应国家疆域和边疆形势发展的

---

① 习近平总书记2014年召开的中央民族工作会议的讲话,并没有沿用惯常使用的"中国各民族"的提法,而是多次使用"中华民族"、"中华民族共同体"概念,并以此来论述中国民族工作的重大问题。这样的论述不仅提出了一个完整的中华民族的思想,而且标志着中华民族的思想和观念已经成为我国族际关系调整的基本指引。

变化，并能够取代"族际主义"治理取向的，只能是"区域主义"的治理取向。

陆地边疆治理中的价值取向，是陆地边疆治理追求的价值目标，它指明了陆地边疆治理的方向，决定着陆地边疆治理的内容选择。陆地边疆治理中"族际主义"与"区域主义"，存在着根本性的差别："族际主义"取向，把陆地边疆界定为"边疆民族地区"，把族际关系的矛盾和冲突视为边疆问题的核心，因而把协调族际关系作为边疆治理的主要内容。"区域主义"取向，则把陆地边疆界定为国家疆域的边缘性区域，把解决这个具有突出特殊性区域的各种问题作为边疆治理的主要内容，着力解决区域性问题。因此，陆地边疆治理从"族际主义"转向"区域主义"，是一种根本性的转变。

需要说明的是，陆地边疆治理采取"区域主义"的取向，并不否定陆地边疆的族际关系问题及其在边疆问题中的特殊地位，也不排斥将解决族际关系问题作为边疆治理的重要内容。陆地边疆的"区域主义"治理，仍然重视边疆族际关系中的矛盾和问题，只是不将其作为陆地边疆治理的核心，不再使其他边疆问题的解决围绕着族际问题而进行，而是要将其纳入到区域问题的总体框架中去考虑和谋划，并通过区域发展来促进族际关系的协调。

相对于陆地边疆治理中的"族际主义"取向，"区域主义"取向更能适应国家疆域形势的新变化以及以此为背景的陆地边疆形势。不论是从中国今天所处的宏大地理空间场域来看，还是从中国的领土疆域空间来看，陆地边疆都是一个区域，而且是一个具有重要地缘政治价值和承载着国家发展战略意图的特殊区域。但是，由于各种特殊因素的作用，这也是一个充满着独特矛盾和问题的区域，具有着与其他区域不同的矛盾和问题，即边疆问题——边疆问题形成并存在于边疆，但却是国家的边疆问题。族际关系问题只是诸多边疆问题中的一种类型，它既非边疆问题的全部，也并非总在边疆问题中处于核心地位。全面解决边疆问题，实现边疆稳定，促进边疆发展，对于实现国家的战略意图和整体发展，都具有突出的意义。而边疆治理说到底，它是国家治理的一个有机的组成部分，就是运用国家力量并在国家的主导下，调动各种积极因素，广泛动员资源，着力解决各种边疆问题，促进边疆的稳定和发展。以解决区域问题为目标和导向的"区域主义"治理，显然与这样的形势和治理责任具有天然的共融性，更能在实现边疆治理目标的过程中发挥作用。

"区域主义"和"族际主义"一样，都不是陆地边疆治理的具体政策，而是陆地边疆治理的总体方向。也可以说，它们是陆地边疆治理中不同的"元政策"。如果说，"族际主义"的边疆治理取向，已经促成了一个独特的政策观念系统并产生了一整套以解决族际关系问题为核心的具体政策——主要是民族政策——的话，陆地边疆转向"区域主义"的取向以后，也必然要构建相应的政策观念，进而制订一系列的区域性的治理政策，以解决日渐增多的各种边疆问题。

第一，要从国家发展的全局来界定陆地边疆并部署边疆治理。今天的中国，不仅在快速地崛起，而且已经处于一个全新的地理空间场域中。陆地边疆只是国家领土范围内的陆地边缘区域，但却在国家发展的全局中处于十分特殊的地位。它不仅是国家实力的新增长点，而且是国家地缘战略的支撑点、"一带一路"战略的关键区，同时还是国家稳定的敏感区。从这样的实际出发，就必须把陆地边疆作为制约国家发展的重点区域来看，进而从国家治理战略的角度来看待和部署陆地边疆治理，确立陆地边疆治理战略，并使国家的地缘政治战略、"一带一路"战略、周边战略等与之相适应并相辅相成。

第二，要根据国家的疆域形势和边疆特点来界定陆地边疆的范围。在陆地边疆实施"区域主义"的治理，首先就要确定陆地边疆的范围。随着边疆治理的长期持续，边疆与内地相邻的区域的异质性逐渐失去，从而使边疆与内地的分界线渐次向外推移，边疆的范围随之压缩。从目前的实际情况来看，将具有边界的边境县、市及生产建设兵团的团场确定为陆地边疆是比较可行的。从目前的行政区划来看，全国有陆地边界的县、旗、市和市辖区共136个，新疆生产建设兵团的边境团场共有58个。这194个县一级的行政区域可作为实施边疆治理政策的基本区域。

第三，要构建一个完整的陆地边疆治理的主体结构。陆地边疆治理，是国家的责任和行为。政府是陆地边疆治理的责任主体。具体来说，中央政府是边疆治理的主导力量和推动者。它提出边疆治理的国家目标和国家战略，制订边疆治理的战略规划和基本政策，调配边疆治理所必要的资源，监督边疆地方政府，促成边疆治理目标的实现。边疆地方政府则是边疆治理的具体的责任主体，负责落实中央政府的边疆治理方略，具体达成边疆治理的目标。按照我国现行的政府管理体制，辖有边疆区域的省（自治区）、市（州）、县三级政府，都是边疆治理的具体的责任主体，都负有边疆治理的责任。边疆地方政府，必须运用国家的边疆治理政策，整合各种治理资源，使边疆治理的任务得到落实。

第四，要根据边疆问题的特点制订针对性的区域政策。政府政策是实施陆地边疆治理的具体手段，因此，承担边疆治理责任的各级政府，应该有针对性地制定专门的政策，加快边疆的开发和建设，促进边疆的发展。这样的政策应该是区域性的，应该打破民族界限，不分民族或不专门针对某个或某些特定民族群体，内容包括促进发展的政策和照顾性政策。同时，也可将"对口支援"模式运用于陆地边疆的治理，分别实行发达省和直辖市对边疆省区的"对口支援"，以及实施全国百强县对边境县的"对口支援"。

第五，要在政府主导的前提下提倡多元治理并创新政策工具。当前的陆地边疆治理，是在现代化取得重大进展和社会转型的条件下实施的，政府之外的力量发展迅速并在解决公共性问题中发挥着越来越重要的作用。因此，政府应该在充分发挥主导作用的同时，积极动员社会力量，充分与非政府组织、私营部门等在沟通、协商基础上进行协同——协同各种力量来共同应对现实的挑战，在多元共治中寻求治理绩效最大化。同时，承担边疆治理责任的政府，也要在推进边疆治理现代化的过程中，创新政策工具，以更加多样化的手段和方式来解决各种边疆问题，以达成边疆治理的目标。

中国陆地边疆的软治理与硬治理*

| 方盛举　吕朝辉 |

近代意义上的边疆以边界来界定，指国家之临近边界的区域。① 如果以这个标准来划分，中国的边疆至少可分为陆地边疆和海洋边疆。中国陆地边疆指临近陆地边境线中国一侧的领土范围，陆地边境线长达2.2万公里，毗连14个国家，如果把具有陆地边界线的省级行政区看作边疆地区的话，我国陆地边疆地区包括：广西、云南、西藏、甘肃、新疆、内蒙古、黑龙江、吉林、辽宁等九个省区，面积约577万平方公里，占整个国土面积的60%，在这一地区生活的人口约2.8亿，占全国人口的21%。不管从我国经济可持续发展的大局来看，还是从国际地缘政治与国家安全格局的构建来看，我国陆地边疆的战略地位越来越凸显出来。本文旨在对这一地区的有效治理、和谐治理为研究依归，探究我国陆地边疆的科学治理之道。

需要说明的是，"治理"一词在当今已经被极度泛化使用，使其内涵和外延被弄得模糊不清，而本文只从政治学的角度来界定它，即"从政治学的角度讲，所谓治理就是国家政权系统按照某种既定的秩序和目标对社会进行自觉的有计划的控制和引导的活动与过程"②。简而言之，边疆治理就是国家政权系统对边疆社会进行有效控制和引导的活动与过程的

---

* 本文原载《晋阳学刊》，2013年第5期；《新华文摘》2013年第23期论点摘编；人大复印资料《中国政治》2013年第12期全文转载。

① 周平：《我国的边疆和边疆治理》，载《政治学研究》，2008年第2期。

② 丁志刚、侯选明：《政治学视野中的西北地区治理研究》，兰州大学出版社2010年版，第375页。

总和。

随着国际地缘政治格局的变化和我国现代化发展新阶段的到来,以往的边疆治理治理模式明显显现出其局限性和不适应性。新中国建立以来,我国政府对边疆治理的理解仅局限在三个方面:一是边疆治理意味着守护好国家主权范围内的领土;二是边疆治理意味着解决好民族问题,处理好民族关系;三是边疆治理意味着维护好边疆的社会稳定,即不要出乱子即可。上述边疆治理观具有明显的消极色彩,导致了消极治理模式的逐渐形成:不积极主动地发展边疆地区的生产力,不积极主动积累边疆地区的社会财富,不积极主动推进边疆地区的文化繁荣,不积极主动培育边疆地区的社会力量。在我国面临周边国家的战争威胁的形势下,在我国内地发展程度不高的历史条件下,为迅速增强国家生存和发展的实力,我国政府在内地治理与边疆治理的选项上,向内地治理倾斜是必要的,是可以理解的,毕竟边疆地区面临战争破坏的概率最大,有限的建设资源如果很大部分投入到边疆地区,那么好不容易积累下来的社会生产力,最容易在战争中遭到破坏。我国政府的这种担心是有道理的,故而选择优先发展内地社会生产力,建设资源优先投入到内地的建设中,是符合国家整体战略利益的。相应的,广大边疆地区也就被政府放在"先放一放"的处境下。

在国家治理格局中,对内地的积极治理取向和对边疆的消极治理取向一旦形成习惯和模式,就会产生巨大的思维惯性。即使在"和平发展、合作共赢成为时代发展主题"的今天,政府系乃至全民对边疆治理的理解仍然停留在过去的历史条件和思维惯性下,而没有开辟和发展出新的边疆治理观,更没有形成全新的成熟的边疆治理模式。特别是近30年来,在"世情"和"国情"都发生很大变化的条件下,构建全新的边疆观和边疆治理观,探索形成崭新的边疆治理模式显得必要和重要。从"世情"上看,周边国家新的地缘政治格局在剧烈的变化和重组;从"国情"来看,以市场经济为导向的改革深入推进,促使区域利益、阶层利益、民族利益等严重分化,边疆问题层出不穷,我国边疆治理面临从所未有的挑战。如果国家政权系统不能适应"世情"和"国情"的变化,变革和发展新的边疆治理理念,探索形成新的边疆治理模式,那么,我国陆地边疆治理将面临越来越严重的危机,以西藏"3.14"事件、新疆的"7.5"事件为代表的一系列社会事件的频发,已经给我们敲响了警钟。

本文试图以"世情"和"国情"的变化为依据,充分尊重历史发展的固有逻辑,在全面把握边疆问题的基础之上,以政治学的研究视野,探究当代中国陆地边疆的理想治理模式。

一、陆地边疆的软治理

1. 边疆软治理的内涵及价值追求

边疆软治理指国家政权系统对边疆地区及其各族群众在经济上实施帮助、援助、照顾的倾斜政策,在政治上实施平等、团结、互助的民族政策,在文化上实施平等交流、相互尊重政策,在精神情感上坚持爱护、关心和尊重的基本准则,以此争取边疆地区及其各族群众对统一多民族国家的认同,对国家政权的认同,最终达到组织和动员边疆各族群众自觉维护边疆和谐稳定,实现繁荣发展的治理过程。

中国古代王朝国家不同时期制定和实施的各具时代特色的边疆治理政策,是当代边疆软治理模式形成的主要源流。中国古代"和亲修好政策"、"屯垦就粮政策"、"移民实边政策"、"轻徭薄赋政策"、"羁縻笼络政策"等边疆治策①,丰富多彩,确保了边疆各民族长期的交流融合和总体上的繁荣稳定局面。中国共产党的历代领导集体在扬弃古代边疆治策的基础上,进一步发展了体现边疆软治理要求的治理方式,制定了一整套促进边疆发展、民族团结与国家认同的政策体系。如正在实施中的"西部大开发政策"、"兴边富民政策"、"万里边疆文化长廊建设"、"和谐寺观教堂创建"、"广播电视村村通"等国家战略工程,正是边疆软治理方式的具体体现。

边疆软治理的任务,一是争取边疆各族群众对国家和政权系统的情感认同,以获取实施有效治理的合法性及民心资源;二是加强文化的交流和融合,推进主流政治文化的社会化,使边疆各族群众对统一多民族国家的

---

① 节选于齐清顺、田卫疆:《中国历代中央王朝治理新疆政策研究》,新疆人民出版社2004年版。

认同和对政权系统的认同建立在理性的文化自觉的基础上。提高边疆各族群众对统一多民族国家及政权系统的情感认同和文化认同，是有效实施边疆治理的前提和基础。情感认同和文化认同属于两个层面的政治认同，情感认同是低层次的非理性的政治认同，而文化认同则是理性的高层次的政治认同。两者具有相互促进的关系。

边疆软治理具有自身特有的价值追求，它决定着边疆软治理的行动逻辑：

边疆软治理首先强调"民本位"的价值追求。必须确立生活在我国广大边疆地区的各族群众是边疆社会的主人，是边疆治理的主体，是边疆建设的主力，是边疆发展的主角。边疆治理的首要价值目标，就是为了维护、实现和发展边疆各族群众的根本利益，为此边疆治理政策必须明确地体现出一切为了群众、一切依靠群众、一切治理成果由群众共享的根本要求。这一方面是由党的宗旨和社会主义社会的根本属性决定的，另一方面是只有真诚地体现出对边疆广大各族群众根本利益深切关怀的边疆治理，才能赢得边疆群众的认同、理解、支持和参与，这是实现边疆优良治理的前提和基础。否则，得不到广大群众认同、理解、支持和参与的边疆治理，最终只会导致破产的命运。

对边疆地区必须坚持特殊关怀，这是边疆软治理的重要体现。我国陆地边疆的特点是：自然地理条件大都很恶劣；交通基础设施较为落后；经济与社会发展程度较低；民族宗教关系、地缘政治关系特别复杂；邻国的经济社会发展均相对落后等。这些特点，要求我国的边疆治理必须坚持特殊关怀与照顾的价值取向。如果不强调这一点，就会造成边疆地区与国家核心区之间的发展差距越来越严重，边疆地区越来越成为我国现代化的边缘地带，这极易滋生社会的和政治的不稳定。如果出现这种情况，国家的安全、边防的巩固、边疆的和谐发展都将成为空话。对边疆必须坚持特殊关怀意味着：在宏观层面上，中央政府要持之以恒地给予边疆省区各种倾斜和照顾政策。边疆省区同样要持之以恒地给予边境县市各种倾斜和照顾政策；在微观层面上，边疆省区的各级政府要持之以恒地给予边疆困难群众在民生方面的特殊照顾和帮助。

始终以平等、团结和互助为价值取向来处理边疆民族关系。我国九个陆地边疆省区大都是少数民族地区，特别是边境一线，更是呈现出民族众多、民族关系复杂的特点。所以，边疆治理的一个核心任务就是处理好民族关系。中国共产党以马克思主义民族理论为指导，在长期的民族工作实践中总结出处理民族关系必须坚持的基本原则是平等、团结和互助，事实证明，坚持这一价值原则是正确的，是能够处理好我国边疆民族关系的。今后在边疆治理过程中应始终坚持这一原则，并进一步把这些原则内化于各项具体政策之中。

坚持科学发展是边疆软治理的重要价值取向。改革开放以来，我国边疆治理与国家核心区之间的治理，存在的共性问题就是在治理发展问题时，都出现了严重的不平衡、不协调和不可持续的困境。某些困境在一些边疆地区更为突出，造成有些边境地区出现了生态恶化、民生凋敝、村寨消失、人口大量向内地迁移的状况。边境线地区，村寨减少、城镇减少、人口减少，对于维护国家领土的完整、国防的安全都是极其不利的。所以，边疆治理必须强调科学发展理念，坚持这一理念，最关键的是要巩固和发展边境村寨，最好在边境线一带有较好基础的村寨基础上加速发展城镇化，规划和推进特色产业的快速发展，建设完备的公共服务体系，建设良好的自然生态环境，吸引更多的人口到边境一线从事生产和生活，只有边疆各项事业繁荣了，才能促进国家安全和边防巩固。

合法性理念是边疆软治理的重要理念。合法性问题是边疆各族群众对党和政府的接受、认可与拥护的问题。合法性问题是实施边疆治理的基础。边疆各族群众对党和政府认同程度越高则合法性基础越扎实。我国陆地边疆远离国家战略腹心区，自然和社会资源禀赋先天不足，经济发展和社会发育水平相对迟缓，主流政治文化的传播远达不到理想的状态，西方敌对势力和民族分裂势力加紧渗透和分化，在和我们争夺民心；加之传统民族习俗与宗族势力对世俗社会根深蒂固干预的惯性作用使然，边疆各族群众对统一多民族国家的认同、对执政党及其政权的认同等，在纷繁复杂的干扰面前还不是十分地牢固，政权合法性常常受到质疑和削弱。

2. 边疆软治理的范畴

边疆软治理有其适用的特定的边疆问题，即边疆软治理范畴。边疆软治理的范畴主要有：边疆发展问题、边疆民族和宗教问题、边疆政治认同问题等。

边疆发展问题是一个涵盖面极为广泛的系统性概念，涉及边疆地区的经济发展、社会发展、文化发展、政治发展和生态发展等具体内容。发展资源的先天不足性积淀了边疆发展的脆弱性和依赖性，如若不采取国家发展战略的优先照顾和特殊政策的关怀，任由边疆与内地在市场化的浪潮中同场竞争，只会把边疆推向愈加贫困落后的境地。边疆发展问题是由诸多历史与现实因素造成的特殊问题，相对东中部地区，边疆明显缺乏自我发展能力，尤其在边疆发展的起步阶段只能依靠外部力量的推动来完成。我国政府在治理边疆发展问题的整个历程中，根据中国国情逐步探索形成了软治理模式，即经济上照顾、情感上关怀、文化上交融、治理方式上灵活。如在建国初期向边疆派遣解放军和民族工作队，实施"交朋友、做好事"政策；社会主义改造中的"慎重稳进"政策和"直接过渡"政策；当前对边疆实施的"兴边富民工程"、对边疆的财政专项转移政策、对口支援政策等，都是软治理的明显特征和要求。

边疆民族与宗教问题是边疆软治理的一个重要范畴。我国九个陆地边疆省区最大的特点就是多民族大杂居、小聚居，民族的宗教性和宗教的民族性特点十分鲜明，而且很多少数民族是跨界民族，这就造成我国边疆民族及宗教问题具有国际性特点。新中国建立以来，民族及宗教问题一直是陆地边疆治理中最为重大的问题。我国陆地边疆民族及宗教问题从总体上看属于人民内部矛盾问题，应该采取柔性加耐性的方式慢慢化解，逐渐解决，始终坚持陆地边疆民族宗教问题的软治理方式。但不能否认，在局部地区、局部领域，也存在民族宗教问题上的具有对抗性的敌我矛盾，如"三股势力"问题。这种问题必须坚持硬治理方式。

边疆政治认同问题。政治认同问题因边疆社会的特殊性相对内地显得愈发突出，边疆特殊性具体表现在区域发展不平衡带来的心理失衡、现代化的剧烈冲击对传统民族文化的"肢解"、"三股势力"的渗透与破坏对边疆稳定的挑战。边疆的国家认同借助于治理绩效和主流政治文化的社会化而得到增强与巩固。中华民族文化源远流长、博大精深，是团结凝聚全国各族人民共同奋斗的精神纽带，是树立中华民族国族意识的思想基础，因此，中华民族文化的建构与宣传是边疆软治理的重要范畴。时至今日，党和政府优良的治理绩效加上十分成功的主流政治文化的传播，使我国边疆各族群众的国家认同、政权认同、政策认同普遍较强，但不可忽视的是，由于我国陆地边疆治理过程中仍然存在很多问题，加上治理方式跟不上形势发展要求，导致政治认同也存在一定程度的流失现象，给边疆治理造成严重挑战。

3. 边疆软治理的基本要求

边疆软治理的方式是边疆软治理理念的具体运用。根据边疆治理形势的不断变化，以下的四种治理方式可以单独也可以配套灵活地运用于边疆治理实践中。

以正向情感为引导，运用特殊关怀的政策及举措。正向情感是尊重、关心、爱护、照顾等感情的流露。新中国成立以来，党和国家对边疆倾注了大量的正向情感因素，出台了一系列体现特殊照顾的政策方针：解放初期，毛泽东同志对西藏社会改革进程的包容态度直接促成了西藏地区的和平解放；随"族际主义"边疆治理模式的强势推行而不断演进的党的各项民族平等与团结政策，从根本上解决了中国历史形成的包含民族隔阂和歧视在内的民族遗留问题，促进了今日边疆民族团结繁荣总体局面的形成，是党的成功执政经验的缩影之一。正确运用情感关怀治理手段，要把握好两点：一是应避免"政治作秀"式情感因素的干扰，要让边疆各族群众真切地从党和政府的情感关怀中得到最实在的惠顾，防止情感治理手段异化成远离人民生活实际的"面子工程"；二是应把握好政权治理主体和社会治理主体情感式治理的平衡"节点"，不造成"撞车"效应和资源内耗，即注重公共权力和社会力量的互补互促性、增强两者之间的整体联动性和综合治理效应。

凸显集中动员优势，发挥援助最大功效。动员各层级政府、各类型社会组织，实实在在地实施援助是边疆软治理的最常用方式之一。援助的种类与方式繁多，从援助内容来看，有财政转移支付、各类经济与财政补助、重大项目支持、基础设施援建、人才资源输送等；从采取援助手段的主体来看，有中央政府、发达地区、边疆省区政府、社会力量等。援助具有物质帮助为主、体现人道主义精神和无偿性等特点，援助手段往往与情感关怀结合在一起运用，强烈的情感关怀意识与行动决定着援助的全面性与深入性。强大的组织动员能力历来是中国共产党的一大优势，也正是这一优势促成了动员全国力量支援边疆全面建设获得了巨大成就。而且某些领域的援助除了促进发展外，还衍生了诸如文化交融、认同增强、公民意识培育等诸多附加值高的政治"副产品"。比如在新中国成立之初最"一穷二白"时期的"上山下乡"、"边疆大建设"等政治动员活动，再到新时期的大学生"三支一扶"和大学生村官制度等，既帮助了边疆智力资源的累进，同时也加强了民族之间的交流与合作以及增进民族团结和谐。

做好意识形态工作，实现主流政治文化在边疆的社会化。主流政治文化是一国政权合法性建构最重要的支撑要素。我国边疆地区交通、通讯、文化等基础设施落后，加之敌对势力和民族分裂分子猖獗且隐蔽性强的文化渗透，混淆了部分群众的视听，影响到他们的政治判断力和鉴别力。如果没有强有力的媒介展开行之有效的政治社会化工作，将有很大的可能出现意识形态空白点。实践证明，在意识形态领域，我们不去占领，必然会被敌对势力所占领。意识形态工作做不好，或者效果不理想，将对国家的安全、稳定和统一造成灾难性的后果。主流政治文化在边疆的社会化，具有特殊性、艰巨性和长期性特点，需要持之以恒地推进边疆文化长廊、广播电视村村通、边疆农村放映工程等文化工程建设，不留宣传死角、不留敌对分子文化渗透的空地。还要正确处理好宣传灌输工作与边疆治理绩效两者的互补互促性关系，前者是后者的巩固与内化，后者是前者的物质支撑，实现绩效和宣传"两驾马车"的并驾齐驱。

重视公民道德建设，培植边疆社会资本。软治理以"社会人"为理论基点，特别注重个人的责任意识、集体意识、大局意识和道德自律等的培植。社会资本是社会的信用资源，是决定社会运行成本高低的基本要素。换句话说，边疆社会资本是边疆各民族以及各民族成员个人的普通自律行为所产生的具有高附加值的副产品。边疆问题纷繁复杂，既有宏观层面的发展与安全问题，也有微观层面的现代化与民族传统的心理冲突。因利益与文化多元化而导致传统边疆社会的解构，边疆群众心理层面上的无所适从必然产生行为上的失范，从而增加边疆治理成本。政府应从渐进式培育边疆社会的公民意识、表彰民族团结进步事业中的先进事迹并树立典型模范、建立利益与文化冲突疏通机制入手，增强公民的道德自律性，累积边疆社会资本。

二、陆地边疆的硬治理

1. 边疆硬治理内涵及价值取向

我国陆地边疆始终面临三大问题的困扰：一是发展问题，二是民族问题，三是国家安全问题。对发展问题的治理，只靠国家和发达地区的帮助、援助、照顾等软治理方式，仅仅能为陆地边疆的发展提供一些有利的条件，而不能从根本上解决越来越突出的发展问题，也就是外部"输血式"的治理，永远不能代替自我"造血式"的治理。增强陆地边疆自我发展的潜力和能力才是陆地边疆治理的硬道理。首先，要培育有市场竞争力的产业体系，这是治理边疆发展问题的经济基础；其次，要有完整的高素质的人才队伍，这是治理边疆发展问题的人才保障；再次，要建立较高水平的公共服务体系，这是治理边疆发展问题的社会条件。

对于民族问题的治理，只强调平等、团结、互助等软治理原则和政策的贯彻实施显然是不够的，轻者遇到地方民族主义势力、邪教势力的挑战，重者遇到民族分裂主义、宗教极端主义、各种形式的恐怖主义等的挑战时，这些软治理方式肯定会出现一定程度的失灵，甚至是完全失灵。此时，以强调法治的严肃性、明确性、约束性、强制性就不可避免。也就是硬治理方式应该是治理边疆民族宗教问题必不可少的途径。

对于国家安全的治理方面，使用软治理方式来强化边疆各族群众对国家的认同，对政权的认同当然重要，但另一方面必须看到我国陆地边疆始终是国家应对西方敌对势力围堵、渗透、颠覆、分裂的前沿阵地，对于在境外和境内从事危害国家安全活动的敌对势力来说，软治理方式显然是软弱而无能的，也是打着"普世价值"瞒天过海的西方敌对势力所乐见的。此时，专政的力量、法治的力量显得必不可少，也就是硬治理的手段和方式必须成为一种治理途径的选择。

从以上分析可见，所谓陆地边疆的硬治理就是国家政权系统，采取有效措施在经济上增强陆地边疆地区的发展能力和发展水平，在社会政治领域明确各种社会主体的权利义务关系，严肃国家法律法规的贯彻实施，有效打击各种危害国家安全和破坏政治稳定的犯罪行为的治理过程。

硬治理是相对于软治理而言的另一种边疆治理模式，如果软治理呈现标准的可调性、方式的灵活性、手段的柔韧性、效果的长期性等特点，那么硬治理则体现出标准的明确性、方式的原则性、手段的强制性、效果的即刻性。陆地边疆的硬治理有三个方面的价值取向：

边疆硬治理首先特别强调经济发展。边疆地区具有很强的经济发展能力，也只有较高的经济发展水平，才能吸引更多企业、更多人才加入到开发边疆、建设边疆的行列，边疆也才能够留住足够多的人口。相反，经济发展没潜力、经济发展水平一直处于低水平，必然导致边疆人口逐渐流失。没有足够人口镇守的边疆，谈不上边防巩固，也谈不上各民族间的频繁交流和高度交融。

边疆硬治理崇尚法治。政治学理论和实践已经反反复复证明了法治是治理国家最具公平性、正义性的工具和方式。国家法律明确地规定了各社会主体间平等的权利义务关系，涉及边疆治理的相关法律也同样如此。边疆硬治理崇尚法治，首先就要求法律面前人人平等，不管你是何种民族、不管你信不信仰宗教，不管你信仰何种宗教，都受到法律的平等保护，没有例外。同时，要求各社会主体在享有法律赋予的权利的同时，必须依照法律规定履行相应的责任和义务，不允许存在权利与义务失衡的普遍现象；其次，强调严格依法办事。绝不允许有超越于法律之上的特权及其行为，更不允许有超越法律之上的所谓"潜规则"，一切权力行为都必须能够找到法律的依据，否则都应视为违法，都应受到严厉的责任追究。

边疆硬治理强调维护国家安全和政治稳定的至上性。陆地边疆是西方敌对势力，国内"三股势力"制造事端的重点地区，所以维护国家安全、维护政治稳定成为边疆治理最重要、最紧迫的任务之一。为此，边疆硬治理强调要坚决使用国家专政的力量打击一切危害国家安全、破坏政治稳定的犯罪行为。

总之，边疆硬治理的核心在于运用国家政权及其法治的强制性、约束性和规范性，保证国家安全、经济发展和边疆稳定。

2. 边疆硬治理的范畴

边疆硬治理照样有其适用的特定边疆问题，即边疆硬治理的范畴，主要包括：边疆的产业发展问题、国家安全问题、非传统安全问题等。

边疆产业发展问题是我国陆地边疆硬治理的核心范畴。边疆的产业发展是实现边疆全面发展的根本推动力。前面我们探讨过以软治理方式来解决边疆发展问题，其实现方式是国家政权系统通过主动调配外部资源输入边疆地区，来夯实边疆地区的发展基础，但软治理的过度使用会造成边疆地区的惰性和依赖性滋长，不利于我国边疆地区从根本上解决全面发展问题。解决边疆发展问题采用软治理方式是重要且必要的，但过去多年的经验证明，它只能起维系边疆社会正常运行的作用，而对增强边疆经济自我发展实力作用有限。在经济上没有自我发展的强大能力，就谈不上从根本上解决边疆的全面发展问题。经济学常识告诉我们，培育和发展特色产业、优势产业、支柱产业，是支撑一个地区全面发展的前提和基础。对于我国陆地边疆同样如此，所以，我们提出陆地边疆的硬治理方式之一，就是通过国家的宏观规划，以市场机制作为配置资源的基础性手段，培育和发展边疆特色产业、优势产业和支柱产业，增强边疆经济的自我发展能力和发展水平，为全面解决边疆的发展问题奠定基础。

边疆的国家安全是整个国家安全体系中最为脆弱的环节，是国内外敌对势力重点着力的地方。在当今世界并不安宁，我国面临的外部挑战前所未有，"我国面临的生存安全问题和发展安全问题、传统安全威胁和非传统安全威胁相互交织"①。在我国的边疆地区，由于发展水平的落后、民族构成的多样、地缘政治的复杂，自然成为国外敌对势力推行"西化"和"分化"战略的前哨和重点区域，也成为国内"三股势力"寻衅滋事的主要地方。边境线管理是边疆国家安全的第一道防线，我国陆地边境线绵延2.2万公里，存在两大明显特征：一是边境线两侧山高谷深、山体相连、羊肠小道纵横交错，出入境通道隐蔽性极强，管理难度很大；二是边境线两侧多数居住着同一跨界民族，语言相通、民族风俗习惯相近，历史上具有割不断的天然联系，极易成为国内外敌对势力实施渗透、颠覆、破坏的切入点。治理须从源头起，边境线上的一点细微管理漏洞都易诱发影响边疆安全稳定的深层次、新形式因素的不断滋生。譬如敌对势力的地下文化

---

① 胡锦涛：《坚定不移沿着中国特色社会主义道路前进 为全面建成小康社会而奋斗——在中国共产党第十八次全国代表大会上的报告》，人民出版社2012年版。

渗透与地下非法传教活动，蛊惑了大批边疆各族群众，对边疆政治安全问题埋下了隐患。

非传统安全问题泛指直接影响边疆各族人民生活安定与生存质量的非法因素，包括走私毒品、艾滋问题、跨境犯罪、非法跨国婚姻等等，如今已成为边疆硬治理的重要任务。非传统安全问题具有现代性、形式多样性、隐蔽性和深层次的破坏性等特点，如艾滋问题，对个人而言是致命的身心摧残及做人幸福感的彻底丧失，随之而来是产生人性的裂变进而对社会的报复，导致家庭的破裂、增加社会的负荷，最终阻碍社会和民族的进步。非法跨国婚姻在边境一线已经成为一种较普遍的现象，其中隐藏下来的社会问题，甚至是政治问题，像一颗深水炸弹，可能在未来的某一个时段，会引爆社会和政治危机。

3. 边疆硬治理的基本要求

边疆硬治理模式以国家政权强制力作为后盾，强调法律、制度与权力的直接运用，为经济发展提供必要动力和营造良好环境，同时强力保障法制的实施和社会的秩序。

强调权利与责任的对等。边疆硬治理要求边疆地区的各种社会主体在享有法定权利的同时，必须相应地履行对等的责任和义务。不管是作为个体的公民和作为群体的民族，还是作为组织机构的政府机关等都必须如此。譬如我国陆地边疆民族自治地方数量较多，作为民族区域自治机关在依法享有宪法和法律规定的自治权的同时，必须同时自觉履行维护国家团结统一的责任，自觉履行贯彻执行国家的法律的责任。长期以来在边疆社会存在一些不良的现象，个别地方、个别组织、个别群体，以边疆特殊性为借口，一味地强调权利的享有，却忽视责任和义务的履行，造成边疆社会一些特殊问题的滋生，影响了国家法制的尊严和权威。这些现象须借助硬治理方式来解决。

强调法律法规的建立健全和严格执行。边疆硬治理要求建立在完善的法律和法规之上，尽可能使各种公共治理行为都有法可依。为此，不管是国家立法机关和行政立法机关，还是边疆地区有相应立法权的机关，必须针对边疆问题的特殊性，完善边疆治理的法律法规，并建立严格的监督体系，保障边疆治理的法律法规得以严格执行和实施。

以法律规制作为实现治理目标的主要工具。法律规制以其强制性、惩戒性、约束性、公平性和可预测性，是实施边疆治理最有效的工具。对边疆问题的治理，都应纳入法律规制的轨道，一是中央政府及边疆地区的各级政府，要善于以边疆重大公共问题为切入点来建构边疆议题，并围绕边疆议题要做好立法工作，完善边疆治理的法律法规，始终是实现边疆善治的基础；二是完善监管机制，保障所制定的法律法规得以严格执行，提高边疆治理效能。

以行政规制作为法律规制的必要补充。边疆治理中的法律规制有优点，譬如其公正性、稳定性、规范性、可预期性等十分明显，但它也存在缺点，一是在偶发性事务领域其可能没有具体规定；二是在较为微观的领域其可能会失灵；三是其复杂的实施程序会造成时间成本较高。这时，行政规制就成为弥补法律规制缺陷的最佳方式。行政规制是行政权力以某种政治价值为标准的直接使用，它具有灵活、便捷、快速的优点。当然其也有缺点，就是实施的随意性相对较大，需要实施者良好的道德和良知来自律。

三、实现陆地边疆软治理与硬治理的有机结合

自秦统一中国建立王朝国家起，中国历朝历代就开始了边疆治理的实践和探索，我们熟知"治中夷边"、"怀柔羁縻"、"驻军屯垦"、"移民实边"、"平叛安抚"、"改土归流"等治边政策都留下了很多值得研究和借鉴的智慧。新中国成立以来，党和政府更是根据当时的世情和国情，开辟了以处理民族问题为核心的边疆治理道路，初步解决了建国初期边疆社会的各种纷乱和复杂矛盾，实现了人心稳定、民族和睦、经济发展、社会进步和国防安全。尽管在"文革"期间，极"左"的治理思想使边疆治理经历了一些曲折，但总体上仍然保持了边疆的稳定和发展。

在新的历史时期，由于国际和国内环境发生了深刻变化，霸权主义、强权政治在大行其道的同时，极端民族主义、宗教教旨主义、恐怖主义等开始兴起，使我国边疆地区面临的问题急剧复杂化，改革开放之前边疆问题的核心就是民族问题，只要处理好民族问题，其他问题就迎刃而解，而

在当前的边疆地区，除了民族问题外，边疆发展较内地缓慢问题、国家安全问题、非传统安全问题等等层出不穷。在国际形势发生深刻变化的条件下，在国内改革开放政策全方位推进的环境下，边疆治理面临前所未有的挑战。固守一种边疆治理模式显然不能适应新时期边疆治理的要求，所以必须总结和梳理以往的边疆治理的经验和教训，根据新形势、新情况、新问题的要求，积极创新治理模式，才能保证边疆治理的有效性。

根据过去边疆治理实践，我们梳理和归纳出边疆治理至少存在两种模式，即前述的软治理模式和硬治理模式。客观地说，两种治理模式各有优缺点，强调或者偏重其中一种都会带来治理上的偏差和治理效能的降低。软治理模式的优点是通过照顾、倾斜和优惠政策的推行，在物质上帮助了边疆地区，在心理情感上秉承了关心、爱护和尊重的精神，有利于边疆各族群众建立对国家、对政权、对政党的认同。这种治理模式的缺点有三方面，一是过多的给予政策，容易滋生边疆地区的惰性和"等、靠、要"思想，从而造成自我变革和发展能力下降；二是过多的"温情"政策，容易滋生边疆地区权利意识膨胀，甚至特权意识浓重，而义务和责任意识淡化，从而造成某些社会主体产生出诸多不讲法纪，不讲原则的行为；三是软治理在实施中容易表现出"强者"对"弱者"的照顾和帮助，处于弱者的一方如果以"施舍我们"、"可怜我们"的心态来看待这种照顾和帮助，则很容易使自尊心受到伤害，此时软治理模式容易起到加深隔阂的负效应。

边疆硬治理模式的优点在于：有利于增强边疆地区自我发展的能力，从而大大提高边疆治理的效能；有利于边疆地区严格依法办事，提高边疆治理的法治化水平；有利于严厉打击各种犯罪行为，强力维护边疆的安全、秩序和稳定。当然硬治理也存在诸多缺点：一是由于强调法律法规贯彻实施的严肃性、严厉性，容易造成治理行为灵活性的下降和情感含量的下降。我国边疆地区由于长期的封闭，仍然遗存着"重情感胜于法纪"的文化传统，过度强调法制的治理容易造成各种社会主体的抵触甚至是抵制，会降低治理效果；二是过度使用边疆硬治理模式，容易造成边疆治理政策和治理行为"刚性"过强，而"柔性"不足，从而造成边疆治理主客体之间关系的紧张；三是过度使用边疆硬治理模式，容易忽视边疆地区的特殊性和少数民族的特殊性，治理中的教条主义滋生，"一刀切"治理方式泛滥，这样会极大地影响边疆治理的效果。

既然陆地边疆治理中的软治理和硬治理各有优劣，那么理想的边疆治理就是把软治理与硬治理有机结合起来，使它们能够扬长避短，在分工协作中发挥最大的治理效能。

首先，建构"中央政府主导、边疆地方政府具体负责、社会整体协同、公众积极参与"的边疆治理体系，为边疆软治理与硬治理的有机联动提供多元治理的体制机制。实现边疆软治理与硬治理的有机统一，"最重要的是要形成一个区域主义取向的边疆治理战略，构建一个由中央政府、边疆地方政府、边疆社会组成的治理主体结构"①。中央政府为边疆软治理提供充足的财政支持和宏观上的战略规划，发挥集中动员优势，整合各类资源帮助边疆经济社会的可持续发展，中央政府以强大的国家政权力量为后盾，履行以控制和防卫为特征的政治统治职能；边疆地方政府主动地承担边疆治理责任，具体组织实施国家的边疆治理政策，自觉增强应对复杂局面的治理能力，全面履行对边疆社会公共事务的管理职能；有序地培育社会民间组织力量，整合边疆社会自身蕴藏的治理资源，将闲散在边疆社会中的治理资源有机整合进治理体系中；边疆各族群众是边疆社会的主人，要积极推进边疆社会主义民主政治建设，扩大有序政治参与，把更多的群众组织动员到参与边疆治理的洪流中。只有建立起政府、社会、公众之间各司其职、各尽其能、互补互促的整体推进式的三维结构，边疆软治理与硬治理有机统一的目标才会落到实处。

其次，实现边疆软治理和硬治理的有机统一要特别注意避免陷入两个误区，防止走入两个极端。两个误区，是指"唯软治理论"和"唯硬治理论"，前者认为只要全力投入各类资源支持和帮助边疆地区搞好经济建设，边疆的安定团结与和谐稳定局面就能一劳永逸地解决；后者迷信权力和规章制度的万能性，迷信监督控制的作用。以上两种错误认识对当代边疆治理都有消极作用，正确的做法是权利（国家的特殊优惠照顾）与义务（法律规定的相应责任义务）的合理匹配，让边疆各族群众在充分享受权

---

① 周平：《中国的边疆治理：族际主义还是区域主义？》，载《思想战线》，2008年第3期。

利的同时，能够自觉承担国家法律要求的责任和义务。

再次，实现边疆软治理和硬治理的有机统一，要重视两者之间的治理边界。除了在某些领域，如边疆政治认同建设与打击"三股势力"，软治理与硬治理的边界十分清晰之外，多数边疆问题交织着软治理与硬治理的因素，差别在于特定阶段与条件下主要是适用哪一种治理模式。像边疆民族宗教问题，当体现出人民内部矛盾的一面时，应该以疏通、化解、教育的软治理办法为主；当体现出敌我矛盾的一面时，多采取规制、惩戒、打击的硬治理方式。许多边疆问题与民族宗教问题一样具有两面性，在特定的条件与阶段下会相互转化。最初属于软治理范畴的边疆问题在特定的环境条件发生改变时，可以辅之以硬治理方式；原初属于硬治理范畴的边疆问题在特定的环境条件发生改变时，也可以辅之以软治理方式。实现边疆软治理和硬治理的有机统一，关键是处理好两者的相互转化关系。

最后，实现边疆软治理和硬治理的有机统一，要厘清两者的相互关系。任何治理方式都有其走向僵化的倾向，当软治理方式运用十分成功时，容易被过度开发和利用，甚至走向教条而呈现僵化趋势，此时人们容易忽视或轻视硬治理方式的使用；而硬治理方式运用很有效时，人们又会迷信之而忽视软治理方式作用。其实，软治理与硬治理之间是相辅相成、相互促进的关系，各有优点，又相互弥补彼此的不足，软治理成果的巩固离不开硬治理提供的力量支撑与制度保障，硬治理的持久效应依赖于软治理在心理层面上提供的合法性基础。如果根据软治理与硬治理间的强弱对应关系，把边疆治理模式分成四类："强软治理、弱硬治理"、"弱软治理、强硬治理"、"弱软治理、弱硬治理"、"强软治理、强硬治理"，前三种模式要么厚此薄彼，要么"软""硬"两手都弱，显然不是边疆治理的最佳选择，唯有"均势有力、双箭齐放"的"强软治理、强硬治理"模式才是中国边疆治理的现实诉求和未来选择。

论我国陆地边疆的情感型治理模式*

| 方盛举 |

我国陆地边疆地域广袤、民族众多，治理任务繁重，治理形势复杂多变，加强陆地边疆治理的重要性不言而喻。在这样的背景下，指望一两种治理模式能一劳永逸地解决边疆所有的社会问题既不现实也无可能。因此，不断挖掘出针对边疆特定社会问题，并能产生最佳治理效能的边疆治理模式就显得尤为重要。情感型治理模式，就是我们在认真反思新中国建立以来的边疆治理实践的基础上，总结概括出来的一种重要治理模式。纵观新中国建立60多年来的边疆治理历程，情感型治理实践十分丰富，除了"文革"特殊年代以外，情感型治理始终是边疆治理未曾断裂的一条主线。以下，我们试图对我国陆地边疆的情感型治理进行初步的理论阐释，以便于为学界展开进一步的研究起抛砖引玉的作用。

一、陆地边疆情感型治理的内涵分析

（一）理论与现实依据

管理学上的行为科学理论，是通过探究被管理者的需求规律，满足被管理者的基本需求，诱导被管理者的正确动机，改善被管理者的行为方式，最终达到提高组织管理的绩效水平。行为科学理论始终围绕着人的需求展开，始终以满足人的合理需求为出发点，始终以激发人的积极性、主

---

* 本文原载《云南行政学院学报》，2013年第5期。

动性、创造性为落脚点,所以也称为"以人为中心"的管理。行为科学的开创者梅奥教授以霍桑实验的结果为依据,提出"社会人"的人性假设,其后,行为科学学者们不断揭示出"社会人"的需求规律:人际关系需求,被关注、被尊重、被承认、被肯定、被赞赏需求,权力需求,成就感需求,公平感需求,使命和责任感需求等等。围绕着如何对"社会人"进行有效的管理,逐渐形成了组织管理领域的情感型管理理论。政府对整个社会的管理,同样也要掌握和遵循人的需求规律,并从这些规律出发来建构对整个社会的管理方法,形成成熟有效的管理模式。

行为科学的"社会人"假设及其所形成的情感型管理理论,用来指导我国陆地边疆的管理实践,于是形成陆地边疆治理的情感型治理模式。对行为科学作出重要贡献的马斯洛,提出了需要层次理论,为陆地边疆情感型治理实践提供了最直接的理论指导。按照马斯洛的需求等级序列,结合边疆的实际发展状况和特殊性,边疆各族群众的五类需求可以粗略描述为:一是生理层面的需求,包括基本的衣食住行能够得以大体满足,对于我国陆地边疆来说,就是要解决各族群众仍然不同程度上存在的贫困问题,尽快达到温饱水平;二是安全层面的需求,包括生命安全、财产安全、社会保障安全等得以基本满足。对于我国陆地边疆来说,要解决目前较为突出的各种传统安全和非传统安全问题,保证边疆社会的稳定、安宁、和谐。解决好各族群众的各种社会保障,使群众基本能够实现病有所医、劳有所得、住有所居、学有所教、老有所养,使边疆社会心理平和安定,使公众的社会生活充满安全感;三是社交层面的需求,包括人际关系的和谐,人际之间信任、理解、协作和帮助比较容易实现。对于我国陆地边疆来说,就是各族群众之间平等、团结、互助、和谐的关系能够得以巩固和发展;四是受尊重层面的需求,包括人格与尊严、劳动与创造、文化与习俗等能够得到尊重,不同的人或者民族都能够得到公平对待。对于我国陆地边疆来说,就是相互尊重和认可各民族的历史地位和现实权利,尊重和认可不同民族的文化风俗差异,摒弃民族偏见和歧视,抵制"大汉族主义"和"地方民族主义";五是自我实现层面的需求,包括个人理想和集体理想的实现愿望,超越自我利益之外的使命和责任的实现愿望等。对于边疆各族群众而言,自我实现的需求具体包括:公民主体意识的成长;

公民自主管理能力的增强；有开明的视野迎接市场化浪潮的冲击；自觉把本民族的局部利益整合进中华民族的整体利益之中；对于国家范围内的任何一个民族都做到一视同仁、不持偏见；对于一切破坏和分裂势力有清醒的认识，具备理性的分辨和判断能力，不轻易受煽动和蛊惑；具备把党和政府"输血型"的特殊关怀与照顾，转化为自力更生的"造血型"的持续发展活力的主动意识和行动能力。

从边疆的现实状况出发，实实在在地满足边疆各族群众的上述五类需求，进而激发边疆各族群众建设边疆美好家园的主动性、积极性和创造性，培育出边疆高水平的国家认同和强烈的中华民族归属感，这恰恰是构建边疆情感型治理模式的出发点和着力点。如果说，行为科学为边疆情感型治理模式的构建提供了最好的理论指导，那么，边疆各族群众特殊而紧迫的各类实际需求，则是建构边疆情感型治理模式的现实依据。

（二）基本含义

纵观国内研究，"情感"似乎只是社会学和心理学研究领域的专属品，谈及"人本管理"或"情感管理"也只限于企业管理范畴，少见政治学和公共管理学视阈的专门研究成果。引入滥觞于企业管理的情感型管理理论，并把其运用到政治权力运作的边疆治理领域，开展边疆情感型治理模式的理论建构，意义不言自明。目前，国内关于企业情感管理比较权威的是陈桂玲的定义：即管理者以真挚的情感为出发点，以增进管理者和员工间的情感沟通和思想交流为手段，目的在于通过满足员工的心理情感需求，达到激励效果，最终促进工作效率与工作效果的提升，进而实现组织目标。[1] 另外，章凯认为"情感管理的本质就是尊重人的尊严与价值，帮助人实现愿望与梦想，让人体验生活的幸福与快乐"[2]。需求的满足与情感的建立有着天然的正相关关系，因此，通过政府的情感治理，以最大的真诚，尽最大的努力满足边疆各族群众最紧迫、最现实、最突出的需求，解决边疆各族群众最期盼解决的突出问题，确保边疆各族人民与全国人民一道，平等地共享改革发展的成果，逐步培植边疆各族群众对党和国家情

---

[1] 陈桂玲：《情感管理》，中国纺织出版社2002年版。
[2] 章凯：《情绪的目标结构变化说与情感管理的发展》，载《中国人民大学学报》，2004年第3期。

感上的归属感和认同感，对各民族共同团结奋斗、共同繁荣发展的使命感和责任感。

情感型治理依赖的路径是：剖析边疆各族群众的主要需求——创造条件满足合理需求——建立情感认同——诱导正确动机——激发组织化行为——达成治理目标。根据情感型治理的这一行进路径，边疆情感型治理模式有以下几个基本要点：

第一，各级党委政府始终坚持以人为本理念，以边疆各族群众的正当需求为出发点，制定和实施尊重群众、关心群众、爱护群众、激励群众、满足群众合理需求的公共政策。在边疆治理中所制定和推行的公共政策，都能够体现出尊重群众的主体地位，尊重群众的各项权利，尊重群众的劳动和创造，公平对待群众权益，消除一切特权及不平等现象；这些公共政策能够充分关心群众的民生境遇和未来发展，关心群众的疾苦和诉求，珍爱和保护群众的合法权益，不损害群众的正当权益；这些公共政策还能够有效激发和调动群众参与边疆治理的积极性、主动性和创造性；这些公共政策的实施能够满足群众的基本愿望和合理需求。

第二，各级党委政府要善于为边疆各族群众规划设计令人怦然心动的未来。生活在边疆的各族群众对未来美好生活也充满憧憬和期待，但这种憧憬和期待往往处于模糊和零碎状态，需要各级党委政府根据本地区实际给予规划设计，使未来的愿景科学化、明晰化、系统化。这样才能最大限度凝聚共识、招揽人心、鼓舞斗志，才能使边疆各族群众很容易看清未来光辉的前景，才能感到自己的奋斗有良好的前途和奔头。

第三，通过推进经济和政治体制改革，建立健全公平合理的收入分配制度，彰显边疆的社会公平公正，促进边疆的和谐社会建设。公平合理的收入分配，不仅是各族群众十分迫切的精神需求，也是抚平社会焦躁心理，维护社会行为规范，化解社会尖锐矛盾、解决社会深层问题的前提和基础。建立健全公平合理的收入分配制度，是边疆情感型治理的模式的基本要求。

第四，在边疆治理中，要树立民主理念、健全民主制度、扩大民主渠道、发扬民主作风，使各族群众通过参与民主决策、民主管理、民主选举和民主监督，逐步确立边疆治理的主体地位，改善边疆治理的实际效果。民主治理既是边疆治理的目的,也是边疆治理的手段。民主治理体现了对边疆各族群众主体地位的充分尊重和肯定,是边疆情感型治理模式的必然要求。

第五,弘扬爱国、敬业、诚信、友善的核心价值,营造积极进取、互帮互助、平和友爱的社会氛围和人际氛围。提高各族群众的幸福感是边疆情感型治理的主要目标。社会中的每一个人,在精神上都有人际交往的客观需求,这种需求包括:与别人建立感情,希望得到别人接纳、信任、理解、合作等需求。这些需求的满足与否是人们幸福感的主要来源因素。在边疆治理中,为了提高各族群众的幸福指数,就必须加快社会道德建设,提高社会文明程度,使人们在践行爱国、敬业、诚信、友善的核心价值过程中,能够逐渐形成一个充满亲和力、温暖感、归属感的社会环境和人际环境,从而提高各族群众的幸福感。

第六,在边疆治理中要创造良好的发展环境和事业平台,让各族群众都有在事业上成长进步的机会,都有人生出彩的机会,都有共享发展成果的机会。美国管理学者奥尔德弗在其创立的 ERG 理论中指出,"成长"是人最重要的需求,所以情感型治理总是要把是否给人们创造成长的机会,作为重要的治理目标。边疆的情感型治理同样要把是否为边疆各族群众创造良好的成长环境作为重要的治理目标。

第七,各级党委政府要善于及时而真诚地关注、肯定、承认和赞赏在边疆建设事业中表现出色的各族干部群众。在边疆治理和边疆建设实践中,在各行各业都会涌现出一批批优秀的建设者、劳动者、创造者、管理者等等,各级党委政府要建立健全激励机制,使这些优秀的干部群众,能够得到及时而真诚地关注、肯定、承认和赞赏,这样的治理方式,能够巩固和积累边疆治理的正能量、正效应,有利于提高边疆治理的效能。

第八,边疆的情感型治理特别强调,绝对禁止一切带有歧视性的语言、社会思潮及政策主张。各民族的历史文化、风俗习惯、宗教信仰等,都是历史上形成的,都有其存在的道理,决不允许歧视现象的存在和发生。

二、建构陆地边疆情感型治理的必要性

(一)边疆治理形势的严峻性

边疆情感型治理的最终目的就是确保边疆各族人民的情感走向沿着良

性的轨道健康发展，这个良性轨道就是国家认同水平的不断提高和中华民族归属感的不断增强。然而，时至今日，西方敌对势力亡我之心不死，分裂分子和极端宗教分子串通一气，在国家反分裂斗争力度不断加大的情况下，转而到地下开展更为隐蔽的分化渗透活动，肆意造谣、恶意中伤、蓄意诱导，利用狂热的民族情绪和极端的宗教思想，诱使不明真相的边疆各族群众脱离情感的良性轨道，在错误的情感取向道路上愈走愈远。这些错误的情感取向，一旦聚成一定规模、形成一定气候，造成的破坏力不堪设想。如最近两年发生的四川甘南藏区的自焚事件，即是负面情感极端异化导致的直接后果。相对处于国家腹心区的内地，边疆更易成为敌对分子情感渗透的突破口，边疆情感治理的任何一个环节出现纰漏，都有可能会给他们以可乘之机。如在部分山高路远的边境山区，敌对分子通过安装国外广播电台、散发非法书籍传单、地下传教等渗透方式，企图篡占边疆各族群众的情感高地。因此，边疆情感型治理面临的治理形势十分严峻。

（二）边疆各族群众需求的特殊性

边疆各族群众与内地各族群众一样，都有从低到高的不同层次的复杂情形的需求，但基于边疆特殊的自然地理环境、历史文化传统与经济社会发展状况，具体的需求内容和需求层次还是有其自身的特点：第一，需求内容的侧重点不同。内地各族群众靠近或直接处于改革开放的前沿阵地，生活水平明显优于边疆地区，就物质上的情感帮助效应而言，内地肯定不如边疆；第二，需求层次的复杂性。一般而言，低层次的生理需求仍旧占据着边疆各族群众情感需要的主导地位，但边疆地区"偏、远、贫、穷"的自然环境与经济社会发展特征，加上特定的少数民族文化与宗教信仰特色，决定着边疆各族人民群众区别于内地各族群众复杂特殊的需求层次。如在个别全民信教的边疆少数民族地区，对神灵情感上的信仰和尊崇甚至超出了对党和国家的情感认同，此时，物质上的情感帮助不足以引导这部分群众走出情感的误区。边疆地区需要的各类治理资源，就某一时期和某一范围而言，是恒定和稀缺的，尤其是政府的公共治理资源质的程度和量的内容，不可逾越特定社会阶段的发展水平，加之规制治理还要占据大量的实质有形的公共资源输出，以维持社会秩序必不可少的无形价值，留给情感型治理的公共资源空间就更为有限。因此，在公共情感治理资源有限的条件下，研究如何通过有效开展边疆情感型治理以满足边疆各族群众的广泛需求、积极引导边疆各族群众情感的正确走向，当是刻不容缓的重要研究课题。

（三）边疆治理理论构建的紧迫性

"情感管理"曾一度成为企业管理的时髦话语和理论模式，也一直主导着企业人事管理实践。相比企业管理"情感模式"的大行其道，政府情感管理理论却很少开展专门研究。边疆是国家发展过程中的历史和地理、文化等综合因素导致的特殊区域，"历史遗留落后基因、恶劣地理条件阻隔、现代文明进化程度低……"在边疆地区印上一层深深的"烙印"，随着国家对边疆几十年来的大力建设和开发，这层"烙印"已愈来愈薄，但它的完全去除尚需很长一段时日，而去除它的"法宝"之一就是政治情感的特殊关怀。党和国家对加快边疆地区的经济社会发展给予了特殊的情感上的极大关怀，而政治情感上的特殊关怀不仅要持续不断地继续实行，而且要提升到情感治理的理论高度，保证情感治理的常态化、科学化、理性化实施。情感型治理模式的特征里包含着这么一些字眼：尊重、关心、帮助、照顾、引导、疏通等等，这些以人为本的治理方式内含着主观随意性。诚然，情感治理避免不了主观随意性，在特定场合，人情还很有必要，像政治情感关怀就是一种带有浓郁主观感情色彩的治理方式。但情感治理也需要一套系统的理论来指导，缺乏正确理论指导的情感治理实践极易导致边疆治理效能的低下。

三、陆地边疆情感型治理的主要任务

（一）满足边疆各族群众的合理需求

满足边疆各族群众的各类合理需求，既是边疆情感型治理的出发点，也是其落脚点。总体上看，综合边疆地区总体经济社会发展水平不高的现实状况，以及边疆公民意识成长的现实条件所限，目前边疆各族人民生理和安全层面上的需求，仍然占据着不同类型需要层次光线谱的主流。大部分边疆地区仍然停留在经济社会发展的初始阶段，情感型治理的指向更多地还是满足边疆各族群众最底层的衣食住行等需求。此种情形下，对于边疆各族群众的基本生活保障与安全保护，毫无疑问应占据各级政府情感型治理任务的中心。但随着国家发展战略的重点倾斜和政策措施上的大力扶持，边疆经济与社会发展程度不断得到提升，生理与安全层面上的需要会不断下降，而像精神层面上的情感需求，会愈来愈占据边疆各族群众的主导地位，政府的情感型治理就是要顺应这一变化，通过开拓有序的公民参与渠道舒缓边疆各族群众的利益张力、疏通各族群众不良情绪的积压，用建立在情感基础上的双向沟通体现政府的正义与公信，增进政府的情感型治理能力。当然，我们应当看到，边疆各族群众的像自我实现等高层次需求，总体上处于低端与次要水平，这是由于久远的历史印痕和深远的时代发展特征所造成的。这并不是说政府的情感型治理责任聚焦于边疆生理与安全层面停滞不前，坐等边疆所有各族群众生理与安全层面的优势需要完全满足后，再推进更高层次需求的解决，这是一种简单机械的情感式灌输手段，而不是一种综合联动式的情感型治理方式。因为，按照马斯洛的"相对满足"论：即一种低层次需要只须得到相对的满足，另一种高层次的需要便会出现。① 另外，受到个人或人群生存与生活背景左右，马斯洛概括的从低到高的五种需要不会是一条直达式的路线，而是充斥着迂回曲折与复杂反复。宏观上边疆与内地经济社会发展上的巨大数字鸿沟，微观上边疆内部不同地理生态、不同种族文化的差别更是千差万别，这些因素好比马斯洛需要层次理论模式上的变量，这些变量的多变性与不确定性给边疆情感型治理模式的构建与运行带来了极大的挑战。比如说个别边疆地区走在了沿边开放的前沿阵地，当地各族群众的需求早已跨越了生理与安全的层面，开放、进取、创新等自我实现基因已植入当地，情感型治理的指向恐怕更多地要考虑满足他们的高层次需求。因为，与其说生理与安全层面的需要是一个人与生俱来的天性需要，不如说社交、尊敬与自我实现等高层次的需要也是人的一种"准天性"的需要。基于边疆的历史与现实原因，从某种程度上而言，边疆各少数民族更为需要来自祖国大家庭赋予的特殊的爱、格外的尊重和强烈的归属，更为渴望来自政府公平、正义与理性，更为期盼党和国家优惠照顾政策的"阳光雨露"。因此，政府在建

---

① 〔美〕马斯洛：《动机与人格》，许金声等译，华夏出版社1987年版。

设与开发边疆、满足边疆各族人民物质生活条件的基础上，创造条件注入大量的情感因素，满足他们较高层次的情感需求，当是情感型治理的基本任务。

(二) 有效培植边疆各族群众的情感认同

物质上的帮助和经济上的援助固然是满足边疆各族群众情感需求的基本手段，但如果沉湎于此，却无法保证边疆各族群众积极情感的持续良性发展与深化。边疆各族群众积极情感的培育单靠政治情感输入"散播情感种子"，显然远远不够，"开垦"和谐稳定的边疆社会这片积极情感生成的"优质土壤"同样不可或缺。正如土地不精心浇灌和施肥，就成不了优质土地，优质土壤里播下的种子不去虫除害，就收获不了丰盛的果实一样；影响边疆各族群众情感安全的各类威胁因素，如果不得到及时清除和有效处理，培育和内化边疆各族群众积极情感的成果将会大打折扣。比如，像爱国主义和民族团结此类的积极情感，在普遍生成的过程中，不时受到民族分裂势力的破坏和干扰，因为干扰和破坏这些积极情感的深化和普遍化，有助于他们不可告人目的的达成。

具体而言，影响边疆各族群众积极情感安全受到威胁的因素有：跨境犯罪和吸毒贩毒，这是基于高山密林的边境、跨境民族的交往便利等天然条件，借族群间的情感纽带之名，行谋财害命之实，在一些跨境犯罪和吸毒贩毒猖獗的偏远边疆村落，出现了所谓的"艾滋病"村，凄惨境况令人发指，在边疆各族群众的情感心理深处留下了挥之不去的阴影，也极大地增添了边疆情感型治理的难度；西化分化和宗教渗透，这是"三股势力"在边疆地区开展情感渗透的惯用伎俩，这些伎俩外在包装做得好、隐蔽性强，具有很强的欺骗性，往往打着人道主义和宗教传播的幌子，抓住边疆各族群众的情感素养仍处在低层次、低水平的弱处，炮制谣言，妖言惑众，煽动极端民族情绪，肆意破坏边疆多民族地区业已建立起来的团结和谐的民族关系，他们的目的就是诱导边疆各族群众的情感走向滑向自我毁灭的危险边缘，脱离积极情感发展的良性轨道；自然灾害和生理疾病，由于边疆恶劣的自然环境，以及相对落后的经济社会发展程度，这方面因素在边疆地区较为突出，如果不花大力气从根本上解决，会极大地侵蚀边疆情感型治理开展的心理基础；社会解构和市场冲击，这是边疆在现代社会的转型过程不可回避的阵痛，在现代化和市场化的浪潮冲击下，边疆各族群众的心理动荡在所难免，尤其在新体制尚未建立、旧体制无力应对的情况下，会导致边疆各族群众情感取向上的无所适从。威胁边疆各族群众情感安全的因素还远远不止以上这些，虽说这些安全威胁因素不仅仅只是情感型治理的治理对象，但这些依附在边疆社会肌体上的"害虫"一旦泛滥，不仅导致边疆情感型治理的成本直线上升，而且极大地影响国家认同和民族归属等积极情感在边疆社会的普遍形成，最终直接影响边疆情感型治理的综合效能。因此，就边疆情感型治理任务而言，一方面，政府应为边疆各族群众积极情感的健康有序发展和深化，创造一个安定、团结、和谐、稳定的边疆社会环境，因为这既是抑制负面情感泛滥、压缩负面情感成长空间的根本途径，也是积极情感生成、弘扬和深化的前提条件；另一方面，运用情感型治理的多维手段，逐渐培育边疆各族群众高水平的情感素养，采取整合措施巩固业已建立起来的边疆各族群众情感阵地，营造一个积极的边疆社会情感氛围，不留一丝"三股势力"情感渗透的空间和余地。

（三）引导边疆各族群众情感的理性释放

情感是人的一种心理情绪表现，需要适时得到释放，情感的释放分为积极情感释放和负面情感爆发。如果边疆各族群众在边疆治理过程中，感受到明显的利益被剥夺感和不公平对待，就会出现积极情感严重受挫、负面情感快速聚集的局面，这种情绪一旦聚集到一定规模，就会如火山般爆发，社会破坏力十分之大。积极情感的不断释放，一般有利于边疆社会的团结和谐，但也有理性和非理性释放之分，过分高涨的情感非理性释放，会把积极情感导向"民粹主义"，同样不利于边疆的繁荣稳定。因此，引导边疆各族群众积极情感的理性释放在边疆情感型治理中的分量举足轻重。如果边疆治理主体能在既定的治理资源条件下，或者自身能生产源源不断的情感治理资源，帮助边疆各族群众实现内心不断提升的需求和期望值，边疆社会这一情感"大源泉"就会不断涌出"细水长流"般的情感"涓涓细流"，这一情感"细流"富含强烈的中华民族归属感与高度的国家认同水平这些"营养元素"。依赖以这些积极情感为内容的"营养元素"，政府的边疆治理成本将会不断下降，治理效能将会不断提升。反之，如果在现有体制内实现不了现实需求和美好愿景，或者干脆就看不到实现的希望，边疆各族群众就会萌生出一种难以名状的情感挫折感和失落感，负面情感就会悄然侵袭边疆各族群众的情感高地，如果此时敌对分子和破坏势力趁势介入，这种消极负面的情感破坏力将会无限放大，后果不堪设想。

那么，边疆政府如何才能正确引导边疆各族群众情感的理性释放呢？第一，全面把握边疆各族群众需要优先次序变化的客观演变规律，有的放矢地满足边疆各族群众的主导和优势需求，激发边疆各族群众的正确行为动机，使得边疆各族群众的日常行为模式符合维护国家整体利益的理想行为。举例说明，假如边疆某个偏远贫瘠之村落的人们各个层次的需要都没有得到满足，这时衣食住行方面的生理需求就会凸显出来，追求低层次的生理需要，就理所当然地成为这个村落全体村民的最佳行为动机，此种情形下政府投入的财政补贴与社会提供的物质援助，就会发挥出边疆情感治理的最大功效；相反，如果某个边疆地区的各族群众已然丰衣足食，还是不加改变地采取实物补贴式的情感型治理手段，治理效果就会大打折扣。这也许可以部分解释少数边疆局部地区经济发展和人们生活水平已与内地相差无异，甚至于更好，民族矛盾与纠纷却呈不断加剧趋势的怪异现象。第二，致力于边疆各族群众情感素养的培育。众所周知，受民族文化和社会发育状况的束缚，边疆各族群众理性分辨情感和理性释放情感必备的情感素养受到一定的局限，加之边疆各族群众的市场竞争观念和开拓进取精神总体上并不是很成形，内在地存在需求欲望旺盛和创造能力不足的结构性冲突。因此，政府应采取措施培育和提升边疆各族群众的情感素养，引导边疆各族群众正确看待和理性对待不断上升的期望值与现实生活满足感之间的数字鸿沟，把物质上的需求与以国家认同为核心内容的情感上的精神追求有机统一起来。第三，边疆各级政府、社会组织在施之以情感型治理的过程中，及时常态地开展社会主义核心价值观的引导与教育，尽力规避因情感型治理不当而引发的负能量和负效应，要在边疆社会中形成一种恒久深入的信念：社会主义核心价值观在边疆社会的普及推行，是保障边疆各族群众充分平等地享受改革开放成果的最有力情感力量，而不是剥夺边疆少数民族利益和扼杀合理需求的"合法外衣"。

（四）扮演好规制主义治理的"润滑剂"

我们在相关学术文章中对边疆规制型治理模式的理论框架进行过系列探讨，边疆规制型治理的不合理不公正运用，必然引发公共空间范围的压缩和狭窄，以致参与渠道不畅、公共生活不公开透明、公共利益分享不均等，带来的直接后果就是边疆各族群众置身于边疆公共事务治理之外，充当"事不关己、高高挂起"的"旁观者"，从而加剧政府与公众之间的情感疏远、冷漠甚至对立，直接后果就是极大地侵蚀了边疆情感型治理的社会基础和政治条件。以政治权力保障为后盾，利用规制手段治理边疆，毫无疑问应成为边疆治理的主导，这是由边疆治理的复杂情形和严峻形势所决定的，但基于情感治理满足边疆各族群众各类需要的特定治理功效，边疆情感型治理模式可以成为规避边疆非理性规制主义治理最佳"调节器"和"润滑剂"。从某种意义来看，如果说规制主义治理为边疆社会安全、稳定、团结秩序的维护，制定了科学合理的"游戏规则"；那么，情感型治理则为边疆治理的整个过程添加了"黏合剂"和"润滑剂"，规制主义治理和情感型治理好比推动边疆治理良性前行的两驾马车，并驾齐驱、并行不悖。建立在情感型治理基础之上的规制主义治理，其运用的基本治理手段——法律与规章制度，等于添上了一层人性化治理的厚膜，防止边疆治理过程沦为"制度主义"的奴隶。

从一种单一的边疆治理模式来看，情感型治理同样不是万能的，藉由情感型治理模式治理边疆，一方面具备规制治理等其他治理方式所不能替代的优势，另一方面也不可避免地存在一些局限性：一是不同边疆存在不同程度的地域文化与民族风俗差异，因此导致各族群众的情感需求也千差万别，情感投入的均等并不会带来治理效果的同等理想，甚至适得其反，产生情感资源的无谓损耗；二是实践中的情感运用难免存在主观任意色彩的渗入，借口情感治理践踏法律制度的权威，用一时头脑发热的"拍脑袋"式决策替代科学化理性化的规制治理；三是中央政府与上级部门对于边疆的特殊情感输入，易于受到边疆当地政府局部利益的绑架利用，把边疆的各类特殊性当成非正当情感诉求的"正当性理由"，自然而然地养成被动的"等、靠、要"惰性思想。并且还一味地凸显边疆各族群众的物质需求，看不到或不愿意看到边疆各族群众不断渴求的爱与归属等精神需要，从而违背了情感型治理的初衷。而边疆情感型治理的这些局限正好可以通过规制主义治理得到克服。因此，由于情感型治理模式在边疆治理中的运用同样具有不可避免的治理张力，抑制其负面效力的膨胀，最大化其积极治理效能的显现，根本解决之道就是在情感型治理和规制主义治理之间找到一条最佳的平衡线。总之，通过情感型治理这一"软"治理方式与规制主义治理这一"硬"治理方式相得益彰的有机结合，边疆的治理状况必将得到质的飞跃。政府在运用情感型治理方式治理边疆的过程中，需要防止为了情感型治理而采取情感型方式，或者为了凸显情感型治理的功效而忽略其他治理方式，正确的做法应当是，自觉把情感型治理的"柔性"特征融入到规制主义治理的"刚性"特征之中，自觉在边疆治理过程中发挥情感型治理充当规制主义治理的"润滑剂"作用，并自觉把以上做法提升为边疆情感型治理模式建构的基本任务之一。

（五）正确发挥个人与集体情感的作用

个人和集体情感分别有积极情感和负面情感之分，并且都有特定的内容或形式。边疆各族群众的积极情感至少应包括如下内容：较高的国家认同水平、较强的中华民族归属感、共享祖国未来的美好愿景、自主自立的意愿或能力、互信互助的各民族交往特征、良好的社会伦理道德观、正确的社会主义荣辱观等。符合国家利益的边疆各族群众的积极情感从来不会自然生成，它需要政府采取情感型治理措施，着力提高边疆各族群众的自觉情感意识和理性情感能力，减少诱发他们产生负面情感的不利因素，正确引导他们积极情感正能量的不断蓄积。边疆治理的公正合理缺失或治理效能低下是边疆各族群众产生负面情感的根源，边疆治理的失败表现在利益分配的不平等、利益表达的不顺畅、族群之间的不团结、多元文化的相冲突等等方面，这些都会导致边疆各族群众情感的严重受挫，是直接产生边疆各族群众负面情感的导火索，一旦此类负面情感出现普遍繁衍或快速扩散，体制外的边疆社会冲突将在所难免。边疆社会的集体情感同样存在积极和消极两个方面的作用。边疆社会集体情感的积极作用有：第一，在国家整体和边疆各族人民之间起到一个牵线搭桥、承上启下的精神凝聚和情感纽带作用；第二，聚焦于集体组成人员的普遍利益与情感需求，便于广袤边疆社会的有效整合；第三，集体主义精神有利于边疆各族人民的团结整合。集体情感的负面效应体现在，由于边疆社会集体情感的形成，有其不同于内地的复杂特殊性，主要是民族与宗教干扰因素多，有些集体情感直接就等同于族群情感或宗教情感，不可避免地存在与社会主义现代化不相适应的非理性情感成分，而"三股势力"又热衷于蓄意利用这些非理性情感，一旦形成一定规模，边疆社会产生不利于国家统一和民族团结负面情感的可能性就易于放大，如果麻痹大意，不加以防微杜渐，将会酿成难以弥补的后果。

边疆政府在情感型治理中的基本任务之一就是，充分发挥边疆各族群众个人和边疆社会集体情感作用的积极正向的一面，抑制边疆各族群众个人和边疆社会集体情感作用的消极负向的一面。具体要从以下几个方面做起，第一，引导边疆各族群众的个人角色情感符合维护边疆安全稳定和国家根本利益的基本要求。既要做到边疆各族群众的个人情感角色内容与边疆情感治理的内在要求一致，又要做到与边疆各族群众现实情感需求相吻合。处在边疆社会不同地位或不同角色的人们，都具备特定内容的角色情感。如宗教领袖，要求爱国情感，在开展宗教活动时，不得损害边疆人民的根本利益，国家对其有明确具体的角色情感期待。具体而言，政府有两大治理任务，一是制定符合社会主义价值规范的角色情感要求，引导边疆各族群众理性释放和表达情感；二是合理满足边疆人民的优势需求和主导愿望，丰富边疆积极情感产生的社会情感资本。第二，在着力解决边疆各族群众各类基本需要和边疆社会主要矛盾和问题的基础上，逐步扎实地促进能正确兼容个人和集体情感的"自我实现人"的不断增加。基本需要长期得不到满足或者更高层次的需要没有希望获得，是人产生破坏社会和伤害他人冲动行为动机的根本原因，社会矛盾的根源就在于有限的社会资源满足不了人的无限欲望。而对于各种需要的无尽渴求是人与社会不断发展前进的最重要动力源。支持边疆经济社会的大力发展，不断满足边疆各族群众的各类需求，以唤醒边疆社会的生机与活力、激发出边疆人民的积极性、主动性和创造性，培育边疆各族人民强烈的国家认同感，是边疆情感型治理的永恒主题。"自我实现人"的理想标准与实现方式是构思与创立一个情感型的治理模型，在这个模型结构里面，通过正义理念的弘扬与模范标杆的树立，人人都能向往一个"自我实现人"的愿景，即对祖国和中华民族深深认同与热爱，对社会、对家庭和对自己担负起应尽的责任与义务。第三，培育边疆各族群众的中华民族共同体情感。以边疆治理主体的情感治理能量为抓手，把各自为营、随性而为的边疆各民族的本民族情感，融入到荣辱与共、生死相依的中华民族共同情感上来，这是融合民族局部利益与国家整体利益内在张力的必然选择。因此，以突出族群特征和强化族群情感意识为治理内容的"族际主义"治理模式，应逐渐淡出边疆治理的主流，而致力于培育国家认同和中华民族共同体情感意识的"区域主义"治理模式，应主导新时期边疆治理的历史舞台。①

---

① 周平：《中国的边疆治理："族际主义"还是"区域主义"？》，载《思想战线》，2008年第3期。

论我国陆地边疆的合作型治理*

| 方盛举　吕朝辉 |

我国陆地边疆是指具有陆地边境线的省级行政区的总和。目前陆地边疆有九个省区，分布在我国领土的边缘地带，这一区域远离国家的政治中心、经济中心和文化中心，表现出较为特殊的治理生态：自然地理环境相对恶劣，生态比较脆弱；基础设施极其落后，经济发展水平低，贫困面很大，教育科技水平普遍不高；社会发育程度低，民族宗教关系较复杂，威胁国家安全的隐患较多；边疆治理体系不完善，治理能力有限；周边地缘政治关系复杂，周边国家国内的不确定因素较多等等。总体上看，我国陆地边疆的基本区情是处于社会主义初级阶段的低层次。陆地边疆的这一特殊治理生态，必然呼唤特殊治理模式的建构。我们认为合作型治理应该是我国陆地边疆治理的一种重要的模式选择。

一、陆地边疆合作型治理的内涵

边疆治理是"运用国家权力，动员社会其他组织，调动国家和社会资源，处理边疆问题"①。陆地边疆的合作型治理是中央政府及其陆地边疆的地方政府，在顶层设计和统筹规划的基础上，把拥有不同资源优势的政府组织、社会组织、企业组织及其社会公众，统合成一个拥有共同目标，

---

* 本文原载《社会科学研究》，2015 年第 4 期；人大复印资料《中国政治》2015 年第 9 期全文转载。

① 周平：《我国的边疆治理研究》，载《学术探索》，2008 年第 2 期。

既合理分工又有效协同的治理体系，以陆地边疆问题的解决为依归的边疆治理模式。合作型治理的目的在于整合已经各自在独立发挥着作用的分散资源和能量，并且致力于开发和挖掘优势潜能尚未凸显的隐性资源和能量，通过多元主体各自的资源、信息、技术和人才等要素的有机融合，进而实现我国陆地边疆治理效能的最大化。

恩格斯曾指出，合作就是"许多人协作，许多力量溶合为一个总的力量，用马克思的话来说，就造成'新的力量'，这种力量和它的一个个力量的总和有本质的差别"①。中央政府组织、发达地区的政府组织、陆地边疆的政府组织及其他一些公共组织等各自都拥有丰富的公共资源，可以为陆地边疆治理提供强大的治理资源；各种类型繁多的社会组织、市场组织及其社会公众，也蕴藏着庞大的治理资源。但这些资源平常都处于分散、闲置状态，中央政府及其陆地边疆地方政府完全可以通过顶层设计和统筹规划，把这些分散和闲置的资源动员和整合进边疆治理的过程中来，为实现边疆治理的目标服务，最终产生"整体大于部分之和"的合作治理能量。

陆疆合作型治理包括如下几层含义：首先，基于我国陆疆地区特殊的政治、经济、社会、文化、地理等生态状况，由中央政府、发达地区政府、陆疆地方政府、社会组织、企业、陆疆各族群众等多元主体组成现代化的陆疆合作治理体系；其次，凭借各自的资源、信息和能力优势，秉持互利、共享、协商、妥协等合作治理精神，建立健全合作治理体制、机制、方式和规则；再次，在维护和实现国家整体利益以及陆疆各族群众根本利益的共同目标指引下，参与到陆疆合作型治理过程中的各个主体，通过彼此间物质、能量与信息的"输入——整合——转化——产出"的循环往复过程，形成一个上下联动、左右逢源、内外结合、闭合自如的陆疆治理合作圈，最终实现陆疆"善治"。

新中国建立以来，学界和政界对陆地边疆治理的理解较为粗浅，"一是边疆治理意味着守护好国家主权范围的领土；二是边疆治理意味着解决好民族问题，处理好民族关系；三是边疆治理意味着维护好边疆社会稳

---

① 〔德〕恩格斯：《反杜林论》，人民出版社1970年版，第124页。

定"①。理论准备的不充分，致使边疆治理实践效果很不理想。今天我们站在国家治理现代化的视野下来审视陆地边疆治理，就必须抛弃以往消极型的治理模式，而主动设计和选择积极型的治理模式。上述合作型治理模式，就是我国陆地边疆治理的积极型模式。

陆疆合作型治理既要符合现代公共治理的理论内核及协同合作精神，又要植根于陆疆特殊的治理生态之中，从理论上其应该具有以下特征：

合作主体的多元性，这是陆疆合作型治理的首要特征。当前，随着公共权力的弥散和市场触角的深入，传统的政府陆疆治理模式逐渐转变为公共治理型陆疆治理模式，合作治理视野下的陆疆治理主体同样呈现多元化的趋向；另一方面，基于大部分陆疆地区历史欠账多、地理位置偏远、发展基础薄弱、治理思路落后等状况，以至于在国家全面发展的大背景下，"摸着石头过河"的陆疆发展模式显然难以适应跨越式发展步伐，必须聚集全国之力和调动全国资源帮助陆疆地区实现非常规式发展。因而，参与陆疆合作型治理过程的主体必然具有更为广泛、更为多元的特征，中央政府作为陆疆治理宏观战略的规划者角色、陆疆地方政府作为陆疆治理的具体组织落实者角色自不必说，除此之外，陆疆民间组织、企业组织、各族群众理应主动积极地参与到陆疆治理的宏大工程中来，发达地区在继续响应中央号召、全面对口支援陆疆的同时，还应当更多地扮演陆疆合作型治理中的发展引路人和治理引导者角色。

合作价值的认同性。合作治理的意义在于，参与合作的主体均能感受到合作所带来的物质和精神双重层面的价值，即公共利益或共同利益的持续增加，以及在合作治理过程中随之而来的以团结、和谐、友爱、互助为特征的精神享受。陆疆合作型治理模式是针对陆疆这个民族成分复杂、宗教信仰多样、思想价值多元的特殊区域而设计的，不同的民族群体、宗教群体或利益群体，均存在或多或少的异质性价值追求，如果彼此之间没有就合作价值达成共识，那么搭建陆疆合作型治理架构的价值认同根基就必然不牢。陆疆合作型治理模式内在地要求原本具有各自资源优势和不同利益目标的多元合作治理主体，经过信息之间的相互沟通、资源之间的相互

---

① 方盛举、吕朝辉：《中国陆地边疆的软治理与硬治理》，载《晋阳学刊》，2013年第5期。

利用、能力之间的相互补充和利益之间的相互协调，在彼此良性互动的基础上，逐渐培育出建立在共同一致价值目标基础上的合作治理精神。

合作效能的多赢性。合作治理的神奇之处在于，秉持合作理念的政府如若主动吸纳社会、市场和公众力量参与公共治理过程，其治理效能将会在原来凭一己之力所产生出来的效能基础上成几何倍数地增加，同时社会的自治能力、市场的竞争能力以及公众的参与能力等也相应地得到提高，并且还会持续不断地积聚社会资本存量，呈现出一种双赢、多赢、共赢局面。建立在持续良性互信、互动和互助基础之上的陆疆合作型治理模式，内在地要求各合作主体在陆疆治理过程中，适时地、主动地、周期性地调整各自的行动方向、目标及内容，灵活机动地应对复杂和动态的陆疆治理环境，这样一来，可以最大程度地减少陆疆治理中的风险和不确定因素，有效规避人为失误和无所作为，切实降低信息成本和治理成本，实现一加一大于二的互利多赢的合作效能。

合作结构的网络化。陆疆合作型治理模式下，政府不再是唯一的权威治理中心，而是政府、社会、市场、公众之间形成纵横交错的网络治理结构，政府不过是合作治理网络的中心连接点，确保各个方向合作连线的规范化和有序化。当面对陆疆治理中的重大议题，在政府的组织和动员下，各合作主体"牵一发而动全身"，谁也不能置身事外，围绕合作共赢的共同网络目标，采取多向辐射的网络治理方式，在一个立体纵横的网络结构内，进行彼此"适度拉伸"式的协商，确保合作网络结构的持续通畅。建立在多元合作主体权威互补、地位平等、彼此共存、良性互动基础上的网络合作结构，往往具有以目标为导向、以问题为中心、辅之以社会资本的互换为纽带、灵活机动等典型特性，是开展合作型治理的基础架构和前提条件。这种网络合作结构既包含纵向的合作，也包含横向的合作，更包含纵横向之间的交叉合作。

合作资源的共享性。陆疆合作型治理模式的内在要求之一，就是主动创造有利于外来力量共同参与陆疆治理的软环境和硬环境，实现陆疆内外部资源的共同分享和优势互补，进而抵制消极、被动、封闭的地方保护主义和狭隘族群主义利益观。陆疆治理的艰巨复杂特性意味着合作型治理资源互享的必要性和重要性，一方面，陆疆与邻国陆地相通、山水相连，资源禀赋和人文地理相似性高，合作基础深厚；另一方面，陆疆与国家核心区的资源禀赋和人文地理差异比较大，社会、经济和文化资源的互补性十分明显。因此，国家核心区和陆疆在区域性合作治理的过程中，完全可以而且应当最大程度地发挥彼此资源的共享及其优势的互补，而且其资源整合效应还可从国内的区域合作辐射到与邻国间的深入国际合作。

合作策略的多样性。合作治理体系的系统性结构和开放性要求，可以有效削减陆疆治理系统内部的熵值效应，消解"全能政府模式"对权力的垄断。在此基础上所形成的合作主体的多元化，必然导致合作策略的多样化组合，有政府与社会、政府与企业、政府与公众等许多类别的组合式合作策略模式。陆疆合作型治理单个主体或者组合主体均有自己的资源禀赋优势和信息基础优势，在新兴知识经济时代和全球化背景下，社会矛盾的特性日益多样化、利益多元的分化日益复杂化、公共权力的运用日益弥散化，从而赋予合作主体拥有更多的自由机会，可以根据社会环境选择差别化的合作策略和合作方式，这种策略或方式与"所感知到的内部政治的、运行的障碍以及政府间系统外部固有的环境有关"①。换而言之，合作策略及其组合的多样性，为治理复杂多变的社会内外部环境提供了十分丰富的选择机会。

二、陆地边疆合作型治理的必要性

1. 陆地边疆治理任务的艰巨性

历史"账务"的负累与消极治理思维的双重效应，造成大部分陆疆地区在很长时期内处于贫困闭塞、封闭落后的状态，而且在"维稳主义"的思维方式和行为习惯下，政府系统也有意无意地地排斥社会组织的合作参与。多年来随着陆地边疆市场化的深入发展，陆疆社会内部的利益分化、阶层分化日益突出，外部的非传统安全威胁日益增多，民族宗教问题的极端化和国际化也凸显出来，加之陆疆发展问题的固有历史欠账短期内难以

---

① 〔美〕罗伯特·阿格拉诺夫等：《协作性公共管理——地方政府新战略》，李玲玲等译，北京大学出版社2007年版，第28页。

"清账"等，更加剧了陆疆治理任务的艰巨性。此外，大部分陆疆地区除了要加快清除"外账"，还要努力偿还因自身条件不足所导致的"内账"，譬如大部分陆疆地区位于崇山峻岭或者戈壁沙漠之间，自然地理环境恶劣，交通、水利、通信、电力等基础设施非常薄弱，如何举全国之力支持陆疆地区的基础设施建设是合作型治理不可回避的重大议题。

陆疆地区治理任务的艰巨性还有一层内在的蕴含，即各种陆疆问题的系统性特征。通过审视陆疆治理过程，不难发现，不管是民族宗教问题，或是开发和安全问题，都不是孤立存在的。一个问题的治理成效直接或间接地影响到其他问题的治理成效。也就是说，陆疆现实存在的相关问题之间形成一个有机联动、密不可分的系统结构，只要哪个环节出差错，就会不同程度地牵连到问题系统的正常运转，组成这个问题系统的环节越多，治理的任务就越艰巨和繁杂，出错的可能性就越大。新形势下，我国陆疆地区除了仍然面临着国土安全、国防安全等传统安全威胁之外，更是面临着层出不穷的诸如吸毒贩毒、非法跨国婚姻、贩卖人口、跨境犯罪、宗教渗透、"三非"人员急剧增多等非传统安全威胁，治理任务不减反增，陆疆问题系统牵涉的相关方面错综复杂，倘若依然采取过去那种大包大揽式的全能型政府治理模式，明显力不从心，甚至可能错失治理良机。因此，陆疆治理任务的艰巨性和系统性特征，十分迫切地催生陆疆合作型治理模式的应运而生。

2. 陆疆治理体系现代化程度较低

国家治理现代化绝不限于国家核心区的治理现代化，陆疆治理的现代化同样不可或缺，只有同步实现国家核心区域和陆疆区域的治理现代化，才是国家治理现代化的全部内涵。陆疆合作型治理模式重点是应对陆疆治理体系现代化任务而提出的一种治理模式，内在地要求对包括治理结构、治理制度、治理政策、治理方式在内的陆疆治理体系加以现代化建构，并以此推进陆疆合作型治理模式的有效实施。目前我国处在社会转型期的总体背景以及陆疆社会生态的特殊性，对陆疆治理体系的现代化变革提出了许多重大命题与挑战。一方面，大部分陆疆地区的市场化和社会化改革进程与全国步伐大体一致；另一方面，陆疆治理体系的改革与创新步伐却有些跟不上陆疆社会的变化节奏。当前边疆地区的改革开放进入关键期、深水期，意味着进入了社会矛盾的多发期、凸显期，单凭政府力量显然难以化解种种复杂难测的社会矛盾。此外，随着利益意识的逐渐觉醒，陆疆社会的利益分化现象日益突出，陆疆各族群众现实需求的公共性和个性化特征同时凸显，一元化的公共服务供给模式在多元化的社会需求面前显然力不从心。纵观当前陆疆治理体系状况，相对国家核心区，陆疆地区基层政府治理理念与方式更为落后、政府失灵问题更为突出；陆疆地区的社会组织化力量更为弱小，官方依附性太强，发展前景的模糊性和不确定性因素多；许多陆疆地区的市场经济发展进程相对滞后，市场环境规范性不够，自发性和随意性太大，缺乏统一规划和综合整治。这些现状极大地制约了陆疆治理体系现代化建设进程，进而限制了陆疆合作型治理的力度和效度。因而，如何借鉴世界各地政府治理体系创新的成功实践，吸纳社会、市场甚至民间力量参与到陆疆合作治理的过程中，已经成为陆疆现代化进程亟须解答的重大课题。

3. "和平发展、合作共赢"时代主题的呼唤

冷战结束以来，经济全球化、政治多极化、文化多元化不断深入发展，"和平发展、合作共赢"逐渐成为主导世界的时代主题，正如习近平总书记所指出的，"这个世界，和平、发展、合作、共赢成为时代潮流"。当前陆疆的区域性问题日益得到重视，诸如跨国非法婚姻、贩卖人口、吸毒贩毒等犯罪问题，跨区域的基础建设工程的共同维护、公共危机问题以及环境污染问题等，常常跨越了政治设计和地理布局上的行政界限，不仅牵涉到国内区域性的利益纷争问题，更牵涉到与周边相邻国家之间的国际责任分担问题。区域性问题的频发，意味着仅凭一方力量独立处置问题和独立承担责任，必然造成治理成本和治理受益的严重不对称，会造成其他方的"搭便车"行为的盛行，从而阻碍多方合作共赢结局的发生，导致"多败俱伤"的结局。因而，不同国家或地区的政府和民间之间联合起来治理共同面临的跨界和跨域问题，已经成为全球的共识性问题。

陆疆合作型治理模式的建构，虽然主要是就我国陆疆内部的治理现代化而言的，但其合作共赢的理念应当辐射到边境线内外两侧的国家间政府合作、民间交流和市场整合中。分居陆地边境线两侧的居民，虽属不同国家，但同宗同源、血缘相同、地缘相近，哪一边动荡不居，另一边也难得

安宁，从这层意义而言，合作共赢是我国与周边邻国任何一方都不可回避的共同选择。我国陆地边境线长达2.2万公里，与14个陆上邻国山水相连，在恐怖事件、跨国犯罪、气候变化、民族争端和宗教矛盾等各类问题的全球化或区域化特征日益明显的新时期，双边或多边边界问题的治理，愈来愈依靠互利共赢的国际合作治理。尤其是进入21世纪以来，邻国彼此之间愈来愈深的利益融合度，催生了各式各样的跨国合作组织，对于治理边境地区的非传统安全问题，发挥着不可替代的作用。因此，讨论陆疆治理现代化，必然要把与陆上邻国之间的合作治理机制纳入其范畴之中。总之，不管是特定陆疆地区内部多元治理主体，还是国内不同地区政府之间，乃至不同国家之间，如果在治理过程中彼此割裂、各行其是，甚至互相拆台、恶性竞争，就会产生"1＋1＜2"的零和甚至负和博弈效应；倘若能始终保持平等、协商的合作态势，必然会产生"1＋1＞2"的共赢博弈效应。

4. 解决国内区域发展不平衡问题的内在要求

区域发展不平衡是一个国际性和普遍性的难题。受东部地区率先发展、中部地区适时跟进、西部地区（主要集中在陆疆地区）先放一放的传统区域发展战略布局的长期影响，造成我国不同区域之间发展差距的基数很大。尤其与位于国家核心区的东部发达地区相比，因受制于区位条件、文化因素、历史积淀、治理体系、治理能力等多重障碍，陆疆地区的发展基础薄弱、发展速度缓慢、贫困覆盖面更广，在经济发展、民生保障、收入水平、基础设施、教育资源、公共服务等方面与国家核心区域的差距日益明显。许多地处偏远边境地区的村寨牧场，由于大都地处和陆上邻国之间的交界区，深受邻国社会状况的影响，一旦邻国边境发生内战会直接造成我国边境一带的经济萧条，加之这些地方远离陆疆省区的政治、经济、文化中心，造成发展鸿沟愈拉愈深的恶性循环，易于成为"一穷、二乱、三差、四不管"区域，导致固边安边的人口基础薄弱，进而形成边境一带安全防线的一片脆弱环节。以上这些状况，如若不通过陆疆合作型治理模式的有效实施加以改变，就有可能在偏远边境一带形成陆疆治理与经营的盲区，这正是国内外敌对分子所乐见的。

治理国家核心区和陆疆区域发展不平衡问题，当常规经济援助难以奏效、一般治理手段难言理想时，创新陆疆治理模式必须成为最佳选项。作为一种践行区域合作理念的最佳选择，陆疆合作型治理模式既是实现国家核心区和陆疆互利共赢目标的必由之路，更是加快推进陆疆现代化进程的有力武器。确保陆疆合作型治理模式的有效实施，至少需要两方面的内在要求：一方面，国家核心区要彻底改变过去那种一味把资源负担转嫁给陆疆地区，却又一直不采取合理利益补偿的做法，尤其要对广大陆疆地区在顾全"第一个大局"时期所作出的资源牺牲有一个全面清晰的认识，在陆疆合作型治理过程中，要以一种"反哺"的精神从资源、信息、能力上全面帮扶和支援陆疆地区；另一方面，陆疆地方政府要彻底改变固守陈规、自我封闭、自甘落后式的地方保护主义发展思路，要积极地融入到市场竞争和区域合作的浪潮中，要充分利用国家政策的倾斜照顾和发达地区的对口支援，稳步提升陆疆的自我发展变革能力和主动参与合作能力。

5. 通往陆疆善治目标的必然选择

任何一种治理模式创新的落脚点都在于实现现代化的治理目标，陆疆合作型治理模式同样不例外。当前，体现现代化基本要求的治理模式创新，在处于国家核心区的东部发达地区基本上已经进入深入探索和实际运行阶段。与此同时，由于长期受落后的经济基础和思想观念掣肘，处于边缘区域的大部分陆疆地区，其治理模式创新节奏总是要比东部发达地区慢半拍，尤其是许多陆疆基层政府的治理体系变革和治理能力提升总是显得不紧不慢、不温不火，从而导致现有的陆疆合作治理实践所产生的实效有限。这其中固然有历史累积的厚重"欠账"以及陆上邻国经济社会发展普遍落后所产生的"鲶鱼效应"等客观原因，但目前的陆疆治理离现代化治理标准或者善治目标尚有一段距离的现状，更是不可忽视。由于长期受稳定至上秩序观、"中心—边缘"治理观以及体制转型张力等多重影响，以至于许多陆疆基层政府仍然习惯于用单一的政治管制手段和行政干预方式治理陆疆社会，仍然习惯于垄断陆疆社会一切显性的治理资源，其治理能力和水平离理想化的善治状态尚有距离。这样一来，必定会造成两个方面的不良后果：其一，造成潜藏在陆疆社会的极其丰富的隐性治理资源得不到有效开发，导致陆疆自我发展和变革的能力难以得到提升，以及陆疆自我发展和变革的活力和动力难以得到激发；其二，造成党委、政府、社会、市场之间的职能错位、越位与缺位，导致陆疆各级地方党委组织应该发挥的对思想、人力和组织资源的整合治理效能得不到充分体现，导致陆疆地方政府职能转变的速度和力度明显跟不上时代急剧变化的要求，以致政企不分、政社不分、政事不分现象难以消除，导致陆疆社会和市场力量得不到充分开发，极大地阻碍了通往陆疆善治之路。陆疆合作型治理尤为强调处于陆疆治理主导地位的各级党委政府，与处于陆疆社会层面的民间组织、企业组织和广大各族群众之间，实现对国家利益和陆疆各族群众根本利益的相互认同，而这种认同须通过构筑一种平等协商、互相支持、互相信任的合作治理关系得以巩固和发展，这是通向陆疆善治目标的必经之路。

三、陆地边疆合作型治理模式的建构

1. 政府与政府的协同模式

作为陆疆合作型治理模式的一种基本形态，政府与政府的协同治理大致可分为纵向、横向、纵横向交错等三种类型，具体包括中央政府与陆疆地方政府之间的协同治理、不同陆疆地方政府之间的协同治理、发达地区政府与陆疆地方政府之间的协同治理、陆疆地方政府内部各部门之间的协同治理。协同合作是合作治理的最高形态，首先要求不同主体有彼此理解、支持、认同的共同目标，其次要求合作主体实质上的主动参与而不是形式上的被动参与。按照这个标准审视，目前陆疆合作型治理中的政府间协同关系主要还是依赖于被动式的自上而下的行政命令来建构，而主动式的自愿组合的协同关系并不是很普遍。

政府与政府的协同模式，本质上是国家政权系统内部各个子系统的强强联合。根据当前我国陆疆治理的相对落后状况，在较长时期内尚不可能照搬照抄西方发达国家甚至国内发达地区政府治理创新的路径和方式，由国家政权系统集中掌控和调配陆疆治理资源的模式，仍将继续主导陆疆治理过程，自然而然，政府与政府的协同模式也就成为陆疆合作型治理模式的核心形态。陆疆合作型治理视野下的政府间协同模式，内涵十分丰富，首先包括一般意义上的中央政府与陆疆省区政府之间的协同、陆疆地方政府之间的协同等。中央政府和陆疆省区政府之间纵向协同的中心任务，主要集中于国家重大陆疆战略的监督落实和政策反馈。陆疆地方政府之间的横向协同可以说是一种竞争和合作关系的结合体。在区域性问题已成为陆疆问题主流的背景下，某个陆疆地方发生的社会问题可能会牵涉到多个陆疆地方政府的辖区，从而产生连锁效应，"画地为牢"式的治理是陆疆合作型治理模式必然排斥的。"如果说纵向的地方政府间关系具有政治与行政意义的话，那么横向间政府关系主要具有经济意义"①。除了一般意义上的不同政府层级和部门之间的协同，发达地区政府和陆疆地区政府之间以对口支援为支点的协同关系应当是重点建设的合作类型。对口支援的初衷是中央政府运用强大的集中动员力量，从特殊年代"举全国之力支持东部地区率先发展"的第一个大局向新时期"举全国之力支援陆疆地区加快发展"的第二个大局转变的重大战略调整。实际上，这个层面的政府间协同模式，远远不止发达地区对陆疆落后地区倾力援助单向度内涵，更多地应当是双方通过协同合作实现互利共赢的双向模式，因为双方之间的合作共赢有着相当广泛的基础，一方面，发达地区往往拥有雄厚的经济实力、高端的人才和技术、成熟的治理经验等优势；另一方面，陆疆地区具有广阔的市场空间、富足的旅游文化资源、富余的劳动力等优势。因而，发达地区和陆疆地区的政府间协同合作，应当转变一味予以政策倾斜、财政补助、对口援助等单向度模式，从而树立平等协商基础上的互利共赢、彼此依存、有机互动、优势互补式的双向度甚至多向度模式，这正是陆疆合作型治理模式的内在要求。

2. 政府与社会的共治模式

政府与社会的共治模式本质上是治理主体和治理客体之间关系的重新调整，作为一直以来被动接受政府治理的社会组织、群体或个人，愿意与政府一道共同关切社会变化、共同解决社会问题，从传统社会里的消极被动态度转变为现代社会里的积极主动态度，从等级森严的官民对立身份转换为鱼水关系的官民平等身份。作为陆疆合作型治理模式的一种基本形态，政府与社会共治的根本要求，即要求在陆疆治理这出大戏中，陆疆地

---

① 林尚立：《国内政府间关系》，浙江人民出版社1998年版，第24页。

方政府系统不再扮演"自编自导"的独角戏,而是要通过搭建"舞台",吸引和调动潜藏在陆疆社会内部的多元角色共同参演,陆疆治理这出大戏的演出才会精彩纷呈,缺乏陆疆社会自身参与其中的角色扮演,好比釜底抽薪,得不到陆疆社会的普遍响应和认同。

陆疆合作型治理视野下的政府与社会共治,至少包含两层含义:一是陆疆地方政府对陆疆社会内部资源力量的最大开发;二是陆疆地方政府对陆疆社会本身组织力量的充分吸纳。就前者而言,陆疆社会内部蕴藏着丰富且有特色的情感、文化、道德等资源力量,比如随地缘、血缘和亲缘关系带来的情感纽带力量,随民族风俗而来的传统文化认同力量,随宗教信仰而来的道德规范力量。在陆疆合作型治理过程中,如果陆疆地方政府对陆疆社会内部蕴藏的资源力量不加以深入认识并合理利用,而只是一味地运用由公共权力派生出来的法律规制和制度约束力量的话,不仅会造成陆疆治理成本成倍增加,还会造成既有陆疆治理成效的倒退。就后者而言,陆疆社会内部广泛存在着发挥陆疆治理实际功效的民间组织,这些民间组织一般以民族、家族、宗教、习俗、兴趣、爱好、利益等为凝聚媒介,把陆疆社会不同的人群联系在一起,具有不可忽视的组织力量。考察过往的陆疆治理历史,民间组织发挥的功能好比一把双刃剑,积极的一面可以成为政府治理的最佳助手和合作伙伴,消极的一面体现在部分带有政治或宗教色彩的陆疆民间组织,极有可能受国外反动势力或宗教极端势力的赞助,打着慈善组织的旗号行分裂破坏之实。审视陆疆民间组织的发育现状,大致呈现出官方依附性强、管理规范性不强、发育不够健全有序、分布不够均匀合理等几大基本特点,这些特点表征着陆疆民间组织不够成熟的现状,这就意味着陆疆地方政府和陆疆民间组织的合作缺乏坚实的基础,陆疆社会的自治能力难以真正体现于陆疆合作型治理过程之中。因而,陆疆地方政府与陆疆社会之间的共治模式,不应当再是过去那种纯粹的主导与依附、主体与客体的主从关系,也不应当再是曾经长期存在的"一山不能容二虎"的零和博弈关系,而应当是一种优势互补、互相支持、互相促进的双赢博弈关系。

3. 政府与市场的互补模式

从资源配置层面而言,计划可以视为政府系统的专属手段,正好与注重自由配置资源的市场手段，组成一对相互对应、相互补充的资源配置手段，计划手段可以克服市场的混乱局面及其外部效应，市场手段则可以克服政府计划的刻板性并激发政府计划的活力。陆疆合作型治理模式之所以必须以政府与市场的互补作为其基本方式，主要基于政府失灵和市场失灵的客观存在，而且许许多多的国家治理案例已反复佐证一个客观事实：政府的失灵可以借助市场力量加以有效克服，市场的失灵则可以通过政府计划力量加以有效克服。

众所周知，市场力量的规范、健康和强大，与完善的交通设施、雄厚的资本实力、丰富的资源条件以及众多的人口基础等几大基本要素密不可分，而这些却是市场本身无法自动产生的，需要通过政府持续制定和实施发展战略规划得以产生。当前，大多数陆疆地区交通条件落后、地广人稀产业弱的特征仍旧突出，造成自身的市场力量始终得不到壮大，市场规范体系也不太完善，以至于一些陆疆基层政府在面对外来市场力量的滚滚而入时，常常显得准备不足、措手不及。此外，由于陆疆的内生市场主体竞争力的不足，加之当地政府对市场体系规范的不到位，容易造成外来市场主体对陆疆资源的新一轮剥夺，产生市场利益分成不均衡和解构传统道德信用体系的双重负面效应，从而增加陆疆地区民族纠纷和社会事件的发生几率及复杂程度。因而，构筑陆疆地方政府和陆疆市场力量的互补互促关系，是陆疆合作型治理模式的题中之义。

市场力量的壮大不仅可以激发陆疆地方政府的创新动力和活力，其本身也是陆疆多元合作治理主体结构的重要一极，因为在广阔的陆疆地区建立起完善的市场体系，就会吸纳大量的人才到陆疆去创业，进而带来陆疆的产业发展、经济实力的提升、人口基础的巩固等积极治理效应。客观而言，山区阻隔和民族传统一方面造成了陆疆地区的交通不便、观念落后、发展滞后、地广人稀，另一方面辽阔陆疆却保留了大量未受人为破坏和改造的原生态自然风貌，加上丰富多彩、原汁原味的民族风情和人文特征，潜藏着无法估量的适合开辟旅游市场的自然和人文资源。当前，在国家日益重视陆疆这块巨大的市场空间之时，如若举全国之力对偏远陆疆地区的交通设施加以改善，最大化地挖掘陆疆旅游资源和民族文化资源的潜能，必将产生难以估量的旅游经济效益，也将吸引大量的外地人到陆疆开发旅游文化产业、从事商品贸易，经济的繁荣辅之以宜人的环境，也必定会留住大量的外地人才，陆疆治理现代化也会由此加速推进。因此，陆疆地方政府在有效保护当地原生态的自然和人文风貌的基础上，在陆疆自然资源能够承载的合理范围以及陆疆民众能够承受的心理界限内，更要以一种海纳百川的包容态度和用于进取的开拓精神，挖掘利用和建立健全具有陆疆特色和优势的市场体系，实现政府计划力量和市场力量的互补互促，这方是陆疆合作型治理之道。

4. 政府与公众的互信模式

政府与公众的互信模式是陆疆合作型治理的实施前提。如果陆疆地方政府与各族群众之间互信关系缺失，必然形成"塔西佗陷阱"，造成政府合法性流失，执政和行政成本急剧上升，还易诱发政治动荡。随着市场经济深入发展，社会利益分化日益严重，陆疆各族群众的利益需求也呈复杂化、多样化和个性化特点，需要地方政府主动拓宽吸纳公众政治参与的制度化渠道，真切地回应各族群众的愿望和需求。如果仍然坚持以往单向灌输式的社会需求满足模式，可能造成群众与政府之间的认知错位，导致官民互信程度下降。一方面各族群众的多样化、个性化和合理化利益诉求难以满足，另一方面地方政府公信力下降。

当前，很多陆疆地区由于交通基础设施极其落后，群众到县乡政府办事都很不方便。在有些地方群众要带上干粮花上很长时间徒步十几公里甚至几十公里山路。有时却因部分政府机构或公务员的官僚主义习气而遭到拖延或推诿，造成群众对基层政府及其公务员的失望，严重损坏了地方政府的形象。一旦陆疆基层政府在当地群众中一次次造成不良影响，而政府对自身工作作风毫无反省和改进，则很快失去群众的信任。近些年来，很多陆疆社会发生的冲突事件和民族宗教矛盾，就是由于基层政府与当地群众之间长期的沟通不畅和互信不足酝酿而成的。一旦基层政府与公众之间的互信关系受损，基层政府就会缺乏与公众开展合作治理的信心和意愿，转而一味迷信各种强制性的维稳手段，简单地推行规制主义的治理方法，反而加剧了政府与公众的相互不信任，从而形成一种恶性循环。与此同时，一旦陆疆各族群众对陆疆基层政府的不信任心理愈加严重，就会形成"大闹大解决、小闹小解决、不闹不解决"的这样一种与政府打交道的非理性方式。

政府与公众的相互信任模式既是陆疆合作型治理模式的一种基本形态，更是陆疆合作型治理模式的主要动力源泉，因为只有贴近民众最真实需求和满足民众最真挚情感的合作治理，才是最为有效的深度合作。陆疆地方政府应该"高扬以人为本的治理理念，主张以边疆各族群众最关心、最直接、最现实的重要需求为施政的出发点，制定和推行最能够满足各族群众合理需要的公共政策，充分体现出对各族群众的尊重、关心和爱护，以此培植各族群众对党和政府的认同感、对各民族间生死与共的血脉感、对国家的忠诚感、对边疆加快发展的使命感和责任感，形成完整健康的情感纽带，提高边疆治理的效能"[①]。陆疆合作型治理视野下的政府与公众互信模式，可以从显性和隐性两个层面对政府与公众的互信关系予以建构。其一，通过正式的法律规制把政府的权力边界与责任界限、公民的权利范围与义务内容明确规定下来，为政府与公众间的良性互动创造一个公开、透明、规范的制度环境，从而建构一种显性层面的互信关系。其二，隐性约束力量即非正式的软约束力量，要通过深入推进社会主义核心价值观及其引导下的主流文化在陆疆地区的广泛传播，积极正面地调动陆疆社会内部潜藏的隐性约束力量，发挥传统文化、民族习俗、宗教信仰、道德准则等非正式的软约束力量，最终实现显性互信和隐性互信的兼容并蓄。

---

① 方盛举：《论我国陆地边疆的情感型治理模式》，载《云南行政学院学报》，2013年第5期。

当代中国族际关系的特点和走向

| 周 平 |

族际关系对于当代中国来说，无疑是国内最为重要的社会关系和政治关系，对国家的统一、稳定和发展发挥着根本性的影响。客观地认识和准确地把握这一关系的性质、特点和走向，在理论上和实践上都具有重大的意义，直接关系着相关政策的制定和执行。也正因为如此，在族际关系或民族关系的话语中对其进行的研究都蔚为可观，取得的成果也相当丰厚。然而，细究便会发现，目前研究中的绝大部分是从民族理论政策的角度和具体的民族群体的角度进行的，现行的理论和政策以及相关民族群体的利益总是渗透于其中；从国家社会政治关系的总体格局和国家治理角度对其进行的研究，不说是付之阙如也是十分薄弱，不利于对其进行全面的认知和把握。为了有利于从总体上认知和把握当代中国族际关系的总体面貌，进而从国家治理现代化的角度探讨族际关系问题的治理，本文拟从国家社会政治关系总格局和国家治理的角度，对当代中国族际关系进行分析和讨论。

一、当代中国族际关系的背景和实质

对于任何一个国家来说，国家内部的族际关系都是在一个特定的历史背景和政治框架内形成并受其深刻影响的，超越于具体历史条件的族际关

---

* 本文原载《学术界》，2016年第1期。

系并不存在。当代中国的族际关系,是在当代中国特定的社会历史条件下形成的,其内涵、性质和特点及其走向,都必然受到这样的社会历史条件的深刻影响。

当代中国的族际关系,是在"民族"概念被引入中国以及中国民族国家构建的特定历史背景下形成和演变的。脱离这个特定的历史背景,抽象地谈论当代中国的族际关系,就无法准确把握其实质,也无法得出合理的结论,还会出现偏颇或误读。

"民族"是一个被广泛使用的重要概念。但它的形成、运用和发展,都与特定社会历史条件不可分割地联系在一起,并因此而形成了特定的内涵。追溯"民族"概念形成和运用的历史不难发现,作为一种概念工具来使用的"民族",或者说,作为描述概念和分析概念来使用的"民族"概念,首先形成并流行于西方。并且,它的形成和广泛使用,都与民族国家(nation-state)的构建和普遍化及民族国家世界体系的形成不可分割地联系在一起。所谓的"民族",即与"state"连在一起的"nation",也被界定为"国族"。在当代中国具有广泛影响的斯大林的民族定义,指的就是这样的民族。① 20 世纪中叶以后,随着"民族"概念越来越多和越来越广泛的运用,一些国家内的历史文化群体或族裔群体受到关注。这些群体与"民族"概念描述和分析的群体相比,既有很大的相似性,又存在本质的区别。西方学界为了避免民族概念的多重使用导致的歧义和混乱,"有一些人便把目光转向想象中更加中性的概念:民族群体(ethnic group)"②。当时的学者认为:"一个民族群体(ethnic group)所包含的是自认为是同族的人。他们由感情的联系结合在一起,并且关心保持他们自己的生活方式。除了极少数的例外,他们操同一种语言,至少他们所说的话彼此能懂,而且他们还有共同的文化传统。"③ 此后,"族群"(ethnic group)概

---

① 关于"民族"概念的形成和使用,可参阅作者在《全球化时代的民族与国家》(载《学术探索》,2013 年第 10 期)和《中华民族的性质和特点》(载《学术界》,2015 年第 4 期)两篇文章中所作的分析和说明。
② 〔美〕辛西亚·K.马穆德、沙伦·L.阿姆斯特朗:《民族群体存在么?》,艾石译,载《民族译丛》,1993 年第 6 期。
③ 〔美〕M. G. 史密斯:《美国的民族集团和民族性——哈佛的观点》,何宁译,载《民族译丛》,1983 年第 6 期。

念逐渐被广泛使用。

"民族"这一重要概念于19世纪末被引入中国后，旋即在国内引起了强烈的关注。但是，"民族"概念在中国当时特定的政治和历史文化环境中的运用，却遇到了与西方完全不同的问题：一方面，中国历史上的各个以历史文化为纽带的稳定群体（简称为"历史文化群体"），虽然在交往交流中逐渐交融（鸦片战争后各个历史文化群体凝聚为统一族体的进程不仅速度加快，而且逐渐自觉），但毕竟没有融合为统一的族体单位。当时的中国并未形成一个与"state"结合在一起的"nation"，即国族。另一方面，统一国家内具有族体属性的历史文化群体却广泛存在，一些规模较大的历史文化群体在社会和政治生活中的影响还十分突出。而且，延续数千年的王朝国家已经走到了崩溃的边沿。在这样的一个特殊的政治和历史文化环境条件下，到底如何使用"民族"概念，就面临着一个"历史的困惑"。

梁启超于1902年在《论中国学术思想变迁之大势》中提出"中华民族"概念①以后，中国在"民族"概念运用中的困惑和纠结就集中体现于"中华民族"概念的使用上："中华民族"是指一个具体的历史文化群体还是一个各个历史文化群体凝聚而成并以"中华民族"为族称的民族实体？中华民族是一个还是多个？"中华民族"概念出现后，围绕上述问题的争论就一直持续。就连梁启超本人最初使用"中华民族"概念时，也是有时指汉族有时则指中国历史上所有的民族群体。1905年，他才在《历史上中国民族之观察》中明确提出："中华民族自始本非一族，实由多民族混合而成。"②

关于"中华民族"的概念之争，又是在一个特定的历史背景下展开的，并因此而具有了特定的内涵。这个特定的历史背景就是，日本帝国主义的入侵，使正在凝聚为中华民族的各个历史文化群体都面临着亡国灭种的危险——"中华民族到了最危险的时候"。在这样的情况下，中国境内所有的历史文化群体、所有中国人，都在用自己的血肉筑起抗击日本帝国主义的新的长城的过程中加速了内部的凝聚。随着抗日战争的不断深入，

---

① 梁启超：《饮冰室合集·文集》之七，中华书局1989年版，第21页。
② 梁启超：《饮冰室合集·专集第十一册》，中华书局1936年版，第4页。

这种凝聚的深度和广度也在不断提高。抗日战争后期，一个认同于"中华民族"族称的民族实体就逐渐浮出了水面。"中华民族"概念涵义的演变，正好就是这个特定历史过程的反映或折射。

在上述历史进程不断推进的背景下，"中华民族"概念的内涵也逐渐清晰了起来。这突出地体现于 20 世纪 30 年代那次影响广泛而深远的论战之上。1938 年吴文藻基于"多元文化"与"政治一体"的观点，提出了中国存在多个民族的观点。傅斯年则针锋相对地提出："中华民族是一个"，绝不宜多讲民族。历史学家顾颉刚也发表了"中华民族是一个"的文章，明确提出："凡是中国人都是中华民族——在中华民族之内我们绝不该再析出什么民族——在今以后大家应当留神使用这'民族'二字"，并强调指出："我们决不能滥用'民族'二字以招分裂之祸。'中华民族是一个'，这是信念，也是事实。"① 经过广泛而激烈的争论，"中华民族是一个"的观点得到了广泛的认可，也得到了国民政府的明确肯定。蒋介石 1943 年 3 月 10 日发表的《中国之命运》中也指出："由于生活的互赖，与文化的交流，各地的多数宗族，到此早已融和为一个中华大民族了。"② 这场影响广泛的争论表明，在抗日战争的末期中华民族已现雏形，中华民族的意识已经觉醒，中华民族是一个以及中华民族才是中国的"nation"的观点已经处于主导的地位。

中华民族凝聚为一体和中华民族在历史上的凸显，又是在中华民族国家构建的历史进程中实现的。民族国家并不是由国家的民族构成而界定的国家类型或形态，而是国家形态演变过程中的一种形态或类型。它首先形成于西欧，随后便由于被越来越多的国家采纳或效仿而拓展到了全球，进而成为世界范围内的主导性国家形态。从民族国家的形成来看，民族性、主权性、人民性是三个基本特征。但就其本质而言，民族国家是一套保障民族（"nation"，也即一个的全体国民）认同于国家（"state"）的制度框

---

① 顾颉刚：《中华民族是一个》，见刘梦溪主编：《中国现代学术经典——顾颉刚卷》，河北教育出版社 1996 年版，第 785 页。
② 蒋介石：《中国之命运》，正中书局 1943 年版，第 3 页。

架。民族国家遍及全球以后，便逐渐形成了一个民族国家的世界体系。①

作为一个历史和文化都十分悠久的国家，中国在公元前 21 世纪就建立了国家政治共同体——"夏"，并形成了自己富有特色的国家形态演变进程。秦统一中国后，王朝国家便成为主导性的国家形态。但是，鸦片战争以后随着民族国家世界体系的建立，以及西方民族国家凭借体现民族国家力量的大炮和体现资本主义经济力量的商品而冲破古老王朝国家闭关锁国大门以后，历史便把一个艰难的历史抉择抛到古老中国的面前：如果继续保持自己的国家体制，就会孤立于民族国家的世界体系之外，并有可能沦为民族国家强国的殖民地；如果采取民族国家体制，中国自己国家形态演进的进程就会中断，自己的国家发展传统就会改变。最终，中国选择了民族国家，并于 20 世纪初开启了民族国家构建的进程。

中国的民族国家构建，经历了半个世纪，具有十分丰富的历史内涵。其中，一个以"中华民族"为族称的民族共同体的形成、中华民族的独立和解放、保证民族（即全体国民）认同于国家的政权和制度的建立，是三个根本性的环节。这三个环节又是通过中华人民共和国的成立而最终实现的。中华人民共和国的成立，实现了中国民族国家的构建。中华人民共和国就是中华民族的民族国家。② 同时，中华人民共和国的成立，也实现了中华民族与国家的结合，使中华民族具有了国家的形式、披上了国家的外衣，成为了与"state"结合在一起的"nation"，成为了国族。

中华人民共和国成立后，作为国族的中华民族屹立于世界的东方、自立于世界民族之林。但是，由于历史和文化因素的影响，中华民族与最早出现于西方的民族"nation"之间也存在着重大的差异。中华民族是由历史上形成的各个民族群体组成的，具有明显的结构性特征。③ 执政党和政府又进一步强调了组成中华民族的各个历史文化群体的意义，在理论上和

---

① 关于民族国家的形成、性质和特点，可参阅笔者的《对民族国家的再认识》（载《政治学研究》，2009 年第 4 期）和《民族国家与国族建设》（载《政治学研究》，2010 年第 3 期）等文章。
② 关于中国民族国家的构建，可参阅作者的《论中国民族国家的构建》，见《当代中国政治研究报告Ⅵ》，社会科学文献出版社 2009 年版。
③ 关于中华民族的结构问题，可参阅作者的《中华民族的性质和特点》，载《学术界》，2015 年第 4 期。

政策上将这些群体明确界定为"民族",并赋予其相应的权利,进而据此构建了相应的国家制度——民族区域自治制度。① 在组成中华民族的各个群体被界定为民族的情况下,当代中国也被界定为多民族国家。② 为了与西方资本主义国家的民族国家形态划清界限,中国的多民族国家性质又被进一步夸大了。正如有学者指出的那样:"经典作家指出了'民族国家'是资本主义时代的国家形态,而对此教条化地理解就可能产生社会主义国家并非'民族国家'的误解。"③

在明确了统一的国家政治共同体之内组成中华民族的各个历史文化群体之"民族"地位的基础上,执政党和政府便通过一系列的政策和具体的工作来协调族际关系,从而便构建起了一种具有特定内涵的"国内族际关系"。这样的族际关系,在官方的话语中也就被定义为"国内民族关系"。这样一种体现着执政党意志并具有明显构建性质的族际关系或民族关系,在实践中又被进一步聚焦和定位于主体民族与少数民族的关系④——这样的定位对中国族际关系的构建和发展都产生了十分深远的影响。

但是,这样的族际关系并不是"nation"与"nation"之间的关系(汉族与少数民族的关系与"'nation'与'nation'之间的关系"更是相去甚远),而是民族国家内部组成国族"nation"的各个民族群体之间的关系;这样的关系与历史上各个民族群体之间的关系,既有千丝万缕的联系,也存在着本质的区别。中国历史上的各个民族群体,在凝聚成统一的中华民族之前,不仅具有历史文化群体的特殊性,也有着相当程度的政治

---

① 新中国成立之初各地建立人民民主政权的过程中,少数民族聚居区新成立的人民民主政权,基本上都采取了民族自治区的形式,从而在全国范围内形成了省级、地市级、县级和乡级自治区并存的局面。"五四宪法"颁布以后,民族自治区才被规范为省级的自治区、地市级的自治州、县级的自治县,形成了三级自治。

② 民族国家是国家形态演进过程中的一个阶段或一种形态,本质上是一套保障民族认同于国家的制度体系。而多民族国家则是构建国家的民族构成或族群构建而界定的一种国家类型,它们并不构成一个对子,它们之间的关系,并不是非此即彼的关系。

③ 郝时远:《关于中华民族建构问题的几点思考——评析"第二代民族政策"说之五》,载《中国民族报》,2012年4月20日。

④ 宪法关于"在维护民族团结的斗争中,要反对大民族主义,主要是大汉族主义,也要反对地方民族主义"的表述,明确将当代中国的族际关系或民族关系聚焦于汉族与少数民族的关系。

自主性，因而在王朝国家政治共同体中能够"你来我去、我来你去"①。但是，它们组成中华民族并建立了中华民族的民族国家以后，便实现了"分布上的交错杂居、文化上的兼收并蓄、经济上的相互依存、情感上的相互亲近，形成了你中有我、我中有你、谁也离不开谁的多元一体格局"②，并且受到民族国家体制的硬性约束。对于共处共建的民族国家政治共同体来说，各个群体已经不具有"你来我去、我来你去"的权利和可能性。

这样一种在民族国家政治共同体内形成和存在，以及作为国族的中华民族之成员的民族群体之间的关系，必然要受到国家政治共同体和中华民族的双重约束。这样的族际关系如果忽视或不顾这样的约束而追求自身的发展，就会对统一的国家政治共同体和国族形成冲击，进而对国家的统一、稳定和国族的巩固形成直接挑战。而如果将这样的族际关系与国族意义上的民族关系和中国历史上的族际关系等量齐观，就难免会在族际的认识和定位问题上出现错位。

二、族际关系协调及新型族际关系构建

在当代中国族际关系形成的同时，执政党和政府对族际关系的协调工作便开始了。其实，族际关系的形成和族际关系的协调，本身就是一种相辅相成的关系。正是执政党和政府对族际关系高度重视，并且通过民族工作等对族际关系进行卓有成效的协调，族际关系才真正凸显为当代中国最为重要的社会政治关系。

族际关系的协调以及新型族际关系的构建，在新中国成立后之所以如此迅速地被提上议事日程，并通过民族工作迅速地展开起来，一是由于族际关系是非常重要的社会政治关系，对于国家的统一和稳定发挥着基础性影响；二是族际关系与执政党和新生的人民政权面临的紧迫的政治任务的落实之间存在着高度的关联性。在这样的条件下，执政党和政府必须采取有效的措施来协调族际关系，从而为党和政府面临的各项任务的实现创造条件。

---

① 费孝通：《中华民族的多元一体格局》，载《北京大学学报》，1989年第4期。
② 习近平在2014年中央民族工作会议上的讲话。

当代中国族际关系的协调，是在民族工作的总体框架中谋划和实施的。民族工作是中国共产党在领导新民主主义革命实践中为应对与少数民族有关的问题而创造的工作机制和开拓的工作领域。新中国成立后，执政的中国共产党把这项工作置于国家建设的总体格局中，使其具有了党的工作和国家活动的双重属性——"党和国家的民族工作"的官方用语就充分表达了这一点。在这样的条件下，民族工作的内涵进一步丰富，地位也得到进一步的提升和凸显——"民族工作无小事"的警句就是一个生动的说明。执政党和政府高度重视的民族工作，重心仍然是处理有关少数民族事务①，着眼点或目标则是协调族际关系——核心是少数民族与主体民族的关系。

在民族工作的总体框架中实施的族际关系协调和构建，由于受到不同历史时期社会历史条件和党的工作重心的影响，其采取的具体方式和工作力度都有很大的变化。在某些时候，如"文化大革命"中，还会受到冲击并遭受挫折。但从执政党、政府协调和构建族际关系的政策及实施的整个过程来看，以下几个方面的工作十分突出且具有根本性的意义：

一是疏通民族关系。王朝国家时期在国家疆域逐渐扩大和疆域整合的过程中，数量众多的民族群体融入到王朝国家政治共同体当中，但民族群体间的关系总体上较为紧张，中央政权与边远地区的民族群体的关系存在着明显的隔膜，中央政权也未能将统治直接深入边疆的少数民族地区。新中国成立以后，党和政府要在这些地区开展工作，就必须首先疏通民族关系，这成为党和政府开展各项工作的前提。邓小平在当时指导西南多民族地区的工作时就说过："所有这一切工作，都要掌握一个原则，就是要同少数民族商量。他们赞成就做，赞成一部分就做一部分，赞成大部分就做大部分，全部赞成就全部做。一定要他们赞成，要大多数人赞成，特别是上层分子赞成，上层分子不赞成就不做，上层分子赞成才算数。"② 因此，

---

① 费孝通在回忆其民族研究的经历时说过："在我开始参加民族研究的那一段时间里，我们一提民族工作就是指有关少数民族事务的工作。"费孝通：《代序：民族研究——简述我的民族研究经历》，见费孝通主编：《中华民族多元一体格局》（修订本），中央民族大学出版社1999年版，第11页。

② 国家民委政研室编：《中国共产党主要领导人论民族问题》，民族出版社1994年版，第59页。

执政党和政府通过大量的民族工作,采取做好事、交朋友等同情、帮扶的措施,着力疏通民族关系。这不仅为当时党和政府各项工作的开展创造了条件,也为民族关系的进一步调整奠定了基础。

二是进行民族识别工作。把历史上形成并长期存在的历史文化群体界定为"民族",既是当代中国族际关系的支点,也是实施族际关系协调的基础。因此,为了全面开展族际关系协调,执政党和政府开展了大规模的民族识别工作,把未被认可的历史文化群体识别出来,并确定为"民族"。这样的民族识别工作,一共进行过三次。第一次民族识别是在新中国建立至1953年进行的,第二次是1954—1964年,第三次是1965—1979年。各个群体被识别出来以后,执政党和政府便将它们确定为"民族",给予其固定的族称和相应的政治待遇,通过具体的法律和政策规定其社会地位、政治地位和政治权利,帮助其实施民族区域自治,并在人大代表、政协委员、公职人员名额、高校招生等等方面给予优待。① 在这项影响深远的社会政治工程中,共识别出56个民族,并因而确定了当代中国的"民族格局"。

三是制订和实施一系列民族政策。在疏通族际关系和确定"民族格局"的同时和基础上,执政党和政府便制订了一系列的政策,保障少数民族的各种作为"民族"而享有的权益,促进少数民族自身和民族地区的发展。这些政策涉及立法、政治、行政、社会权利、经济、社会、文化等多个方面,内容十分丰富。从具体的内容来看,又分为政治政策、干部政策、经济政策、文化政策、教育政策、社会政策等。党和国家这些以协调民族关系为主旨的政策,被统称为"民族政策"。各种各样的民族政策构成一个完整的民族政策体系,旨在协调复杂的族际关系,进而促进新型的族际关系的构建。

以上几个方面的工作,虽然各有自己的内涵和特点,却不是相互孤立和相互割裂的。相反,它们是在民族工作的总体框架下相互贯通、相互融合,并长期持续。与此同时,族际关系协调和构建的长期持续,也将其所

---

① 在开展民族识别以前,"少数民族"基本上是一个统称概念,用以指称那些相对于汉族来说虽然种类繁多但人数较少的各个历史文化群体。民族识别开展以后,"少数民族"更多地被用作单称,用以指称汉族以外的各个民族群体。

蕴涵的价值取向充分地显露了出来。

　　蕴涵和内含着某种偏好或价值取向，是人类活动的基本特征，尤其是组织行为的基本特征。中国族际关系的特定结构为族际关系协调的价值选择提出了两种可能性：一是取向于国家或国族，二是取向于民族群体，其中又可区分为取向于主体民族群体，或取向于少数民族群体。从当代中国族际关系协调的长期实践来看，所包含的价值取向是明显的，这就是同情和关心处于弱势地位的少数民族群体，在关心、支持和帮抚的过程给予它们更多的利益，从而达成协调族际关系和构建新型族际关系的目标。如果说，取向于国家或国族的族际关系协调可以称之为"国家主义"取向的话，那么，取向于民族群体尤其是少数民族的族际关系协调便可谓之为"民族主义"取向。① 也正是这样的价值取向，决定着当代中国族际关系协调和构建的总体面貌和走向。

　　执政党在族际关系协调和构建中之所以确定并秉持这样的价值取向，有其深刻的历史和现实根据：首先，这是党在新民主主义革命时期的工作方针的延续。在新民主主义革命时期，党的文献中的"少数民族"概念与共产国际所说的"被压迫民族"、"弱小民族"概念是一致的。② 同情、关心"少数民族"，是党动员一切受压迫的人民和群体起来推翻旧制度的工作的一个重要组成部分。党长期坚持的这个方针，自然会延续到革命胜利后的工作当中，不仅把族际关系定位于主体民族与少数民族的关系，而且通过对少数民族的帮扶来协调族际关系。其次，这也是党开展工作的现实需要。新中国成立后，执政党肩负着国家重建和社会重建的一系列紧迫任务。面对历史上形成的十分复杂且矛盾重重的族际关系，这样的价值取向是打开局面并推动工作的不二之选。最后，这与党对马克思主义经典作家有关民族和民族问题论述的理解直接相关。在民族或族际关系上，我们基本是将把中国的各个民族群体等同于经典著作中的"民族"的，并进而形成了一套独特的民族观和民族理论。

---

　　① 这里所谓的"民族主义"只是标明族际关系价值取向特征的一种表达方式，与意识形态意义的"民族主义"存在着根本的区别，不能将两者混淆起来。

　　② 详见杨思机：《"少数民族"概念的产生与早期演变——从1905年到1937年》，载《民族研究》，2011年第3期。

新中国成立以来的族际关系协调和新型族际关系构建,从总体上看是成功的。一方面,它化解了许多历史上长期形成、存在并给中央政权造成极大困惑且制约着国家稳定和发展的族际关系矛盾,疏通了民族关系。另一方面,它在根本上改变了历史上形成的少数民族的受压迫地位和促进少数民族群体发展的基础上,构建了以平等、团结为本质特征的新型民族关系。而这样的族际关系变化,又产生了一系列积极的政治社会后果。首先,它为执政党各项政治任务的实现创造了条件。在族际关系改善的情况下,执政党在边疆多民族地区建立了人民政权,实现了各项社会政治任务;其次,执政党成功地将一些地区长期存在的少数民族的地方政权纳入到国家政治体系之中,实现了国家制度的统一,完成了民族国家构建的任务;再次,族际关系的协调和新型族际关系的构建,为国家的统一和稳定创造有利的条件;最后,有利于边疆多民族地区的开发和建设,促进了这些地区的发展,增强了国家的实力,筑牢了国防的基础。

　　不过,族际关系的协调和新型族际关系的构建,也带来了一个必然性的后果,那就是国族的结构性特征被进一步强化而变得更加突出、更加刚性。最早构建和采取民族国家制度体系的欧美国家,支撑其民族国家制度体系的国族是由同质化的公民构成的,内部是高度均质化的。在移民大量存在和不断增多的情况下,日渐增多的移民及其后裔聚众成族的现象越来越严重,这些新的族类群体也提出了关于社会地位和政治利益的诉求,但国家并没有承认其民族的地位,至多只是将其作为族群看待。在这些国家中,民族即国族与公民之间并不存在一个享有特殊政治和法律地位的"民族"。而中国的国族中华民族是由各个历史文化群体组成的,这样的群体又被当作民族来界定并享有特殊的地位和权利。因此,中华民族就具有明显的结构性特征,成为"民族的民族"。着眼于各个群体的民族地位和权益的族际关系协调和新型族际关系构建的长期持续,自然地使中华民族的结构性特征更加突出、更加刚性。

三、族际关系发展和演变出现了新问题

　　中华人民共和国成立后,族际关系便在统一的国家政治共同体和中华

民族的总体框架下形成、展开和演变。除了族际关系自身的演变之外，富有特色的族际关系协调和构建的持续推进，进一步加快和加深了族际关系的主体及族际关系本身的变化。20世纪末期中国现代化的快速推进和中国融入全球化的进程，又使族际关系的发展演变置身于新的环境之中，并加入了新的变量。

从族际关系演变的角度来看，中国近40年来快速的现代化无疑是一个根本性的变量。在改革开放的推动下，中国现代化进程明显加快，而且很快就由国家现代化拓展为社会现代化，并深入到了社会的每一个层面和角落。现代化中的城镇化、工业化、信息化，以及国民教育的普及和民众受教育程度的提高等结合在一起，就形成一个持续的解构性力量，使传统的生产方式、生活方式和交往方式发生渐进但却持续的改变，从而把古老而传统的中国推入快速转型的进程中。迅速变化的和日渐多元化的社会，使民族群体和族际关系置于一个全新的与新中国成立之初不可同日而语的环境中。

另外，中国的现代化是在全球化加速推进和全球化时代凸显的背景下进行的。脱离全球化进程，中国快速的现代化就无法得到合理的解释。换一个角度来看，中国的快速现代化正是全球化带来的巨大变化的一个侧面。全球化所带来的人口快速、大规模和全球范围内流动以及人类交往在广度、深度和速度上的巨大改变，对人们在交往过程中聚众成族的过程持续发挥着巨大的影响，从而在全球的范围导致了民族过程的深刻变化。在这样的民族过程中，不论是民族的聚合过程还是离散过程都发生了重大的改变。传统的族群观或民族观正在受到严峻的挑战。① 置身于全球化进程中的中国，族际关系的发展和演变也不可避免地受到了深刻的影响。

当代中国正在变化着的族际关系加入了新的变量以后，不仅发展和演变的速度在明显加快，而且出现了一系列新的现象。

第一，民族群体的形态发生了重大的变化。当代中国的族际关系，本质是民族群体之间的关系及其互动，民族群体是族际关系的基本主体。民族群体自身的演变和变化，是族际关系发展和演变中不可忽视的问题。而

---

① 关于全球化时代民族过程的新特点，可参阅笔者的《全球化时代的民族与国家》，载《学术探索》，2013年第10期。

当我们把目光聚焦于民族群体就会发现，民族群体的形态变化也是十分显著的。在民族群体的形态变化方面，有的是可以直接观察到的，如少数民族群体的规模、少数民族的民族文化塑造、少数民族的权利保障等，都有了很大的发展。而有的变化则是难以直接观察的。当代中国族际关系形成时的各个民族群体，都在历史上形成并经过了长期的发展和演变。但在现代化快速推进的背景下，作为民族群体形成和发展之基础的生产方式、生活方式和交往方式受到了严重的冲击，甚至完全改变和失去了，许多成员离开了世世代代生活的环境。民族群体成员逐渐被置于一个全新的生产方式、生活方式和交往方式之中。从这个意义上，传统的民族群体遭受了严重的解构。但与此同时，民族的成员又在虽然已经淡化却仍然存在的历史文化的基础之上，基于现实利益的考虑而重建了民族认同，形成了新的内部凝聚方式。从一定意义上说，体制内的民族群体大都经历着这样的民族过程。所以，民族还是那些民族，内在的东西却已经悄然发生变化，有的变化甚至是伤筋动骨的变化。除此之外，一些外国人移入中国后又聚居于一地，在时间的推移中聚众成族的可能性也是存在的。如果这样的状况仍在继续并假以时日，新的民族群体浮出水面也不会让人觉得意外。

第二，民族群体的自我意识根本性地提高了。在国民教育快速发展的背景下，各个民族群体受教育的程度也普遍提高。对于民族群体中受教育程度提高了的分子或成员来说，他们认同于民族的方式已经与其父辈存在很大的不同了。他们中的许多人认同于民族并不是因为处于该民族特定的生产方式、生活方式中并具有同样的交往方式，而是由于认识或感受到他们所属的民族是一个利益共同体，以及民族共同体的利益具有突出的重要性。在这个方面，民族的精英往往发挥着十分重要的作用。这样一种基于民族利益的民族意识，不仅具有较高的自觉性，而且更加稳定，程度也大大提高了。

第三，族际关系中的利益博弈更加明显。马克思说："人们奋斗所争取的一切都同他们的利益有关。"① 当代中国各个民族群体间的相互关系以及互动，都是围绕民族群体的利益而展开的。族际关系本质上是各个民

---

① 《马克思恩格斯全集》第 1 卷，人民出版社 1956 年版，第 82 页。

族群体间的利益关系。族际间的矛盾和冲突，本质上就是相互间的利益争夺。当代中国以维护少数民族利益为基调的族际关系协调对民族利益的强调，现代化不断深化背景下基于民族利益的民族意识的增强，以及通过民族利益的方式进行表达的利益诉求更容易实现的现实，都会对民族群体的成员将自己的各种利益诉求纳入到民族利益的框架中表达产生牵引作用。民族精英也通过宣传和动员来强化这一点，甚至还诉诸于理论的论证，并以此来巩固和提升本民族群体在利益博弈中的地位。这样一来，族际关系中的利益博弈或利益争夺就愈加突出。

第四，族际关系中逐渐渗入了西方的思想。20世纪中后期，欧美一些国家内的族群（ethinc group）现象日渐凸显，反映族群利益诉求的各种理论大量涌现，多元文化主义、差异政治等要求承认各个族群的社会权利、政治权利，以及构建保障族群权益的政治制度的呼声日渐高涨。然而，这些思想和行动并没有产生什么好结果，相反还严重地侵蚀了国家认同，进而危及到国家的统一和稳定。① 这样一些基于西方国家的历史和文化并具有突出后现代色彩的理论，对中国的一些学者来说不仅十分新鲜，而且与其要求强化民族群体利益的价值取向不谋而合，因而被作为解决中国民族问题的灵丹妙药而引进到国内，不仅大肆传播还以其来述说和解释中国的民族问题，进而针对中国族际关系的特点而提出了一系列强化少数民族权利的理论，如实现少数民族与汉族"共治"国家、实行各个民族群体平等决定国家事务的族际政治民主、张扬族性等。这些理论在广泛传播的情况下，已经逐渐渗透到现行的族际关系之中，从而使族际关系呈现出一种前所未有的复杂性。

近年来族际关系中的这些日渐明朗且越来越突出的现象，不可避免地会对族际关系造成深刻的影响。在族际关系中的新现象越来越突出的背景下，现代的族际关系在总体良好的情况下也出现了苗头性、趋势性的问题。

第一，以权利要求为特征的矛盾愈显突出。族际关系同任何一种具有稳定性和持续性的社会关系结构一样，矛盾和冲突不可避免。当代中国的

---

① 塞缪尔·亨廷顿的最后著作《我们是谁？——美国国家特性面临的挑战》，就是针对此种现象而作，并对此进行了全面的分析和批判。

族际关系中也一直存在着矛盾和冲突，从而为族际关系协调和民族工作提供了必要性。但纵观当代中国族际关系的发展和演变的历史便不难发现，近年来出现的族际关系矛盾中许多民族群体都直接提出了权利——尤其是政治权利——方面的诉求，或蕴涵着强烈的权利诉求，族际关系中以权利尤其是政治权利要求为特征的矛盾呈现逐渐上升的趋势。而且，一些强化民族群体的政治权利的观点在学术界盛行多年后，已经意识形态化。按照美国心理学家亚伯拉罕·马斯洛的需要层次论来看，权利诉求尤其是政治权利诉求处于最高层次，体现着民族群体"自我实现的需要"。这样的族际关系问题，明显不同于新中国成立初期少数民族发展程度较低阶段的矛盾，而是族际关系主体尤其是少数民族发展起来以后的矛盾和冲突。

第二，族际关系的复杂性程度明显提高。作为一个历史悠久、民族群体众多的国家，中国的族际关系历来就不乏复杂性。但现在的问题是，现行族际关系中的复杂性更加突出了。族际关系中的复杂因素和影响一直存在，今天族际关系中的新问题又把历史因素激活，使历史和现实的问题盘根错节。各个民族群体在民族意识自觉性增强的条件下从民族利益的角度提出利益诉求，民族群体的权利诉求越来越充斥于族际关系。一些民族群体的精英分子已经把少数民族的利益诉求理论化、意识形态化。许多学者运用西方族际关系意识形态来述说和解释中国民族现象和族际关系问题盛行多年以后，西方因素已经渗透进族际关系。在中国越来越融入世界和日渐崛起的背景下，一些国家和境外势力利用族际关系中的矛盾来给中国制造麻烦的图谋也越来越突出。在诸多变量介入的情况下，族际关系中复杂性的上升也就已成为了必然，并愈显突出。

第三，族际关系中的矛盾和问题愈来愈不容易化解。族际关系的复杂性上升以后，其中的矛盾和问题都不是由一种因素引起的，即使是由一种因素直接引起的矛盾和问题，也会有其他一种或多种因素纠缠于其间，化解的难度自然增大。更为突出的是，在一个国家的政治体制中，涉及权利的矛盾都不容易化解，涉及政治权利的矛盾尤其如此。而且，我国通过给予少数民族更多利益的方式来协调族际关系，以及以此为价值取向的族际关系协调，本来就是针对族际关系主体发展程度低时的矛盾而设计的，它在解决族际关系主体发展程度较低时候产生的矛盾方面功能强大，但在解决族际关系主体发展程度提高以后的矛盾和问题方面就面临着能力不足的挑战。以利益给予为取向的问题解决方式，解决问题后往往会刺激起当事方更高的要求或期待，从而把问题的层次推高，最终就会面临解决问题的资源缺乏的问题。

第四，中华民族对族际关系的规约性日渐弱化。当代中国的族际关系是在民族国家政治共同体和中华民族的框架中形成的，民族国家政治共同体和中华民族对族际关系的规约特别重要，直接关系着族际关系发展的方向和内在张力的界限。然而，本身就具有突出结构性特征的中华民族，在组成它的各个民族群体越来越发展和独立性增强的情况下，它自身也受到了严重的解构性冲击，进而越来越具有虚拟化的特征。在"民族主义"取向的族际关系协调中，虽然提出了反对大汉族主义和反对地方民族主义的要求，但却没有明确提出建设和维护一个巩固的中华民族的要求，以至于在一些人那里"中华民族是不是民族实体"都成为了问题。在中华民族越来越虚拟化的条件下，中华民族对族际关系的规约性也就日益弱化。

四、族际政治整合问题的凸显及走向

中国族际关系呈现出来的总体形势是好的，团结与和谐是族际关系的主基调。但族际关系中的新情况、新问题已经形成并逐渐显露出来的事实也不容忽视和回避，更不能听之任之并任其自流。在这样的形势下，调整族际关系协调的价值取向和族际政策，使族际关系朝着有利于国家的统一和巩固的方向发展，就成为了必然的选择。

当代中国族际关系在民族国家政治共同体和中华民族的框架下形成和展开，作为国族的中华民族具有由特定历史文化导致的突出的结构性特征。因此，当代中国的族际关系发展中就不可避免地存在着两种可能或倾向：一是巩固和强化多个民族群体共同的国家政治共同体、促进中华民族的巩固和凝聚的可能和倾向；二是维护组成国家共同体和国族的各个民族群体的地位和权益，促进各个民族群体的发展的可能和倾向。概而言之，前者是"合"的倾向，后者是"分"的倾向。"合"对于国家的稳定和发展固然十分重要，但却不能脱离历史上已经形成了多个历史文化共同体，以及组成中华民族的各个民族群体仍然具有自己一定的独立性的事实，片面强调国家利益和国族的发展；"分"对于国内各个民族群体利益的维护和自身的发展来说具有重要的意义，但却不能忽视或不顾各个民族群体共建统一的民族国家政治共同体和已经凝聚为中华民族的事实，片面强调各个民族群体的发展。因此，"合"与"分"必须保持一个恰当的平衡。这是当代中国族际关系中的重大问题、战略性问题。

从当代中国族际关系的协调和构建来看，把一个个的民族群体识别出来、确定其社会地位、法律地位和社会地位，采取具体的措施维护和促进其发展，实际上形成一种朝着"分"的方向发挥作用的力量，而且此种政策的长期实施又造成了一种顺之者受鼓励、逆之者受批判甚至打击报复的舆论环境。而如果从族际关系发展和演变的现实情况来看，族际关系中的"分"倾向已经凸显成为了"分"的现实，而且形成了趋势性的过程。族际关系中"合"与"分"两种倾向已经严重失衡，"合"的力量已经日显式微，"分"的力量已经越来越具有或聚集起突破"合"的规约的能量。而族际关系中出现的各种问题，都与此直接相关，或者说，就是当代中国族际关系中"合"与"分"的力量失衡的后果或表现。

针对这样的现实，在族际关系协调和构建中强调和强化"合"的方面，朝着巩固和强化民族国家政治共同体、促进中华民族巩固、凝聚和一体化的方向开展工作，就成为了不二之选。而这样的族际关系协调和构建过程，就是多民族国家内部的族际政治整合。对于作为多民族国家的当代中国来说，族际政治整合既是族际关系协调和构建过程，也是重要的国家政治过程。

在族际关系调整中强调族际间的政治整合，从族际政治整合的角度来协调族际关系和构建新型族际关系，也具有突出的紧迫性。事物都是由量变发展到质变的。在事物处于量变的过程中尚未形成具有决定意义的质变之前，及时调整施加于事物变化的力量，就能改变或扭转事物朝着不恰当或不正确方向变化的过程，把事物的变化引导或牵引到恰当或正确的方向。这有一个把握历史机遇的问题。机不可失，失不再来。当前中国族际关系协调和构建，就面临着这样的问题。

同时，受现代化和全球化的影响，新的民族群体凝聚和形成过程已经悄然进行。这样的过程虽然波澜不惊却也暗潮涌动，其力量和影响都不可低估和忽视。如此一种新的社会进程的出现，进一步凸显了在族际关系中及时选择和强调"合"的因素和倾向的族际政治整合的必要性和紧迫性。如果这种新的聚族过程使某种我们不愿意看到的现象或问题木已成舟的话，族际关系的协调就难免会陷于事倍功半的窘境。

从当代中国族际关系协调和构建的主导者中国共产党的角度来看，族际政策的调整也具有合理性。在中国共产党还是革命党的时候，它在旧有的不合理的制度中也是受压迫者，为了实现推翻不合理的旧制度的目标，它必须动员一切在旧有体制中处于弱势或不利地位的群体起来革命。而当它成为执政党以后，尤其是它建立新制度的目标实现以后，它便由革命者转变成为执政者，由被统治者转变成为统治者，进而成为新制度的代表和维护者，代表着国家的整体利益。在党的地位发生根本性的和巨大的转变以后，党代表人民利益和维护人民利益的方式也必须发生变化，党的族际政策的立足点或基点也必须适时调整，以适应党的地位的变化、工作方式的转变和工作重心的调整。但遗憾的是，党在思想认识上实现由革命党向执政党的转变，与党在事实上由革命党向执政党的转变并不同步。新中国成立后党走过的许多弯路，都与此直接相关。可是，在党从思想上实现由革命党向执政党的转变，明确把自己定位为执政党，并按执政党的方式来推进工作以后，就必须将族际关系纳入到国家治理的总体框架中来对待，以前基于革命党的立场和认识制定的族际政策就必须逐渐调整。在当代中国族际关系问题上，"合"的取向才是与执政党地位吻合的取向。

从政策发展演变的角度来看，没有一种政策是一劳永逸的，政策也是有生命周期的。根据对象的变化而适时调整，是政策发展的必然选择和基本规律。关于中国的族际政策调整，早就有学者提出了呼吁：中国应该"在'解放思想、实事求是'精神指引下反思'民族'理论、调整民族政策"[①]。在强调"分"的倾向的政策实施多年和族际关系已经发生变化的情况下，对其进行调整也是必需的。

改变原有族际关系协调中强调分殊化的倾向，从族际政治整合的角度

---

① 马戎：《新世纪中国民族关系的发展战略》，见马戎：《中国民族关系现状与前景》，社会科学文献出版社2014年版，第35—61页。

来协调族际关系,从国家稳定和发展的角度来治理族际关系问题,就必须把族际政治整合贯穿于族际关系协调中。族际关系协调和构建中的这样一种转变,必然会涉及一系列的理论和实践问题,必须要作出一系列的改变。

在民族关系协调中通过必要的调整而实现与时俱进,首先要解决思想认识上对民族群体和族际关系的认识。新中国成立后,长期存在的各个历史文化群体都被定义为"民族",并获得了相应的政治地位和法律地位。久而久之,这样的民族群体也逐渐被等同于西方那些构建了民族国家并与国家结合在一起的民族(nation)。在这样的基础上,援引经典作家关于民族和民族问题的各种论述来述说这样的民族群体,进而制订相应的族际关系政策,实现族际关系协调和构建,便成为普遍的现象。在斯大林的民族定义与这样的民族群体的不一致或冲突越来越突出的情况下,许多人并不是以客观的心态来考察中国的民族群体与国族意义的民族的差异,而是在肯定这样的民族群体就是民族(nation)的基础上,努力寻找能够将这样的群体定义为民族的方式。

这样的认识和思想,显然不符合中国的实际。在当代中国,中华民族才是严格意义上的民族,即与国家结合在一起并具有国家外壳的民族,也就是民族国家(nation-state)中的民族(nation)。作为国族的中华民族之组成单位的各个民族群体,只是历史文化群体共同体(ethnic group)意义的"民族"。援引经典作家关于民族(nation)的论述来论证这样的"民族"的权利、地位和族际关系,必然会出现错位的问题。

民族国家政治共同体内作为国族——中华民族——之组成单位的"民族",其在国内的地位是由国家规定的,权利是由国家赋予和保障,因此,它们的权利并不能任意发展,而必须受到民族国家和国族的制约。相反,它们作为一个民族国家内的历史文化群体、作为中华民族的组成部分,对国家和中华民族都负有责任和义务,即维护国家的统一和稳定,维护中华民族的一体化。而且,权利与义务之间必须相互匹配,既不能因为各个民族群体对国家负有责任和义务就否定和减损其权利,也不能任意扩大民族群体的权利,使其行使超越义务或不受义务约束的权利,更不能以权利来冲击责任和义务。

族际政治整合的目标，是构建和维持有利于国家统一和巩固的族际政治关系，维护国家政治共同体的统一和稳定。其中，中华民族的巩固和发展，是实现这一目标的核心内容。中华人民共和国是中华民族的民族国家，促进中华民族的凝聚和巩固，提升中华民族的一体化程度，以一个强大的国族来支撑民族国家制度，通过中华民族认同来促进国家认同，是民族国家政治共同体统一和巩固的必由之路。以中华民族的巩固、建设和发展来牵引族际关系协调，使族际关系的协调和构建朝着中华民族一体化的方向发展，应该是族际关系协调和构建的未来走向。

族际关系协调和构建的这种走向，已经在2014年的中央民族工作会议上得到体现。习近平总书记在2014年中央民族工作会议的讲话，多次使用"中华民族"、"中华民族共同体"概念，并以此来论述中国民族工作重大问题，明确指出："中华民族是一个命运共同体，一荣俱荣、一损俱损。各民族只有把自己的命运同中华民族的命运紧紧连接在一起，才有前途，才有希望。""我们讲中华民族多元一体格局，一体包含多元，多元组成一体，一体离不开多元，多元也离不开一体，一体是主线和方向，多元是要素和动力，两者辩证统一。中华民族和各民族的关系，形象地说，是一个大家庭和家庭成员的关系，各民族的关系是一个大家庭里不同成员的关系。"① 这就明确提出了一个严格意义上的中华民族思想，实现了民族工作中的重大理论创新，体现着中央领导集体民族问题治理顶层设计的新思维。会议还强调，在中华民族共同体内既"要尊重差异、包容多样"，又必须"尊重民族差异而不强化差异，保持民族特性而不强化特性"。②

在当代中国族际关系协调和构建中坚持和突出"合"的取向，也是执政党的地位、性质和国家目标的必然要求。不论作为执掌国家政权的政党，还是作为中华民族先锋队的政党，中国共产党都必须把中华民族的巩固和发展作为自己的责任和使命。为了巩固国家政治共同体，促进国家发展，促成中国的崛起并最终实现中国梦，国家也必须把中华民族的一体化作为自己的责任和使命。

---

① 习近平总书记在2014年中央民族工作会议上的讲话。
② 中共中央文件《中共中央国务院关于加强和改进新形势下民族工作的意见》（中发〔2014〕9号）。

促进中华民族的凝聚和巩固，具体展开为中华民族的建设或构建。中华民族的构建性常遭人诟病。但诟病中华民族构建性的人可能忘记了，真正意义上的民族就是构建的产物。黑格尔就曾指出："民族不是为了产生国家而存在的，民族是由国家创造的。"① 埃里克·霍布斯鲍姆更是强调："民族原本就是人类历史上相当晚近的新现象，而且还是源于特定地域及时空环境下的历史产物"②，"并不是民族创造了国家和民族主义，而是国家和民族主义创造了民族。"③ 中国历史上的各个民族群体，也是构建起来的。问题只在于不同民族或民族群体构建的具体历史条件不同，构建的方式和程度有所差别。本尼迪克特·安德森那个"民族是想象的共同体"④ 的著名论断，强调的也是民族的构建性。当然，中华民族的构建和发展演变，并不同于作为历史文化群体的民族，因为它们本来就不是同一个意义上的"民族"。

---

① 转引自王缉思：《民族与民族主义》，载《欧洲》，1993年第5期。
② 〔英〕埃里克·霍布斯鲍姆：《民族与民族主义》，李金梅译，上海人民出版社2000年版，第5页。
③ 〔英〕埃里克·霍布斯鲍姆：《民族与民族主义》，李金梅译，上海人民出版社2000年版，第10页。
④ 〔美〕本尼迪克特·安德森：《想象的共同体——民族主义的起源与散布》，吴叡人译，上海人民出版社2003年版，第5页。

论中国的边疆政治及边疆政治研究*

| 周　平 |

在中国的发展越来越注重整体性和全面性并越来越受到外部条件影响的今天，作为国家疆域之边缘地带的边疆在国家发展中的战略意义日渐突出。从一定意义说，边疆地区的发展对国家发展目标的实现具有根本性的影响。相应地，边疆的治理在国家治理和国家发展中的重要性也日渐凸显。在这样的背景下，我国的边疆政治引起了越来越多的关注，并日渐凸显成为边疆治理的重要对象和领域。因此，在深入研究的基础上加深对边疆政治的认识，进而探寻有效的边疆政治治理之道，已经成为社会科学研究必须认真面对的重大现实问题。边疆政治现象和政治问题是当代中国政治的重要内容，加强中国边疆政治研究是中国政治学义不容辞的责任。本文拟从政治学的角度，对中国的边疆政治及边疆政治研究进行概括的分析和论述，以期推动中国边疆政治研究的全面展开。

一、中国的边疆及边疆政治形态

在人类历史的长河中，国家不过是人类社会为了实现有效管理而创造的一种政治形式。而这样的政治形式一旦构建起来，它便将其管理范围内的社会成员凝聚为一个国家政治共同体。但是，国家不论是作为政治形式还是政治共同体，都必须占据或控制一定的地理空间范围。国家占据或控

---

* 本文原载《思想战线》，2014 年第 1 期；人大复印资料《中国政治》2014 年第 4 期全文转载。

制的地理空间范围，便是国家的疆域。① 疆域范围较大的国家，往往根据国家自身的发展状况和国家治理的需要而将疆域划分为核心区和边缘区，并在不同的区域采取不同的治理方式或政策。国家疆域中这个从治理的需要界定并采取特殊的方略和政策进行治理的边缘性区域，就是国家的边疆。② 因此，边疆既与地理范围有关，也与国家权力有关，是国家因素与地理因素相结合的产物；边疆并非纯客观的存在，而是在客观基础上主观认定的产物。因此，边疆不完全是自然形成的，而是构建起来的，具有丰富的历史文化内涵和深厚的政治意蕴。③

中国的边疆首先形成于秦汉之际。统一六国并建立起庞大而统一的中央集权制国家的秦王朝，虽然面临着对疆域内差异巨大的不同区域采取特殊政策进行治理的问题，但并未来得及解决这个问题。随后的汉王朝便将先秦存在的"一点四方"和"五服"、"九服"观念，及以中原为政治、经济和文化中心，把外围区域划分为"四夷"（东夷、北狄、西戎、南蛮）的现实结合起来，将中原地区确定为国家的核心区，将中原之外王朝国家统治能力所及的区域确定为边缘区——夷狄区，并采取特殊的方式对其进行治理。这个被特别区分出来的边缘性的夷狄之区，就是边疆的最早形态。以后的各个统一的王朝，都有针对性采取特殊的措施来对该区域进行治理，不仅形成了各具特色的"治边方略"，也进一步确认了其"边疆"的性质和地位。

中国历史上的边疆形成以后，便处于长期的演变过程之中。④ 17世纪

---

① 国家的疆域不同于领土，不能将二者混为一谈。疆域是一个与国家相伴生的政治地理现象，指国家权力能够有效影响和控制的地理范围或地理空间。领土则与国家主权存在着不可分割的联系，是国家主权管辖的地理范围或地理空间。而国家主权，是让·布丹（1530—1596）首先提出，格劳秀斯（1583—1645）从国际法的意义上进行论证，并由1648年的威斯特伐利亚体系确立的，是一个近代意义的原则。国家主权建立后，国家疆域概念逐渐由领土概念所取代，但二者之间的差别却是不容抹杀的。

② 历史上最早的边疆概念出现于罗马帝国时期。帝国的统治者从政治统治的需要出发，把帝国统治范围内那些远离罗马的区域认定为边疆。因此，当时所谓的边疆，就是罗马帝国统治范围的边缘性区域。

③ 关于边疆本质、特点、演变和意义等，可参阅作者的《边疆在国家发展中的意义》，载《思想战线》，2013年第2期。

④ 关于中国历史上边疆的形成和演变问题，可参阅作者的《国家视阈里的中国边疆观念》，载《政治学研究》，2012年第2期。

末和 18 世纪初，王朝国家通过条约的方式与俄国划定边界，因而逐渐接触进而接受了民族国家的主权观念，从而逐渐改变了长期以来形成的以中原为中心由内而外划定边疆从而把远辟的夷狄之区界定为边疆的传统观念，在开始通过边界确定边疆的外部边际线的同时，强化了从疆域的角度划定边疆的思维。因此，中国历史上边疆的文化涵义逐渐被削弱，地域和政治的涵义开始逐渐增强，进而引起了传统边疆观念的根本性变化。中华人民共和国的成立，标志着中国民族国家的建立。① 至此，中国的边疆也被纳入到民族国家的框架中进行界定。随着国家治理的不断深入，以及国家发展的快速推进，中国的边疆形态也日渐丰富，不仅确定了陆地边疆、海洋边疆、空中边疆等较为传统的边疆形态，也开始借鉴其他国家拓展新形态边疆的观念和做法，探索其他形态边疆的构建问题。形态多样的边疆已经成为国家疆域中十分重要的部分。

　　生活在国家陆地边疆和海洋边疆岛屿上的人们组成的社会和社会生活，与核心区或内地社会和社会生活之间，存在着明显的区别。尤其在边疆与内地的差别十分突出的古代社会，边疆与内地在社会形态和社会生活方面的差别都是十分巨大的。这样一种形成并存在于国家疆域的边缘部分并有别于核心区或内地的社会类型，可称之为"边疆社会"②。反之，也正是由于边疆社会与内地社会相比的突出的异质性，这个特定社会存在的区域才被国家认定为边疆，进而采取特殊的措施来加以治理。

　　在国家通过民族国家的构建而实现政治一体化和通过深入的现代化而加强国家的同质化之前，边疆社会与内地社会之间的差异和差别巨大而深刻。这种根本性的、全方位的差异又由于交通和通讯的不便而被强化。在

---

① 关于民族国家和中国民族国家构建问题，可参阅笔者的《对民族国家的再认识》和《论中国民族国家的构建》，分别载于《政治学研究》（2009 年第 4 期）和《当代中国政治研究报告 Ⅵ》（社会科学文献出版社 2009 年版）。

② 社会是由很多人生活在一起而形成的人群共同体。人类必须以这样的方式生存，所谓社会就成为了人类的生存方式。但归根结底，社会是由很多人生活中在一起而形成的，社会的本质便是很多人组成的人群共同体。在社会已经形成并长期存在的条件下，人们为了认识社会而从不同的角度来界定社会。其中，从国家的角度来界定社会具有典型的意义。一个国家便是一个社会，若干个国家结合在一起并按一定的规则行为，便构建起了国际社会。这样的方法延伸到国家内部，按行政区域来划分社会便成为常用的方法。但是，人们在某些时候，也会从特定区域的角度来界定社会，从而形成城市社会、乡村社会等分类。从国家政治地理空间的角度界定社会，便出现了边疆社会与内地社会的区分。

这样的情况下，边疆与内地、边疆社会与内地社会之间往往判若天渊。中华人民共和国成立以后，伴随着民族国家构建而实现的国家制度和政权的一体化，新的国家政权推行的全面的社会改造促成的社会制度的同质化，以及现代化的持续推进而实现的交通和通讯条件的根本性改变，边疆社会的某些异质性特征逐渐淡化或丧失，从而使得边疆社会与内地社会间的同质性逐渐增强。

边疆社会异质性的丧失及与内地社会同质性的增强，首先出现于边疆与内地分界线的邻近区域，进而渐次向边界方向推移。在国家的边疆治理持续推进并取得成效的条件下，边疆与内地分界线邻近区域的异质性逐渐减少，同质性则逐渐增多。而边疆社会中与内地交接地带的异质性丧失后，国家就没有再在这里采取特殊政策的必要了，因而便失去了边疆的特质。与此相适应，国家往往在必要的时候调整陆地边疆的范围，不再将这样的区域界定为边疆。因此，在国家领土的范围内，边疆与内地的分界线总是呈现由内而外推移的缓慢移动的趋向，从而导致陆地边疆的范围渐次被压缩。

然而，陆地边疆范围的压缩是一个十分缓慢的过程。到目前为止，中国陆地边疆的范围仍然相当大，而且国家还会根据新的历史条件下社会和区域差异及治理的需要而重新界定陆地边疆的范围，从而使之扩大。① 在那些仍然被界定为边疆并采取特殊的政策加以治理的区域，其社会不仅具有明显区别于内地的特点，而且还有一些深层次的可以进行描述和分析的特征。从另外一个角度来看，这些区域之所以被界定为边疆，也正是由于这里的社会与内地社会之间存在着重大的差异。

中国边疆社会的特殊性体现在社会生活的各个方面。但从总体上看，以下几个方面显得十分突出：一是"边"。这里所谓的"边"，不仅是指处于国家疆域的边缘地带并与边界相邻，而且也指其与他国相邻，因而深受复杂的地缘政治形势的影响；二是"远"。这里所谓的"远"，是指边

---

① 跨入21世纪后，中国实行的西部大开发战略，就蕴涵着将广大的西部地区认定为边疆的深刻意涵。

疆社会远离国家政治、经济和文化的中心①，处于国家的政治、经济和文化能量和信息传导的末梢；三是"杂"。在这个特定的社会环境中，除了本国居民外，还生活着相当数量的外国居民，存在着复杂的境外因素。另外，本国居民中又包含着复杂的民族成分，一些民族还是跨境而居的，族际关系复杂；四是"贫"。边疆地区，大多自然条件较差，环境脆弱，资源有限，而且国家出于战略安全的考虑在推进其发展方面持审慎态度，所以这里的发展程度大都低于内地，甚至存在着巨大的差距，经济和文化贫困现象较为严重；五是"特"。边疆社会的社会机制、社会发育程度、社会文化，以及面临的社会问题等，都有其特殊性，需要采取特殊的措施来加以治理。正是这些特点，凸显了边疆社会与内地社会的区别。

边疆社会的特殊性及其与内地社会的区分，也深深地影响着这里的政治。亚里士多德说：人天生就是政治动物。生活于边疆的人们，在组成特定的边疆社会的同时，也在这一个特定的环境中构建并运行着自己的政治。毋庸置疑，边疆是国家疆域的边缘性部分，边疆地区的政治不过是国家政治的组成部分。但是，边疆地区的政治也有自己的特殊性，从而与内地的政治明显区别。

边疆政治的特殊性，表现于政治生活的各个方面，有的表现得较为明显，有的则是潜在的而表现得不是十分突出，只有在特定的条件下才表现出来。就总体而言，以下几个方面显得较为突出：

一是从政治权威来看，边疆地区的政治权威具有多样性和复杂性。历史上的中央王朝长期对边疆少数民族地区采取羁縻统治、土司制度等措施，对边疆少数民族实施间接统治，致使边疆地区在历史上长期存在具有较大独立性的地方性权力体系。中华人民共和国成立后，这些民族性的地方政权逐步被纳入到国家政权体系，国家政权不仅实现了一体化，而且深入到了边疆的每一个行政层次。但是，传统权威仍然在一定范围内继续存在。因此，边疆地区便形成了体制外权威与体制权威同时并存的局面——

---

① 中国疆域的形成，是一个由核心区向周围逐渐拓展的过程，从而形成了一个"核心—边缘"结构。在这个结构中，核心区域乃国之根本。它不仅是国家建立的根基，也是国家积聚力量的基本条件，决定着国家的存续和发展。国家在发展过程中形成的政治、经济和文化中心，大都处于这个区域。

这一点在边沿一带的民族村社中表现得尤其突出。另外，由于国防和边防的需要，边境地区大量存在的军队和武警机构也成为影响力极大的权威，并对边疆的政治生活发挥着深刻影响。

二是从政治文化来看，边疆地区流行的政治文化明显区别于内地。边疆人民特殊的民众心态（这在边境地区表现得尤为突出）、历史上长期存在的边疆政权的影响以及远离国家的政治、经济和文化中心等因素结合在一起，导致边疆（尤其是边境地区）形成了一种内容复杂的政治文化，不论是国家认同、政治信任、合法性类型、民主法制意识、政治情感、政治规则等，都与内地存在明显的区别。这样的政治文化对边疆政治的影响，是基础性和根本性的。政治文化构成了人们政治行为的基本模式。边疆地区诸多的政治问题就是在这样的政治文化背景下生成的，并深受其影响。

三是从政权体系来看，边疆地区政权的组织、职能和面临的问题都有自己的特殊性。中华人民共和国成立标志着中国民族国家构建的基本完成。此后，民族性的地方政权逐渐被纳入到国家统一的政权体系之中——民族区域自治制度在其中发挥了重要的作用。新政权建立起来以后推行的全面的社会改造，为政权和国家制度的统一奠定了坚实的基础。但是，边疆地区政权的人员构成（主要是民族构成）、活动方式等都与内地的地方政权有一定的差异，并形成了独特的政府文化。在特殊的社会环境中凸显出来的问题又导致了政府职能以及相应的职权配置等，都与内地地方政府有很大的差异。

四是从中央与地方的关系来看，边疆地方与中央的联系不如内地那样紧密和紧凑。边疆地方政府所处的社会环境较为特殊，边疆地区以及代表边疆的政府都处于政治能量和信息传导末梢或远端——这种状况在交通和通讯不便的时代显得更加突出。因此，政治信息传导过程中的衰减现象十分突出。在这样的条件下，中央的决策在边疆的传达、实施和反馈，以及边疆的问题和将其传达到中央的方式和路径等，都会出现诸多与内地不同的内容和特点，从而使得中央与地方关系较之于内地而更加复杂。

五是从治理方式来看，边疆的治理显然与内地的治理之间存在着巨大的差异。从地方政府治理的角度来看，这里特殊的政治和行政生态环境要求政府因地制宜地治理（在内地有效的治理方式在这里未必奏效或者会事倍功半）。从国家的边疆治理来看，必须从国家总体治理的角度，在边疆投入更多的治理力量，从而使边疆地区的治理明显不同于内地。从总体上看，边疆的治理是边疆地方政府对辖区的治理与国家对边疆的治理的有机结合，渗透着更多的国家意志和国家行为。在特定的历史时期，边疆治理的状况完全取决于国家意志。

以上这些方式或因素结合在一起，就不可避免地将边疆政治凸显为特殊的政治类型，构建起明显的区分度，使之成为我国区域政治中的特殊类型。① 这样的边疆政治在历史上十分突出，但随着边疆的范围和特殊性的变化，边疆政治的特殊性也没有过去那么突出了。但是，在当代中国政治中，边疆政治仍然可作为一种特殊的政治类型加以界定。

二、边疆政治研究的缘起与发展

在边疆政治作为一种具有特定内涵的政治类型持续存在的情况下，对其进行描述、分析、说明、阐释进而探求解决其中突出问题的有效方式和途径的必要性也就一直存在。在这样的条件下，在实现了解、解释和改善边疆政治的目标的过程中，边疆政治研究逐步形成。不过，在不同的社会历史条件下，不仅边疆政治会呈现不同的状态，边疆政治中产生或被历史凸显出来的问题也各不相同，而且国家（主要是统治者或政府）或社会对其重视的程度也有明显的差异，因而，边疆政治的研究也会出现很大的差异，从而体现出一种历史的渐进性。

中国自秦统一六国并建立中央集权的王朝对国家进行统治以后，便进入了王朝国家时代。在延续两千多年的王朝国家时代，边疆区域的范围广大且不断地变动，边疆社会与内地的区别十分显著，在特殊的边疆社会基础上形成的边疆政治的特殊性也十分突出。可是，在高度中央集权的政治

---

① 在边疆社会的基础上来分析和界定边疆政治，自然就没有将海洋边疆中的相关政治现象和政治问题包含于边疆政治之中。诚然，海洋边疆也会出现政治问题，而且在国家海洋利益凸显的情况下，海洋边疆中的政治矛盾和冲突会日显突出。然而，海洋边疆中的政治问题涉及的往往是与相关国家的利益冲突问题。这样的问题在边疆政治中加以讨论远不如在国际政治中加以讨论来得有力和有效。因此，边疆政治研究并不涉及海洋边疆中的政治问题。但是，国际政治或国际关系研究，应该将国家海洋权益的实现和保障作为研究的重点。

体制之下，地方必须完全服从中央，地方政治的地位往往不被认可。作为地方政治之特殊类型的边疆政治，更是不被承认。因此，在这样的条件下，对边疆政治进行研究的必要性和条件并不充分。而且，中国历史上本无西方那种为解释政治现象、构建政治知识体系进而进行政治设计而构建的政治学。在中国的传统文化中，有关边疆政治的叙事几乎都是关于中央王朝如何对地方进行统治和治理方面的内容。因此，在王朝国家时代，中国并没有形成对边疆政治的完整研究，只有就边疆政治的某些或某个方面进行的研究。

在王朝国家的条件下，边疆的意义在于：虽是国家疆域的边缘地带，却也是王朝国家的统治区域，而且是王朝国家的最高统治者体现自己文治武功的重要舞台；边疆拱卫着王朝国家的核心区或腹地，边疆是否稳定和巩固，直接关乎王朝国家的政治稳定和社会安宁；边疆还涉及华夏与周边其他民族群体的关系，进而会影响到王朝国家的稳定与发展。因此，王朝国家必须将边疆治理好，以保持边疆的稳定，避免边乱或边患。在这样的条件下，边疆治理的问题得到凸显，为满足边疆治理需要的边疆治理方略的研究便逐渐形成，并成为王朝国家时代边疆政治研究的主要形态。

中国历史上绝大多数的边治研究是站在中央王朝的基础上进行的。到了元朝以后，基于边疆地区的边政事务的研究才逐渐形成。"元朝虽仅存98年，但其在古代中国统一多民族国家及其边疆发展史中产生的影响不仅深远，而且更全面。"① 其对中国的疆域和边疆治理的影响，都是根本性和历史性的。1368年建立的明王朝，虽然继承元朝的疆域和边疆治理方略，但面临着巨大的边疆压力，尤其是退回蒙古草原的北元政权对明朝的边疆乃至整个王朝形成了持续不断的威胁。在边疆问题成为困扰明王朝甚至是关系明朝生死存亡的重大问题的情况下，明王朝加强了边疆尤其是军事防务的经略。在这样的条件下，有关边政事务的研究逐渐浮出水面，相关的论著也渐行于世。② 其中，张雨十二卷约15万字的《边政考》较

---

① 马大正、刘逖：《二十世纪的中国边疆研究》，黑龙江教育出版社1997年版，第22页。
② 比较典型的有程道生的《九边图考》，郑晓的《九边图志》，申用懋、孙应元的二种《九边图说》，许伦的《九边图论》，魏焕的《皇明九边考》，田汝成的《九边志》，张雨的《边政考》等。

有影响，开了中国边政研究的先河。

到了清代，立足于边疆问题的边疆治理研究有了较大的发展。清王朝不仅"最终完成古代中国大一统伟业"①，稳定了中国的历史疆域，而且在面临着向东扩张的强大沙俄帝国的压力的情况下，接受了体现主权思想的边界观念，通过条约与沙俄确定疆域的分界线，进而改变了由内而外划定边疆的做法，开始了由外而内划定边疆的进程。②在这样的条件下，边疆史地研究逐渐兴起。清后期尤其是鸦片战争以后，在边疆危机加深并逐渐演变成为国家危机的情况下，边疆研究逐渐增多甚至是形成高潮。这些研究中产生的相当一些著述涉及边疆政治，或直接就是边疆政治研究。

20世纪上半叶，边政学成为边疆政治研究的主要形态。辛亥革命以后，一方面，帝国主义的入侵和对中国边疆蚕食致使中国边疆危机日渐深重；另一方面，王朝国家解体后地方势力逐渐坐大，地方政治日渐凸显。在这样的背景下，边疆研究更是受到极大的关注，并产生了大量的著述。"大约从1918年至1948年的30余年间，涵盖内政外交等诸多方面内容的中国边疆问题为众多研究者从不同视角加以研讨，中国边疆问题这一社会矛盾的焦点变成为多学科研究的交汇点"③。这其中相当多的研究是真正意义上的边政研究，由此便形成了所谓的"边政学"。"如果说历史上的'边政'只是名称的相同，那么，近代以康、梁为首的改革派从精神上更接近现代'边政'研究。"④ 在边政研究日盛的情况下，东北大学、中央大学等还设立了专门从事边政研究和边政人才培养的边政系及边政学会。⑤中华人民共和国成立后，国家"基本上取消了'边政'这一旧时代的学科，代之以民族学、人类学和边疆史地研究"⑥，"具有优良传统的中国边疆史地研究也遭到冷落"⑦，甚至成为禁区（改革开放以后，边疆史地研

---

① 马大正、刘逖：《二十世纪的中国边疆研究》，黑龙江教育出版社1997年版，第26页。
② 关于中国历史上由内而外划定边疆和由外而内划定边疆的论述，可参阅作者的《我国的边疆与边疆治理》和《国家视阈里的中国边疆观念》两篇论文，分别载于《政治学研究》2008年第2期和《政治学研究》2012年第2期。
③ 马大正、刘逖：《二十世纪的中国边疆研究》，黑龙江教育出版社1997年版，第72页。
④ 吴楚克：《中国边疆政治学》，中央民族大学出版社2005年版，第61页。
⑤ 马大正、刘逖：《二十世纪的中国边疆研究》，黑龙江教育出版社1997年版，第91页。
⑥ 吴楚克：《中国边疆政治学》，中央民族大学出版社2005年版，第66页。
⑦ 吴楚克：《中国边疆政治学》，中央民族大学出版社2005年版，第68页。

究才逐渐恢复)。于是,边疆政治研究也随之中断。

时至今日,中国边疆政治却被历史凸显出来了。中国在迅速崛起的过程中,综合国力大幅度提高,经济总量已经居于世界第二位,并且会在不远的将来超过美国而成为全球第一大经济体,国际地位迅速提升。中国国家建设的基本目标已经实现,正朝着全面发展的方向前进,国家已经由全面建设时期向全面发展时期转变。与此同时,中国也越来越融入世界,发展的外部性特征越来越突出。国家利益的实现和维护都不局限于领土的范围,国家的周边关系、地缘政治形势、国际关系格局等,在其中都发挥着越来越突出的实质性影响。在这样的形势下,边疆在国家发展中的意义日渐突出。边疆的建设和发展的水平,直接关系到国家整个发展目标的实现。在边疆的地位凸显和边疆研究受到重视的情况下,边疆政治的研究也逐渐被突出出来;只有加强对边疆治理的研究,把握边疆政治的特点和发展的趋势,才能够为国家边疆战略和边疆治理战略的制定提供有效的支撑。

中国今天的政治学研究,也为边疆政治的研究提供了强有力的支撑。具体来说,经过长期的发展,中国的政治学已经走向成熟和自主,已经摆脱了意识形态的纠缠和政治哲学的经院式纷争,开始转向现实政治问题的研究。在这样的形势下,以问题为导向的研究日渐突出,进而成为政治学研究的基础和动力,并促进了新的分支学科和交叉学科的构建。所有这些,为边疆政治的研究奠定了必要的知识基础和方法论基础,以及必要的学科支撑。

在中国国家发展现实需要和政治学学科发展的支持和推动下,开展中国边疆政治研究并逐渐形成中国边疆政治研究领域的时机已经成熟。而且,已经有学者在开拓中国边疆政治研究方面进行了积极的探索,并取得了一定的成果。① 在这样的形势下,边疆政治研究必将逐渐发展起来,成为我国政治学研究中的一个重要领域。

纵观人类社会科学的发展历史,某种研究即某个研究领域的形成,往往是从某个特定对象的研究开始的。如果这样的研究确实有必要也有价

---

① 吴楚克2005年出版的《中国边疆政治学》,是中国边疆治理研究的开创性成果,在中国边疆政治研究方面作出了积极的贡献。

值，相应的研究就会巩固甚至固定，从而形成特定的研究领域，甚至会形成完整的研究体系，进而成为一个学科。今天的中国边疆政治研究完全有可能构建起一个稳定的研究领域，进而在持续研究并取得成果的基础上，构建起一个稳定的知识体系并形成一个学科。

三、边疆政治研究的性质和地位

在边疆及边疆治理日渐凸显和政治学学科发展的双重推动下，新型的边疆政治研究已经逐渐形成并已浮出水面。在这样的情况下，为了推动边疆政治研究朝着正确的方向发展，有必要对边疆政治研究本身进行全面的分析和论证。只有通过这样的分析和论证，才能在对边疆政治研究形成全面和科学认识的基础上，界定边疆政治研究的内涵，厘清边疆政治研究的界限，明确边疆政治研究的性质和地位，进而有意识地推动边疆政治研究持续健康发展。

中国边疆政治研究是针对"边疆政治"这个特定领域进行的系统研究。在这里，作为研究对象的"边疆政治"，从国家整体的角度来看，不过是整个国家的地方政治或区域政治的一种类型。既然如此，这样的研究必然要以现行的政治学知识体系为基础，采用政治学研究的思维方式和分析框架，运用政治学的概念工具和研究的基本方法，其研究所形成的知识也将会融入并丰富政治学的知识体系。因此，中国的边疆政治研究，应是中国政治学研究中一个富有特色且重要的部分。

当今的中国边疆政治研究，不能不顾或无视历史上的边政研究，必须继承历史上边政研究的学术资源和思想资源。但是，当下的边疆政治研究，毕竟是在新的历史条件下依托现代政治学的知识体系和运用现代政治学的研究方法进行的，因而是一种全新的研究，而不是传统的边政研究在新形势下的延续或改头换面的复活。那么，中国边疆政治研究是不是政治学的一个分支学科或交叉学科呢？从目前的情况来看，中国的边疆政治研究才刚刚开始，还处于起步阶段，尚未形成完整的知识体系和成熟的研究方法，因此，它还只是政治学的一个研究领域。只有在这个研究领域逐渐稳定并形成完整的知识体系和成熟的研究方法的时候，它才有可能发展成为一个学科。不过，随着边疆在国家发展中地位的日渐突出，中国的边疆政治研究将会引起更大的关注并持续发展。在不远的将来，中国的边疆政治研究完全有可能发展成为政治学的分支学科。

中国边疆政治研究领域的形成，是当代社会科学学科发展的必然现象。以现实的社会生活领域或社会问题为研究对象的社会科学，其自身的发展大致上受到两个方面因素的影响：一是社会问题的生成和凸显，二是社会科学具体学科本身的深化和拓展。当社会生活某个领域或方面的问题突出，就需要也会促成社会科学的某个或某些学科对其进行持续研究，探寻现象或问题的本质和演变规律。而社会科学的学科，在长期的积累和走向成熟以后，也会按照社会科学学科发展的规律，通过对新的问题的关注和研究而在深度和广度两个方向不断发展。这两个因素的结合，便促成了社会科学新的研究领域的形成。今天中国边疆政治研究领域的形成，就是这样的规律的具体表现。

中国边疆政治研究，不论是目前的研究领域还是将来成为政治学分支学科，它的学术性质和学术定位，都只能在它与相关学科的相互关系中界定。同时，它的内涵也只能在它与相关学科关系的分析中得到揭示。

中国边疆政治研究植根于和归属于政治学学科，它与政治学学科中的相关分支学科的联系最为丰富和密切，也是讨论中国边疆政治研究的学术定位时首先要涉及的领域。

首先，中国边疆政治研究是地方政治研究的一种类型。在政治学学科之中，中国边疆政治研究与地方政治研究的关系最为紧密。随着由改革开放推动的现代化进程的快速推进，中国逐渐由传统社会向现代社会转型。在此过程中，地方间的差异性不仅越来越突出，而且其内容的丰富性也越来越突出，从而导致了地方政治的凸显。与此相适应，政治学对中国地方政治的研究也逐步形成，如乡村政治研究、都市政治研究、民族自治地方政治研究等方兴未艾，已经成为政治学发展的新的增长点。针对基于国家政治地理空间规划界定的边疆政治研究，属于地方政治研究的范畴，是中国地方政治研究的一种类型。

其次，中国边疆政治研究与民族政治研究在内容上存在一定程度的交叉。民族政治学是近年来政治学学科中兴起并逐渐走向成熟的分支学科。

有的学者将民族政治学视为边疆政治研究的一种类型，实在是对民族政治学的不了解或误解。民族政治学以政治学的知识为基础，运用政治学的方法研究民族政治生活和政治现象。中国的民族政治学也关注边疆多民族地区的民族问题及其治理。而中国的边疆是民族问题的多发地带，族际关系和族际间的政治问题构成了中国边疆政治研究的重要内容。因此，中国边疆政治研究不可避免地会与民族政治学紧密联系，有某些问题的研究上出现交叉。但是，民族政治学的视野和研究的领域都大大超越于中国的边疆政治研究，因而与中国边疆政治研究具有根本的区别。

再次，中国边疆政治研究与政治地理研究直接相关。"政治地理学研究的是各种具有基本空间要求的政治体制。这些空间要素包括（国家之间和国家内部的）疆界、领土、重要城市、民族国家、大陆强国以及海上强国家。"而且，"长期以来边界和边缘地区一直是地理学家们首要关注的对象，他们同包括政治家、法理学家和政治学及战略学者们在内的多种学科的学者一起对这些问题进行了研究"。① 在中国也是如此，政治地理学者既从国际地缘政治的角度关注中国周边地缘政治形势对中国边疆的影响，也从国内政治地理的角度关注陆地边疆的政治环境和政治问题、治理水平对国家边缘地带的影响。因此，中国边疆政治研究的领域，也是政治地理学关注的领域；政治地理学（包括地缘政治）研究的成果和方法，都会对中国边疆政治研究形成有力支撑。但是，也不能将边疆政治研究与政治地理研究混为一谈。

最后，中国边疆政治研究与政治学理论研究相互影响。国家问题始终是政治学理论研究的根本问题，政治学理论中的大部分内容也是关于国家问题的或围绕国家问题而形成和展开的。而国家问题的研究，在聚焦于国家政权、政党制度等历史悠久的传统命题的同时，也在拓展的过程中逐渐涉及国家政治共同体问题和国家政治地理空间问题。在此过程中，国家的疆域、国家治理的地理空间管控等问题，已经受到关注和研究，进而形成了相当数量的研究成果。政治学理论中关于这些问题的内容，构成了中国边疆政治研究的理论前提；同时，中国边疆政治研究在这些问题上的深入

---

① 〔英〕戴维·米勒、韦农·波格丹诺：《布莱克维尔政治学百科全书》，邓正来主译，中国政法大学出版社 2002 年版，第 603 页。

探索及形成的知识，反过来又能丰富政治学理论中相关的内容。此外，中国边疆政治研究，必须采取或运用政治学理论的基本观念、方法和概念工具，从而将政治学理论的一些内容包含于自身之中。

中国的边疆政治研究与民族学的关系也十分紧密，它们不可分割地联系在一起。在中国，边疆政治研究与民族学的结盟，是由民族学的特色决定的。中国的民族学是一个富有特色的学科，除了从人类学的角度研究中国的民族现象外，还有对民族理论与政策的诸多问题的研究，意识形态的内容和色彩都很突出。另一方面，基于将边疆界定为"民族地区"的基本判断，中国的边疆问题研究也常常被置于"民族问题"的框架之下。许多重大的边疆问题和政策，也是由主管民族事务的国家民委负责的。[①] 可是，按照学科归属来说，中国边疆政治研究明显不属于民族学的范畴，或者说，民族学虽然会涉及中国边疆政治研究的某些内容，但却无法涵盖边疆政治研究的全部内容；将中国边疆政治研究归属于民族学，既不恰当也不利于边疆政治研究的全面展开。因此，为了学科的规范和健康发展计，既不能将边疆政治归结为民族学的研究，也不能将它们混为一谈。当然，中国边疆政治研究，既要充分汲取民族学的研究成果，也要以自己的研究和取得的成果支撑民族学的发展。

中国边疆政治研究与中国边疆史地研究及边疆学之间具有多重联系。传统的边政学、边疆史地研究在20世纪50年代中断后，中国边疆问题研究的任务落到了民族学、历史学和民族史研究的肩上。虽然这些学科和研究也能涉及边疆研究的某些方面的任务，但它们却无法满足国家发展对边疆研究的迫切需要。于是，边疆史地研究在20世纪末期再度兴起[②]，并在"边疆史地研究"的名义下对中国边疆问题进行了全面的研究，不仅取得了许多有影响的成果，而且形成了丰富的学科积淀。在此基础上，马大正等有影响的学者又提出并推动了中国边疆学的构建。今天的中国边疆政治研究，在相当大程度上是在这样的条件或基础上形成和发展的，因此，它

---

① 时下中国最为重要的一项边疆政策"兴边富民行动"，就是在1999年的中央民族工作会议上提出的，并且由国家专门管理民族事务的机构——国家民族事务委员会来推动、领导和督导其实施的，被置于民族工作的范畴，从而成为民族工作的一部分。

② 中国社会科学院1983年创办中国边疆史地研究中心后，中国边疆史地研究快速发展。该中心于1991年创办的《中国边疆史地研究》，在促进中国边疆史地研究方面发挥了重要的作用。

与边疆史地研究和正在构建中的边疆学之间存在着千丝万缕的联系，它不仅要借助边疆史地研究的学术资源和思想资源，而且将以自己的研究成果丰富中国边疆史地研究，并促进和推动中国边疆学的形成。

四、边疆政治研究的任务与议题

今天的中国边疆政治研究，是在边疆已经凸显了其在国家发展中的地位并进而将边疆政治问题凸显出来，以及政治学学科向深度和广度拓展的情况下，逐渐形成和发展起来的。这样一种在特定历史条件下形成并有着特定内涵的边疆政治研究，也面临着严峻的形势以及在此形势下凸显出来的任务和议题。

首先，当前的中国边疆治理研究，不仅要巩固边疆政治研究这个特定的研究领域，而且要对边疆现实生活中的诸多政治现象和政治问题进行持续研究，着力于为国家在全面的边疆治理中加强对边疆政治问题的治理提供思路和方案。因此，当前的边疆治理研究从总体上看，主要涉及以下三个层面的问题：

一是边疆政治的理论阐释和基本理论问题研究。中国的边疆政治研究，迫切需要通过这样的研究而构建边疆政治的基础理论，巩固边疆政治研究领域。诚然，当前开展边疆政治研究的必要性和紧迫性都十分突出，边疆政治研究的历史积淀较为深厚，新形势下的边疆政治问题研究也逐渐展开并取得了一定的成就，但目前还缺乏对边疆政治研究的准确界定，基本的边疆政治理论尚未形成。因此，边疆政治研究的内部认同和外部认可的程度都比较低，相应的知识系统和规范尚不巩固和稳定。在这样的形势下，加强边疆政治的基本问题和基本理论的研究就十分必要。在社会科学发展日渐成熟和发展的自主性日渐增强的今天，与中国边疆政治相关的学科和研究已经积淀了丰富的学术资源和思想资源，中国边疆政治研究领域和学科不能再走自然发展和演变的传统路子，而必须在总结或提炼已有研究及相关成果的基础上形成边疆政治研究的基本理论，确定边疆政治研究的基本框架。只有这样，才能尽快凝聚边疆政治研究的共识，夯实边疆政治研究的基础并建立相应的规范，汇集边疆政治研究的力量，从而促进边疆政治研究领域的巩固和边疆政治研究按照学科和学术规范健康发展。

二是现实的边疆政治问题研究。当前的边疆政治研究，还必须通过对基本和突出的边疆政治现象和问题的描述、分析和解释，形成对边疆政治现象和政治问题的科学认识，构建边疆政治的知识体系。在总结、概括和提炼边疆政治研究的成果而构建边疆政治的基本理论，并巩固了边疆政治研究进而为边疆政治学奠定基础之后，就需要运用政治学的方法和概念工具对中国边疆政治的各个具体领域、各种具体的边疆政治现象和政治问题进行研究，通过准确的描述、深入的分析而形成对边疆政治现象和政治问题的科学认识，从理论上再现现实的边疆政治，逐步形成边疆政治的知识体系，使边疆政治研究朝着学科化的方向发展。

三是边疆政治问题的治理研究。除了上述两个方面，边疆政治研究还要根据国家的边疆战略和边疆治理战略，研究治理边疆政治问题的思路和对策，探索边疆政治的治理之道。诚然，形成边疆政治的基本理论和专业性的知识体系，是当前边疆政治研究的主要任务，但对边疆政治进行理论说明和解释并非边疆政治研究的最终目的。边疆政治研究的最终目的，是探寻我国边疆政治问题的解决之道和国家边疆治理的有效之策。因此，边疆政治研究，必须在形成边疆政治的解释理论和知识体系的基础上，研究边疆政治问题的解决方式和国家的边疆治理之策，进而探索国家的边疆治理战略，服务于国家的边疆治理。

其次，今天的边疆政治研究，并不是毫无基础的白手起家，而是在传统的边政学以及各种形态的边疆研究积淀的学术资源和思想资源的基础上进行的，并且依托社会科学的进步和相关学科的支撑而开展的。因此，今天的边疆政治研究应该是一种目的性、预见性和规范性都十分明确和突出的自觉行动，应该主动、自觉和有计划地进行。不论是确定边疆政治研究的任务，还是确定边疆政治研究的主要议题，都要从这样的高度出发。因此，今天开展边疆政治研究，不能仅仅只是盯住某个或某些突出的边疆政治问题，而必须有一种整体性的思维，要在对边疆政治研究整体考虑的基础上来确定研究的议题，并使边疆政治研究朝着巩固研究领域进而构建边疆政治学的方向发展，从而确立边疆政治研究及边疆政治学在当今中国学术版图中的地位。

就整体而言，作为一个研究领域进而朝着边疆政治学发展的边疆政治研究，应该涉及边疆政治形态的各个方面。换句话说，边疆政治研究的议题不能只是局限于某些突出的边疆政治问题上面，而是要涉及边疆政治形态的方方面面，力求覆盖整个的边疆政治形态。当然，按照确立研究领域和构建学科的角度的考虑并基于对边疆政治形态和政治现象的全面研究来确立边疆政治研究的议题，本身就是一个边疆政治研究不断探索的过程，需要在具体的研究过程中不断丰富和完善。然而，就目前的形势而言，下面一些基本和重要的议题是必须涉及或考虑的。

1. 边疆的界定与演变。边疆政治是存在于边疆的稳定政治形态。而中国的"边疆不完全是自然形成的，而是构建起来的"，"是国家因素与地理因素相结合的产物"。[①] 国家在边疆的界定与演变过程中发挥着根本性的作用。因此，中国的边疆政治研究，首先就要研究国家在边疆的界定及调整过程中的作用，以及边疆范围的变动和边疆形态的演变，从而为边疆政治现象和政治问题的研究奠定基础。

2. 边疆的社会与人民。边疆政治以边疆社会为基础，并且以边疆人民为基本主体。因此，边疆政治研究首先要研究边疆的社会，描述边疆社会的组织和形态，分析边疆社会的结构和特点，揭示边疆社会演变的规律；同时也要研究边疆的人民，分析边疆人民的构成、生活方式、性格和心态、对国家的认同状况，以及边疆人口流动的特点。另外，还要研究富有特殊性的边疆社会与人民对边疆政治的影响，从而为边疆政治问题的分析和论述提供基础。

3. 边疆的政治制度与政府。作为国家疆域的特定部分，边疆不仅在地域和社会文化等方面与核心区之间存在许多的差别，而且形成了不同于核心区的特殊的政治制度，以及在这种特定的政治制度环境中建立和运行的政府。在历史上，边疆的制度和政府构成了边疆政治的主要内容。随着时代的推移，这些方面的特殊性在逐渐减少，但这样的特殊性并未完全消除，并对今天的边疆政治和边疆治理产生着程度不同的影响。对此，边疆政治研究不能置于不顾，必须对其进行全面的研究。

---

① 周平：《边疆在国家发展中的意义》，载《思想战线》，2013 年第 2 期。

4. 边疆的开发与建设。国家将边疆作为疆域的特殊部分加以区分和调整，是为了采取专门或特殊的措施进行治理。因此，国家总是根据国家发展战略的整体布局和边疆治理的总体方略，确定边疆的开发与发展计划，实施边疆开发与建设的政策。从这个意义上看，边疆的开发与建设，并不仅仅是一个边疆地区的经济社会发展问题，而且体现着国家发展和边疆治理的总体战略。因此，边疆政治研究必须将其纳入自己的视野。

5. 边疆的民族及宗教问题。在历史上，边疆就是众多民族群体生活的区域。今天，边疆也是少数民族分布的主要区域。而少数民族普遍信仰宗教，并且各少数民族信仰的宗教具有很大的差异。在各种基于利益的现实和历史因素的影响下，族际间的矛盾和冲突难以避免，进而会演变为民族问题。而且，民族问题中往往还渗透着宗教因素甚至直接与宗教问题纠缠在一起，从而成为突出的社会政治问题。对于边疆政治中的这些重要问题，边疆政治研究不仅要高度重视，而且必须将其作为研究的重点内容。

6. 边疆的社会组织及其管理。中国的现代化及由传统社会向现代社会转型，不仅导致了社会分化并且催生了大量的社会组织。边疆的社会组织有自己的特殊性，而且极易受到境外因素的影响。与此同时，境外势力在向边疆渗透的同时，境外社会组织在边疆的活动也日渐多样和活跃。边疆各种社会组织对边疆社会政治往往具有深刻的影响。对于边疆地区这样一种重要的社会政治现象，边疆政治研究必须将其纳入到自己的视野和研究之中。

7. 边疆的社会政治稳定。边疆社会在由传统社会向现代社会转型的过程中，由社会结构变动和利益关系调整而引发的矛盾和冲突不可避免。而且，边疆的政治地理空间位置特殊、民族及宗教因素复杂、经济社会发展水平与内地存在较大差距、地缘政治环境特殊并会受到境外因素影响，往往会形成特殊的社会矛盾和问题。同时，各种矛盾和问题往往盘根错节并相互激荡。因此，边疆的社会政治稳定面临着更大的压力。而社会政治稳定一旦出现问题，又会影响到国家的稳定和安全。所以，边疆政治研究应该高度关注边疆的社会政治稳定问题。

8. 边疆的维护与管理。边疆与边界相连，边界又是由界碑等标志物标示的；紧邻边界的边境地区直接与他国相连，通常设有作为人员、货物、交通工具进出境管理节点的口岸，人员和物资的进出境频繁，因而边界的维护、边境地区的管理、口岸的管理、打击毒品走私等问题十分突出，还需要开展边境外交，维护好国家领土主权和边境地区的稳定。这些特定的边疆政治问题，都需要进行认真和及时地进行研究。

9. 边疆的安全与防御。边疆既是国家疆域的边缘地带，远离国家的经济、文化和政治中心，拱卫着国家的核心部分，不可避免地受到邻国及周边地缘政治环境直接影响，直接面对着其他国家的军事力量的威胁，敌对势力渗透和越境活动的压力较大。因此，维护国家领土主权安全问题、国家的军事安全问题、军事防御问题、国防动员问题、防止境外势力的渗透和越境活动问题、应对恐怖主义威胁等问题长期存在。边疆政治研究，必须关注并对其进行研究。

10. 边疆的治理。作为国家疆域的特殊部分，边疆往往存在着诸多由这样的特殊性导致的并对整个国家具有影响的"边疆问题"。这些问题产生并存在于边疆，但其影响却是全国性的。国家必须运用政权的力量并动员其他社会力量，运用国家和社会的资源，去解决面临的边疆问题，这就形成了所谓的边疆治理。这是一个运用国家权力并动员社会力量解决边疆问题的过程，是国家治理的重要内容，因而在边疆政治中处于核心地位，并对边疆政治具有举足轻重的影响。边疆政治研究必须将其作为重点，进行全面深入的研究。

论边疆的国家属性
——我国边疆若干基本问题析论*

| 周 平 |

在国家越来越注重整体发展、持续发展和国家治理体系现代化，以及中国日渐融入世界并深受外部形势深刻影响的情况下，中国的边疆及边疆治理的问题日渐突出，边疆研究受到了越来越多的关注，并不断走向深入。在这样的背景下，界定和述说边疆的角度也逐渐增多。但是，在边疆的多种属性被揭示以及从多个角度界定边疆的做法日甚的情况下，体现边疆之本质的国家属性却被有意无意地忽略了。相当多的论者在讨论边疆及边疆问题的时候，有意无意地避开边疆的国家属性，过分地强调边疆及边疆问题的文化属性、民族属性或地理属性。然而，边疆只能在国家疆域的基础上才能界定，边疆内涵的形成和转变根源于国家形态的转变，边疆范围的调整由国家进行，国家疆域形态的变化会导致新形态边疆的出现。总之，国家从根本上制约着边疆现象和边疆问题。离开国家这个本体来谈边疆或边疆问题，边疆及边疆问题就成为无源之水、无本之木。就边疆而言，国家属性才是最本质的属性。

一、边疆是国家疆域的边缘部分

在中国语境中，"边疆"概念由"边"和"疆"两个词构成。这里的"边"，意为边缘、边远；"疆"乃地域或疆域之意。由这两个词合成的

---

* 本文原载《云南行政学院学报》，2014年第6期；《新华文摘》2015年第3期全文转载。

"边疆",意指边缘性的疆域、边远的疆域,或疆域的边缘性部分。因此,"边疆"概念的基本涵义,就是疆域的边缘性区域。这样的边疆概念,并非中国独有。英语中的"frontier"、"border land",表达的也是这个意思。

而说到疆域,就离不开国家。疆域并非一般意义上的地理空间范围,而是国家占据或控制的地理空间范围,是一种典型的政治地理空间。离开国家这个本体,就无所谓疆域。

国家的具体形态多种多样,但就其本质而言,不过是人类社会创造的政治形式。人类必须以社会的方式存在,而社会不过是很多人组成的共同体。由很多人组成的社会要能够存续和发展,就必须建立秩序和维持秩序。为此就必须建立一种能够对一定社会的所有成员都具有约束力的公共权力,并通过这样的权力对社会成员进行管理。为了适应这样的要求,作为基本社会机制的政治就产生了。在社会由于私有财产的产生而出现尖锐对立的时候,建立一种以暴力为支撑的公共权力,并通过这样的公共权力对一定地域范围内的居民进行管理的机制,成为了必然的选择。这样一种通过有组织的暴力支撑的公共权力按地域进行管理的政治形式,就是所谓的"国家"。国家形成、持续运行并充分发挥作用以后,便会将国内的居民整合为一个共同体,从而使国家具有了政治共同体的属性。与此同时,国家按地域行使权力和进行管理的本质体现出来,表现为国家总是占据或控制着一定的地理范围,并以此作为国家形成和存在的前提。因此,国家就有了政治地理空间单位的属性。这个由国家占据或控制并打上深刻国家印迹的地理空间范围,便是国家的疆域。

国家不仅要对自己的疆域进行全面的管控,还必须运用国家权力去解决疆域中出现的各种由地理因素引发的问题,从而形成国家的疆域治理。如果国家的疆域范围较大,边疆的边缘性部分与核心区或腹地之间存在明显的差异,国家就必须采取专门的措施治理疆域的边缘性区域,这个区域就会被有意区分出来,于是便有了所谓的"边疆"。从这个意义上说,边疆是在客观基础上进行主观构建的产物,并非任何国家都有边疆。对于一个疆域规模较大的国家来说,也并非总是存在把疆域的边缘性区域区分出来并采取专门措施治理的必要性,因而并非自始至终都会有边疆。

在中国的历史上,边疆就是在特定条件下因国家治理的需要而划定的。尽管中国早在公元前21世纪就建立了夏朝,但夏及随后的商、周这些远古时代的国家,都只是国家的初级形态,其疆域的不同部分之间并没有形成紧密的不可分割的联系,尤其是东周实行分封制以后,国家疆域内的不同区域便由不同的诸侯分而治之,国家本身没有形成能够对全部疆域进行统一治理的权力体系和组织,因而也无需将疆域的某个部分区分出来并界定为边疆。

将国家疆域的边缘性区域与核心区或腹地区分开来,并采取专门的措施进行治理的条件和历史必要性,最早出现于秦代。统一七国后的秦王政自诩为始皇帝,取消了长期实行的导致各个地方具有实质性的强大权力并招致中央政权虚拟化的分封制,将国家的最高权力牢牢地掌握在自己手中,从而构建了完整的中央集权的国家权力体系。在这样的情况下,统一的中央王朝就面临着要对规模庞大而不同区域间存在巨大差异的全部疆域进行统治和治理的问题。国家庞大的疆域要由统一的中央王朝统治和治理,而疆域内不同区域的巨大差异又要求采取有针对性的治理方式。于是,秦王朝便在将庞大的疆域划分为郡县这样的行政区域进而委派官员进行治理的基础上,依据此前长期存在的"一点四方"和"九服"的观念,将远离王畿之地和处于统治范围之边缘的郡确定为边郡,并采取特殊的措施进行治理。这样一来,秦王朝便在中国历史上开了把疆域的边缘性区域区分出来并采取专门措施治理的先河。

继之而起的汉王朝,不仅全面承袭了秦代的国家政权体制,而且针对楚汉战争以后的诸侯封国制度造成的"天子之政行于郡,不得其国,制其守宰,不制侯王"①的局面,削除对抗中央的藩王势力,巩固了使地方完全从属于中央的制度安排,从而全面加强了中央集权制,形成了完整的对全部疆域进行全面治理的国家权力体系。同时,中央政权进一步在明确王朝疆域的核心区与边缘区的区别基础上,将核心区外围的边缘性疆域划定为边远疆土,有目的、有计划和系统化地制定专门政策对其进行治理,不仅把秦代初现端倪的将疆域的边缘区域区分出来并采取特殊措施进行治理的思维和治理体制做实,而且将其进一步扩大和充实,从而实现了中国历

---

① 《柳河东集》卷3《封建论》。

史上的边疆构建。

此后历代统一的王朝，也大都从国家治理的需要出发，仍然将疆域的边缘部分专门区分出来并采取特殊措施加以治理，并在此构架下增添了新的内容。在这样的历史过程中，边疆及边疆治理也就逐渐凸显了出来，不仅成为国家治理的重要内容，而且逐渐稳定下来进而成为国家制度。这样的制度安排及内容丰富的边疆治理，在此后各个朝代的国家疆域拓展中不仅被发扬光大，而且在边疆的有效治理和国家的统一过程中发挥了重要作用。

当然，在中国的历史文化环境中，边疆概念也常常在其他的意义上使用，"边疆是一个含义较广的概念"①。有人梳理了中国的边疆概念后概括出了边疆的"九种涵义"：一为地理意义上的边疆，二为历史意义上的边疆，三为民族意义上的边疆，四为宗教意义上的边疆，五为认同意义上的边疆，六为陆权意义上的边疆，七为海权意义上的边疆，八为发展意义上的边疆，九为国际意义上的边疆。② 然而，边疆概念的这些涵义，或不同意义的边疆概念，都是在国家疆域上对边疆进行界定的基础上形成的。就上述的各种边疆概念而言，地理条件、历史积淀、民族因素、宗教信仰、国家认同、陆权、海权、发展、国际因素等，都无法说明什么是边疆以及为什么是边疆。其实，它们都只是在边疆已经存在的基础上，从不同角度述说边疆的一种方式而已，各自都无法真正揭示边疆的本质。

中国自古以来最为典型也最为重要的述说边疆的方式，是从历史文化的角度或民族的角度③进行的。历史上将边疆视为夷狄之区的观念，以及新中国成立以后将边疆界定为"边疆民族地区"或"少数民族地区"的做法，都是这种述说方式的具体体现。然而，自古以来边疆地区之所以会形成与核心区不同的历史文化，以及这些不同的历史文化能够将生活于这些区域的人群凝聚为多种人群共同体，都是由于这些区域虽然已经处于王朝国家疆域的范围内，但又在核心之外，并远离国家的统治中心。从这个

---

① 马大正：《中国边疆经略史》，中州古籍出版社2000年版，第1页。
② 陈霖：《中国边疆治理研究》，云南人民出版社2011年版，第17页。
③ 这里所说的"民族"，是相对于作为国族的中华民族而言的。这样一种没有取得国家形式的民族，是从历史文化的角度界定的，其实就是不同的历史文化共同体。所以，从这样的民族的角度来界定边疆，本质上是从历史文化角度界定边疆的一种方式。

意义上说，从历史文化或民族的角度述说边疆，本身就蕴涵着国家疆域的涵义，或者说，不过是从另外一个角度表达边疆在国家疆域中处于一个远僻区域的涵义。

因此，边疆不论是作为地理区域，还是不同于核心区汉族的其他民族群体的生活区域，都是在国家疆域的范围内界定的——某个区域如果不在国家疆域的范围内，就不能被当作边疆看待。而国家疆域的真正主体或本体，是国家。从这个意义上说，只有从国家这个主体或本体出发，才能揭示边疆的本质。国家属性才是边疆的本质属性。

二、国家形态制约着边疆的内涵

既然国家是边疆的主体，任何意义上的边疆，都不过是国家疆域的特定部分。因此，国家从根本上制约着边疆的形式、性质、地位和特点。而国家本身也处于发展和演变的过程之中，并在不同的社会历史条件下采取不同的形式，具有不同的形态，从而形成一个国家形态演变的过程。国家自身任何重要的变化，都会引起边疆的变化。国家在演变中的形态改变，是一个根本性且巨大的转变，必然导致边疆的重大变化。

中国自秦建立统一的中央集权制国家起，就是典型的王朝国家。辛亥革命推翻中国历史上的最后一个王朝后，中国开启了构建民族国家的历史进程。新中国的成立，标志着中国民族国家构建的基本完成，建立了民族国家。中华人民共和国就是中华民族的民族国家。这样一种国家形态的根本性转变，必然对边疆产生根本性的影响。

不过，需要指出的是，民族国家概念在国内存在着诸多误解，一些学者甚至不承认当代中国的民族国家性质。在他们看来，中国自秦汉之际形成统一的多民族国家以后，就一直是多民族国家，而不是民族国家。更有论者认为，民族国家就是单一民族国家，而这样的民族国家在现实中根本就不存在，只是一种历史的虚构。然而，这些看法并不正确，都是对民族国家的误解。

"民族国家"概念来自于英文的"nation-state"，表面上看是一种以民族来命名的国家形态，但它既不是依据国家的民族构成来界定的国家，也不是单一民族国家,而是国家形态演变过程中的一种形态,或一个阶段。

作为一种国家形态,民族国家首先出现于西欧,是为解决当时根本性的社会历史问题而创设的制度结构或制度框架。在民族国家出现之前,"封建的欧洲没有民族的概念,也没有现代意义的'国家'。英格兰、法兰西、德意志等等更多的是一些地理概念,是一些广大的地理范围,对一般百姓来说,它们表达的意义并不比一座小丘或一块沼泽的名称在内容上具有更丰富的含义"①。实际存在的是一个"结合了世界主义的理念和地方主义现实"的体系②,林林总总的封建邦国各自为政,地方主义盛行,人们只知道效忠于领主、效忠于城市或效忠于地方。但是,众多封建割据的政治实体又接受罗马教皇的统治。基督教"把整个封建的西欧联合为一个大的政治体系"③。这样一种具有国家特性的政治体系,便是基督教普世世界国家。到了中世纪末期,长期被虚置的君主们依托在资本主义经济发展基础上逐渐壮大的市民的力量加强和巩固了自己的权力,建立了君主专制的国家政权,并获得了独立主权④,从而创建了一种新的国家形态——王朝国家,并最终取代了基督教普世世界国家,成为主导性的国家形态。

王朝国家在发展的过程中,在加强王权的同时,也逐渐将国家共同体内的居民整合为一个统一的和稳定的人群共同体,即所谓的民族(nation)。欧洲的历史表明:"并不是民族创造了国家和民族主义,而是国家和民族主义创造了民族。"⑤ 新兴的民族共同体发展起来以后,尤其是民族意识觉醒以后,就逐渐成为国家共同体内一股足以抗衡国家政权的强大

---

① 钱乘旦:《世界现代化进程》,南京大学出版社1999年版,第27页。
② 〔美〕莱斯利·里普森:《政治学的重大问题——政治学导论》,刘晓等译,华夏出版社2001年版,第278页。
③ 《马克思恩格斯选集》第3卷,人民出版社1995年版,第705页。
④ 王朝国家主权的确立是通过长达30年的战争以及在此过程中签署的一系列和约实现的。1648年10月签订的《西荷和约》确认了威斯特伐利亚体系,从而确定了国家主权和主权争端的解决方式。主权原则的确立,使得在国家林立的情况下一个国家的最高统治权得到其他国家的承认和尊重,确保了国家的独立。
⑤ 〔英〕埃里克·霍布斯鲍姆:《民族与民族主义》,李金梅译,上海人民出版社2000年版,第10页。

社会力量,并常常与王朝政权发生摩擦和冲突。为了解决日渐觉醒的民族与王朝的国家政权之间的矛盾,一种以实现国家与民族的统一为目的的制度框架被创造出来了。这种新的国家制度结构,就是民族国家(nation-state)。因此,就其本质而言,民族国家就是以民族对国家的认同为基础的主权国家①,是一种实现"民族"与"国家"结合——通过民族对国家的认同而实现结合——的制度框架。②

民族国家这种国家形态形成以后,它一方面给"民族"披上了国家的外衣,使其具有了国家的形式,另一方面又给"国家"注入了"民族"的内涵,并由于使"民族"和"国家"相得益彰而显示出了巨大的优势,为欧洲国家的发展带来了生机和活力,促进了资本主义的发展。与此同时,民族国家也依托于资本主义经济所形成的世界性影响而不断扩大自己的影响力,导致了民族国家在世界范围内的扩张,进而促成了民族国家世界体系的形成,使民族国家成为近代以来世界体系的基本政治单元和法律单元。

早在公元前21世纪就建立国家政治体系的中国,形成了内涵丰富的国家发展史,有着自己独特的国家形态演变的进程。但是,当西方的民族国家对古老王朝形成正面冲击的时候,王朝国家的大门最终被代表西方民族国家力量的大炮和代表西方资本主义经济的商品的力量所冲破,中国历史悠久的国家形态演变的进程随之中断,并面临着关键性选择:继续延续王朝国家并被孤立于民族国家的世界体系之外,甚至沦为西方民族国家的殖民地,还是学习并采取西方的民族国家形式,进而向西方学习、奋发图强。在鸦片战争后饱受西方欺凌的古老中国,最终选择了民族国家。

终结王朝国家的历史,构建民族国家,这对中国来说无疑是一个巨大的转变。一方面,它全面改变了延续数千年的国家结构、国家政权与社会的关系,以及国家的运行机制和运行方式;另一方面,它促成了僻居一方

---

① 国家主权是在王朝国家中形成的,但被民族国家继承了下来,并将其作为民族国家的重要内涵,进而成为民族国家的一个本质特征。

② 回顾欧洲国家形态演进的历史,大致经历了城邦国家、罗马帝国、中世纪普世世界国家、王朝国家、民族国家等基本的环节或阶段。今天,在经过了民族国家数百年的发展以后,欧洲正在对超国家共同体进行探索,体现出超越民族国家的趋势。但是,断言欧洲已经超越了民族国家,或者说,已经将民族国家抛在身后,还为时尚早。

的古老国家逐渐融入世界体系，逐渐走上世界舞台，并成为民族国家世界体系的一员。①

不过，中国是以将历史上长期存在的各个历史文化共同体整合为中华民族的方式，来实现民族国家构建的。民族国家构建起来以后，中华民族实现了与国家的结合，披上了国家的外衣，成为了国族。但是，组成国族的各个历史文化共同体之间的差异并不会在短时间内消失，它们不仅被作为民族看待②，而且受到了高度重视，被赋予了特定的政治地位和法律地位。因此，从国家的民族构成的角度来看，中国仍然是多民族国家。③

中国实现了由王朝国家向民族国家的转变以后，就必须按民族国家的性质和特点来界定边疆。相应地，民族国家的民族性、主权性和人民性的基本特征④，必然对边疆的界定形成硬性的约束，并直接影响到边疆的内涵和性质，从而赋予边疆新的涵义。在这样的硬性约束下，首先，要从国家主权的角度来界定和述说边疆，将边疆界定为国家领土的边缘性部分，并通过边界来确定边疆的外部界限⑤；其次，必须进一步凸显边疆与核心区在本质上的同一性。边疆的特点是由于处于国家疆域的边缘而产生的，但边疆仍是国家主权的管辖范围。从国家主权的角度来看，作为国家疆域

---

① 关于中国民族国家构建的详细论述，可参阅笔者的《论中国民族国家的构建》，载《当代中国政治研究报告Ⅵ》，社会科学文献出版社2009年版。

② 这样的民族与中华民族之"民族"并不是同一类型，前者是历史文化共同体，后者为与国家结合的政治共同体。关于这两种民族的分类，可参阅笔者的《论民族的两种基本类型》，载《云南行政学院学报》，2010年第1期。

③ "民族国家"和"多民族国家"是从不同的角度、依据不同的标准界定国家而形成的不同国家类型，它们既不相互对立，也不成为一个对子。因此，一个国家既可以按它在国家形态演变进程中地位而被界定为"民族国家"，也可依国家的民族构成而将其界定为"多民族国家"。其实，就连那些最早出现的原生态的西欧民族国家，随着全球化背景下大规模的民族成员跨国界流动和在新的国家内的聚集并被作为"民族"对待，也逐渐多民族化了。有关这个问题的分析和论述，可参阅笔者的《全球化时代的民族与国家》，载《学术探索》，2013年第10期。

④ 关于民族国家性质和基本特征的具体论述，可参阅笔者的《对民族国家的再认识》，载《政治学研究》，2009年第4期。

⑤ 边界是国家间的领土分界线，与主权联系在一起，体现着主权的涵义，是一个主权性的概念。在中国边疆的发展史上，最早通过边界来确定边疆的外部边际线，发生于与沙皇俄国于1689年8月27日签订的《中俄尼布楚条约》和1727年9月1日签订的《不连斯奇条约》。这两个条约的签订，从根本上改变了长期存在的由内而外地划定边疆的思维和做法，开启了由外而内地划定边疆的进程。不过，中国全面地通过边界来划定边疆的外部边际线，则是民族国家建立以后。

之边缘区域的边疆,在受主权管辖并体现国家主权这一点,与核心区并无不同。同时,在民族国家的条件下,所有疆域属于中华民族共同所有并由全体人民共同拥有,在这一点上边疆与核心也无二致;最后,要肯定和突出边疆的政治地理空间性质。在主权、领土观念确立的条件上,同质化的国家领土取代了传统疆域基于文化或民族对不同部分的划分,因此就只能从国家地理空间区位差异的角度确定边疆。就其本质而言,边疆只是国家政治地理空间的一个部分。

有了这些变化和新的内容,历史上形成的界定和述说边疆的方式也发生了根本性的变化,进入了从民族国家的主权或领土角度进行述说的新时代。① 在民族国家时代,边疆的政治地理空间属性得到了前所未有的凸显。

三、国家根据治理需要调整边疆

国家根据治理的需要将疆域的边缘部分界定为边疆,以便采取专门和有针对性的措施进行治理,从而进一步将国家的属性注入到边疆这个特定的地理区域。国家既然根据治理的需要来界定边疆,国家也可根据形势变化后新的治理需要来调整边疆,并以此进一步突出国家在边疆问题上的主导作用。这一特点在中国边疆的演变中,表现得十分明显。

在中国历史上的秦汉时期,统一的王朝面临着庞大的疆域且边缘区域与核心区存在巨大差异的现实,边缘区域凸显出来并需要王朝中央解决的问题与核心区大相径庭。为了有针对性地治理疆域边缘区域的问题,王朝以中央政权所在地为中心,以传统的统治区域为主体,把疆域的边缘区域界定为边疆,从而实现了边疆的构建。然而,在长期的王朝国家发展的历史进程中,王朝的疆域范围、王朝统治的核心区域、核心区域与边疆的分界线等,都在不断地发生变化。因此,王朝也会根据形势的变化,改变对边疆的认定,从而形成边疆的调整。

---

① 需要说明的是,在中国构建边疆的时代,国家主权的概念和相关的体制还未出现,国家的疆域并非与主权结合在一起并体现国家主权领土,既没有体现国家主权的边界,也不受边界的约束。国家可以凭借实力拓展疆域,扩大边疆的范围。一些著述中用晚近才出现的主权、领土、边界等概念来论述中国早前的疆域和边疆,并不妥当。

首先，疆域的范围随王朝国家能力的变化而变化，王朝必须根据疆域范围调整对边疆的认定。在几乎整个王朝国家时期，国家疆域的范围都没有公认的国际规则来约束，基本上随着王朝国家实力的变化而变化。在王朝国家国力强盛的时候，疆域的界线就向外拓展，王朝国家认定的边疆的范围也随之扩大。相反，在王朝国家国力衰弱的时候，疆域界线就向内收缩，国家认定的边疆范围也随之缩小。于是，边疆的盈缩变化和盈缩不定，成为了常态。

其次，疆域的核心区也在不断地变化，王朝对边疆的认定也会随之发生改变。王朝国家核心区的中心，是王朝中央所在地，即王畿之地；王朝国家核心的范围，既是传统的统治范围，也是经济、文化发展水平较高的区域。但是，王朝迁都从而导致政治中心的调整，以及王朝经济、文化中心区域的变动，在历史上多次发生。历史上的多次迁都，以及大运河的修筑，都对国家的疆域及经济文化中心的移动，发挥了重要影响。尤其是大运河的修筑，对南北经济联系的巩固和疆域整合，发挥了根本性的作用。在中国历史上，"华北和华南地区之间自古就存在严重分歧，南北朝曾持续两个世纪之久，要不是因为后来修建了大运河，这很可能已成为永久性的现实"。从这个意义上说，"大运河曾对中国的统一起到至关重要的作用。它缓解了唐宋北方征服南方所引发的矛盾，从此中原地区作为中国这一农业大国的核心地位得到巩固"①。而随着疆域内部状况和政治、经济、文化中心的变动，王朝中央看待边疆的角度、对边疆的认定及边疆与核心区的界线等，都会发生根本性的改变。

新中国成立后，在民族国家的框架和国家加强边疆治理的条件下，一方面，边疆受到了边界的硬性约束，边疆有了明确的外部边际线，不能任意向外拓展；另一方面，在国家大规模和持续的边疆治理的作用下，边疆的面貌发生了根本性的改变。在这样的条件下，边疆的范围发生了重大的变化。而这样的变化，集中表现于随着边疆与内地的分界线的逐渐外移，边疆的范围在逐渐压缩。

新中国成立之初，国家对边疆的认定基本上是延续历史，边疆的范围

---

① 〔美〕罗伯特·D.卡普兰：《即将到来的地缘战争——无法避免的大国冲突及对地理宿命的抗争》，涵朴译，广东人民出版社2013年版，第202页。

十分广泛，西南、西北的许多省区及省会城市都属于边疆的范畴。但是，随着国家着力推行的边疆治理的成效日渐显现，尤其是随着边疆的交通、通讯水平的大幅度提升和边疆人民生活水平的根本改变，边疆与内地的同质性显著提高，边疆区域的特点在逐渐淡化甚至丧失。而这样的变化在边疆与内地接近的区域表现得最为突出，尤其是许多曾经典型的边疆城市与内地城市的区别越来越小，不仅难以察觉，甚至在某些方面比内地的一些城市还更为发达。于是，这些区域的边疆属性逐渐淡化，逐渐地不再被作为边疆看待，国家也不再对这些地区推行边疆政策。这样的现象并非个别，而且一直在持续。这就直接导致了边疆与内地的分界线逐步地向外推移，传统边疆的范围在渐次压缩。在这样的情况下，国家虽然没有明确划定边疆的范围，但国家对边疆范围的认定从具体的政策中可见端倪。在跨入新世纪以来国家推行的最为典型的边疆政策"兴边富民"行动中，陆地边疆仅为135个陆地边境县（旗、市、市辖区）和新疆生产建设兵团58个边境团场，即毗邻边界的193个县级行政区域。

其实，传统的陆地边疆范围的压缩，是一个必然的趋势。这正好从一个侧面证明，新中国以来的边疆治理已经取得了巨大的成效。在这样的形势下，国家既可以也有必要从当前的国情和治理的需要出发，重新界定边疆的范围。但是，这样的步骤并未真正付诸实施。之所以会出现这样的情况，新中国以来边疆治理中长期坚持"族际主义"取向，应该是一个重要的原因，甚至就是最根本的原因。

中国自秦汉构建边疆开始，就特别重视和强调边疆的异族性质。"古人多以'华夷'不同文化分布的差异、区域经济开发的强弱等作为划分核心地区与'边疆'的分野，主要为蛮夷所控制、经济显然落后于核心地区的僻远之地，通常被认为是边疆乃至徼外。"[1] 王朝的统治者甚至视边疆的人民"非我族类"[2]，主张"内华夏而外夷狄"[3]。基于这样的认识，历史上的边疆治理在相当程度上就是治理夷狄之区，就是处理"华夷关系"。

---

[1] 方铁：《论古代治边的理论与实践》，载《社会科学战线》，2008年第2期。
[2] 《晋书》卷56《江统传》。
[3] 《汉书》卷94下《匈奴传》，颜师古注引《左传》昭公二十三年。中华书局1962年点校本。

因此，边疆治理的政策，也就成了"圣王制御蛮夷之道"①。

新中国成立后，国家高度重视边疆治理，充分运用国家力量并在全国范围动员和调配资源，进行了长期的和全面的边疆治理。但是，新中国成立之初，边疆地区作为历史文化共同体的各个民族间的矛盾和冲突十分突出，执政党也高度重视民族和民族问题，同时也不可避免地受到历史上长期延续的边疆治理思维的影响，国家采取了不同于"区域主义"取向的"族际主义"取向②，将边疆问题置于民族问题的框架中进行谋划和决策。在这样的情况下，不仅"边疆民族地区"成为边疆的代名词，而且在官方的文件和学术研究中，用"民族地区"指称边疆或替代边疆概念的思维和做法比比皆是。③ 在这样的情况下，边疆范围缩小和需要重新调整的问题就不会受到重视。

然而，国家疆域边缘区域的特殊性内涵，不可避免地要通过各种各样的边疆问题顽强地体现出来，进而凸显为国家治理中必须面对的重大问题，从而引起执政者的关注和重视。跨入新世纪以来，国家高度重视并大力推行的"西部开发"战略，就蕴涵着将广袤的西部地区作为国家疆域内边缘性的和特殊的区域看待，并采取特殊的战略和政策进行治理的意涵。从某种意义上看，西部地区就是国家重新划定或认定的新边疆。而这样的认定，也在一定程度上体现了国家在边疆调整中的主导作用。

其实，对于中国这样一个地域辽阔并且与多个国家接壤或毗邻的大型国家来说，领土的边缘区与核心区之间差异的形成，受到地理的、经济的、政治的、文化的诸多因素的影响，这些影响既来自于国内也来自于国外，因此不会在短时间内消失。相应地，边缘区与核心区的差异必将长期存在。值得注意的是，某些历史上形成的传统的差异性消失了，又会形成或出现由于经济社会发展和国际因素（尤其是地缘政治因素）的变化而导致的新的差异。而且，这样的差异会直接影响到国家的治理和发展，因

---

① 《汉书》卷94下《匈奴传》，颜师古注引《左传》昭公二十三年。中华书局1962年点校本。

② 关于边疆治理的"区域主义"取向和"族际主义"取向问题，可参阅笔者的《中国的边疆治理：族际主义还是区域主义？》，载《思想战线》，2008年第3期。

③ 这也是我国长期只注重陆地边疆而不注重其他形态的边疆，尤其是海疆不受重视，在国家边疆治理的架构中没有地位的重要原因。

此，必须引起高度的重视。

在这样的形势下，国家要实现对边缘性疆域的有效的治理，尤其是要充分发挥边疆及边疆治理在国家治理中的作用，就必须根据领土内不同区域的特点，尤其是边缘性区域不同于核心区的特征，以及国家治理的需要，重新划定边疆并采取专门且特殊的政策对边疆进行全面的治理。对边疆进行调整或重新划定边疆的范围，是领土边缘地区差异性和国家治理的必然要求。

四、国家疆域变化导致新形态边疆的出现

国家皆有疆域，但国家疆域的形态——国家以特定方式占有或控制地理空间后形成的疆域的样式，却是不断变化的。随着国家占有或控制地理空间的方式发生改变，疆域的形态也必然随之发生变化。国家疆域形态变化的持续进行，便形成了国家疆域形态的演变过程。在国家疆域演变的不同阶段，边疆的形态是不同的。伴随着国家疆域形态的演变，边疆的形态也处于发展变化的过程中。

在人类国家发展或疆域演变的历史上，导致疆域形态变化的因素有很多，并且因时因地而不同。概括起来看，直接导致国家疆域形态发生改变的因素，主要有以下几个方面：一是国家形态的变化。如前所述，国家的形态会随着社会历史条件的变化而改变，从而形成国家形态演变的过程。处于国家形态演变不同阶段的国家，即不同形态的国家，不仅国家权力的形成和运行的方式不同，而且国家占有和控制地理空间范围的方式也不同，实际存在的疆域形态也就不同；二是国家占有或控制地理空间的能力。这样的能力其实是某一阶段人类科学技术水平的体现，以科学技术水平为基础。依托于科学技术的发展及其达到的水平，国家占有或控制地理空间的能力呈现逐渐增强的趋势，国家实际占有或控制的地理空间的方式和范围也在不断改变；三是国家间互动的方式。国家间的接触、交往和互动，是人类交往和互动的重要方式。国家间以何种方式互动，在互动中遵循何种规则，也会体现在国家占有或控制地理空间的方式上，以及当这样的占有或控制发生矛盾和冲突时的处理方式上，并最终导致疆域形态的改

变。其中，最为突出的表现是，随着国家对地理空间占有或控制的新方式的出现，最终导致新疆域形态的形成。

回顾国家疆域形态发展和演变的历史，疆域形态的变化具有多样性的特征，但可大致地划分为三个阶段①：

第一，非主权疆域阶段。在国家属性发展和国家疆域演变的相当长的时间内，不论是民众还是统治者，并没有什么国家主权的观念，也没有国家及国家间关系中的主权原则和主权体制。这完全就是一个以力为雄、强权政治的时代。在这样的条件下，一个国家如何取得和拓展疆域，以及实际拥有的疆域的范围，只取决于国家发展的需要、国家自身的能力、最高统治者的野心，以及当时的历史条件提供的可能性。在这样的时候，人类还没有创建起约束国家行为以及国家对疆域占有的有效规则。当然，对此时的国家疆域拓展行为，也适宜于用主权规则来评判。

第二，主权性疆域阶段。在让·布丹在《共和六书》中提出的主权概念、格劳秀斯在《战争与和平法》一书中把主权独立的国家作为国际法的主体的基础上，欧洲三十年战争签订的《西荷和约》确认了威斯特伐利亚体系，从而确定了国家主权和主权争端的解决方式。至此，人类国家发展史上第一次有了主权的遵循，国家对疆域的占有也开始受到主权的约束，有了主权性疆域——领土。不过，主权原则和主权体制在世界范围内得到遵循，则是第二次世界大战摧毁了帝国主义的殖民体系和民族国家成为基本的国家形态以后。

第三，超主权疆域阶段。第二次世界大战，是人类历史发展的一个重大转折点。仅从国家疆域形态演变的角度来看，这样的转折也表现得十分突出。一方面，第二次世界大战后，国家主权体制在全球范围内建立起来，主权以及作为主权管辖范围的领土受到了前所未有的尊重。但另一方面，由于科学技术的快速发展和全球化时代的到来以及国家利益溢出国界并在相关的其他国家领土上聚积的现象日渐普遍，国家对没有主权管辖的

---

① 从迄今为止的人类国家形态演变过程来看，国家主权、国家主权体制的形成，具有划时代的意义；主权、主权规则，既是国家间处理相互关系的基本准则，也是国家内部处理国家与社会、政府与人民关系的基本遵循。在这样的条件下，分析国家疆域及边疆形态演变的过程，也必须以主权为基准。

新的地理空间的占有和控制，以及对国家利益聚积的区域在主权管辖基础上的叠加式的软性控制，就逐渐增多并在一定程度上得到承认。这样一种超主权的新的地理空间，便是超主权疆域。于是，国家疆域的超主权形态也逐渐浮出水面，从而导致国家疆域逐渐向超主权的时代过渡。当然，这样的超主权疆域，并不是对主权性疆域的否定和排斥，它是在主权性疆域的基础上形成的，是对主权性疆域的补充。

当前，这种发端于第二次世界大战之后的超主权疆域问题呈现越来越突出之势，特别值得关注。首先，第二次世界大战后，随着民族解放运动的高潮和帝国主义殖民体系的瓦解，一大批新兴国家登上了世界历史的舞台，主权国家的数量达到了前所未有的程度，而且仍在逐渐增多。新建立的国家不仅要拥有一定的领土，也会根据历史条件而提出新的领土要求，于是，国家间的疆域争夺空前激烈，世界进入了"国家拥挤"的时代。其次，"二战"以来，人类社会也进入了科学技术突飞猛进发展的阶段，新的科学技术革命的浪潮一浪接着一浪，人类探索和达到新的地理空间的水平不断创造新高。以此为基础，国家占有或控制地理空间的水平也大幅提升，因而逐渐将自己的势力延伸到地球的两极、大洋及海洋和地层的深处、太空和外太空；再次，随着"二战"后跨国公司的普遍化以及一系列国际体系、国际规则的建立，全球的国家和地区之间的联系在深度和广度方面出现了迅猛发展和根本性的变化。20世纪90年代以后，这种变化全面地显现出来。"我们眼前所发生的一切足以与美洲新大陆的发现相提并论"①，人类进入了全球化时代。

在这样的背景下，所有国家都在努力拓展自己的疆域，不仅将国家的触角伸向大洋、北极和南极、大洋海底、太空和外太空等"全球公地"，而且通过积极寻求在已经存在主权管辖的领土之上的再控制（一种重叠的非排他软性控制）的方式，以维护国家利益外溢后在其他国家领土基础上形成的国家利益或利益范围。于是，不仅北极和南极的一些区域，逐渐被一些国家纳入自己的控制范围，而且前所未有的大洋海底疆域、太空和外太空疆域、地底（底土）疆域，以及利益疆域和战略疆域等新疆域形态逐

---

① 〔德〕乌·贝克、哈贝马斯等：《全球化与政治》，王学东、柴方国等译，中央编译出版社2000年版，第5页。

渐从概念变成现实而浮出了水面。

毫无疑问，这些层出不穷的新疆域形态虽然是在"二战"后的形势下出现的，具有历史的必然性，但并未获得普遍的认可和接受。然而，许多国家已经抓住疆域形态变化的先机，使国家疆域的演变服务于自己的国家利益和国家战略，率先拓展自己的新形态边疆，从而界定了诸多令人眼花缭乱的边疆形态，导致了许多前所未有的边疆形态的出现。具体来说，自从1982年时任美国里根总统国家安全顾问的丹尼尔·格雷厄姆领导的小组提交的《"高边疆"研究报告》，将太空视为人类即将全面涉足的全球"公地"或"宇宙公海"，并从美国的利益出发，较为系统地提出了开拓和利用宇宙空间的总构想以后，美国基于这个构想而逐渐构建了以控制和利用太空或在太空中谋求优势为目的的"高边疆"战略，并一步步地建立自己的"高边疆"。在这样的条件下，随着一场在太空中开展的"圈地运动"的悄然进行，太空边疆、底土边疆、利益边疆、战略边疆、文化边疆、信息边疆等，也逐渐由理论走向实践，由抽象的讨论开始具象化，逐渐变成现实的存在。

国家疆域的变化是不可避免的，而这样的变化所导致的新形态边疆的出现，也是不可避免的。也正是这一点，将国家自身的演变导致边疆形态变化尤其是新形态边疆的构建这一特点，淋漓尽致地表现了出来。

面对着当代国家疆域形态改变促成新形态边疆生成的现实，正在崛起并越来越融入世界的中国应该如何作出理性的选择呢？首先，要运用国家政治地理空间的思维，全面审视新形势下中国的陆地边疆、海洋边疆，不仅要高度重视海洋边疆，而且要全面统筹海洋边疆与陆地边疆，协调好二者之间的关系。其次，也更为紧迫的是，要尽快构建自己的利益边疆和战略边疆。在中国越来越融入全球化的背景下，中国的国家利益溢出领土的现象也越来越突出，国家的海外利益不仅迅速增长，而且地位和作用也越来越重要，对国家发展形成了决定性的影响，已经演变成为国家的根本利益。因此，中国必须尽快地构建自己的利益边疆和战略边疆，并用战略边疆来支撑和维护利益边疆。① 再次，要探索确立其他边疆形态的可能性。

---

① 关于中国构建利益边疆和战略边疆的进一步论述，可参阅笔者的《中国必须有自己的利益边疆》，载《探索与争鸣》，2014年第5期。

如太空边疆、底土边疆、信息边疆、经济边疆和文化边疆的问题，都要在全面研究的基础上，采取适当的应对措施。最后，要整合各种边疆形态，构建完整的边疆体系。具体来说，就是要在统筹陆疆与海疆、领土边疆与利益边疆、现实边疆与战略边疆的基础上，确定国家发展与安全的战略，构建完整的边疆体系。

五、结论

通过对中国边疆的几个根本性问题的分析和论述，可以得出以下明确的结论，或基本的认识：

第一，国家属性是边疆的本质属性。在中国边疆的形成、边疆的界定、边疆的内涵的转变、边疆的调整、新形态边疆的构建等根本性的环节，作为政治形式的国家都在其中发挥着根本性和基础性的作用。从本质上看，边疆是一种政治现象，或者说国家现象。离开国家这个本体，一切边疆现象和边疆问题都无从谈起，更无法说清楚。而边疆的其他涵义，都是在国家疆域的基础上形成的，或是在国家属性基础上的一种附加。

第二，边疆的地位和作用都只能在国家的基础上说明。作为国家疆域的一个重要区域，边疆的地位和作用都是相对于国家而言的。离开国家这个本体，边疆的意义就无从谈起。因此，既要从国家治理和国家发展的角度来看待边疆，也要从边疆对于国家发展的角度来认识边疆的意义，尤其是注重从边疆与国家整体、边疆治理与国家治理的关系的角度，来分析和论述中国的边疆。

第三，边疆及边疆问题研究不能忽略国家这个本体。既然国家对边疆的影响是根本性的，边疆的意义也只有在国家的框架中才能得到客观的论述。因此，在边疆及边疆问题研究中，把边疆与国家割裂开而就边疆谈边疆的做法是不可取的，既无法揭示边疆及边疆问题的本质，也不能为边疆治理或国家治理提供有益的成果，而必须将边疆置于国家的框架中，从边疆对于国家发展的角度来研究中国历史上的边疆和边疆治理，才能从中提炼出有价值的认识。

第四，崛起的中国要努力构建自己的新形态边疆。边疆是构建的产物，而边疆本身又是一种变动着的存在。在第二次世界大战后新形态边疆日渐凸显的情况下，正在崛起的中国不能墨守成规，更不能受传统边疆观念束缚，而必须以开放的心态和全球视野来看待自己的疆域和边疆，进而根据形势的变化来构建中国的新形态边疆，以适应国家治理体系现代化和国家发展的需要。

国家发展中的疆域安全问题

| 周　平 |

世纪之交，中国在基本实现了小康社会目标后，又开启了全面建成小康社会进程。这标志着当代中国已经实现了建立现代制度、改造传统社会、构建现代经济体系，促进经济发展，改善人民生活的国家建设目标，正在向着全面完善制度和机制、全面提升综合国力、全面提升国际影响力的国家发展目标前进。中国已经由国家建设时期转向国家发展时期。中国的 GDP 在 2010 年居于世界第二位以后，国家发展的内涵更加丰富、特征更加明显。中国崛起、实现中国梦成为国家发展的目标追求。国家的全面发展，实现国家的崛起和中华民族的梦想，既是宏伟的和强激励性的目标，也意味着中国社会的全面变革和中国更加融入世界及外部环境的根本性变化。国家发展的内部条件和外部环境的巨大变化，不可避免地会对中国的疆域造成直接和间接的影响，进而引发一系列的疆域安全问题。这样的疆域安全问题又会反过来对国家发展造成深刻的影响，影响着国家发展目标的实现。现实的情况也表明，疆域安全面临的挑战不容小觑，其中的某些方面的问题已经对国家发展构成直接威胁，直接制约着中华民族伟大复兴的中国梦的实现。在这样的条件下，必须在国家发展和国家治理中给予疆域安全问题高度的关注。

---

* 本文原载《中共浙江省委党校学报》，2015 年第 4 期。

一、国家的疆域环境已发生根本性改变

在国家的疆域安全形势凸显的情况下，疆域安全问题的某些方面已经受到了相关研究的关注。比如，在国家安全、国家政治安全的研究中，疆域安全中的领土安全、疆界安全、海疆安全等，都有所涉及并形成了相应的论述或观点。但是，领土安全、疆界安全、海疆安全等，都只是国家疆域安全局部问题，并不能全面展现国家疆域安全的全貌。国家的疆域安全，不仅包含着这些问题，还有着更为丰富的内涵。

作为一种人造的政治事物，国家是人类社会为了有效的治理而创造的政治形式。但是，国家这种政治框架一旦形成，便把国内的居民整合为一个统一的政治共同体，并且占据和控制一定的地理空间范围。因此，国家既是政治形式，也是政治共同体，还是政治地理空间单位。占据和控制一定的地理空间范围，是国家形成、存在和发展的条件。同时，国家也给其占据和控制的地理空间范围打上深深的烙印。国家占据和控制并且打上国家烙印的地理空间范围，便是国家的疆域。国家占据和控制的地理空间范围受到威胁，便会形成国家疆域安全问题。现实的国家疆域安全问题，又会对国家的存在和发展造成消极的甚至破坏性的影响。因此，疆域安全既属于国家整体安全的范畴，也是国家政治安全的核心内容。

在现实中，国家的疆域并非一成不变，而是一种变动着的存在。一方面，国家本身就处于不断演变的过程中，不同的历史时期会形成不同的国家形态，不同形态的国家占据和控制地理空间范围的方式会有所区别；另一方面，人类基于科学技术水平和生产力发展水平而形成的活动范围会不断变化，并呈现一个不断扩大和拓展的趋势。这两个方面的因素结合在一起，就使得国家疆域形态处于一个发展和演变的过程之中。从国家形态演进的角度来看，国家的主权及主权体制的确立具有划时代的意义。在国家主权及主权体制确立以前，国家占据和控制地理空间范围的行动，并无主权的约束和限制，全凭国家的需要和能力。国家主权体制随着1648年欧洲三十年战争后签订的《西荷条约》所确立的威斯特伐利亚体系的形成而确立以后，国家占据和控制地理空间范围的活动便受到了主权的限制，进而形

成了相应的规则。国家疆域的主要形态，就是主权管辖的区域，即领土。①

第二次世界大战以后，人类进入了全球化时代。② 地球上的各个国家、各个民族、各个地区的联系和互动日渐频繁，越来越融合于一体。国家利益的交叉交融日渐增多，超越主权的国际规则也越来越多且越来越重要。在这样的形势下，国家占据和控制地理空间范围的活动也逐渐突破了主权的限制，超越于主权而控制地理空间范围的活动越来越频繁。在国家疆域随着国家形态的变化而变化的同时，国家疆域的具体形态也在不断地变化，并形成一个国家疆域演变的过程：首先，国家的疆域都是在陆地上划分的，国家的疆域就是陆地疆域；其次，国家的疆域拓展到了海洋，形成了海洋疆域；再次，国家的疆域拓展到了空中，形成空中疆域；复次，国家的疆域拓展到了太空，出现了太空疆域；最后，国家的疆域由实体发展到非实体，出现了利益疆域、战略疆域，等等。③ 在国家疆域形态演变的过程中，一直充斥着国家间的疆域争夺。在全球化时代，国家间在超领土疆域的争夺，显得尤为突出和激烈。

在人类的国家疆域不断演进并不断出现新的疆域形态的大背景下，中国的疆域也在不断地发展和演变，并不断添加进了新的内容。在公元前21世纪中国出现了最早的国家政权"夏"之时，"夏"便拥有自己的疆域。当然，这样的疆域是在陆地上的，是陆地疆域。公元前221年秦统一六国后，不仅建立了对全国各地实施直接统治的中央集权政权，而且为了实现对前所未有的庞大疆域的有效治理，开了将疆域的边缘性部分区别出来采取特殊措施加以治理的先河。承续秦制的汉代，继承秦代疆域治理之策，并确立了把疆域的边缘区域划定为边疆的制度，即边疆制度。此后，在国家的疆域不断拓展的同时，王朝国家的疆域也随着时间的推移而不断变

---

① 把国家的疆域等同于国家领土的看法，是不严谨的，甚至是十分错误的。领土是国家拥有主权的疆域，必须经由主权来界定。在主权体制形成以前，何谈领土？在主权体制形成以后，国家占有或控制的地理空间范围也并非全都拥有主权，国家拥有主权的地理空间范围又未必能够实际占有。因此，如果将疆域与主权混为一谈，就会在理论和实践中陷入难以解脱的困境。

② 关于全球化时代的形成和特征，可参阅作者的《全球化时代的疆域与边疆》，载《中国边疆史地研究》，2014年第3期。

③ 关于国家疆域的变化和形态的论述，可参阅作者的《全球化时代的疆域与边疆》（载《中国边疆史地研究》，2014年第3期）和《国家疆域：性质、特点及形态》（载《四川大学学报》，2015年第1期）两篇文章。

化：一是疆域逐渐由陆地拓展到海洋，使国家拥有了海疆疆域；二是对国家疆域进行了内部整合，疆域的不同部分紧密地联系在一起并提高了整体性和同质性，从而巩固了国家的疆域。与此同时，疆域治理也成为国家治理的重要内容。不过，在长期历史发展中形成的传统的疆域治理中，也形成了边疆的治理从属于、服从于和服务于核心区的治理的传统。

但是，中国在历史上并没有形成国家主权制度。古老的中国既无主权的观念，也没有领土、边界等体现国家主权的概念和思想。中国的主权、领土、边界的思想和制度，是在与西方国家的碰撞中逐渐学习并接受的。中国的王朝国家最早接触到体现国家主权的边界，是通过与沙皇俄国签订的条约而实现的。在17世纪中叶，曾经没有能够与之匹敌的对象的古老王朝国家，与另外一个强大并不断向外扩张的国家不期而遇并发生了直接碰撞。1643年后的十年间，充满野心的沙俄三次将势力扩张到王朝国家疆域内的黑龙江流域。清王朝在1685年和1686年先后进行了两次反击，才使沙俄向东部的扩张受到遏制。在这样的形势下，由于清王朝的要求，中俄通过谈判于1689年8月27日签订了《中俄尼布楚条约》。随后，又在1727年9月1日签订了《不连斯奇条约》。[①] 通过这样两个具有主权内涵的国家间条约，王朝国家确定了与沙俄的边界，从而在王朝国家历史上开了以条约方式确定国家边界的先河。也正是由于如此，世界近代以来民族国家的主权[②]观念以一种特殊的方式从外部嵌入到王朝国家之中。此后，西方列强通过一系列的不平等条约割占了中国大片的土地，不仅让王朝国家丧失大片边疆，也从反面向王朝国家和国人灌输了条约意识和通过条约确定边界的意识，进一步巩固了王朝国家已经习得的主权意识，从而促成了中国传统的非主权疆域向主权性疆域演变，传统的疆域也逐渐转化为国家的领土。

---

① 通过条约确定国家的边界，这在中国国家发展史上是一个具有划时代意义的事件。至此，王朝国家统治范围和边疆有了具有法律约束力的边际线，既对王朝国家边疆向外拓展的态势起到了一定的遏止作用，也从根本上改变了自秦以来的边疆的形态。

② 边界是国家主权的外部界线，因而是国家主权的具体表现形式。国家主权是西欧王朝国家后期通过威斯特伐利亚体系确立的，但却被取代王朝国家的民族国家所继承，成为民族国家的根本内涵之一。关于民族国家的内涵和特征，可参阅作者的《对民族国家的再认识》，载《政治学研究》，2009年第4期。

辛亥革命在终结了漫长的王朝国家历史的同时，也开启了构建民族国家的历史进程。中国民族国家的构建，又与中华民族的构建相辅相成①，中华人民共和国的成立，标志着中国民族国家构建的基本完成。② 中华人民共和国就是中华民族的民族国家。从此以后，中国国家形态演进的历史翻开了新的一页。随着国家形态的根本性转变，国家的疆域也发生了根本性的变化。当然，变化的内容是多方面的，但最根本的变化则表现在，国家的疆域被置于民族国家的框架下界定、规范和管理，从王朝国家的疆域转变为民族国家的疆域。在这样的情况下，国家主权所管辖的全部疆域，就是国家的领土。在国家的疆域性质和形态发生变化的情况下，国家开展了全面的边界勘定，加强了边防和边疆治理，有效地维护了国家的领土。

在世纪之交，中国的疆域形势又发生了一次根本性的变化。经过30多年改革开放的中国，现代化"三步走"战略的第一阶段已经实现并向第二阶段转变，以及"人民生活总体上实现了由温饱到小康的历史性跨越"③的基础上，中国已经由国家建设时期转变为国家发展时期，国家由注重区域发展转向注重整体发展。在这样的条件下，国家必须注重作为疆域之边缘部分的边疆的开发和建设，国家也有能力在边疆开发和建设方面投入更多的资源。因此，陆地边疆的地位及其与核心区的关系，以及海洋边疆的开发、利用和建设等，受到了前所未有的重视。而这样一种进程，又将国家领土的整体性提升到了一个十分突出的地位，被置于国家治理和国家发展的整体框架中谋划。

另一方面，中国改革开放推动下的快速现代化是在全球化的背景下推进的。其顺利的推进，既得益于全球化的快速推进，也是全球化的成果。因此，中国在快速的发展中也越来越融入世界，中国的利益遍及全球，既要在全球治理中承担责任，也要在全球的范围内维护自己的利益。在这样的背景下，中国一方面要按照相关的国际公约行使自己的主权权利，对南

---

① 关于中华民族的构建，可参阅作者的《论中华民族建设》（载《思想战线》，2011年第5期）和《中华民族的性质和特点》（载《学术界》，2015年第4期）两篇文章。
② 关于中国的民族国家构建，可参阅作者的《多民族国家的族际政治整合》（中央编译出版社2012年版）的相关论述。
③ 江泽民：《全面建设小康社会，开创中国特色社会主义事业新局面——在中国共产党第十六次全国代表大会上的报告》。

海和东海行使管辖权，建立防空识别区，另一方面也要维护自己的利益边疆①。在美国通过重返亚太战略将自己的疆域拓展到我们家门口的时候，我们也不能自缚手脚，而必须借用由美国提出的利益边疆的概念和思维，维护自己的海外利益。同时，中国也必须加强对太空、深海、南极和北极等地理空间的探索和研究，承担起大国的责任并行使相应的权利。

这样一来，中国就拥有了一个前所未有的巨大的疆域空间，其中，最为核心的是国家的领土（包括东海、南海上中国拥有主权的岛礁及海域）和领空，其次是中国拥有主权权利的区域，再次是中国的利益边疆，以及其他区域。这是一个包括主权疆域和超主权疆域、平面空间与立体空间、实体疆域和虚拟疆域的巨大的立体性疆域空间。中国的发展和崛起、中国梦的实现，都是在如此一个全新的和巨大的疆域环境中实现的。

二、疆域安全问题的凸显及其发展趋势

在全球化时代，国家的疆域形态和疆域观已经发生了重大改变，中国的疆域形势也已经发生重大改变。在这样的情况下，我们长期坚持的仅仅将国家的疆域界定为领土的观念和做法，已经严重脱离现实，并给中国的发展造成消极的影响。日益融入全球化并迅速崛起的中国，必须改变传统的疆域观念并根据当下的疆域形势，以一种适应时代发展要求和更加宽泛的疆域观来审视自己的疆域。

从这样的角度来看，凡是中国占有和控制的地理空间范围，都可以也应该视为自己的疆域。中国按照近代以来主权国家的领土规则占有的地理空间，即国家的领土，是疆域的主体但并非全部。除此之外，中国拥有管辖权或按照国际法实际使用和管理的地理空间范围，也属于中国疆域的范畴。从总体上看，中国的疆域大致应该包括这样几个部分：一是拥有主权的区域，即中国固有的领陆、领海、内水及其领陆、领海、内水的上空和地下；二是行使主权权利和管辖权区域，如专属经济区和大陆架；三是运用国家力量去保护的海外利益聚积区和关键性区域；四是依据国际法和国

---

① 关于中国维护利益边疆的问题，可参阅作者的《中国必须有自己的利益边疆》，载《探索与争鸣》，2014年第5期。

际规则而实际使用和管理的公共区域,如进行科学考察的国际海底区域、南极北极的科学考察站,以及将来的地球轨道空间站,等等。

这些区域实际上已经同中国直接而紧密地联系在一起,打上了深深的中国烙印,并已经成为中国国家存在、发展的基本条件。总之,领土及那些中国管辖或管控的地理空间区域,都是承载中国国家利益的地理空间或地理基础。这些区域的安全能否得到有效的维护,直接关系到中国的国家利益,影响着中国的发展和崛起。

中国对自己疆域的占有和控制没有受到干扰和威胁,那么,中国的疆域就是安全的。如果中国对疆域的占有和控制受到了某种力量的干扰和威胁,如疆域被入侵、侵占,或发生争端、受到其他势力的破坏或挤压,或出现分裂、动荡,那么,国家疆域安全的问题就出现了。从这个意义上说,中国的疆域安全,即国家的疆域不受干扰、威胁的状态。而国家的疆域安全问题,即国家疆域受到干扰、威胁而形成的矛盾和冲突。如果这样的干扰和威胁十分严重,国家就会面临疆域危机。

不过,作为一个主权性疆域(即领土)和其他超主权的疆域都十分庞大的国家,疆域安全问题一般不会发生于疆域的核心区域或腹地,而往往出现于疆域的边缘性区域,即边疆。因此,疆域安全问题一般就表现为边疆安全问题。今天的中国,的确也面临着这样的边疆安全问题,某些方面还表现得十分突出。从总体上看,当前国家疆域的安全问题主要表现为以下几个方面:

第一,陆地边疆问题。目前,中国的陆地边疆总体上看是安全的,不存在根本性的安全威胁,或者说,安全风险并不算太高,但这并不等于说中国的陆地边疆不存在安全问题。事实上,中国陆地边疆的安全问题一直存在,某些个别区域的安全风险还比较高。其中,较为突出的问题有以下几个:一是分裂主义的威胁。分裂主义要求将陆地边疆的个别区域从国家领土中分裂出去,如"疆独"、"藏独"、"港独"、"台独"的思想和行动等,对我国陆地边疆安全构成直接威胁。特别值得注意的是,"'台独'、'藏独'和'东突'等分裂势力依然是严重威胁中国领土完整的主要力量"[①];二是

---

① 陈跃、曾勇:《论中国维护国家安全的着力点》,载《党政研究》,2015年第1期。

边疆社会政治中的不稳定因素。在多种内外因素的影响下，陆地边疆的某些区域的社会矛盾突出且尖锐，对边疆的社会政治稳定构成了直接的威胁，成为边疆不稳定的因素；三是边界争端。新中国成立后经过长期的努力，中国历史形成的诸多陆地边界问题总体上是解决了，但仍然有中国与印度在西藏地区两国边界东段的划界争议，不仅直接关系到领土归属，而且对中国相关区域的领土安全构成威胁；四是领土被蚕食问题。与中国接壤的某些国家，尤其是V国，通过偷挪界碑、越界耕种、武装越界活动等方式蚕食中国领土的活动一直没有间断，这样的活动在中国进行自卫反击战后也并未停止，对中国的陆地边疆构成了直接的威胁。

第二，海洋边疆问题。中国从北至南有18000公里的海岸线，有大量的沿海岛屿、台湾及其包括钓鱼岛在内的附属各岛、澎湖列岛、东沙群岛、西沙群岛、中沙群岛、南沙群岛以及其他一切属于中国的岛礁，拥有广大的海洋边疆。新中国成立以来，围绕着钓鱼岛、南海岛礁及台湾及其相关海域的矛盾和冲突从来就没有停止过，并因此而导致了海洋边疆的安全风险居高不下。海洋边疆的安全威胁，具体又表现为东海问题、南海问题、台海问题。其中，东海问题的核心是钓鱼岛争端、南海问题的核心是南海大量中国岛礁被侵占及南海的稳定问题，台海问题则是美国势力在台湾海峡兴风作浪引起的海峡危机。海洋边疆的安全风险和危机，对中国的崛起造成了直接的影响。中国能否实现崛起，在相当大程度也有赖于能否对海洋边疆安全风险进行有效的管控。

第三，利益边疆问题。中国改革开放推动下的现代化的快速推进，是在全球化的背景下实现的。伴随着全球化的不断深入和中国日益融入世界，中国国家利益的外溢也越加突出，海外利益不仅日渐增多而且其中的关键部分已经成为国家的根本利益或核心利益。其中所形成的某些利益积聚区、关键通道和节点，对中国的崛起和发展具有根本性的影响，国家必须全力去捍卫和保护。国家全力维护的利益聚积和关键性区域，便成为了国家的利益边疆。这样的利益边疆又需要国家战略边疆的支撑。[①] 但从目前的情况来看，中国的利益边疆并没有得到有效的维护，甚至中国为维护

[①] 关于中国的利益边疆、战略边疆问题的详细论述，可参阅作者的《中国必须有自己的利益边疆》，载《探索与争鸣》，2014年第5期。

自身利益边疆而建立的一些机制，如金砖国家机制等，也在被某些西方大国的全力化解和破坏下而日显式微，国家的海外利益处于某种裸露状态，甚至处于某些国家的威胁之下。一旦中国与这些国家的关系恶化，海外利益受损就难以避免。

第四，太空边疆问题。在科学技术快速发展的背景下，人类探索新的地理空间的活动正如火如荼地进行。一些国家如美国，早在20世纪80年代便提出了以控制太空为目的的"高边疆"计划。人类活动所及的太空，已经被视为新的边疆形态。同世界上的其他国家一样，中国在和平开发和利用南极、北极、国际海底区域、太空等公共空间的过程中，依照国际法或得到相关国际组织的批准，实际地使用着某些区域，并拥有对这些实际使用区域的管理权，于是便形成了超越主权管辖的另外一种边疆形态。这些边疆也会因为遇到威胁而出现安全问题。从目前的情况来看，太空边疆的安全尤其堪忧。在太空中运行的空间站、卫星等，对国家的整体安全具有重大意义。而美国等一些西方国家利用自己在技术和军事上的优势，不仅觊觎太空的控制权并摆出一副咄咄逼人的姿态，而且已经采取了实际的行动，在太空军事化的进程中取得了实质性的进展，已经对我国的太空边疆构成了直接的和实质性的威胁。

上述这些疆域安全问题，绝非空穴来风，而是实实在在的国家安全威胁。这样的疆域安全威胁不仅已经长期存在，而且在某些具体的方面还表现得十分突出和尖锐，如南海争端、钓鱼岛争端等，其形势的严峻比许多人想象的还来得更为突出和严重，已经对中国的发展或崛起造成了实质性的影响，已经成为中国发展或崛起过程中的制约因素或障碍，有的问题已经成为中国崛起道路上的拦路虎或绊脚石。因此，能否有效地应对这些安全威胁，成功地稀释和化解国家的疆域安全风险，直接影响着国家发展目标的实现。

值得注意的是，中国疆域面临的安全问题，并不是偶然出现的。在这些问题的背后，存在着促成其产生或形成的各种因素。正是这些因素的存在和发展，才导致了中国的疆域安全问题。

从总体上看，导致中国疆域安全出现问题的因素，有的是历史上形成的，有的是现实中产生的。从历史因素的方面来看，自从鸦片战争以后，衰落的王朝国家无法与蒸蒸日上的西方民族国家抗衡，逐渐沦为帝国主义的殖民地和半殖民地，领土被侵占或割让，有边无防，疆域破碎。新中国成立后，中华民族屹立于世界的东方并自立于世界民族之林，以一个主权独立的民族国家的身份加入世界体系，加强了对疆域的治理，但历史上形成的疆域问题不可能在较短的时间内解决。因此，时至今日国家的统一尚未实现，边界争端尚未最终解决，被占的领土（岛礁）尚未收复。这些问题的存在，又为疆域安全埋下了更多的隐患。

现实的因素则与中国在全球化快速推进背景下的迅速崛起有关。中国改革开放以来现代化的快速推进，与全球化时代的形成之间存在着直接的因果联系——离开20世纪后半期全球化的快速推进和全球化时代的出现，中国的快速现代化和中国模式的形成都难以得到合理的解释。但是，全球化为中国的快速发展提供了机遇的同时，也将中国卷入到全球范围的国家竞争当中，并导致了中国国家利益外溢现象日渐突出。在这样的情况下，中国的快速发展，以及对自身利益的维护，必然对"二战"以来不合理的国际秩序形成某种挑战或产生碰撞，不可避免地会引起一些国家的戒惧、抵触和反弹。在这样的条件下，原有的矛盾被激活了，新的矛盾又不断出现，新旧矛盾相互纠缠。于是，一些国家千方百计地在包括疆域安全在内的各个方面给中国设置障碍、制造麻烦及进行压制，挤压中国的安全空间，或者直接挑起领土争端，蓄意激化矛盾，直接导致、催生或加剧了中国的疆域安全问题。

中国30多年来快速的现代化，是在改革开放推进下实现的。改革开放是一场全面而深刻的利益关系调整。利益关系的调整和全面的社会转型，不仅导致边疆多民族地区社会矛盾的多发，也引起了族际关系的深刻变动，这不仅使民族构成复杂的陆地边疆社会的不稳定因素增多，也为外部势力干涉和破坏中国的发展提供了可乘之机。中国近年来民族分裂主义的思想和行动的增多，就是在这样的条件下出现的。中国陆地边疆社会不稳定的经常出现，则是这些因素结合在一起而产生的。

显然，导致中国疆域安全问题的各种因素，不仅不会在短时间内消失而且还会继续发展和演变，甚至在今后相当长的一段时间内还会变得更加复杂。因此，中国疆域安全问题也不会在短时间得到化解，中国崛起过程中疆域安全方面的脆弱性将长期存在，而且会面临诸多的不确定因素。换句话说，对中国的疆域安全威胁尽快化解的期待是不切实际的。在中国崛起的过程中，疆域安全形势甚至是疆域危机，都将如影随形。在某些时候，疆域安全问题甚至还会十分突出，个别区域甚至存在爆发局部战争的风险。在中国崛起的过程中，这样的情况也将成为新常态。从某种意义上说，疆域安全问题的长期存在甚至在某些时候会变得十分尖锐，是大国崛起必然面临的一种历史宿命。只有中国的崛起完成了，旧有的不合理的国际秩序发生改变，中国在新的国际秩序中的地位已经巩固并且不容置疑、不容争辩，中国的疆域安全才能充分地实现。

三、凸显的疆域安全问题呼唤有效治理

今天中国面临的疆域安全问题，是在一个十分宏大的历史时空中发生的，不仅范围广大，涉及内容也十分丰富，并且越来越复杂。而且，面临这样的疆域安全问题，已经成为了国家发展的新常态。从总体上看，中国面临的疆域安全形势正在逐渐趋紧。对于迅速崛起的中国来说，这样的疆域形势既是前所未有的，也是中国崛起过程中必须面对的。对于这样的形势，既不能乱了方寸、失去战略定力，也要积极应对，解决好"怎么看"和"怎么办"的问题，形成有效应对的战略和治理之策。

在全面审视中国面临的疆域安全问题的过程中，必然地涉及国家疆域观念、国家安全观念和国家疆域安全观念等方面的基本问题。只有这些方面形成正确的观念，才能对中国崛起面临的疆域安全形势作出客观的判断，对中国面临的疆域安全问题作出准确的分析。

首先，要改变传统的国家疆域观，树立与时代相适应的国家疆域观。纵观时下国人在疆域问题上的基本观念，明显存在以下几个方面的问题或倾向：一是历史上形成的站在国家核心区或王畿之地来看疆域，因此把疆域划分为核心区和边疆的观念根深蒂固。按照这样的观念，拱卫着核心区或王畿之地的边疆，也是少数民族聚居的异文化区，即少数民族地区或民族地区。根据这样的认识，所谓的国家疆域，不过是以汉族为主的内地与以少数民族为主的边疆地区之和。所谓的边疆研究或边疆治理，也就是民

族地区的治理,因而被置于民族问题的框架内进行;二是把疆域等同于领土,把主权观念和领土观念绝对化,无视或不承认非领土或超领土疆域的存在。秉持此观念的人,把在特定历史条件下产生的主权观念当作不受历史条件限制的观念到处套用,不仅用主权及以主权为前提的领土、边界观念去界定中国历史上的疆域,也不愿意看到或承认今天的超主权的非领土疆域的存在;三是忽视或低估边疆在国家发展中的意义。按照传统的疆域观念,既然边疆只是核心区的外围地区,并且是"民族地区",因此,边疆问题的研究或边疆治理,都要服从于和服务于核心区的治理。基于这样的治理方略,在边疆治理问题上重稳定轻发展就成为必然的选择。边疆民族地区只要不发生动乱、不影响到内地或核心区的发展,就达到了治理的目标——这也是边疆的发展长期滞后于内地的重要原因。

在这样的疆域观的影响下,国家的疆域并未得到客观、全面的认识和界定,国家主权(领土)范围内的海疆都未受到应有的重视,就更别说超主权的利益边疆及其他新形态边疆了。时至今日,一些人还反对中国建立自己的利益边疆甚至不愿接受利益边疆的观念。从表面上来看,之所以会出现这样的情况,是因为利益边疆观念是美国人提出的,实际上却是囿于传统的疆域观。因此,要正确看待中国疆域安全面临的风险,首先要看到在全球化的时代,国家疆域的观念已然发生了深刻的变化,具有了新的内涵,从而与时俱进地建立一种宏大的结构化的国家疆域观念。

其次,要全面认识国家面临的安全形势,树立全面的国家安全观。随着全球化时代的出现和中国对全球化进程的深度卷入,国家安全的形势已经发生了深刻变化:一是在信息社会的条件下,中国与其他国家的联系日渐深入,中国利益明显溢出领土的范围和超越于国界的限制,已经遍及全球,而且海外利益在整个国家的发展和崛起过程中的作用越来越突出;二是国家的竞争全方位地发生,并且越来越激烈——在社会生活所有的交往领域,都会由于利益争夺而导致激烈的竞争。而且,这样的竞争在全球的范围内全面展开,甚至拓展到了南极、北极、太空和深海;三是在国家间竞争的所有领域,中国都会由于受到竞争对手不择手段的攻击或威胁而出现安全问题。因此,中国面临的安全风险已经超出了历史上的范围概念,是一种全方位的安全风险。

最后，要树立正确的国家疆域安全观，客观看待国家面临的疆域风险。与时俱进地看待国家的疆域，把国家疆域看作是国家占有或控制的结构化——由多个区域构成的——的宏大地理空间，同时也意识到在国家竞争全方位展开的情况下，包括国家疆域在内的所有国家活动范围都会发生安全风险且风险的形式也日渐多样的话，就应该看到中国目前面临的疆域安全风险是难以避免的、全面的和多种形式的，某些特定的疆域风险形式不仅是主权和领土安全所不能涵盖的，而且与所有传统的主权和领土安全问题的表现形式都有所不同。

对于中国面临的疆域安全问题，在客观看待的基础上对形势作出准确的评估，是十分重要的。但更为重要的是，面对趋于紧张的疆域安全形势和常态化的疆域风险，要形成有效的对策，以及形成化解疆域安全风险的能力。

首先，把疆域安全问题治理纳入国家治理的总体框架，构建国家疆域安全战略。中国疆域形势和疆域结构的变化，表现为一个自然历史过程。但是，在对国家疆域形势和状态有了自觉的认识以后，尤其是在通过推进国家治理体系现代化而实现国家崛起的形势下，就必须把国家疆域安全纳入到国家治理的总体框架中考虑，进而将其作为国家治理体系现代化的重要内容进行谋划。为了实现对一个正在崛起的世界大国的有效治理，不仅要有全球视野，进而构建全球战略，也需要形成政治地理空间思维，进而从政治地理空间的角度，规划国家的治理和发展。国家治理的政治地理空间思维和相应的谋划，不仅是化解国家疆域安全危机的基础和前提，而且这个方面在中国传统的国家治理中显得十分缺乏或滞后。换句话说，政治地理空间思维在传统的国家治理中几乎是付之阙如。推进国家治理体系现代化，必须主动地构建这样的思想，并据此来谋求疆域安全的解决之道。

国家治理和国家发展，都是在一定的政治地理空间中实现的。中国拥有主权的领土以及占据或管理的其他地理空间范围，就是国家发展的基础地理空间。脱离了这样的政治地理空间，只是在领土的范围谈论或谋划国家治理和国家发展，这与历史上闭关锁国的做法有什么两样？如何实现中国的崛起和发展？如何适应中国已经走向世界并融入世界的现实？因此，在全球视野中建立国家治理的政治地理空间思维，在宏大的空间范围内规划国家治理和国家发展，既是形势发展的要求也是中国崛起的需要。

从国家疆域安全问题治理的角度来看，最为重要的有两个方面：一是要把主权性的疆域与超主权的疆域结合起来，从一个宏大的范围内来谋划国家治理和国家发展；二是要改变把边疆与核心区分隔开并使边疆治理服从于和服务于核心区治理的传统思维，高度重视多种形态的边疆对于国家治理和国家发展的意义。在这样的基础上，构建全方位的国家安全战略，以及全面的国家疆域安全战略，并使国家的地缘政治战略、国家防卫战略、外交战略、地区战略、经济战略和文化战略与之相适应。只有这样，国家的疆域安全问题才能在国家治理中得到体现，进而通过全面的疆域问题治理而得到化解或缓解。

其次，形成对疆域安全风险的有效管控机制，确保疆域形势的总体稳定。国家的疆域安全风险将长期和持续存在，但疆域风险对国家治理和国家发展，尤其是对中国崛起的影响也不能忽视和低估。在这样的情况下，在全面推进国家治理体系现代化的总体框架中，构建疆域安全风险管控的机制，把国家疆域安全风险控制在一定的度的范围内，确保国家疆域形势的总体稳定，就成为必然的选择。

在国家疆域安全风险管控中，处于第一和中心地位的当然是国家的领土安全。领土是国家拥有主权的地理空间范围，是国家主权的直接体现，也是国家疆域的主体和核心。因此，领土安全风险的管控，既是国家疆域安全问题治理的主要内容，也是国家治理和国家政治安全的重要内容。从中国目前的现实情况来看，陆地边疆安全问题并非疆域安全风险中的重大问题，总体上处于可控状态，但也不能小觑，更不能对其采取听之任之的态度，国家必须采取必要的应对措施。目前最为突出的领土安全风险，出现在海洋边疆方面。东海的钓鱼岛争端，南海上我国岛礁的绝大多数仍处于被占状态，一些域外国家又介入南海争端，使得南海局势更加复杂，对我国的海疆构成了重大威胁。要对岛礁的安全风险进行管控，凭借的是国家的实力，需要综合施治，外交手段、经济手段和军事手段缺一不可。

建立自己的利益边疆，以及相应的战略边疆，并以战略边疆支撑利益边疆，是国家疆域安全风险管控中凸显出来的重大问题。利益边疆的提出和实施，都是由美国首倡的，显示着美国在领土之外维护自己海外利益的决心、能力和水平，是美国在全球化时代维护海外利益的基本方式。随着中国越来越融入全球化，中国的海外利益也越来越广泛、越来越突出、越来越重要。为了有效维护自己的海外利益，中国应该抛弃关起门来搞建设谋发展以及对利益边疆避而远之的传统思维和观念，建立自己的利益边疆。同时，还必须基于国家的利益边疆，部署国家防卫力量和军事投送能力，构建相应的战略边疆，以战略边疆支撑利益边疆。[①]

保卫国家太空边疆的安全，是中国疆域安全风险管控中逐渐突出起来的问题。进入 21 世纪以来，人类的太空活动日渐增多和频繁，并且对人类地球上的生活的影响也越来越突出。但与此同时，个别西方大国推行太空军事化的步伐也在加快，并在近年来取得了巨大的进展，进而以此作为制约竞争对手的讹诈手段，从而使我国太空边疆的安全受到了严峻的挑战，进而又对国家安全构成了实质性的影响。面对这样的形势，维护国家的太空边疆安全就已成为突出的问题。中国必须亮明谁动自己太空边疆的奶酪，就采取国家力量给予对手致力反击的红线，通过必要的战略威胁来维护太空边疆的安全。

中国在依凭国家实力采取强硬手段来维护国家边疆安全的问题上，也会遇到"安全困境"[②]的问题。但是，回避和退让都不是明智的选择，而且会使对手得寸进尺，助长其压制中国的决心。中国作为一个正在崛起的大国，必须以大国心态来对待所谓的"安全困境"，既要敢于和勇于参与国家间的战略博弈和对抗，也要通过有效的全球战略、地区战略和周边战略来化解由此带来的负面影响。

最后，开展全方位的边疆治理，为国家的疆域安全创造有利的条件。边疆在国家治理和国家发展中具有重要的意义，而边疆的安全风险又难以避免，因此，一方面要对边疆的安全风险进行管控，另一方面又要开展全方位的边疆治理，为国家的疆域安全创造有利条件，奠定坚实基础。

---

① 关于中国构建利益边疆的论述，可参阅作者的《中国必须有自己的利益边疆》，载《探索与争鸣》，2014 年第 5 期。

② "安全困境"是一个结构性概念，指的是某个国家追求自身安全的意图和行动增强了相关国家的不安全感，因为某方将自己的安全措施解释为防御性的，而相关方则将其看作是安全威胁，进而采取应对措施，从而导致了己方的不安全。或者说，一国为了自卫而加强军备，但本国军备的加强又刺激了他国这样做，这在客观上造成了不安全的环境，为了安全而导致不安全。

中国的边疆首先是陆地边疆，形成于秦汉之际，就是为了对疆域的边缘部分进行有效治理而划定的。所以，自从划定了边疆就开始了边疆治理，或者说，正是边疆治理巩固了国家的边疆制度。但传统的边疆治理，都是按照"核心—边缘"模式进行的，从而将边疆治理置于国家治理的次要地位，既制约了边疆的发展，也影响了边疆的巩固。在国家综合实力增强的今天，应该投入更多的资源于边疆治理，把边疆治理置于突出的地位，以边疆的发展来促进国家的发展。其次，要加强海洋边疆的治理，并且使陆疆治理与海疆治理相互配合，把海疆做实做强。同时，也要进行利益边疆的建立和维护，以及太空边疆的维护。在充分发挥国家疆域的边缘性功能的基础上，凸显边疆在国家发展和崛起中的作用。

论我国边疆的多重属性及其安全风险*

| 朱碧波 |

在当前民族国家组合而成的国际政治体系中，占有一定地理空间的疆域构成了民族国家最为基本的生存空间，疆域安全的建构乃是民族国家得以在国际政治体系中安身立命的前提。边疆作为国家疆域中非常特殊的区域，是国家地缘政治博弈与文化角力的前沿阵地，也是军事安全风险的聚积之地。我国的边疆不仅是国家与国家疆域毗邻或交汇之地，而且还是政治偏远、经济边缘、文化异质、民族聚居和多元宗教文化聚汇之地，边疆独有的地理空间特质、地缘政治特质和民族文化特质，使其天然地蕴藏着各种各样的安全风险，并时常面临着外部和内部的诸多挑战。

一、边疆的地缘政治特点与安全风险

我国是一个陆海复合型的多民族国家，海陆疆域俱为辽阔，毗邻国家众多，边界线漫长而且犬牙交错，地缘政治生态十分复杂。边疆作为国家与周边国家疆域的毗邻地带，理所当然地成为了国家地缘政治角力的前沿阵地、国家军事安全风险的汇聚之地和地缘政治问题的多发之地。

（一）边疆是国家地缘政治博弈的前沿阵地

在当今国际政治体系中，民族国家以其清晰的主权意识和疆域概念成

---

* 本文原载《云南行政学院学报》，2015年第6期。

为了国际政治地理空间中最为基本的组成单位。在当前全球地表已经分属不同的民族国家或者被不同的民族国家控制之后,各个国家基于自身利益的理性思量,为了寻求自身利益最大化、国家安全保障或者生存空间拓展,往往与其他国家开展各式各样的合作与竞争,并形成和平与战争、合作与博弈、联盟与冲突等各种国家关系形态。我国作为一个发展中的大国,一直以来十分强调和平共处五项原则,注重睦邻友好,然而,由于国家利益的歧异、地缘政治的思量和政治文化的异质,周边一些国家也不可避免地与我国展开各式各样的地缘政治博弈与竞争。边疆作为我国与周边国家毗邻的区域,周边国家与我国之间的博弈与竞争,在很大程度上又体现为围绕边疆展开的边疆争夺、边疆挤压和边疆较量。就边疆争夺而言,我国与周边一些国家还存在未解决的领土争端和海上权益争端,东海、南海问题时时搅动相关国家敏感的神经。就边疆挤压而言,随着全球化时代的到来、苏联的解体和中国的大国崛起,世界地缘政治格局发生了巨大变迁,传统地缘政治格局的主导者和既得利益者在国家安全最大化的理性思量之下,担心中国的崛起挑战既有的国际地缘政治秩序,因而不断挤压和压缩我国的利益边疆和战略边疆,试图通过战略围堵来遏制中国的崛起。就边疆较量而言,周边一些国家的整体实力虽然与我国无法抗衡,但他们善于通过边疆建设形成相对于我国边疆发展的区域性优势。周边国家边疆建设的战略,在一定程度上导致我国一些久居贫困的边疆民众在生存境遇的跨境比较中产生了难以言说的"相对剥夺感",进而影响了他们的国家认同和国族认同。

(二) 边疆是国家军事安全风险的汇聚之地

不管是从人类有史以来国家战争的历史来考察,还是从我国边疆的传统认知与定位来分析,边疆都是国家军事安全风险的汇聚之地。只要当今世界没有实现康德所谓的永久和平和老子所谓的天下大同,边疆因为地缘位置而滋生的军事安全风险就不会消逝。从人类有史以来的国家历史来看,绝大多数的国家之战,不管是源起于国家利益的纷争,还是意识形态的隔阂,抑或是统治者扩大国家生存空间的政治野心,国家之间的军事对抗和战争烽火莫不发端于边疆。边疆安全成为测度国家疆域安全最为基本的指标之一。为了维护国家疆域完整和政治安全,历来的国家统治者都十分重视边疆的军事战略地位,孜孜以求地在边疆进行军事布防和建设,而一个国家在边疆进行的军事布防与建设往往又容易引起周边国家自身安全指数的降低和"霍布斯恐惧"的滋生,周边国家进一步又加强自身军事力量的边疆布防。周边国家军事力量的增长和边疆布防的变换,又反过来降低该国自身的安全感观,导致国际社会军备竞争现象的出现,并进一步刺激和放大国家安全尤其是边疆的军事安全风险。

就我国边疆传统认知与定位而言,在传统的国家认知与边疆想象中,核心区域往往被视为国家的腹心和安身立命的根本,是国家存续与发展的决定性力量;边疆地区往往被视为国家核心区域的外围部分,是王朝国家"由治走向不治"的过渡性区域,肩负着保卫国家安全的军事使命和拱卫核心区域的政治重任。随着中国民族国家建构的启动与完成,边疆认知逐渐从传统王朝国家时期动态盈缩之地变成主权国家不可分割的固定之域,但由于晚清以来边疆危机的深重,以及新中国成立之后国际局势的并不太平,边疆的军事要冲地位和战略防卫地位依然十分突出,边疆也主要被视为拱卫国家安全的战略纵深和安全屏障。而作为国家安全战略纵深和防御屏障的边疆也理所当然在承受了来自国际局势紧张和地缘政治博弈带来的种种安全挑战和地缘风险。

(三) 边疆是国家地缘政治问题的多发之地

我国是一个边疆广袤,边界线漫长的国家,与我国接壤和毗邻的国家众多,边境地理形态十分复杂。边疆与生俱来的地缘政治特点天然地蕴藏和滋生着诸多安全风险。首先,边界线漫长使得边防难度和边防压力十分之大。长期以来,我国边境与周边国家的边民,相互之间走动频繁,声气相通,再加上许多边境线一带便道林立,边民互市或走亲访友等常常不办理出入境手续而取便道出入邻国。这一方面给非法跨境务工、非法跨境婚姻、非法移民等活动提供了先在的便捷条件,另一方面又为一些跨国犯罪事件(如走私、贩毒、宗教渗透、拐卖妇女儿童等)预留了地理空间。①其次,与我国边疆地区接壤和毗邻的国家十分众多,客观上也使得我国边疆成为周边国家治理绩效负向效应外溢的承担者。由于我国边疆地区与周

---

① 周平等:《中国边疆治理研究》,经济科学出版社2011年版,第149、146页。

边国家隔界相望，周边国家的治理绩效便与我国边疆地区产生了直接的关联性。如果周边国家出现治理失败等问题，那么我国边疆地区难免"城门失火，殃及池鱼"。当前周边国家治理中出现一些问题，如东南亚地区军火管制失控问题、缅甸难民问题、朝鲜核试验外溢效应问题，都是直接影响我国边疆安定祥和的一系列非传统安全问题。最后，边疆作为国家对外交往交流的前沿阵地，其内部滋生的社会风险容易产生跨国性后果与影响。不管是艾滋病的跨境传播，还是国内民族宗教问题的国际化，都与边疆地缘政治生态的复杂性与敏感性有着千丝万缕的内在关联。

二、边疆的地理空间特点与安全风险

从国家政治地理空间来说，边疆处于国家政治格局的远端、经济中心的外围、文化传导的末梢和交通体系的边缘。边疆区域在国家政治地理空间分布格局中的独特区位使得边疆区域容易遭受到诸多传统安全与非传统安全问题的挑战。

（一）边疆的地理风貌与安全风险

在我国国家政治地理空间格局之中，边疆之所以被视为一个非常特殊的区域，不仅在于文化的奇瑰，而且也在于地理的特异。按照李安宅先生的说法，边疆地区其所以不与内地相同之故，就人为条件而论，不在部族，而在文化；就自然条件而论，不在方位，而在地形。① 顾颉刚先生也曾言道："平原林麓，舟车畅通者，谓之内地，驱橐驼于大漠，浮泭筏于险滩者，谓之边疆；冠裳楚楚，列肆如林者，谓之内地，人烟稀绝，衣毡饮酪者，谓之边疆。"② 边疆这种独特的地理风貌孕育了边疆与内地迥然不同的风土人情、社会形态、民族文化和民族秉性，却也使得边疆与内地的社会交流和文化互动存在诸多天然的阻滞，既影响中原文明向边疆地区辐射，也妨害边疆民族文化向中原地区的流动。具体而言，首先，边疆地理风貌对于边疆民众的民族文化、社会习俗、生活习惯和身心特征都产生

---

① 李安宅：《边疆社会工作》，中华书局1944年版，第1页。
② 马大正、刘逖：《二十世纪的中国边疆研究：一门发展中的边缘学科的演进历程》，黑龙江教育出版社1998年版，第164页。

了重要影响。按照地缘政治学的相关解释，地理环境是形成民族文化复杂因果网络中的一个重要组成部分。地理环境既是人类生存的物质环境，也是制约社会存在的重要影响因素。它在很大程度上决定着民族性格、国家形式和社会发展。我国西北、东北、西南、西北地区各具情态的地理风貌孕育了不同的边疆文明，不但导致边疆文明与中原文明的异质，而且边疆与边疆之间、边疆内部之间的文化异质性也很明显。其次，边疆独特的地理风貌还天然地影响甚至阻隔内地社会与边疆社会的交流互动，导致了中原文化与边疆文明相互理解、交融与涵化的困境。我国的边疆区域主要以高山、大河、荒漠、戈壁、大海为标志，风景虽然壮美，地形却着实险峻。这种险峻的地貌，成为了王朝国家时期中原文明与边疆文明双向交流与沟通的最大障碍，也容易产生诸如族际政治信任等非传统安全问题。

（二）边疆的政治区位及国家政治安全

"'疆域'作为一种国家存在的物质载体和空间实现形式，产生于固有的文化传统和人文地理条件的历史和现实语境之中。"① 在农耕文明与游牧文明漫长的冲突与融合的历史中，我国古代先民以中原为观察和想象天下的原点，并按照王朝统治实力所能掌控和达到的区域将国家疆域划分为"中央属土"和"周缘边疆"。在古代先民的边疆想象中，边疆就是国家由"治走向不治"的过渡性区域。在王朝国家向民族国家演进的过程中，尤其是随着中华人民共和国的成立，国家权力不断向边疆地区进行投射和释放，在中央政府的主导下，我国通过"行政权力渗透"和"民族精英绥靖"将边疆地方政权整合进入国家统一的政治体系之中。不过，中国民族国家建构的完成和国家政治一体化的建构并没有改变传统的边疆居于国家政治格局远端的基本事实。而边疆处于国家政治格局的远端，直接导致边疆容易滋生领土和主权安全、政治制度安全、政治认同安全、意识形态安全等涉及政治安全的诸多问题。一方面，我国国家疆域广阔，边疆区域与中心区域存在显著差异，边疆远离国家政治中心的辐射与意识形态的感召，民族政治亚文化现象十分突出，国家整合的难度比较大，一些极

---

① 黄毅:《论"边疆观"及其空间表征的历史考察》，载《西北民族大学学报》（哲学社会科学版），2013年第5期。

端分裂势力往往也利用边疆的区位特点和文化特点，鼓噪和从事分裂国家疆域的违法活动；另一方面，边疆处于国家政治格局远端，在国家地缘政治博弈的过程中也容易成为其他国家制衡和迟滞中国崛起的抓手；此外，我国边疆地处国家政治格局远端，为境内外敌对势力大肆进行宗教渗透和文化侵略提供了上下其手的空间，他们利用边疆文化与国家主流文化异质的特点，大肆从事解构边疆民众政治认同、国家认同和国族认同的勾当，严重挑战边疆区域的秩序建构和安全维护。

（三）边疆的经济区位及国家经济安全

我国的边疆，作为国家疆域的边缘性部分，处于经济中心的外围，远离国家经济增长极的辐射与驱动，经济发展程度相对较低。进入 21 世纪以来，随着西部大开发战略的实施与推进，我国边疆区域赢来跨越式发展的良机，但由于边疆区域与核心区域在地理风貌、发展起点、传统文化、发展能力等诸多方面的差异，边疆区域与核心区域在经济发展程度上依然存在巨大差距，一些边疆区域还属于集中连片特困地区，存在贫困面广、贫困程度深的特点。此外，在我国国民经济动态的运行过程中，由于市场经济在资源配置中的效用最大化倾向，各种生产要素，包括资金、物质、能量、信息、人才等，不断向国家核心区域尤其是发达地区流动和聚集，市场经济本身蕴藏的"回波效应"使得边疆区域存在因为人力、物力、财力的减少而导致发展速度降低的风险，再加上边疆处于地缘政治博弈与角力的前台，国家在推进边疆发展方面持审慎的态度①，从而使得边疆区域与核心区域在发展程度上的差距进一步拉大。边疆区域与核心区域的经济发展非均衡状态，尤其是边疆区域的贫困状况，将在很大程度上威胁到我国的经济安全。经济安全是一个国家经济系统抵御国内外各种因素威胁、侵蚀、干扰与妨害能力，是国家经济独立、协调、稳定、健康运行的一种状态。经济安全是政治安全和军事安全的物质基础和基本前提，没有经济安全的建构，政治安全和军事安全都将失去安身立命的基础。而当前我国区域发展非均衡和边疆发展滞后的状态，已经成为影响我国边疆安全与稳定的重大的非传统安全问题，它不但降低边疆抵御自然风险和

---

① 周平：《论中国的边疆政治及边疆政治研究》，载《思想战线》，2014 年第 1 期。

社会风险的能力,而且导致国家内部经济系统循环运转存在失衡的风险,更重要的是,边疆在国家发展格局中边缘化的困境如果长期得不到改观,那么边疆区域的经济发展问题将有可能变异成政治共同体的巩固与统一的问题。

(四) 边疆的文化区位及国家文化安全

在中国传统的边疆想象中,边疆往往被先民们想象成远离京畿的异域空间和化外之地,边疆也以其文化区位的殊远和文化表征的奇瑰称名于世。随着时代的变迁和社会的发展,边疆区域与核心区域的文化互动日趋增强,但由于边疆远离国家主流文化的感召与辐射,边疆民族文化又具源远流长的延承性、封闭性与保守性,边疆民族文化的特质依然在很大程度上得以保存。边疆处于国家文化传导的末梢与边疆民族文化的相对完整性,使得国家文化在向边疆地区传播之时出现了多重阻滞。首先,以中国特色社会主义核心价值体系为代表的政治文化在向边疆地区传播之时,由于地理空间的遥远,容易出现认知深度与认同效力递减的问题。其次,中国特色社会主义价值体系在边疆传播过程中,又容易与边疆传统民族文化产生一定程度的抵牾轩格。中国特色社会主义核心价值体系如何统领、涵摄和引领边疆民族文化,将是关系到边疆稳定和安全的一个重要的问题。再次,边疆发展的相对滞后和公共文化供给不足,又使得以中国特色社会主义核心价值为代表的主流政治文化在边疆地区的传播存在深层次的困境。很多边疆地区,国家提供的公共文化产品仍然非常有限,除了电视之外,大多数民众不能和国家主流政治文化进行密切的接触。在一些边境沿线地区,甚至还有很多自然村不通电,不能收看电视。很多少数民族还存在语言障碍,对主流政治文化和中华文化的了解和认识都非常有限。[①] 还次,我国边疆地区往往也是当今世界几大文明折冲碰撞的重要地方。边疆社会的文化认同、价值理念和思维方式,容易受到境外文化的冲击与影响,从而引发国家文化安全方面的问题。

---

① 郑晓云:《当代边疆地区的民族认同与国家认同》,载《中南民族大学学报》(人文社会科学版),2011年第7期。

三、边疆的民族宗教特点与安全风险

我国边疆地区是少数民族聚居之地，人口众多，规模庞大，各个少数民族在长期交往交流的历史流变中，逐渐形成大杂居小聚居的相互嵌入式的民族居住结构。以民族分布而论，边疆地区少数民族成分众多，而且诸多少数民族在边疆地区俱有分布，如云南省的少数民族成分多达 55 个，内蒙古自治区为 54 个，新疆维吾尔自治区为 53 个，黑龙江、吉林和辽宁三省，民族成分也分别达到了 53、48 和 51 个。以民族人口规模而论，边疆地区少数民族人口的规模十分庞大，至 2007 年末，分布在我国边疆地区的少数民族人口数约为 6648.14 万人，约占全国人口总数的 5.03%。其中以西南边疆少数民族人口最多，为 3735.41 万人；西北边疆次之，为 1271.26 万人；东北边疆为 1115.34 万人；北部边疆为 526.13 万人。我国边疆地区不但是少数民族聚居的地方，而且也是宗教文化氛围十分浓郁的地方。在我国边疆地区生活的少数民族大多数都信仰宗教，如藏族普遍信仰藏传佛教，傣族多信仰南传上座部佛教，回、维吾尔、哈萨克、柯尔克孜、乌孜别克、塔吉克、东乡、保安、撒拉等民族流行信仰伊斯兰教。此外，随着改革开放以来我国宗教信仰自由政策的贯彻与落实，边疆地区出现了一场持续的宗教复兴运动，宗教场所得以恢复和重建，各种宗教团体纷纷成立，各类宗教教徒数量都有所增加。

我国边疆地区众多的少数民族，以及由此产生的瑰丽的民族文化和浓郁的宗教文化，使得中华民族及中华文化的构成更为丰富和多元，不过，边疆民族组成的多元和宗教文化氛围的浓郁，也使得边疆地区不得不面临着诸多的挑战。首先，边疆民族的多元组合潜藏各个民族利益博弈的问题。在当前我国民族事务的治理中，随着民族平等、团结、和谐和各个民族共同繁荣的价值取向的确立，各个民族的根本利益具有高度的一致性。然而，各个民族利益高度的一致性，并不能遮避当前各个民族在民族具体利益上依然存在博弈与摩擦的可能。在国家对稀缺性资源进行权威性分配的过程中，各个民族基于自身利益维护与壮大的理性思量，也会产生各种各样的竞争与博弈。如果国家在稀缺性资源权威性分配过程中，不能实现利益分配的"实质性正义",或者不能有效地满足各个民族的利益期待,那么就容易产生民族关系安全等问题,尤其是一些在族际分化中居于不利地位的民族更容易产生民族认同强化和民族离心等问题。

其次,边疆多元的宗教文化也潜藏着宗教的不容与纷争的问题。边疆地区宗教文化的复兴与发展,是我国深入贯彻宗教信仰自由政策的结果。在当今世界,宗教信仰自由作为一项基本人权,已经成为国际社会的普遍共识。不过,值得注意的是,"在宗教信仰自由日益深入人心的今天,因宗教差异引发的冲突仍然不断发生,宗教多元也带来了隔阂、不容乃至敌视"①。"由于各门教派都坚称自身的信仰就是最高真理,所以宗教与宗教之间没有构成'一体'的可能。征诸历史,宗教事实上也只有宗派的分化,没有宗派与宗派、宗教与宗教的凝合。如果所谓'一体'不能像历史经验所昭示的那样,明确并且富有建设性地指向礼乐文化和主体性,而只是以政治所维护的国家统一体为遁词,那么,宗教问题在当前就很难摆脱一个特殊尴尬处境,即发生在中国的所有宗教问题都将演变成政治问题,从而极大地增加社会管理成本、增加社会认同和政治体制认同的难度;长远地看,心往各处想,劲往各处使的宗教,将很难向古代的'社稷'那样发挥推动社会认同、凝聚的作用,甚至可能被各种政治企图、政治势力所利用,成为社会分裂的动员仪式。"② 一些别有用心的组织和个人正是看中了宗教的这种特点,摒弃宗教的正信正传、正知正觉于不顾,极力煽动宗教偏执和宗教狂热,不遗余力地推动宗教问题政治化。一些国家打着宗教自由的幌子干涉他国内政、挑起地区冲突;一些极端组织利用宗教从事分裂祖国、破坏民族团结的活动;还有一些人利用宗教从事违法犯罪活动。③

再次,边疆的多元民族与中华民族建构的问题。在我国各个民族漫长的历史演进过程中,各族人民交相互动,不断磨合、吸纳与涵化,最终形成了一个"你来我去,我来你去,你中有我,我中有你"的中华民族共同体。中华人民共和国成立之后,随着我国民族国家建构的纵深推进,历史

---

① 金泽、邱永辉主编:《中国宗教报告(2010)》,社会科学文献出版社2010年版,第19页。
② 金泽、邱永辉主编:《中国宗教报告(2011)》,社会科学文献出版社2011年版,第7页。
③ 金泽、邱永辉主编:《中国宗教报告(2011)》,社会科学文献出版社2011年版,第7页。

意义和文化意义上的中华民族共同体更进一步地成长为具有共同利益基础的政治共同体。在长期历史发展过程中经过自发演进和理性自觉而不断长成的中华民族，为我国各个民族提供了共有的政治屋顶、历史体验和精神家园。它的纵深建构，"既是中国民族国家巩固的基本前提，也是国家发展和长治久安的基本前提。中华民族越是巩固，越能为国家的发展奠定坚实的基础"①。随着中国民族国家建构的纵深推进，当前我国从国族历史的叙事、政治图腾的表意、民族利益的经营与精神家园的建设等诸多方面深入推进着中华民族共同体的建构。然而，当前我国将各个民族整合成统一的中华民族共同体的过程中，却因为边疆少数民族文化与国族文化在某些方面的异质性而遭遇到了诸多阻滞。边疆各个少数民族在民族历史的演进中，形成了各具特色、异彩纷呈的民族文化。这些民族文化是我国的一大特色，也是我国发展的一大动力，它们共同筑就了气象万千而又生机勃勃的中华文化。然而，毋庸讳言的是，各种异质性的民族在跨文化交流中也会存在文化敏感和文化冲突等问题，在某种程度上也潜在地构成了中华文化一体的整合困境，如中华民族始祖想象的困境、中国族际政治整合价值取向的难题、文化多样性与同一性的均衡悖论等等。这些问题如果处理不善，将在一定程度上影响中华民族建构和中华文化建设，也会威胁到边疆地区中华民族认同的建构和民族共识的形成。

最后，边疆民族认同与国家认同博弈的问题。国家认同是指一个国家的公民对自己祖国的历史文化传统、道德价值观念、理想信念、国家主权等的认同；而民族认同是个体对本民族的信念和态度，以及对其民族身份的承认，它包括群体认识、群体态度、群体行为和群体归属感。按照原生主义的解释，人类个体一出生就陷入了"婴儿民族陷阱"，在牙牙学语时期就浸淫在父母、亲属和社区所构建的民族文化氛围之中，天然地汲取自己所属族群的独特认同和集体记忆。在原生主义的理论视阈中，民族认同更近于一种与生俱来的"原生的认同"，而国家认同则是国家通过制度安排、权利保障、教育宣讲等方式在后天进行的"理性的建构"。民族认同与国家认同存在交集，却又并不完全重合。在一个多民族国家，民族成员

---

① 周平：《多民族国家的族际政治整合》，中央编译出版社2012年版，第241页。

在自我的认同体系中，将何种认同置于优先地位，是关涉到国家凝聚力和向心力的一个重要问题，也是影响国家巩固和民族和谐的一个基本问题。国家认同与民族认同界线上的非重合性，使得我国边疆地区的一些少数民族，尤其是跨境而居的少数民族，天然地存在认同失谐与认同错位的风险。由于边疆区域与中心区域地理区位上的遥远，一定程度上阻隔了国家与边疆的互动，边疆少数民族与国家主体民族又属于不同的文化群体，具有指向相异的民族认同和差异的文化价值观，导致边疆少数民族对国家的疏离感和主体民族文化的相异感；此外，边疆作为国家与国家之间的边缘性毗邻区域，与邻近国家的地理距离十分相近，边疆民族因同一民族跨境而居形成了与他国同族居民同文同种的社会文化网络，使以地缘为基础、以族缘为纽带的跨国流动十分便利，边疆民族重民族身份、轻国民身份的现象比较突出，其国家认同具有模糊性、摇摆性和选择性。① 跨境民族国家认同的模糊性、摇摆性和选择性，导致国家的法律和政策在边疆贯彻和实施的阻力增大或者使其流于形式化，引发并加重了一系列的社会问题，给边疆社会造成了较大的安全压力，增大了分裂主义思想和活动的可能性，同时也为敌对势力借机分裂我国提供了可乘之机。②

---

① 何明：《国家认同的建构——从边疆民族跨国流动视角的讨论》，载《云南师范大学学报》（哲学社会科学版），2010 年第 4 期。
② 李崇林：《边疆治理视野中的民族认同与国家认同研究探析》，载《新疆社会科学》，2010 年第 4 期。

国家治理须有政治地理空间思维*

| 周　平 |

随着中国的崛起，如何在当下国家关系格局和国家发展状况的条件下有效地进行大国治理，已经成为一个前所未遇而又必须理性面对的重大课题。国家治理面临着许多前所未见的难题这一事实已经不可回避。要克服面临的困难并达成目标，必须在突破传统观念和方式并转变思维的同时，构建适应形势要求的国家治理思维和治国方略。其中，在国家治理中确立政治地理空间思维，是一个不容回避和必须理性面对的重大问题。国家本是政治地理空间单位，国家治理必须确立地理空间思维。但在现实的国家治理实践中，"现有"与"应有"之间的差距明显存在，而且尚未引起充分的注意。针对这样的现实，本文就准备对在国家治理中确立地理空间思维的问题进行学理性的讨论，以期加深对此问题的认识并形成相应的观念，也希望引起对此问题的关注和更进一步的研究，进而有助于国家的治理。

一、国家本是一个政治地理空间单位

在国家治理中确立地理空间思维，这是由国家的本质决定的。换句话说，国家治理中的政治地理空间思维，是国家治理的题中应有之义。因为国家本身就占据着一定的地理空间，是一个政治地理空间单位，国家治理

---

* 本文原载《探索与争鸣》，2013年第8期。

必须从地理空间的角度进行谋划。

人类社会之初，本无国家这样的政治架构。国家是人类为了实现对社会的有效管理而创设的政治形式，是构建的产物。国家形成并成为人类社会基本的管理方式和治理形式后，人类便进入国家时代。迄今为止，人类的国家时代已经有数千年的历史了。然而，国家这种政治形式本身又是不断发展变化的，从而形成具有特定内容的国家发展过程或国家形态演变过程。今天的国家形式与人类历史早期的国家形式相比，往往判若天渊。而且，不同的人类群体建立的国家各有特色，具有明显区别。在人类发展的不同历史阶段，国家发展过程中的某种类型或某种形式会被历史地凸显出来，不仅成为那个时代国家的主要形态，而且往往成为当时的人们定义国家的主要依据。但是，以人类发展某个历史阶段的特定类型国家为依据的国家定义，却未必能解释之前或之后的国家类型或形式。[1]

作为人类创造的政治形式，国家有两个基本的要件：一是一个以暴力为支撑并且组织化的公共权力——国家权力，二是控制着一定的地域范围——占有一定的地理空间（即恩格斯所说的"按地域划分居民"）。国家这种政治形式的形成，就是以这两个条件的形成和结合为基础的。国家这种政治形式出现以后，在长期的发展过程中增添了许多新的内容，这些增添的内容又会逐渐沉淀下来并不断丰富着国家的内涵。然而，国家作为人类迄今为止所创造的最为有效的政治形式，仍然以上述两个特征为基础。不过，作为一种政治形式的国家，今天凸显出来的更多的是国家政权的组织及运用的制度安排和运行机制，以及国家与社会的关系。

国家这种政治形式形成以后，又通过国家权力按地域划分和组织居民，从而构建起一个有形且特定的社会团体。这样的政治社会团体，就是国家政治共同体。在国家形态演进过程中出现民族国家[2]后，尤其是在民族国家成为主导性国家形态并进而构建了民族国家的世界体系后，国家的

---

[1] 依据近代以来的国家的特征来定义国家这种政治现象，在今天的教科书或文献中比比皆是。在此定义中，主权以及体现主权的领土特征处于核心地位。但是，国家的主权原则在欧洲三十年战争后通过 1646 年签订的《西荷条约》而建立的威斯特伐利亚体系才确立的，以主权为核心的定义显然无法解释此前的国家类型。

[2] 关于民族国家的论述，可参阅作者的《对民族国家的再认识》和《民族国家与国族建设》两篇文章，它们分别载于《政治学研究》2009 年第 4 期和《政治学研究》2010 年第 3 期。

政治共同体性质和内涵得到进一步凸显，进而促成了国际社会的构建。在这样的条件下，国家政治共同体的维系和巩固问题，不仅关系到某个具体国家的存续，而且会影响到整个世界。

然而，不论是作为政治形式的国家还是作为政治共同体的国家，都占据着一定的地域范围，并且要以这样的地域范围为基础和前提。这样的地理范围既是国家形成和存在的条件，也为国家的治理和发展提供条件。因此，国家便成为了具体的政治地理空间单位。全世界各个不同的国家，就是不同的政治地理空间单位。国家所占据或控制的地域范围，构成了国家的疆域。① 离开了地理空间这个维度，人们就无法对具体的国家进行描述和分析。

既然政治形式、政治共同体和政治地理空间单位构成了国家的三重本质属性，那么，国家治理也必须着眼于和体现于这样三个既紧密联系又有区别的方面，从而构建起国家治理的三大领域。首先，国家治理必须充分运用好国家这种政治形式，构建起有效而又有限的国家权力体系，并运用国家权力去解决各种社会问题，保障社会的有序运行，满足人民的利益需要，增进人民的福利；其次，国家在治理中，必须运用国家权力将社会成员整合于统一的国家共同体之中，避免国家的分裂，维持国家政治共同体的统一和稳定；再次，国家在治理中，还必须巩固国家的疆域，对国家的疆域进行统筹规划和整体谋划，尤其是要妥善划定国家的核心区域和边缘区域，根据国家发展的状况来制定国家的边疆战略，加强国家的边疆治理，促进国家的整体发展。

既然国家本来就是政治地理空间单位，国家治理就必须从政治地理空

---

① 国家自形成之日起，便占有或控制着一定的地域范围。国家占有或控制的地理范围，便是国家的疆域。疆域是国家形成和存续的基本条件，疆域的丧失意味着国家的衰弱。在国家主权原则和主权体制形成后，"领土"遂成为描述和分析国家占据和控制的地域范围的主要概念。然而，"疆域"与"领土"这两个概念还是有明显区别的。"疆域"指的是国家占有或控制的地理范围，"领土"则指国家主权管辖的地理范围，各自指称、描述和分析的对象具有明显的区别，各自有其特定的用途。虽然在主权体制确立后，"领土"概念的使用日渐频繁，但随着国家内涵的日渐丰富以及国家活动的多样化，国家活动范围也趋向于多元化，国家占有、控制地域范围的方式出现了前所未有的形式，进而也出现了疆域与领土的不一致情况，甚至出现了超领土的疆域。因此，"疆域"概念不仅有了新的用途，而且被赋予了新的涵义。美国的"利益边疆"的概念和战略，就是在超领土的"利益疆域"的基础上提出和构建起来的。其实，今天各种非领土边疆或超领土边疆的概念和理论，都是在超领土疆域的基础上形成的。

间的角度进行,因此,确立政治地理空间思维,就成为国家治理的题中应有之义。国家治理中的政治地理空间思维要求,在强调建立有效的国家权力并运用其解决社会问题,以及巩固国家政治共同体的同时,还必须从地理空间的角度来看待国家的建设和发展,构建国家发展的战略。其中,最为重要的内容有三个方面:一是重视国家发展的地理空间因素,努力为国家发展争取或营造有利的地理空间条件;二是对国家核心区域与边缘区域的发展进行整体谋划,建立有效和巩固的全方位边疆;三是加强国土空间的规划和管理,使国家的区域发展服务并有利于国家的整体发展,使国家当下的发展有利于国家的长远发展。

二、地理空间思维的滞后及负面影响

国家治理中的政治地理空间思维,是国家这种政治治理形式的本质要求,且有利于国家治理的全盘布局和有效推进。但从一个个具体的国家来看,国家治理中地理空间思维的差异是相当大的,在国家治理中发挥作用的方式及实效也存在很大的差别,而且"现有"与"应有"之间的差距难以避免。中国在历史上较早地确立了国家治理的地理空间思维,但国家治理中的地理空间思维对于国家治理来说,其所发挥的作用从总体来看还是比较有限的,未能主动且有效地促进国家的治理,呈现出一定程度的滞后。

中国历史上国家治理中的地理空间思维,是在中央集权的王朝国家的治理中形成和演变的。秦统一六国后构建的中央集权制王朝,不仅统治着一个大国,而且面对着一片广大的疆域。王朝中央为了对这个广大的疆域进行统治和治理,便在先秦"一点四方"和"五服"、"九服"观念的基础上,对王朝的统治区域进行了初步的划分,将郡以下行政区域中处于疆域边缘的部分,确定为"道"而非"县",开始在国家治理中初具地理空间思维。汉承秦制,在巩固中央集权的政治统治方式的基础上,对国家的核心区域和边缘性区域的划分加以进一步明确和巩固,直接将疆域的边缘性部分确定为边疆,并采取特殊的方式对边疆进行治理,从而在国家治理中形成了较为稳定的地理空间思维。此后的各个统一王朝,在国家力量不断增强的时候，都很重视边疆及边疆对王朝的意义，并采取不同的政策进行边疆治理。在整个王朝国家时代，王朝国家通过特殊的措施治理边疆，不仅形成了内涵丰富的边疆观念和边疆治理观①，而且不断丰富着国家治理中地理空间思维的内涵。

这种将国家疆域的边缘性部分划定为边疆并采取特殊措施加以治理的地理空间思维，形成的时间比较早且在国家治理中发挥过重要的作用，但却并不完全是在国家治理的总体框架中确定的。首先，这种基于"一点四方"观念的地理空间思维，以王朝所在地为中心划定核心区和边疆，主要体现为以汉族为中心的华夏文化区与异族文化区的划分，以便做到"内诸夏而外夷狄"，而不是基于国家治理的整体需要而划定；其次，国家基于将边疆视为核心区的外围地带的考虑，往往是由内而外地划定边疆②，重视核心与边疆的区分却不注重边疆的外沿线（或外部边际线）；再次，由于边疆在疆域和国家治理中缺乏准确的定位，因此，国家对边疆治理的重视不够且不稳定，因而往往在国力强大时拓展边疆，在国力衰弱时则部分地放弃边疆；最后，历史上的边疆观念表面上具有向外扩展的特征，但对边疆的划定和维护都是为了核心区的利益，实质上是一种内敛式的地理空间思维，并未将边疆纳入国家治理的总体框架中谋划，更没有形成有效的边疆战略。因此，地理空间思维在国家治理中的作用并未得到充分的发挥，总体上来说是较为有限的，显现出一定程度的滞后。

20世纪初，在西方民族国家的示范和民族国家世界体系的压力下，中国开启了构建民族国家的进程。③ 中华人民共和国的成立，标志着中国民族国家构建的基本完成。中华人民共和国就是中华民族的民族国家。中华人民共和国在以崭新的国家面貌屹立于世界东方的同时，也对整个国家

---

① 关于中国历史上边疆的确立和边疆观念的演变，可参阅作者的《国家视阈里的中国边疆观念》，载《政治学研究》，2012年第2期。

② 中俄通过谈判于1689年8月27日签订《中俄尼布楚条约》和1727年9月1日签订《不连斯奇条约》后，王朝国家便有了固定的边界，不仅开了以条约方式确定国家边界的先河，而且开始改变长期存在的那种以中原为中心的由内而外划定边疆的做法，不仅由内及外地划定边疆，也由外及内地确定边疆。但是，在王朝国家时代，由内而外地划定边疆，并注重边疆的文化意义的做法并未根本改变。

③ 关于中国的民族国家构建，可参阅作者的《论中国民族国家的构建》，载《当代中国政治研究报告Ⅵ》，社会科学文献出版社2009年版。

的边疆与内地的发展、陆疆与海疆的建设和发展进行了全面的规划，根据新的形势重构了国家治理中的地理空间思维。在改革开放推动下而快速推进的现代化进程中，国家不仅加强了陆地边疆的开发和建设，而且加强了整个国土空间的规划和管理，实行了西部大开发，国家治理中的地理空间思维明显加强。近年来，国家的海洋意识进一步增强，海洋边疆的地位、海洋国土的发展和利用的意义进一步凸显，国家的陆地边疆与海洋边疆治理的整体思维进一步体现。如此等等表明，地理空间思维在国家治理中的意义和作用越来越突出。

然而，在这样一个国家治理地理空间思维不断增强过程中的不同阶段，仍然可以发现地理空间思维的被动、不到位或滞后，以及由此造成的诸多遗憾：在国家实施西部大开发之前，国家虽然十分重视边疆，但往往重稳定而轻发展，边疆治理的整体绩效有限，边疆与内地在发展中的差距逐渐拉大；长期以来，国家没有构建起完整的边疆战略，边疆问题往往置于民族问题的框架下讨论，边疆治理的大量工作都是由国家民委负责的，边疆治理未与国家发展紧密地结合起来；直至20世纪末，国土空间的管理和开发利用问题都未进入国家治理的议程，缺乏国土空间开发战略；在相当长的时间内，海洋国土的管理和开发未引起注意，虽为海洋大国却缺少海洋战略；到目前为止，传统的内敛式的边疆观念仍然占统治地位，并未构建起与大国崛起相适应的边疆理论，难以应对西方大国在新的边疆理论和边疆战略基础上形成的咄咄逼人的"新圈地运动"①。

国家治理中存在的不同程度的地理空间思维滞后，也反映在国家理论和国家治理研究中。在我国的国家理论和国家治理研究中，意识形态的研究和政治权力方面的研究比较突出，国家政治共同体研究也通过国家认同研究等而得到凸显，但从地理空间方面对国家治理进行的研究则长期付诸阙如。这也从一个侧面反映出我国国家理论和治理理论的不完善。

在美国的国家治理中，地理空间思维十分明确且处于重要位置，并在促进国家发展方面发挥了重要作用。这样的地理空间思维，集中体现于具

---

① 西方大国在利益边疆、战略边疆等理论影响下形成的边疆争夺愈演愈烈，从而形成了为占据或控制超领土边疆的"新圈地运动"。这是当今国家发展和国家竞争中的新现象，已经并将继续对地缘政治格局和国际形势产生深刻的影响。

有特定内涵的边疆思维、边疆观念和卓有成效的边疆实践中。早在1893年，边疆学派的创始人弗里德里克·杰克逊·特纳就在其著名的《边疆在美国历史上的重要性》的论文中指出："一部美国史大部分可说是对于大西部的拓殖史。一个自由土地区域的存在及其不断的收缩，以及美国向西的拓殖，就可以说明美国的发展。"① 他还指出："美国的发展不仅表现为一个单线的前进运动，而且是在一个不断前进的边疆地带上回复到原始状态，并在那个地区有新的发展的运动。美国的社会发展就是这样在边疆连续地、周而复始地进行着。"② 美国在此理论的基础上形成了"移动的边疆"的观念，并在此观念的指引下不断拓展疆域，以此作为国家发展的活力源泉。在今天，"美国已经认为世界上没有一个地区是与美国的利益无关的"③，"一部美国历史，是不断拓展'边疆'的历史。从大西洋西岸向太平洋东岸的移动、从北美大陆向海外进而向地球各个角落的延伸、从地球表面向外层空间的发展，是美国从北美'大陆边疆'向'全球边疆'的发展过程"。正因为如此，"美国能够在短短的两百多年里，从英属北美13个殖民地壮大为一个独立的民主共和国、从一个位于大西洋西岸的孤立国家演进为一个影响巨大的世界大国、从一个并不先进的农业国发展成为一个世界顶级的工业强国"。④ 美国通过特定的地理空间思维促进国家发展的事实表明，一定的地理空间思维在国家治理和国家发展中的作用既重要又独特，是国家治理和发展中不可或缺的重要因素。

三、国家治理中的地理空间思维构建

国家治理中的地理空间思维的形成和内涵的确定，固然与统治者或执政者的国家治理观念和方式直接相关，但也深受国家发展所处阶段的影

---

① 〔美〕特纳：《边疆在美国历史上的重要性》，见杨生茂编：《美国历史学家特纳及其学派》，商务印书馆1984年版，第3页。
② 〔美〕特纳：《边疆在美国历史上的重要性》，见杨生茂编：《美国历史学家特纳及其学派》，商务印书馆1984年版，第4页。
③ 董欣洁：《冷战期间西方边疆理论的发展》，载《中国边疆史地研究》，2005年第2期。
④ 石庆环：《从"大陆边疆"到"全球边疆"——美国走向世界的历史进程》，载《辽宁大学学报》（哲学社会科学版），2005年第4期。

响。国家的统治者或执政者，必须根据国家发展所处的阶段及其特定环境条件适时调整地理空间思维，并在此过程中不断完善国家治理中的地理空间思维，使其发挥最大效能。

中国在历史上于公元前21世纪便建立了国家——夏，从而开启了自己的国家演进进程。秦不仅统一了中国，而且构建了中央集权制的王朝，从而开启了中国的王朝国家时代。正是在这样的历史条件下，王朝统治者开始逐渐形成以国家的边疆和核心区的划分为主要内容的地理空间思维。但是，在整个王朝国家时代，国家发展①受制于长期存在的农业生产方式和自然经济，呈现一种根据当时的自然条件而自由选点开发和建设的状态。在这样的时代，人们为了生存的需要而根据当时的社会历史条件选择有利于生产的区域进行开发和生产，进而创造物质财富和精神财富。国家发展就是在这样的条件下实现的。国家在实现发展的过程中，没有条件也无须对整个国家的开发、生产和建设进行规划。国家对边疆的确定和规划，更多的是基于华夏文化与少数民族文化的区隔以及扩大统治范围和国家安全的考虑，而不是出于国家发展需要而进行的空间谋划。

中华人民共和国的建立，不仅标志着中国成功地构建了民族国家，在中国国家形态演变的历史上具有划时代的意义，而且标志着国家进入了重点推进的阶段。国家不仅直接组织和推动社会的各项建设，而且在国土空间范围内根据资源的动员能力和确定的发展方面，有重点地推动发展。在这样的条件下，国土空间内的不同区域的发展之间存在很大的差异。在国土空间范围内选择不同的区域，重点推进其开发和建设，不仅是国家发展的重要形式，也是国家治理中地理空间思维的主要表现。边疆的开发和建设不到位或未受到足够重视、海洋国土被忽视或未被纳入开发和建设的规划等，都是国家发展的阶段性特征。另外，数十年的对外封闭和周边安全形势的严峻，不仅影响到国家在发展中对边疆的开发和建设，而且进一步强化了将边疆作为军事布防区域和国家安全纵深的考虑。

---

① "国家发展"是作者为了描述和分析国家政治单位的整体进步状态而构建的一个概念，指国家通过有效的内部和外部治理而稳定政权、增加社会财富、提升公共利益、建立必要的安全保障，以及获得较好的外部环境和产生国际影响力而达成的整体性进步。关于此概念的论述，可参阅作者的《边疆在国家发展中的意义》，载《思想战线》，2013年第2期。

今天，中国的国家发展进入到了一个全新的阶段——整体发展阶段①。中国经过改革开放推动下的现代化的快速发展，经济实力大为增强，经济总量已经居于世界第二位，并且会在不远的将来超过美国而成为全球第一大经济体；在社会财富迅速增加的基础上，人民生活水平显著提高，综合国力全面提升；在小康社会目标基本实现后，全面的小康社会建设取得显著进展，有望在不久的将来全面建成小康社会；中国的国际地位迅速提升，并对全球经济及其他国际问题的解决发挥着越来越重要的影响。与此同时，国土空间内的若干个区域的重点发展已经取得成效，并逐渐连成一片。在这样的形势下，选择若干个区域重点开发和建设产生的效益在逐渐递减，国家发展必须采取整体发展的方式，即全面规划、整体推进。

与此同时，随着20世纪六七十年代后全球化的快速推进，中国的对外开放程度也快速提升。因此，中国也越来越融入世界，发展的外部性特征越来越突出：中国的海外投资的数量和质量都在快速增长，而且对国家发展的影响越来越明显；在投资、商贸、文化交流过程中，国人的海外活动越来越频繁，居留海外人数大幅攀升；从海外进口的能源和战略性资源的数量越来越多，资源供给地和运输线的影响日渐突出；军事安全和其他非传统安全的外部影响越来越突出，国家安全越来越受制于境外因素；中国参与全球性事务的程度越来越深，国家能力和国家的国际影响力越来越强。在这样的形势下，国家利益的实现和维护都不局限于领土的范围，越来越全球化了。相应地，中国的周边关系、地缘政治形势、国际关系格局等，在其中都产生着越来越突出的实质性影响。

在这样的阶段和形势下，有效的国家治理对国家发展的意义更为突出。而国家的治理也必须改变传统治理中对地理空间思维不够重视的状况，或者说，要对传统的地理空间思维进行全面的分析和检讨，在国家治理中重新构建与形势相适应的地理空间思维。

国家治理中的地理空间思维，应该体现在国家治理的基本框架中，成为国家治理方略的有机组成部分。这样的地理空间思维要求，在国家治理

---

① 回顾迄今为止的人类历史，国家的发展可划分为依次推进的三个阶段：自由发展阶段、重点发展阶段和整体发展阶段。这样的阶段及其特征在中国的国家发展历史上，也体现得十分明显。今天中国的发展，已经进入整体发展阶段，并对国家治理提出了新的要求。

中重视地理空间规划和管理，重视地理空间条件和地理空间规划在促进国家发展中的作用，把地理空间的规划或谋划作为国家治理的重要向度；根据国家发展所处的内外环境条件以及国家治理的战略，进行全面的地理空间规划，构建国家治理和国家发展的地理空间战略；从国家发展的角度维护好已有的地理空间环境，努力为国家发展争取有利的地理空间条件，有计划有步骤地利用好地理空间条件。

诚然，在国家治理中形成与形势发展相适应的地理空间思维，是国家发展的新形势和新阶段提出的必然要求。然而，国家治理中完整的地理空间思维并不是自然而然地形成的，而是构建的产物。只有执政党充分意识到地理空间思维在国家治理中的意义，并持之以恒地将地理空间思维应用于国家治理的框架或方略中，在实践中取得了明显的成效，真正意义上的地理空间思维构建才算实现。

另外，国家治理中的地理空间思维构建也必须适时推进。国家治理中的地理空间思维涉及国家发展的内部空间和外部空间两个方面。在国家进入整体发展阶段以后，在国家治理中构建完善的地理空间思维，能够促进国家治理和国家发展战略的适时转型。而在当今这样一个国家拥挤的时代，国家间的边疆争夺愈演愈烈①，国家必须适时调整边疆观念和制定边疆战略。不论是从国家内部还是从国家外部来看，国家调整地理空间思维的时机都是稍纵即逝的。因此，在国家治理中构建完善的地理空间思维，已经是一个时不我待的问题。

四、地理空间思维构建中的重大议题

国家治理中地理空间思维的构建，涉及国家治理的每一个方面。换句话说，国家治理的每一个方面，都应该具有和体现地理空间思维。但是，从整体上看，国家治理中的地理空间思维构建，主要涉及四个基本的方面：一是对国家领土空间进行规划和空间区分，主要是确定国家的领土边疆，以及领土边疆的类型和发展规划；二是对国土空间的开发和利用进行

---

① 关于国家拥挤和国家间边疆争夺的论述，可参阅作者的《边疆在国家发展中的意义》，载《思想战线》，2013年第2期。

规划，主要是划分国土空间的不同功能区，强化国家地理空间的经济布局；三是制定各个行政区域的发展规划，这主要涉及各级政府对辖区内不同区域的开发利用及布局；四是注重对国家发展的外部空间的拓展和维护，这主要涉及非领土（或超领土）边疆的确定和维护。

在当代中国的国家治理中，地理空间思维的构建已经展开并正在凸显。在中国具有最高决策文件意义的中共十八大报告，就明确地提出并阐述了"优化国土空间开发格局"的原则。该原则要求："要按照人口资源环境相均衡、经济社会生态效益相统一的原则，控制开发强度，调整空间结构，促进生产空间集约高效、生活空间宜居适度、生态空间山清水秀，给自然留下更多修复空间，给农业留下更多良田，给子孙后代留下天蓝、地绿、水净的美好家园。加快实施主体功能区战略，推动各地区严格按照主体功能定位发展，构建科学合理的城市化格局、农业发展格局、生态安全格局。提高海洋资源开发能力，发展海洋经济，保护海洋生态环境，坚决维护国家海洋权益，建设海洋强国。"[①] 在国家的最高决策文件中明确阐述地理空间规划方面的内容，在中华人民共和国的历史上还是第一次。

毫无疑问，这样的地理空间思维是清晰的，也是可喜的，其意义不可低估。但是，这里的地理空间思维只是从经济开发和建设的角度涉及国家治理地理空间思维中的一些方面，主要是国土空间的开发和利用，同时也从发展海洋经济的角度涉及海洋国土或海洋边疆的内容，并没有全面覆盖国家治理中地理空间思维的所有领域，甚至没有涉及国家治理地理空间思维中许多本质的内容。从当前国家治理的现实需要来看，国家治理中地理空间思维的构建问题，除了国家已经高度重视的国土空间开发和利用的主体功能区、经济发展的空间布局问题（这也是国家治理中地理空间思维的核心内容之一）以外，还有以下意义重大且具明显紧迫性的议题。

一是陆地边疆范围的确认和边疆治理战略的构建。陆地边疆是国家领土的边缘性部分，它因为与核心区域具有明显的差异和需要采取特殊的措施加以治理而被划定。边疆是构建的产物，具有可变性。中国的陆地边疆

---

① 胡锦涛在中国共产党第十八次全国代表大会上的报告：《坚定不移沿着中国特色社会主义道路前进，为全面建成小康社会而奋斗》。

虽然形成得早且面积广大,但随着长期的边疆治理不断取得成效,边疆与内地的分界线不断向外推移,陆地边疆的范围日渐模糊,不论是西部开发中的"西部"还是"兴边富民"工程中的"边境县"的概念,都无法界定陆地边疆的范围,因而难以形成有针对性的边疆治理之策。国家治理中长期将边疆与"民族地区"混为一谈,进而在民族问题的框架下讨论边疆问题,已经出现了边疆政策失准的问题,并对边疆治理造成消极影响。因此,在边疆治理中构建地理空间思维,就必须对陆地边疆的范围进行明确界定,进而制定国家层面的边疆治理战略。

二是在强化海洋国土意识的基础上重新规划海洋边疆。随着海洋在国家发展中地位的凸显,发展海洋经济和建设海洋强国的呼声日渐高涨。但是,要建设海洋强国,首先就必须重视海洋国土,明确海洋国土的状况,维护好国家的海洋边疆,构筑起牢固的海洋边疆安全体系。在此基础上才谈得上开发海洋国土,进而走向深蓝。中国的海洋疆域辽阔,但由于长期对海洋边疆重视不够,维护海洋边疆面临着重重困难,海洋边疆危机四伏。在这样的形势下,要维护海洋边疆及相关权益,必须充分运用行政的、外交的和军事的手段。但是,这又要以国家的海洋战略为基础。因此,从国家海洋国土空间管理的角度构建国家的海洋边疆,显得尤为重要。

三是尽早建立国家的太空边疆框架,维护国家的太空利益。在航天技术的发展日新月异的今天,国家间的边疆争夺迅速地超越了陆地、海洋和天空,快速地进入到了太空和外太空领域,形成了激烈的太空边疆争夺。中国作为一个太空大国,其包括卫星、载人航天器、空间站等在内的太空飞行器不仅数量日渐增多,而且对国土范围内的所有利益和国际地位等都具有决定性的影响,同时面临着激烈的外部竞争和巨大的威胁。早在20世纪后期就制定了"星球大战计划"的美国,早就作好了太空战的准备。有人预测,如果全球大国发生军事冲突,那么国家间的对决将首先发生于太空。在这样的形势下,中国也必须未雨绸缪,及早进行确定太空边疆和维护太空利益的谋划。

四是界定国家的利益边疆,切实维护国家的海外利益。"20世纪80年代中期,美国等西方大国从维护自身利益的需要出发确定战略控制范围,首先使用了'利益边疆'概念"①,并将其逐渐付诸实践。今天美国的全球战略调整,尤其是美国重返亚太等,不仅体现着利益边疆思维,而且是以一定的利益边疆战略为基础的。中国在越来越融入世界和海外利益日渐凸显的情况下,"国家利益的边界必然随之向外延伸"②。在这样的情况下,中国不能自缚手脚,"必须根据国家海外利益的意义划分不同的圈层,如将其划分为核心区域、拓展区域、边缘区域等,确立海外利益格局的构成,并用国家的力量对其进行维护"③。

五是明确国家的战略边疆,凸显国家的战略利益。战略边疆通常被看作"一国国力和影响力所能达到的、可控制的地理与空间区域,它是国家实力、战略意志以及国家战略能力的投射范围"④,与国家的安全和发展紧密相关。今天的中国,国家利益外向度日渐加强。国家发展和国家利益的维护,都需要在一个超越于领土的更大的地理空间范围内加以考虑和谋划。在一个高度博弈的世界中,能否充分运用国家治理的地理空间思维,为国家的发展拓展有利的外部空间,既关乎国家的长远利益,也直接影响国家的眼前利益。为了维护国家的战略利益,中国也需要构筑自己的战略边疆,并根据国家的利益边疆和战略边疆,构建国家的外交战略和开展外交活动,巩固国家的战略边疆。

---

① 于沛:《从地理边疆到"利益边疆"——冷战结束以来西方边疆理论的演变》,载《中国边疆史地研究》,2005年第2期。
② 黄昆仑:《全球化时代的国家利益观》,载《解放军报》,2011年3月15日。
③ 周平:《国家视阈里的中国边疆观念》,载《政治学研究》,2012年第2期。
④ 陈迎春:《战略边疆:助推中国和平发展的切入点》,载《世界地理研究》,2011年第6期。

国家治理的政治地理空间维度[*]

| 周 平 |

中国现代化的快速推进和社会的全面转型，是在全球化的背景下实现的。而现代化的快速推进、社会转型和融入世界等过程，又使中国面临着越来越多的问题。其中的许多问题还是前所未见的。在这样的情况下，通过国家治理现代化来提升国家治理的能力和水平，是国家决策层为应对挑战而作出的重大选择。而在国家治理现代化的过程中，政治地理空间又是一个十分重要且日渐凸显的维度。在国家治理中不重视或忽视政治地理空间的谋划，国家就无法有效应对国家治理由于空间场域变化所带来的挑战，国家治理现代化也就不可能完善。然而，从目前国家治理现代化的理论和实践的情况来看，这又恰恰是一个未引起充分注意或注意不够的问题，现实的挑战愈显突出。面对这样的现实，在国家治理现代化中凸出政治地理空间思维，加强政治地理空间维度的研究，进而探求从地理空间维度加强国家治理的良策，就显得十分必要也十分迫切。

一、国家治理必须有政治地理空间思维

国家治理是一个整体性的概念，它指国家运用其权力在国家的范围内动员和配置资源，解决国家面临的问题的行为和过程。从这个意义上，国家治理即治理国家。而国家治理的政治地理空间维度，就是从国家政治地

---

[*] 本文原载《江苏行政学院学报》，2016 年第 1 期。

理空间的角度来谋划国家治理，以实现巩固国家的政治地理空间、充分挖掘和发挥地理空间在支撑和促进国家发展方面的功能，使地理空间有效地服务于国家发展目标的一种选择。换一个角度来看，国家治理的政治地理空间维度，就是在国家治理中突出和强化政治地理空间的思维和规划，充分利用国家的政治地理空间条件，促进国家发展的一种安排。

国家治理之所以必须考虑地理空间问题，进而形成或需要政治地理空间维度，是基于两个基本的事实或由于两个基本的事实而形成的：一是国家本来就是政治地理空间单位；二是国家政治地理空间在得到有效治理的情况下，才能巩固并发挥其应有的作用。

首先，国家本来就是政治地理空间单位，具有突出的地理空间属性。人类社会在发展的过程中，为了社会治理的需要而创造了以暴力为支撑的公共权力并将居民按地域进行管理的时候，国家便出现了。① 从人类历史发展的角度来看，国家不过是人类创造的一种政治形式。而国家在凭借以暴力为后盾的公共权力对居民进行管理的过程中，便将国内居民整合为一个统一的政治共同体。国家这种政治形式本身，以及国家政治共同体，又都是在一定的地理空间范围内展开的，并给地理空间范围打上了自己的印迹。该地理空间也成为了国家的有机组成部分。从这个意义上说，国家又是政治地理空间单位。既然如此，国家在治理的过程中，既要有效地组织和运用国家权力，也要维护好国家这个政治共同体，还得依据国家的政治地理空间属性，进行地理空间的规划和管控。

其次，国家政治地理空间只有在得到有效治理的条件下，才能发挥积极作用。国家占据或控制的地理空间范围，就是国家的疆域。疆域是国家形成、存在和运行的基本条件，也是国家治理中可资利用的资源。但是，一定的地理空间范围被国家占据或控制以后，并不意味着它就一定能够为

---

① 建立以暴力为支撑的公共权力和按照地域进行管理，成为了国家形成的两个基本条件。美国学者莱斯利·里普森指出："将国家与其他社团组织区分开来的很多重要原则都源于这样一个简单但又是最基本的事实：国家必须使用暴力，否则将不成其为国家。"（〔美〕莱斯利·里普森：《政治学的重大问题——政治学导论》，李晓等译，华夏出版社2001年版，第52页。）恩格斯就指出："国家和旧的氏族组织不同的地方，第一点就是它按地区来划分居民。……这种按居住地组织国民的办法，是一切国家共同的。"（《马克思恩格斯选集》第4卷，人民出版社1972年版，第166—167页。）

国家长期掌控，更不意味着该地理空间范围就一定能够在增强国家实力和提升人民福祉方面发挥积极作用。国家疆域得而复失或国家疆域的边缘部分衰弱、矛盾爆发而拖累国家发展甚至把国家拖垮的例子，在历史上也不少见。从这个意义上说，国家必须对自己占据或控制的地理空间范围即疆域进行治理。只有在得到有效治理的情况下，国家的地理空间范围才能巩固，并在国家发展中发挥积极作用。

国家治理中的地理空间方面的问题，往往是长期存在且常变常新的。因此，一劳永逸地解决国家治理中的地理空间问题的想法，只能是幻想。地理空间的问题和矛盾，将与国家这种政治形式共始终。从这个意义上看，地理空间方面的问题在国家治理中会长期存在，国家治理必须始终关注和重视地理空间维度。但是，国家治理中的地理空间问题又会打上深深的时代烙印，在不同的历史时期会有不同的政治地理空间谋划。国家治理中的地理空间维度，之所以在不同历史条件下具有不同特征，这一方面是由于国家治理中的地理空间维度所涉及的内容复杂而多样，其中的许多问题都十分复杂并会长期持续，而国家治理在不同的时期追求的目标并不相同，对地理空间谋划的要求也不相同。所以，国家治理的地理空间问题长期存在并常变常新。另一方面是由于国家的地理空间形式或疆域形态本身也是变化着的，由此产生的需要纳入到国家治理中谋划的问题也有所不同。

国家占据或控制的地理空间范围即国家的疆域，并不是一成不变的。相反，国家的疆域是一种变动着的存在。首先，随着社会生产力和科学技术的不断发展，人类活动的范围呈现一种不断拓展和扩大的趋势，具体展开为一个由陆地拓展到海洋，由地球表面拓展到太空、外太空和深海以及地球内部的过程。在此基础上，国家占据或控制的地理空间范围也呈现一个逐渐扩大的趋势，疆域的形态也从陆地疆域发展为多种形态的疆域，如海洋疆域、太空疆域、利益疆域等。其次，国家占据或控制地理空间范围的方式也是不断变化的。在国家众多并相互竞争、相互制约的情况下，任何一个国家都不可能在占据和控制地理空间范围方面任意而为。国家占据或控制地理空间范围的方式，必然会受到国家关系模式的深刻影响。其中，国家主权观念和主权体制的形成，具有广泛而深远的影响。

国家应当拥有主权的思想，最早是由法国的思想家让·布丹提出，随后荷兰的思想家格劳秀斯从国际法的角度进行了全面的论证。不过，国家主权原则的最终确立，是在王朝国家时代由1648年10月签订的《西荷和约》所确认的威斯特伐利亚体系而实现的。取代王朝国家的民族国家将主权作为国家的基本条件和国家间处理相互关系的基本原则，并通过民族国家世界体系的建立而巩固了国家主权原则，进而建立了民族国家的主权体制。国家主权体制的确立，不仅对国家发展史产生了历史性的影响[1]，也对国家占据或控制地理空间范围的方式产生了深刻影响，因而具有划时代的意义。

　　在国家主权原则确立和主权体制形成以前，国家占有地理空间的行为并不存在主权的约束，只是受到统治者的愿望和国家能力的制约。在主权的原则和体制确立以后，国家占有和控制地理空间的行为才受到了主权的约束。国家拥有主权的地理空间范围，就被界定为国家的领土。当然，领土主权规则也通过"先占"、"征服"等方式承认了此前的疆域占有形式。20世纪中叶以后，一方面，在科学技术革命不断兴起高潮的背景下，人类迅速地拓展了自己的活动范围，从而为国家占据和控制更加广泛和更加多样的地理空间范围提供了条件。另一方面，随着全球化时代的形成和全球化程度的不断加深，由威斯特伐利亚体系确立的主权体制受到了十分严峻的挑战，国家超越于主权的行为和活动也日渐增多。在此情况下，国家超越于主权而占据或控制地理空间的行为日益频繁，从而出现了超主权的疆域。从历史进程的角度来看，国家疆域的演变可划分为三个阶段：非主权疆域时代、主权疆域时代和超主权疆域时代。在国家疆域形态不断演变的条件下，国家治理的地理空间谋划或疆域治理，也必须不断地发展和变革。

　　在国家疆域发展和演变的过程中，疆域对于国家发展的意义也日益彰

---

[1] 德国学者乌尔里希·贝克在论及影响国际政治局势的因素时，将过去三个世纪中产生影响的原则概括为三条：一是"领土原则：国家拥有确定的边界，这些边界划定并确立国家的统治范围"；二是"主权原则：国家及其代表拥有采取行动和实行统治的主权"；三是"合法性原则：主权国家之间的关系可以成为国际协议与国际法的对象，但是，国际协议与国家法要产生效力，则必须得到各个国家的同意"。（〔德〕乌·贝克、哈贝马斯等：《全球化与政治》，王学东等译，中央编译出版社2000年版，第11—12页。）

显，国家治理中的地理空间维度也越来越突出。从人类社会的国家治理的总体面貌来看，国家治理中的地理空间谋划呈现出一个逐渐由自发走向自觉、从粗放走向精细、从国内走向国际、从区域走向全球的过程。从单个国家治理的角度来看，政治地理空间谋划的水平则体现着国家治理的能力。一个国家在政治地理空间方面谋划的能力，直接反映着国家治理的水平。那些最终发展成为大国和强国的国家，都是在疆域治理方面卓有成效的国家。而那些曾经强大最终又分崩离析的国家，疆域治理的无效或失败是一个十分重要的原因。

二、历史上国家治理中的地理空间谋划

回顾中国历史上的国家治理就能发现，政治地理空间思维在秦统一全国后便开始在国家治理中得到运用。中国是历史上在国家治理中较早具有政治地理空间思维的国家，也是运用政治地理空间思维于国家治理取得较好成效的国家。中国国家发展的状况，与国家治理中的政治地理空间思维的运用及其取得的成效之间，存在着直接或间接的联系。

中国历史上国家治理中的政治地理空间思维，是在应对国家治理的现实挑战中形成的。公元前221年，秦统一六国后便构建起一个强有力的中央集权制王朝，不仅统治着一个庞大的国家政治共同体，而且面对着一片前所未有的广大疆域。如何才能有效地治理这样一个庞大的国家，这对秦王朝来说是一个巨大的挑战。为了对这个广大的疆域进行有效的统治和治理，王朝中央便采取了先秦就存在的"一点四方"和"五服"、"九服"的观念①，对王朝的统治区域进行了初步的区分，进而采取有针对性的治理方式。具体来说就是，在郡县制的总体框架中，把那些处于疆域边缘的郡以下行政区域确定为"道"而非"县"，采取专门的措施进行统治和治

---

① 在先秦时期，人们形成了以中原为中心而向四周渐次推进的认识世界的方式，进而把中原以外的四个方向划分为"四夷"（东夷、北狄、西戎、南蛮），从而形成了"一点四方"的观念。同时，还以中央政权机关所在地的王畿为中心，把统治范围内围绕王畿的区域依次划分为有等级差序的五个或九个层次，称为"五服"或"九服"，进而采取不同的方式对其进行治理。显然，这是受制于当时生产力水平的限制而形成的认识世界的方式，以及基于这样的认识而形成的治理观念。

理，从而开了在国家治理中运用地理空间思维之先河。汉朝承袭秦的做法，在巩固中央集权的政治统治的基础上，对国家的核心区域和边缘性区域的划分加以进一步明确和巩固，直接将疆域的边缘性部分确定为边疆，并采取特殊的方式对边疆进行治理，从而在国家治理中形成了较为稳定的地理空间思维。此后的各个统一王朝，在国家力量不断增强的时候，都很重视边疆对王朝的意义，并采取不同的方略和政策进行边疆治理。在整个王朝国家时代，王朝国家通过特殊的措施治理边疆，不仅形成了内涵丰富的边疆观念和边疆治理观，而且不断丰富着国家治理中地理空间思维的内涵。

在当时的社会历史条件下形成的政治地理空间思维，是为了国家治理的需要而形成的。但它并非纯粹的政治地理意义上的治国思维，而是有着十分丰富的历史文化因素渗透其中，因而具有丰富的文化内涵。其中，最为突出和显著的便是，将中原确定为国家的核心区，将中原之外王朝国家统治能力所及的区域确定为边缘区——夷狄区。而所谓的"夷狄区"便是其他族群生活并有着不同于核心区文化的区域。对这样的区域，当然得采取不同于核心区的方式进行治理。东汉时的班固就提出"内诸夏而外夷狄"，主张内外有别，"是以外而不内，疏而不戚，政教不及其人，正朔不加其国；来则惩而御之，去则备而守之。其慕义而贡献，则接之以礼让，羁縻不绝，使曲在彼，盖圣王制御蛮夷之常道也"。① 这个被特别区分出来的边缘性的夷狄之区，就是最早的边疆。这样的治理思维以及由此形成的边疆划分和边疆观念，在此后的各个王朝中得到了继承和发展。唐代的鸾台侍郎狄仁杰就在上疏中说道："臣闻天生四夷，皆在先王封疆之外。故东拒沧海，西隔流沙，北横大漠，南阻五岭，此天所以限夷狄而隔中外也。"② 这样的思想认识和观念表明，历史上国家治理中的政治地理空间思维的核心，是将王朝国家疆域内与核心区有着显著差异的边缘区域区分出来，采取特殊的方式进行治理。其实，"古人多以'华夷'不同文化分布的差异、区域经济开发的强弱等作为划分核心地区与'边疆'的分野，主要为蛮夷所控制、经济显然落后于核心地区的僻远之地，通常被认为是

---

① 《汉书》卷94下《匈奴传·赞》。
② 《旧唐书》卷89《狄仁杰传》，中华书局1975年点校本。

边疆乃至徼外"①。

基于这样的一种政治地理空间思维，国家治理中具有特殊内涵的"核心—边缘"模式也逐渐稳定下来。在这样的治理模式中，虽然主张"内诸夏而外夷狄"，核心区的发展和稳定被置于最高的地位，因而形成了"守中治边"、"守在四夷"的治边方略。②但是，对于疆域的边缘区域并非弃之不顾，而是要以核心区的有效治理去影响边缘区。宋太宗提出的"欲理外，先理内；内既理则外自安"③的思想具有典型意义。在这样的总体思想指导下，各个王朝在具体的边疆治理中形成了朝贡与纳质、羁縻制与土司制、和亲与盟誓、教化与互市、设治拓道与屯垦移民等具体的治理方略。而对于生活于边疆的族类群体，王朝中央又采取了恩威并用的方式进行统治。用统治者的话来说，就是"抚之以仁义，示之以威信"④，或"慑之以兵，怀之以德"⑤。为了将周边的族类群体整合于统一的国家中，"顺者以德服，逆者以兵临"⑥。在它们臣服于中央王朝的情况下，对其采取怀柔政策；在它们敌视中央王朝且反抗强烈的情况下，则采取战争征剿政策。中原王朝就是通过这样一种方式，把各个族类群体整合于多民族国家之中。

国家治理中的这样一种结合了丰富文化内涵的政治地理空间谋划，对王朝国家地理空间范围即疆域的扩大来说，发挥着十分重要的作用。诚然，中国历史上统一王朝的君主，多有开疆拓土的雄心，他们有的要扬威于天下，有的要披身教于四方，因而使用武力征服周边的国家，从而扩大了王朝的疆域。同时，王朝国家有效的边疆政策，再加上王朝国家在全面治理基础上形成的强大经济实力、军事实力和辉煌文明产生的影响力、威慑力和感召力的作用，周边的其他民族群体建立的政权和政治共同体通过内附、归附、依附等方式，融入到王朝国家政治共同体之中。当然，也有

---

① 方铁：《论古代治边的理论与实践》，载《社会科学战线》，2008年第2期。
② 关于历史上边疆治理的"守中治边"、"守在四夷"方略，可参阅方铁：《古代"守中治边"、"守在四夷"治边思想初探》，载《中国边疆史地研究》，2006年第4期。
③ 《续资治通鉴长编》卷30、卷32。
④ 《贞观政要》卷五。
⑤ 《清太宗文皇帝实录》卷二十一。
⑥ 《清太祖武皇帝实录》卷一。

周边其他民族群体建立的政治共同体征服了中原王朝,从而将自己的统治范围也纳入到王朝国家之中。此类情况的不时发生,有效地拓展了王朝国家的疆域。这也从另外一个侧面表明,王朝国家治理中的地理空间思维,在国家疆域的拓展中发挥了重要的作用。

历史上国家治理中的政治地理空间方面的考虑和谋划,还有一个突出的表现,那就是努力把疆域中异质性很强的部分融合在一起:增强它们之间的联系,提高各个部分之间的同质性,使其成为一个完整的整体,从而形成富有特色的疆域整合。从中国历史上王朝国家的疆域发展和演变的过程来看,既有疆域一体的时期,也有疆域分裂的时期。而且有意思的是,王朝国家分裂后再次统一的话,国家的疆域往往会比原先统一时期的更大。而在统一的王朝,国家疆域的不同部分之间的差异往往较大,不仅以王畿为中心的核心区与以四夷为主的边疆之间存在明显的差异,而且核心区外围不同区域间的差异也十分突出,进而影响到王朝对疆域的控制和疆域的统一。为了解决疆域不同部分之间的整合问题,王朝国家又利用地理空间的规划、布局及相应的治理措施,有效地解决了这个问题。其中,有两个方面的措施发挥了重要的作用。一是迁都,即迁移王朝中央的所在地。王朝国家对王朝中央所在地迁移的原因很多,其中一个重要的原因就是通过对都城的主动迁徙来调整和改变国家治理的地理空间格局。作为王朝中央所在地的都城,也是王朝的政治、经济和文化的中心,都城迁移形成的政治、经济和文化中心的转移,就成为一种把新旧中心所在和影响所及疆域联系起来的重要纽带。二是修筑大运河。在中国历史上,"华北和华南地区之间自古就存在严重分歧,南北朝曾持续两个世纪之久,要不是因为后来修建了大运河,这很可能已成为永久性的现实"。从这个意义上说,"大运河曾对中国的统一起到至关重要的作用。它缓解了唐宋北方征服南方所引发的矛盾,从此中原地区作为中国这一农业大国的核心地位得到巩固"。①

中国历史上从政治地理空间维度进行的国家治理,内容十分丰富并因时因地因势而有所不同。这样的治理方式对于国家疆域的扩大、巩固和国

---

① 〔美〕罗伯特·D.卡普兰:《即将到来的地缘战争——无法回避的大国冲突及对地理宿命的抗争》,涵朴译,广东人民出版社2013年版,第202页。

家发展来说,发挥的作用是十分巨大的。中国疆域的扩大、国家的统一、人口的增长、国家实力增强等,以及疆域上的所有民族群体最终凝聚为中华民族,都与国家治理的这样一种政治地理空间思维直接相关。同时,在长期的国家治理中运用政治地理空间思维的经验和教训,为当代的国家治理留下了一笔宝贵的历史资源和文化资源。

三、国家发展的空间场域拓展及其挑战

历史发展进入当代以后,新中国以一个崭新的民族国家的形态屹立于世界的东方。新兴的共和国在国家治理中并没有忽视政治地理空间的维度,依据国家疆域的地理空间结构的特点,持续地开展了边疆治理并取得了不错的效果。改革开放以来,随着国家的快速发展和日益融入世界,国家发展的地理空间场域迅速拓展,并达到了前所未有的程度。如此一个迅速而巨大的地理空间场域变化,成为国家治理中一个前所未有的变量,对国家治理提出了严峻的挑战。

辛亥革命推翻中国历史上的最后一个皇帝,结束了中国王朝国家的历史,开启了构建民族国家的历史进程。中国的民族国家构建在新中国成立时基本完成。① 从人类国家形态的历史来看,民族国家是一个取代王朝国家并与王朝国家有着本质差别的国家形态。② 从中国国家形态演变的过程来看,从王朝国家到民族国家是一个巨大转折。中华人民共和国就是中华民族的民族国家,因此,新中国必须从民族国家的角度来看待和谋划国家疆域的治理。

新中国根据国家形态的转变和现实的需要来进行疆域治理,涉及的问题和内容是十分丰富的。其中,有几个方面显得十分突出:一是确定了国家的疆域,明确了国家主权管辖的地理空间范围。主权是民族国家的一个基本特征,民族国家主权管辖的范围由边界来确定。国家主权管辖的地理

---

① 关于中国的民族国家构建论述和分析,可参阅笔者:《论中国民族国家的构建》,载《当代中国政治研究报告Ⅵ》,社会科学文献出版社2009年版。

② 关于民族国家的性质和特点,可参阅笔者的《对民族国家的再认识》和《民族国家与国族建设》,前者载于《政治学研究》2009年第4期,后者载于《政治学研究》2010年第3期。

空间范围，就称为领土。中国在长期的王朝国家时期，并没有形成主权的观念，也没有体现主权的边界。中国历史上的边界，是通过与其他主权国家接触和碰撞的过程中被动地接受，其中的大部分还是与不平等条约联系在一起的。新中国成立后，国家就着手划定边界，逐渐解决了国家政治地理空间的界线问题。二是全面运用军事力量守卫边境，彻底改变了历史上有边无防的状况。三是加强了陆地边疆的治理，有效地促进了陆地边疆的建设和发展，不仅巩固和稳定了陆地边疆，而且极大地改善了国内的族际关系。四是逐渐加强了海上疆域的防卫，并逐步把海洋边疆纳入到国家治理的总体框架之中。

新中国成立以来的国家治理中的政治地理空间方面各项政策的实施，取得了相当不错的效果，有效地促进了边疆的巩固、稳定和发展，进而为国家发展创造了有利的条件。但从总体上看，这样的地理空间方面的谋划受到历史上形成的传统思维的深刻影响，并没有超越传统的国家治理中地理空间治理的范畴。首先，它并未形成一个完整的国家政治地理空间观，构建起对疆域各个部分进行治理的总体框架，仍然以国家的核心区为中心来看待国家的疆域，甚至把边疆看作是远僻之地，是"民族地区"；其次，重视陆地边疆而轻视海洋边疆，对海洋边疆重视和治理的程度远不如陆疆。很多时候说到边疆，指的都是陆疆，即"民族地区"；再次，在国家治理中，重核心区而轻边疆，把边疆及边疆治理置于从属的地位，使边疆治理服从和服务于核心区的治理和发展；最后，没有在国家治理的总体框架中确立边疆治理的地位，构建起国家总体的边疆战略，而是把边疆治理置于民族问题的框架中来谋划，并由民族事务的管理机关即国家民委来主管和负责边疆治理。

国家治理的政治地理空间维度之所以会形成这样的局面，是由多方面的因素造成的。一方面，这是当时的时代条件造成的。新中国成立之初，世界范围的新科学技术革命浪潮仍在酝酿之中，全球化时代才刚刚起步，人类活动空间范围的拓展才刚刚开始，随着一大批民族国家的建立而逐渐巩固的全球主权体制的刚性在不断加强，当时的中国由于帝国主义的封锁而日渐封闭。因此，我们只有在领土的范围内来谋划国家的疆域治理。另一方面，也受到了自身发展水平的限制。新生的共和国由于总体实力有限，只能有计划地在条件较好和对国家发展支撑性较强的若干区域——主要是核心区和沿海地区——搞建设，尚不具备把疆域内的各个区域结合起来进行总体谋划并全面建设的条件。

然而，中国实行改革开放以来，现代化进程快速推进并取得了巨大的成就。国家在综合实力迅速增强的同时，也在全球化的进程中越来越融入世界，国家的活动遍及全球，国家利益已经溢出领土的范围而在全球范围内发展。在这样的条件下，国家既要从领土范围内不同区域间的空间结构的角度来看待自己的地理空间范围，也要从中国与世界关系的角度以及维护国家海外利益的角度来谋划国家的治理和发展。这样一来，国家的治理和发展便被置于一个巨大的空间场域之中。

首先，也是最为重要的是，在改革开放推动的现代化进程中，国家的经济、政治、文化和社会全面发展，国家的综合实力迅速增强。因此，国家既有条件、有实力也有必要投入更多的资源来开发和建设边疆，把边疆的开发和建设作为国家发展的新增长点。在这样的条件下，边疆及边疆治理在国家治理总体格局中的地位得到了凸显。尤其是海洋边疆，更是凸显为国家治理和国家崛起的关键性区域。因此，需要把包括陆地边疆、海洋边疆和其他形态边疆在内的边疆区域与核心区结合起来，来考虑和谋划国家的治理和发展，从而把陆地边疆、海洋边疆与核心区联成一个整体。

其次，也是十分关键的一点，那就是中国的快速发展是在全球化的背景下实现的。因此，中国在快速发展的过程中也越来越深地卷入到了全球化的进程中，因而也越来越深融入了世界，国家利益溢出领土范围而遍及全球已经成为趋势。在这样的条件下，国家必须在一个更大的空间范围内来考虑治理和发展的问题：一是要按照通行的国际规则来管控好属于中国主权权利范围的地理空间区域，尤其是要维护好专署经济区等超越于领土的疆域；二是要维护好国家的海外利益。随着中国越来越融入世界，国家利益溢出领土的现象也越来越突出。海外利益对于国家发展的意义也越来越突出，某些特定利益聚积区或节点性区域已经成为国家的核心利益所在。能否有效地维护好这样的利益聚积或节点性区域，直接关系到国家发展，因而必须将其纳入到国家发展的地理空间范围内来考虑。当这些超越于领土的区域纳入到国家发展的地理空间范围以后，国家发展的地理空间范围便大大拓展了。

最后，在科技革命高潮迭起和全球化全面深入的条件下，人类活动的地理空间范围迅速拓展，国家占据、控制和使用地理空间的方式也发展了重大的变化。国家的疆域观和疆域形态已经发生了深刻的变化。仅仅将国家的疆域局限于主权管理的范围即领土的做法，已经不能适应今天形势的发展。从现实的情况来看，国家占据或控制的地理空间范围就是国家的疆域。其中，国家拥有主权的区域即领土，是疆域的核心部分。除此之外，那些虽然国家不拥有主权，但却实际地占据或控制的区域，也属于国家疆域的范畴。当然，这样的区域是超主权的疆域。① 一些西方大国在利用新的形势而占据、控制和利用领土外的地理空间方面已经走在前头，并取得了令人羡慕的成就。在这样一种全新的形势下，中国不能因循守旧、墨守成规，而必须充分利用全球化时代国家疆域空间形势变化带来的有利时机，与时俱进地调整自己看待国家政治地理空间的思维和方式，确立与今天的世界形势和疆域观变化形势相适应的地理空间观，准确认识中国今天国家治理和国家发展的地理空间场域形势。

如此观之，中国的国家发展就处于了一个前所未有的巨大地理空间场域之中，既有主权性疆域，也有超主权的疆域。这样的空间场域变化，既是全球化时代国家疆域变化的结果，也是中国国家发展在实力增强基础上的疆域整体结构凸显的结果。但问题并不在于这样的局面是如何形成的，而在于它确确实实地出现了。这是谁也否认不了的事实。从地理空间范围的角度来看，中国是当之无愧的大国。

然而，这样的机遇对于从传统中走来的当代中国来说，也是前所未遇和前所未见的。对于这样的现象，许多习惯于传统思维的人总是很难适应。而且，那些率先调整自己的地理空间思维并充分利用这种形势变化带来的有利条件的西方国家，大都曾经奉行过帝国主义的海外政策，它们对领土外的地理空间的利用或运用，也或多或少地渗透着帝国主义的思维和

---

① 关于国家疆域观和疆域形态的变化问题，可参阅笔者的《全球化时代的疆域与边疆》（载《中国边疆史地研究》，2014年第3期）和《国家疆域：性质、特点及形态》（载《四川大学学报》，2015年第1期）。

观念，如利益边疆的概念和政策，就与帝国主义国家的瓜分海外"利益范围"的做法具有某些相似之处。因此，许多人在考虑国家的政治地理空间思维调整的时候，尤其是看待自己的海外利益疆域的时候，总是会有很多的忌讳并因此而举步不前。

　　冷静并客观地来看，今天中国的国家治理和国家发展以及中国的崛起和中国梦，都是在这样一个巨大的空间场域中展开和实现的。从国家发展的历史进程的角度来看，这也是历史提供的一个难得的机遇。充分认识到这一点并谋划得当，国家发展就能乘势而为和乘势而进，并取得良好的效果。反之，就会错失良机。

　　可是，在国家治理和国家发展已经处于一个巨大的地理空间场域的时候，在国家治理和国家发展面对着一个前所未有的变量的条件下，国家治理中现行的政治地理空间方面的谋划并不能适应形势的需要。传统的地理空间观念或疆域观念过于内敛，总是囿于领土的范围并从核心区角度来看待国家地理空间范围，不愿意或拒绝从超越于领土的角度来看待国家的地理空间场域。这与国家发展已经所处的巨大地理空间场域不相适应。国家发展的地理空间场域的拓展已经向国家治理提出了严峻的挑战。

四、国家治理亟须政治地理空间的规划

　　在国家发展的地理空间场域发生巨大变化并向国家治理提出了挑战的情况下，在国家治理体系中尤其是在推进国家治理体系现代化的过程中加强地理空间方面的谋划，就成为了必然的选择。

　　国家发展的地理空间场域迅速拓展以后，如何适应这样的形势变化并采取恰当的方式来对应，只是中国发展中遇到的诸多问题之一。事实上，在中国社会迅速转型和越来越深地融入世界的背景下，国家发展的内部环境和外部环境条件的变化越来越突出。在这样的形势下，国家发展过程中遇到和面临的问题也越来越多。"问题中国"成为一些学者描述和分析此种现象的常用概念。国家的发展、中国的崛起和中国梦的实现，就是在应对这些挑战和化解面临问题的过程中进行的。为了应对现实的各种挑战，

国家最高决策层已经作出顶层设计，那就是在全面深化改革的过程中推进国家治理体系和治理能力现代化，进而加强国家的治理。那么，在推进国家治理现代化或国家现代化建设中，尤其是在对国家治理现代化的全面规划中，就必须将地理空间因素及其变化考虑进去，在国家治理体系中确立政治地理空间的维度。换句话说，中国构建适应形势变化的现代化的国家治理体系，必须有地理空间方面的考虑。

从一个日渐崛起的大国的角度来看，现代化的国家治理体系中也应该包括政治地理空间的维度。而且，地理空间维度的规划和治理水平，也应该成为国家治理体系是否完备和有效的一个重要尺度。

作为现代化的国家治理体系之一维的地理空间谋划或规划，涉及的内容不仅十分广泛，并且会随着形势的变化而不断变化。但从当前的形势来看，以下几个方面的问题是必须涉及和重点考虑的：

第一，要充分认识国家发展所处的地理空间环境，尤其是要看到，中国的发展已经处于一个巨大的地理空间场域当中。这样的地理空间场域，是国家谋发展、实现崛起和实现中国梦的基础条件，对国家的治理和发展来说都是至关重要的变量。这个地理空间场域，也就是国家的疆域，总体上又分为两大方面：一方面是主权性疆域。这是与国家主权联系在一起的疆域形态，具体又分为两种类型：一是领土，即国家主权管辖的地理空间，国家对其拥有完全的排他性的主权，即领土主权，包括主权管辖的陆地、水域、上述陆地和水域的底土以及上述陆地和水域之上的空气空间，即领陆、领水、领空和领底土；二是主权权利区。这是邻近中国领土并由中国通过行使主权权利而进行管理、管控的区域。这样的区域只存在于海洋，并且由国际海洋法进行规范。另一方面是非主权性疆域。这是国家对其形成某种程度的控制但却不享有主权管辖和主权权利的地理空间区域，以及基于地理范围的其他形态的空间范围，具体又可分为两种形态：一是国家控制的非主权地理范围。如国家在南极地区、北极地区、国际海底区域、外层空间等的开发利用过程中，形成对其某些区域的实际控制或管理，从而形成了国家控制的非主权地理空间范围；二是国家具有实质性影响力的基于国家利益的地理空间范围，即国家为了维护自己的海外利益，运用国家力量对利益聚积区施加影响进而形成对该区域的实际控制，从而形成一种新的疆域形态。① 中国的发展就是在如此一个巨大的地理空间场域中展开的。这个地理空间场域由多个区域组成，但从国家发展的角度来看地，无论哪一个区域都是不可或缺的，哪个区域出了问题都会影响到国家的总体发展。这个巨大的地理空间范围，就是当今中国国家发展的地理空间场域。

第二，要在国家治理体系现代化的进程中确立政治地理空间思维，把地理空间场域的治理作为国家治理的重要维度。迅速拓展的空间场域对国家发展至关重要，但这个空间场域中的各个部分并不会自动和自然地服务于和有利于国家的发展，尤其是主权性疆域内的边疆，如陆疆、海疆，以及超领土的疆域，只有通过国家有效的规划和治理，才能发挥其地理空间效应。因此，国家治理的总体布局中，应该把地理空间方面的谋划作为一个重要的维度。今天推进国家治理体系现代化，就是要构建一个适应形势发展的需要且科学、有效的国家治理体系。

凸显国家治理中的地理空间维度，核心是谋求国家发展的有利地理空间，并加以维护而使其巩固，进而通过有效的规划和治理，充分发挥这个地理空间不同部分对于国家发展的功能，使其在国家发展中起到促进和推动作用。同时，也要力避疆域的某些部分出现问题——疆域的边缘部分即边疆，是很容易出现问题的。而且，一旦出现问题就会殃及国家的整体利益，甚至会迟滞国家崛起和中国梦实现的步伐。因此，一定要通过有效的治理（包括管控）去维护它。具体来说，疆域规划、边疆治理、利益边疆与战略边疆的结合、地缘政治环境的营造等，都属此范畴。

从一个完整的现代化的国家治理体系的角度来看，它是有多个维度的。如谋求经济社会发展的发展维度，实现社会及政治稳定的稳定维度，

---

① 这样的区域，常常被以"利益边疆"、"战略边疆"等概念来指称。它们虽然不是明确的地理空间范围，但却依附于地理空间范围之上；相关国家对其进行的控制，并不是地理性的控制，只是对影响国家利益的其他主体施加影响。这样的影响并不是特定地理空间的占据，但相关国家却会在利益受到损害的情况下通过军事手段去维护。从这个意义上说，国家对此区域的控制是弹性的，也是非排他性的。这样的控制往往会对其他国家的主权形成重叠，但又不侵害其他国家的主权，甚至还能得到了主权国家的支持，因而并不违背国家主权原则。2015 年 5 月 26 日，国务院新闻办公室发布的《中国的军事战略》白皮书，首次提出了"海外利益攸关区"的概念，这也是对利益边疆的一种肯定。关于利益边疆的性质和特点，可参阅作者《中国必须有自己的利益边疆》，载《探索与争鸣》，2014 年第 5 期。

谋求文化繁荣的文化维度，维护国家安全的安全维度，处理国与国之间关系的国家关系维度，以及地理空间维度。因此，应该将国家治理的多个维度结合起来进行统筹考虑，使各个部分相互支撑、相互促进。通过这样的谋划，确定地理空间维度在整个国家治理体系中的地位。

第三，要在对国家发展的整个地理空间范围进行全面审视和规划的基础上，制定相应的治理战略，并使国家治理的其他方面的战略与之相适应并相互促进。在国家治理体系中确立地理空间维度，并不是简单的理论构建或研究模型，而是必须也完全可以落实到具体的实践中的具体步骤，进而还应该在国家治理体系中构建起地理空间维度的框架和体系。其中最重要的就是，制定国家的疆域治理战略和地缘政治战略。前者涉及领土内的核心区与边缘区即边疆的治理和发展、领土外区域的治理和发展等方面，后者则涉及地缘政治范围和条件的构建和维护。

第四，要对领土范围内各个地理区块的发展进行总体规划，充分发挥领土地理空间在国家发展中的作用。对国家发展的整个地理空间范围进行整体规划，涉及的内容包括两个大的方面：一是领土范围的地理空间规划，二是领土之外可纳入国家疆域的其他地理空间的规划。其中，领土范围的地理空间的规划又具有基础的意义。

我国是一个领土广大的国家。而领土内的各个地理区块之间往往存在着较大的差异。这些差异基于地理条件而形成，但又不限于地理因素，还有经济、政治和文化方面的差异。在国家快速现代化的过程中凸显出来的主要是经济社会发展程度的差异。新中国成立以来，受制于有限的国家能力，国家对领土范围各个区域的开发和建设只能是有重点地进行。改革开放以来，国家采取的仍然是先东部沿海再中部、西部的发展战略，以及"两个大局"的总体布局。这样的战略无疑是得当的，也取得了良好的效果。但问题是各个地理区块之间随着发展差距的拉大，其内涵的一系列矛盾也被引爆。一方面，处于低端的边疆地区的社会矛盾激化后，族际关系矛盾频频暴发，进而影响到社会的稳定。另一方面，各个区块间由于差异的增大而造成的国土空间整合度降低，又影响到领土空间整合功能的发展，削弱了领土空间对国家发展的支撑作用。今天中国的国力已经能够支撑对整个领土范围的整体谋划，而且打造现代化的国家治理体系也需要对领土空间进行整体规划。在这样的条件下，应该从国家战略的角度来规划和运筹各个区域的发展，首先是要提升领土地理空间的整合度，加强各个区块之间的内在联系，把各个区块融合成为一个整体化的地理空间，进而提升其对国家发展的支撑和促进作用。

第五，要凸显边疆在国家发展的整个地理空间中的地位，充分发挥边疆对国家发展的支撑和促进作用。从国家发展的地理空间整体的角度来看，边疆是多形态的——既有主权性的边疆，也有超越于主权的边疆。前者又可分为陆地边疆、海洋边疆（含领海、主权权利区），后者又具有利益边疆、战略边疆、太空边疆等形态。这些都是依据全球化时代的疆域观念和疆域规则而纳入到国家疆域范围内的边缘性区域。在传统的国家治理体系关于地理空间的谋划中，都把核心区的治理置于首要地位，把边缘区即边疆的治理置于次要地位，并使边缘的治理与发展服从于、服务于核心区的治理与发展，从而形成了具有特定内涵的"核心—边缘"模式。但从今天国家发展的地理空间整体化的角度来看，作为边缘区的边疆在国家治理和发展中的地位极大地凸显，对国家的整体发展具有根本性的意义。因此，重视边疆对国家发展的意义，加强边疆的治理，就成为国家治理体系现代化中一个根本性的问题。凸显边疆在国家发展中的地位，核心内容是加强边疆治理：首先，是要加强对主权范围内的陆地边疆的治理和海洋边疆的治理，并把陆疆治理与海陆治理有机地结合起来，进行统筹考虑；其次，是重视并加强对利益边疆的治理，并根据利益边疆的治理而建立和配置战略边疆，以战略边疆支撑利益边疆；再次，要将主权范围内的陆地边疆、海洋边疆的治理与利益边疆、战略边疆的治理与发展结合起来，以一个完整且强大有力的边疆，促成国家发展地理空间的完整和有效，为地理空间支撑和支持国家的发展创造条件，进而构建国家治理体系中"核心—边缘"的双向互动模式，为国家发展提供更大的支撑力和促进力。

中国应该有自己的利益边疆*

| 周 平 |

近些年来中国的快速崛起,是在全球化日渐深化的背景下实现的。随着中国融入世界程度的不断加深,中国的国家利益溢出领土范围而在海外的拓展也在广度和深度两个方面不断发展。中国的海外利益不仅越来越突出,也越来越重要。其中的某些方面甚至直接制约着国家的持续发展。因此,如何有效地维护中国的海外利益成为国家治理和国家发展面临的重大问题,并对中国的崛起产生着根本性的影响。放眼世界,随着全球化的快速发展,国家的疆域和边疆形态正在发生剧烈变化,越来越多的国家用"利益边疆"来界定自己的海外利益范围,并用自己的国家力量来维护利益边疆。在此背景下,中国不仅可以也应该用"利益边疆"来界定海外利益的聚积区域和关键节点区域,并用国家力量来维护自己的利益边疆。概而言之,中国也应该有自己的利益边疆。这也是新的历史条件下构建现代国家治理体系必须要面对的重大问题。

一、利益边疆是全球化的必然产物

"利益边疆"是20世纪末期,美国等西方国家用以描述和分析国家的新形态边疆,以及制定地区或全球战略时经常使用的概念和思维。当然,也有学者认为利益边疆的概念还出现得更早。"20世纪80年代中期,美

---

* 本文原载《探索与争鸣》,2014年第5期。

国等西方大国从维护自身利益的需要出发确定战略控制范围，首先使用了'利益边疆'概念"。① 但可以肯定的是，20世纪末期西方国家在界定、描述和分析国家的疆域和边疆时，已经逐渐在使用利益边疆的概念。而且，美国等西方大国的安全战略、地缘政治战略、全球战略和太空战略中，都明显地包含利益边疆的内涵。美国20世纪80年代提出的"高边疆"计划，就是利益边疆的一种具体表述。在人类刚刚跨入新世纪的时候，当时的美国空军参谋长迈克尔·瑞安更是明确强调："从历史上说，商业发展到哪里，我们的国家利益伸展到哪里，军队就应该跟到哪里，不管是在陆地、海洋还是在空中。"②

利益边疆概念在介绍西方边疆理论的论著中出现以后，在国内学术界并没有立即产生影响，更鲜有学者用它来描述或界定中国的边疆。利益边疆概念在中国国内的正面使用，首先出现在军队专家学者的论述中。近年来，《解放军报》陆续发表了一些阐述中国利益边疆的文章和言论，从而使利益边疆的概念在国内受到广泛的关注和认可。可是，在这样的情况下，利益边疆概念仍然未被学界广泛接受。研究边疆问题的学者，总体上看对利益边疆的概念、思维和理论持否定和拒斥的态度。一些专家甚至拒绝谈论中国的利益边疆。有的报刊还刊文指出，中国与西方国家不同，要"慎言利益边疆"。

诚然，中国的学术界尤其是研究边疆问题的学者，对利益边疆问题采取怀疑、否定乃至拒斥的态度，也并非对西方思想或观点的盲目排斥。对此现象进行冷静的分析就会发现，中国学者持这样的态度不仅是有原因的，在某种程度上甚至是可以理解的。

首先，利益边疆概念的形成和使用，与冷战时期的美苏争霸具有相当大的关系。在两极对立的冷战时期，以美国为首的西方国家采取各种手段来拓展自己的战略空间并挤压以苏联为代表的社会主义阵营的战略空间，而苏联则大搞"社会主义新边疆"，通过压低或模糊阵营内各个国家的领

---

① 于沛：《从地理边疆到"利益边疆"——冷战结束以来西方边疆理论的演变》，载《中国边疆史地研究》，2005年第2期。
② 《新华网》2001年8月3日报道：《美国要向空中挥戈 称可能在太空部署武器》，http://news.xinhuanet.com/mil/2001-08/03/content_5599.htm。

土主权的地位来拓展自己的战略空间。两极对立因为苏联的解体而瓦解以后，美国不仅乘势拓展自己的战略范围并不断压缩俄罗斯的战略空间，并开始使用"利益边疆"来界定自己的利益范围。因此，利益边疆概念在西方国家使用伊始，就难免会使人联想到大国争霸甚至帝国主义殖民统治时代的利益范围概念，并对其心存疑虑。

其次，利益边疆的概念和思维，与中国传统的边疆观念之间的差距或反差过于巨大。中国自秦汉之际开始界定边疆并形成边疆观①以来，中国一直是以中央政权所在地为核心来界定边疆的，将边疆视为围绕国家核心区的外围区域，并且赋予边疆以深厚的文化和道德涵义。在这样一种由内而外地划定边疆并将边疆置于道德差序等级之末端的观念中，边疆是从属于和服从于核心区的，而且常常被视为"民族地区"。这样的观念不仅源远流长，而且根深蒂固。对于这样的边疆认知来说，利益边疆因其不符合传统的边疆的定义而格格不入，所以，遭到拒斥也在情理之中。

然而，说中国学界对利益边疆的拒斥态度情有可原，只是说，这样的态度的形成也是有某种"根据"的，并不意味着这样的态度应得到肯定。我们可以看到，利益边疆的理论和战略并不因我们的拒斥而有任何的收敛。相反，它已经被越来越多的国家采纳，并对地区局势和世界形势发挥着越来越显著的影响。纵观国外的边疆理论和边疆战略，不仅许多大国在日益广泛和深入地使用利益边疆概念，并以此来制定边疆战略和全球战略，就连越南、菲律宾这样的蕞尔小国也试图构建自己的利益边疆。面对这样的现实，与其一味地批判、否定和拒斥利益边疆，还不如理性地对待它，探究其在新形势下广泛流行的根源。

不可否认，利益边疆概念和战略的形成，与冷战时期的美苏争霸有着千丝万缕的联系。但是，两极对立的格局随着苏联解体而瓦解以来，世界形势和国家间关系已经发生了深刻的变化，作为一种历史进程的全球化已经达到了前所未有的程度。在这样的形势下，描述和分析国家政治地理空间范围的疆域概念已经发生了变化并形成了新的内涵。与此相适应，利益边疆概念也随之而发生了根本性的改变，并已经逐步演变成为新形势下描

---

① 关于中国边疆及边疆观的形成，可参阅作者的《国家视阈里的中国边疆观念》，载《政治学研究》，2012年第2期。

述、界定和分析国家的海外利益的基本概念。

任何一个国家,都占有或控制着一定的地理空间范围。这样的政治地理空间范围,是国家存在和发展的前提条件。因此,国家不仅是人类创造的政治形式,也是人类社会的政治共同体,同时还是政治地理空间单位。国家占有或控制的地理空间范围,就是国家的疆域。而国家的疆域则是随着国家形态的演变和人类活动范围的变化而不断变化的。在国家主权体制确立以前,国家的疆域是一种非主权形态的疆域;国家主权体制确立以后,国家疆域由国家的主权管辖,变成为主权形态的疆域,即领土。但是,在全球化全面深化并对国家间的利益关系产生根本性的影响以后,国家疆域的理论和实践出现了新的变化。

全球化的快速发展,是第二次世界大战以后人类发展中最值得关注的进程和现象。虽然"到20世纪80年代末,经济全球化趋势已经相当明显"[1]。但全球化的快速推进和全面深化,却是两极对立的格局随着苏联解体而瓦解之后。20世纪90年代以后,全球化对人类社会造成了重大且根本性的影响。"我们眼前所发生的一切足以与美洲新大陆的发现相提并论。"[2] 随着全球的国家和地区之间的联系在深度和广度方面的突破性发展,国家的利益越来越多地超越于领土的限制,而在更大的地理空间范围内展开。而在此过程中出现的科学技术的快速发展导致的人类活动的范围迅速拓展,进一步强化了国家利益在领土外拓展的进程。

在国家利益溢出领土的范围而在更大的地理空间聚积和形成利益节点的现象越来越普遍的情况下,国家为了维护自己的海外利益而运用国家力量去占据或控制领土外地理空间的活动也日益凸显,并形成对领土外的某些地理空间的实际控制——这样的控制并不意味着主权性和排他性的控制。相对于主权的排他性控制来说,这是一种"软控制"。于是,便出现了国家对地理空间范围的新的控制形式。这样的控制形式,显然超出了"领土"这个主导性疆域概念[3]的描述能力。于是,超主权疆域的问题便

---

[1] 杨雪冬:《全球化:西方理论前沿》,社会科学文献出版社2002年版,第103页。
[2] 〔德〕乌·贝克、哈贝马斯等:《全球化与政治》,王学东等译,中央编译出版社2000年版,第5页。
[3] 领土以及作为领土之分界线的边界,都是在国家主权出现以后用以表达国家主权的相关概念,与国家主权之间存在着不可分割的联系。

出现了。超主权的疆域，不过是国家通过自己的能力或影响力形成某种程度实际控制的领土外地理空间。它不是主权性质的，但是国家能够对其实际控制并服务于国家利益的区域。这样一种不同于传统疆域的新疆域形态，便是所谓的利益边疆。换句话说，现在普遍使用的"利益边疆"概念，指的就是这样的一种疆域形态，即一个国家能够控制或施加有效影响的海外利益范围。有的学者更是直接认为："利益边疆主要是指，在历史过程中产生并在全球化时代凸显出来的，以国家利益为核心的，判定主权国家之间或与其他行为主体利益划分的界限和范围。"[1] 因此，利益边疆是相对于领土边疆而言的。领土边疆有明确的地理范围，而"利益边疆则没有明确的地域指向性，它突出的表现形态之一是地域不确定性"[2]。从现实的情况来看，"'利益边疆'的存在已是事实，并成为全球化时代维护国家主权和制订国家战略的重要基点"[3]。

当我们突破意识形态的樊篱而以客观的态度理性面对利益边疆的时候，当我们抛弃传统而偏狭的边疆观而以一种更加广阔的边疆视野来看待利益边疆的时候，我们就会发现，其实利益边疆不过是以新的国家疆域观来界定国家海外利益范围的结果，是在全球化条件下用国家疆域理念来描述或指称国家的海外利益聚积区的概念。当一个国家的利益溢出领土的范围而在海外聚积或形成节点的情况下，国家为了运用国家力量去维护自己的海外利益范围的时候，利益边疆概念就被凸显出来并发挥积极作用。也正是因为如此，利益边疆的概念才在近年来被越来越多的国家所接受。

二、中国无须对利益边疆说"不"

在利益边疆的概念和思维流行多年并被越来越多的国家付诸实践进而对世界格局构成深刻影响的情况下，中国无须对利益边疆说"不"。相反，中国必须以务实的态度来对待利益边疆，既要用利益边疆概念和理论来描

---

[1] 杨成：《利益边疆：国家主权的发展性内涵》，载《现代国际关系》，2003年第11期。
[2] 于沛：《从地理边疆到"利益边疆"——冷战结束以来西方边疆理论的演变》，载《中国边疆史地研究》，2005年第2期。
[3] 于沛：《从地理边疆到"利益边疆"——冷战结束以来西方边疆理论的演变》，载《中国边疆史地研究》，2005年第2期。

述和界定自己的海外利益区域，更要主动地构建自己的利益边疆。一味地批判和拒斥利益边疆，并不能使自己在纷繁复杂的国家关系中"独善其身"，反而会自缚手脚并错失历史提供的难得机遇。

首先，利益边疆的概念和思维已经广泛地运用于各个国家的国家战略中。我们今天所处的这个时代，随着全球化的全面深化，国家间的利益交融日渐拓展和深化。一个国家排斥与其他国家的利益交融而单独谋求自己的国家利益，已经成为不可能。可是，国家间的竞争并不因这样的国家间利益交融而有所减弱。恰恰相反，随着全球化的不断深化，国家的竞争不仅向人类生活的所有领域全面地拓展，而且变得越来越深入，从而使今天的国家间竞争在广度和深度上大大超越了历史上的任何一个时代。在这样一种复杂的交融和竞争加剧同时并存的环境下，将利益边疆的概念、观念和思维运用于国家战略，运用国家力量去维护自己的海外利益乃至于全球利益，已经被许多的国家所采纳。诚然，在相关国家的国家理论和疆域理论或边疆理论中，利益边疆的论述并不突出。然而，观察相关国家的地缘政治战略、安全战略、军事战略、全球战略乃至太空战略，都会看到利益边疆的内涵。这一点在美国、欧洲、日本、俄罗斯、印度的国家战略中，都有突出的体现。不仅大国、强国如此，一些小国也在努力构建自己的利益边疆和战略边疆。这样的事实表明，利益边疆不再浮于水面上，也不停留于理论层面，而是沉入了水下、渗透在相关国家的国家战略中并通过国家战略而发挥作用，进而影响国家间的竞争关系。在这样的背景下，中国没有任何理由拒斥利益边疆。

其次，中国也需要构建自己的利益边疆。在中国的国家利益大大超越于领土的范围而遍布全球的情况下，用"利益边疆"概念来描述和界定自己的海外利益聚积区域，已经成为不二之选。而且，中国也需要通过利益边疆的构建来维护国家的海外利益。

中国今天的快速发展是改革开放推动的现代化的结果。而"改革"和"开放"本身又是相辅相成的。"开放"的实现并取得巨大的成效，却与全球化在20世纪90年代后的快速推进之间存在着千丝万缕的联系。正是20世纪60、70年代开始的商品流通、投资的自由化和跨国公司的普遍化，在苏联解体后两极对立瓦解的背景下的快速发展，导致了全球化的快速发展,从而为中国的对外开放提供了难得的机遇。而在这样一种全球化快速推进的背景下迅速发展的中国,也以前所未有的速度、规模和程度融入了世界。从这个意义上说,中国的高速发展是在全球化的快速推进的背景下实现的,而且本身就是全球化的一种表现。也正是由于如此,快速发展起来的中国的国家利益已经遍及全球,并且由于投资、商品运输通道、能源供应、国家安全等而在海外形成了利益聚积区和利益交汇点或节点。这些利益聚积区域和利益节点,不仅是国家的根本利益所在,而且直接决定着中国的发展,关系着中国能否完成崛起并最终以一个强国的姿态屹立于世界的东方。对于这样根本性的海外利益范围,国家必须充分运用国家力量去维护。而对这样的海外利益范围,利益边疆及其所表达的国家疆域观,是对其进行描述和界定的恰当方式。

更为重要的是,在海外利益日渐凸显的情况下,中国迫切需要通过利益边疆的构建来维护自己的国家利益。海外利益的迅速增长是中国迅速崛起的重要条件。但在国家间竞争日趋激烈的情况下,中国崛起过程中形成的海外利益面临的风险也日渐凸显。经济总量的增长和居于世界前列,并不能证明自己的强大,更不会使竞争对手有丝毫的谦让,充其量只是说明你是一个大国。其实在有些国家看来,你不过就是个胖子而已。鸦片战争以来的历史表明,在国家没有能力保护自身利益的时候,不仅国家利益会被列强掠夺,领土也会被列强瓜分,甚至国家都会面临肢解的危险——今天西方国家中就不乏肢解中国的设想和方案。中国迅速崛起以后,不仅是西方大国要限制和围堵中国,周边那些与中国战略利益有冲突或侵吞过中国利益的大大小小的国家也采取各种手段来侵害中国的利益。中国发展的战略机遇期已经逐渐逝去,韬光养晦已经不再能够为中国营造宽松的国际环境。在中国的海外利益日渐增长,而国家发展的战略空间和安全空间并不宽余的情况下,中国也需要构建自己的利益边疆,并用强有力的国家力量来维护自己利益边疆。从这个角度来看,构建利益边疆既是维护国家的海外利益的迫切需要,更是国家的战略空间和安全空间被挤压后的必然反弹。

此外,我们也不用为利益边疆的主张会违背长期坚持的原则而担忧。20世纪50年代中国提出了"互相尊重主权和领土完整、互不侵犯、互不干涉内政、平等互利、和平共处"五项原则，70年代又旗帜鲜明地反对强权政治和霸权主义，赢得了第三世界各国人民的拥护，并成为维护世界和平的重要力量。20世纪90年代以后坚持的韬光养晦，为国家发展创造了良好的外部环境。那么，我们今天主张利益边疆会不会与这些传统的原则相冲突呢？答案是否定的！一方面，今天世界形势已经发生了深刻变化，我们的国际方针也应该与时俱进；另一方面，只要处置得当，就不会陷入前后不一致的困境。

虽然国家主权原则已经通过1648年的《西荷条约》确认的威斯特伐利亚体系而确立，但国家主权得到世界所有国家的认可并因此而确立国家主权体制，则是在第二次世界大战以后。20世纪50、60年代，民族解放运动的高涨和帝国主义殖民体系的瓦解同时展开。争取国家主权和实现主权平等，不仅是众多民族独立国家的根本利益，也是时代的最大主题。20世纪70年代，美苏的强权政治和霸权主义极大地威胁到了第三世界国家的领土主权，而中国举起的反对强权政治和霸权主义旗帜则代表了第三世界国家的根本利益。所以，中国"和平共处"的原则和反对霸权的原则，本质上都是为了维护第三世界国家的利益。但是，20世纪90年代后随着全球化的全面深化，国家间的关系发生了根本性的变化。随着国家间的联系和利益交融的加深，国际规则和通过相互间利益共融来实现国家利益的最大化的观念，被普遍地接受。总之，"在全球化时代，国家利益日益呈现全球化的趋势"①。与此相适应，国家的主权的形态也发生了较大改变。正如有学者指出的那样，"全球化的不断发展，对现代主权国家在国际体系中地位作用、对国家主权的适用范围等方面产生了强烈的冲击和影响"②。在这样的背景下，绝对化的国家主权观已经在实践中发生了相当程度的改变，逐渐为相对主义的国家主权观所取代。在不危及领土主权的原则下通过国际合作而实现国家利益的最大化，成为了第三世界国家的理性选择和根本利益。

在这样的形势下，中国构筑自己的利益边疆的过程虽不免会与其他国

---

① 于沛：《从地理边疆到"利益边疆"——冷战结束以来西方边疆理论的演变》，载《中国边疆史地研究》，2005年第2期。
② 杨成：《利益边疆：国家主权的发展性内涵》，载《现代国际关系》，2003年第11期。

家的领土发生重叠，但中国对特定利益范围的控制并不是侵占他国主权的硬性控制，而是在与相关国家的利益交融基础上形成的有效影响，实质是一种软性的甚至是柔性的控制。这与相关国家的主权之间的关系并非是非此即彼的排他性关系。只要我们在发展共同利益的基础上，通过平等协商的方式处理与相关国家的关系，尊重相关国家的主权和合法权益，实现互利互惠，有利于相关国家的利益，就不会干预更不会侵犯相关国家的主权，也不会违背维护第三世界国家利益的基本宗旨。

另外，在中国的发展并不危及西方大国地位以及美国的战略重心东移之前，中国的发展获得了难得的战略机遇，我们可以通过韬光养晦而营造外部环境。但是，当中国的发展已经对以美国为代表的一些大国的地位造成实质性影响的条件下，尤其是美国战略东移并重返亚太之后，宽松国际环境的战略机遇已经逐渐逝去，示人以弱的做法不仅不能消除相关国家的疑虑，反而会影响国家利益的有效维护。在这样的时候，仍然抱着过去在特定条件下提出并行之有效的原则不放，只能是坐失良机。中国的崛起意味着必将以大国和强国的姿态出现在地区和国际舞台上。而大国尤其是强国地位的获得，靠的首先是国家实力，其次是恰当的战略和策略。中国快速地发展起来以后，必须通过与之相适应的战略和策略来谋求和维护国家利益。

三、实现利益边疆的理论与实践构建

面对着国际上愈演愈烈的利益边疆，改变拒斥态度并主动地接受利益边疆的概念和思维，只是应对这个重大问题的第一步。构建起中国自己的利益边疆，才是应对挑战的根本性步骤。而要构建现实的利益边疆，是一个涉及面十分广泛的宏大的国家行为。这是国家治理中一项开创性的工作，要达成这样的目标，首先要改变传统的边疆观念，构建适应国家发展需要的利益边疆理论。在这样的基础上，才有可能通过恰当的国家战略来实现这一目标。因此，实现利益边疆的理论构建和实践构建，无疑是一个理性而现实的选择。

利益边疆的理论构建是现实构建或实践构建的先导或前提。如果没有完整的利益边疆理论，就既不可能使关涉边疆问题的研究者和执政者接受利益边疆，也无法对中国的利益边疆进行恰当界定、描述，更无法对利益边疆的构建和相关战略进行必要的论证。因此，要构建现实的利益边疆，首先就必须构建完整的利益边疆理论，解决好先导性的问题。然而，要真正构建起利益边疆理论，在我国的边疆理论中确立利益边疆的内容，又涉及了更深层次的改变传统边疆观念的问题。

中国传统的边疆观是中国历史上形成并在今天继续发挥作用的关于边疆的基本认识。它既是历史上边疆实践和边疆治理实践的概括，也是人们认识边疆、界定边疆的基本依据。中国历史上在秦汉之际为了实现对国家疆域中具有明显异质性的边缘性部分的有效治理，便开始将国家疆域的边缘性部分与核心区区分开来，采取特定的政策措施进行治理。国家疆域中这个被专门界定的边缘性区域，就被界定为所谓的"边疆"。在长期的边疆及边疆治理实践基础上形成的关于边疆的界定、调整和治理的认识积淀下来，就形成了边疆观念。

从总体上看，中国历史上形成的边疆观包含以下基本内容：一是边疆是在以王朝中央所在地为中心，并将王朝国家统治的传统范围确定为核心区的前提下确定的，因而被视为拱卫国家核心区的外围区域，是远僻的蛮芜之地；二是边疆生活着与核心区的汉族不同的其他民族群体并远离国家政治中心，因而被视为少数民族地区，被赋予了丰富而深厚的文化和道德涵义；三是边疆在传统的政治和文化的差序等级中处于末端或亲疏关系的远端，因而在王朝国家的统治和治理战略中的地位和受重视的程度远低于核心区，远离核心区的海洋边疆更是不受重视甚至是被漠视；四是边疆通常被视为核心区战略安全和军事安全的屏障，是国家的军事设防之地；五是边疆及其治理必须服从于、服务于核心区的利益，这样的战略地位决定了边疆稳定的意义远高于发展，因而其发展的要求总是从属于稳定的要求，并在特定条件下被束之高阁，甚至连边疆的某些区域都有可能被舍弃。

边疆观念形成并稳定以后，也随着社会历史条件、边疆及边疆治理实践的变化而进行调整。这样的调整在新中国成立后表现得最为突出。辛亥革命在结束中国王朝国家历史的同时，也开启了中国构建民族国家的进程。中华人民共和国的成立，标志着中国民族国家的建立。中华人民共和国就是中华民族的民族国家。① 在如此巨大的历史变迁面前，传统的边疆观出现了重大的调整，按照民族国家的要求对部分内容进行了更新，并增添了反映民族国家内涵的新内容。但传统边疆观的基本结构和基本内容并未根本改变。从总体上看，这是一种自我封闭和内敛式的边疆观。按照这样一种站在中央政权所在地，以国家疆域的核心区为中心的边疆观，离核心区越远的区域越不受重视——远僻大海的海疆不受重视就在情理之中；处于国家疆域之外的利益边疆，自然就不在边疆的范围之内，更不用说受到重视了。

然而，中国的现实状况已经不能与历史上的状况同日而语了。一方面，中国通过改革开放推动的现代化的快速发展，已经由国家建设时期转向国家发展时期，国家更加注重整体性发展。这就要求将国家的核心区与陆地边疆、海洋边疆结合为一个整体来谋求发展，不断增强的国家能力以及发达的通讯和交通也为这样的整合提供了条件；另一方面，中国以前所未有的速度、广度和深度融入到世界，国家的海外利益日渐突出。这就要求将国家领土范围的发展与领土外的发展结合起来，并用国家力量来维护此种结合。在这样的形势下，国家范围内的领土空间与领土外的发展空间结合起来，中国的国家治理和国家发展便处于一个前所未有的巨大地理空间场域之中。在这样的情况下，中国就需要借助全球化时代逐渐显现的疆域理念来重新定义自己的边疆。这样的边疆不仅要在领土的范围内划定，也要在领土之外界定。所以，中国的边疆既有陆地边疆、海洋边疆、空中边疆、底土边疆，也要有利益边疆、战略边疆乃至太空边疆、信息边疆。当然，前者为主权性质的领土边疆，是排他性的；后者则不具有主权的性质，并不具有排他性。前者为硬边疆，后者为软边疆。

只有在这种开放的、外向的宏大边疆观念中，利益边疆才能得到准确的界定，进而构建完整的利益边疆理论。不过，利益边疆理论不仅要对利益边疆概念进行科学的界定，还必须对构建利益边疆对国家发展的意义、

---

① 关于民族国家和中国民族国家的构建，可参阅作者的《对民族国家的再认识》、《民族国家与国族建设》和《论中国民族国家的构建》，分别载于《政治学研究》2009 年第 4 期、《政治学研究》2010 年第 3 期和《当代中国政治研究报告Ⅵ》（社会科学文献出版社 2009 年版）。

利益边疆与其他边疆形态的关系、利益边疆的治理等基本问题进行全面的论述，内容十分丰富。利益边疆理论的构建，将是一项重大的理论创新工程，需要进行专门的研究和论证。

利益边疆的现实构建，是将经过理论论证和国家认定的利益边疆变成真正的并受到保护的现实利益范围的过程。这样的过程，既是利益边疆理论到利益边疆实践的过程，也是利益边疆从构想变成现实的过程；既涉及利益边疆的规划，也涉及相关国家战略的制定，还涉及实践操作等基本的环节。

实现利益边疆的现实构建，首先就要对中国的利益边疆范围进行明确的界定。这是一个涉及面十分广泛的复杂过程，因而是利益边疆构建中的重点和难点之所在。从理论上来说，利益边疆的规划，既要依据国家发展的需要，也要考虑到现实的可能性；既要厘清国家海外利益拓展的范围，更要明确国家利益在海外的聚积区和节点。就现实的情况来看，将国家利益所及的范围都确定为利益边疆，一是力有不逮，二是也无必要，三是不符合中国发展的总体定位。中国真正要建立的利益边疆，应该是国家有能力维护的国家在海外利益的聚积区和汇集的节点区域——这样的区域也对中国的发展和崛起具有根本性影响的区域。

从国家战略的角度来看，利益边疆必须要有战略边疆的支撑或保障。有的学者将"利益边疆"与"战略边疆"等同起来，认为"战略边疆是'利益边疆'代名词"[1]，因而，"利益边疆""有时被称为'战略边疆'。国家利益与'利益边疆'、'战略边疆'是对同一内容从不同角度进行的认识和概括。如果说'利益边疆'回答的国家利益的范围，'战略边疆'则回答国家利益的战略要求"[2]。这实在是对利益边疆和战略边疆这两个概念的误解。利益边疆是一国海外利益的重要区域，"所谓战略边疆，是指一国国力和影响力所能达到的、可控制的地理空间区域，它是国家实力、战略意志以及国家战略能力的投射范围，也是国家利益的延伸区域，

---

[1] 徐黎丽：《国家利益的延伸与软边疆要领的发展》，载《云南师范大学学报》（哲学社会科学版），2011年第5期。
[2] 于沛：《从地理边疆到"利益边疆"——冷战结束以来西方边疆理论的演变》，载《中国边疆史地研究》，2005年第2期。

更是衡量一国国际影响力的重要尺度"①。从总体上看，利益边疆侧重于国家海外利益的聚积区，强调的是国家的海外利益范围；而战略边疆则侧重于国家在海外的战略控制或战略影响的范围，强调的是国家战略能力。因此，也可以说，利益边疆是一个描述国家海外利益范围的概念，而战略边疆则是描述国家的海外战略控制范围的概念。可是，二者之间又存在着不可分割的联系。一个国家的海外利益范围，只有得到了其战略能力的支撑，它才能成为国家有能力控制或施加影响的区域，国家的海外利益才能得到有效的维护。从这个意义上说，一国的海外利益范围，只有在得到其战略边疆的支撑，才会成为真正意义上的利益边疆。没有战略边疆支撑的利益边疆，只能是空中楼阁。所以，中国在界定利益边疆以后，必须使国家的战略边疆与之配合，在利益边疆的范围建立主导型军事存在，确立军事力量有效行动的范围，从而有效地维护国家的海外利益。

利益边疆的现实构建，是一个宏大的国家战略进程，还必须采取一系列支持利益边疆的战略措施的配合。利益边疆的形成，常常是基于由投资、商品运输通道、人员流动等形成的国家发展利益，以及战略资源供给地、能源运输通道、战略通道、国家安全要冲等形成的发展利益。当这样的利益在海外形成聚积或节点区域，而国家又运用国家力量去保障这样的区域，利益边疆便会形成。但是，为了将这样的利益边疆做实做稳做牢，国家也需要通过战略投资、战略合作、地缘经济合作、文化交流、官方外交和民间外交等措施，去打造和巩固国家在该区域的影响力。因此，利益边疆的现实构建过程，还必须有国家的投资战略、地缘政治战略和外交战略的支撑。

---

① 陈迎春：《战略边疆与中国和平发展》，载《太平洋学报》，2011年第5期。

论我国利益边疆的当代困境与安全建构

| 朱碧波 |

我国是一个疆域辽阔、地域广袤、地理位置独特的陆海复合型国家，辽阔的疆域和独特的地理位置使得我国具有成长为一个世界大国的天然潜质。改革开放以后，随着国家经济总量的急遽增长，我国辽阔疆域内蕴藏的地缘政治力量不断凸显，国家利益不断由陆海两个维度外溢和拓展，并形成了以海外利益聚积区和利益节点区为标志的新型边疆形态——利益边疆。利益边疆的浮现，迫切要求我国与时俱进地调整军事安全战略，强化国家海外利益维护。然而，我国地缘政治力量不断外向投射下的军事安全战略调整，却招致西方国家和周边国家有意无意的战略误判和夸大渲染，导致中国崛起过程中遭遇到了多重的遏制和围堵，利益边疆的维护也陷入了进退维谷的两难困境。在这样一种背景之下，本文拟梳理全球化时期中国利益边疆凸显引致的一系列连锁反应，探讨中国利益边疆安全的建构之道，权作抛砖引玉，并以此就正方家。

一、全球化时期中国利益边疆的凸显

20世纪80年代以来，随着改革开放的启动，我国实现了政治体制转轨和社会形态转型的双模式变迁，传统闭合型静态社会逐渐转型为一个动态开放型的社会。国家战略的调整和社会形态的变迁使得我国逐渐摒弃了意识形态的成见，更加注重利用外部国际资源服务国内经济发展。在"发展才是硬道理"的政治导向下，中国不断引进国际社会先进的科学技术、管理经验和资金，并与我国丰富的人力资源和自然资源实现了相得益彰的结合，极大地刺激了经济蓬勃旺盛的发展，中国传统内源型赶超式发展模式也一举转变为外源型赶超式发展模式。20世纪90年代以来，全球化浪潮风起云涌，并以横扫天下如卷席的姿态将整个世界贯通成为一个空前密切的整体，全球商品、资本和劳动力要素在国际间自由流动度大为提升。中国市场作为全球经济共同体中重要的一环，也在全球化的激荡之下与国际社会发生日益密切的关联，国家对外依存度逐渐加深。21世纪初，随着中国对外开放的水平全面提高，国家发展从传统的"引进来"战略转向"引进来"与"走出去"相结合的战略。中国更加娴熟地利用国内国外两种资源、两个市场，在更广阔的空间进行经济结构调整和资源优化配置，获取了更为充足的经济发展的动力与后劲。

改革开放以来中国逐渐融入全球一体化的过程中，国家利益不断向外延伸，尤其是随着"一带一路"大战略构想的出台，国家安全利益与战略利益由东部海路和西部陆路加速外溢，关系到国家安全和国家发展的海外利益聚积区和利益节点区不断凸显，我国利益边疆的浮现和清晰已是不争之事实。概而论之，我国利益边疆主要体现为以下几个方面：

首先，海上交通要道。我国传统社会时期是典型的自给自足的农耕文明，经济发展主要依赖于内陆的生产和流通。国家既无拓展海上商业贸易的需要，又无来自海上外部威胁的压力，因此，传统社会时期国家经济结构总体上属于传统农耕性质的内向型经济。随着改革开放的启动，国家经济与国际市场的结合越来越紧密，国家经济的发展越来越依赖于海外市场。更重要的是，在中国不可阻挡的强势崛起与高速运转中，发展与资源环境的矛盾迅速凸显出来，能源需求增长速度超过经济增长速度，自然资源供给面临着巨大的挑战。中国的可持续发展对于石油、天然气、矿产、粮食等战略性资源能源产生了长期而旺盛的需求。在2009年度，我国的石油进口就已经达到了1.99亿吨，进口依存度超过了50%；而在2010年度，我国对铁、铜、铝等矿产的对外依存度甚至一度达到了60%—80%。[①] 而这

---

① 参见国际能源机构网站：http://www.iea.org/stats/balance table.asp? COUNTRY_CODE = CN。

些直接关系国家发展与国家安全的战略性资源的运输,主要是海洋交通要道来实现的。据相关部门的统计,当前我国贸易货物运输总量的85%是通过海上运输完成的。世界航运市场19%的大宗货物运往中国,22%的出口集装箱来自中国。中国商船队的航迹遍布世界1200多个港口。① 中国对海外战略资源的高度依赖性,以及由此产生的对海上交通要道安全的深度需求,使得海外出现了一批关系到国家发展安全和国家能源安全的海上咽喉要道,包括朝鲜海峡、琉球群岛诸水道、台湾海峡、巴士诸海峡、巽他海峡、龙目海峡、望加锡海峡、马六甲海峡、巴拿马运河、苏伊士运河、霍尔木兹海峡、曼德海峡等。这些海外交通要道在很大程度上构成了国家经济发展和国家安全的生命线,是当前我国利益边疆建构中不得不予以考虑的安全关隘。

其次,海外公民安全。在国家安全体系中,"人的安全"处于核心和基础性地位,国家存在的意义就在于保障"人的安全"、"免于匮乏的自由"和"追求幸福的权利",因此,"人的安全"就构成了国家的根本利益之一。在传统社会时期,由于地理环境的自然分割和人类空间移动能力的低下,"人的安全"主要局囿于国家疆域内的国民安全。然而,随着人类征服自然的能力与日俱增,国际社会的自然流动也变得日益频繁,传统国家核心利益之一的"人的安全",也不仅仅局囿于本国疆域内国民安全,而且也涉及公民的海外安全。在中国改革开放和融入全球一体化的进程中,我国也有越来越多的公民因为经商、旅游、留学和公干等诸多原因走出国门。比如,1949—1979年出国的中国人一共是28万人,平均每年9000多人,而2008年一年就将近4000万人,比过去增长了4000多倍。出国留学的人数,1979—2009年30年间,根据官方统计,我们一共出去120万人,2008年一年就是18.5万人。② 而在出境旅游方面,近年中国公民境外旅游的人次更是急剧增长,仅2014年中国公民境外旅游的总量就达到了惊人的1.17亿人次,并且随着中国经济进一步融入世界,中国对

---

① 国家海洋局海洋发展战略研究所课题组:《中国海洋发展报告(2013)》,海洋出版社2013年版,第446页。
② 王逸舟:《全球危机背景下中国面对的三大挑战》,见余建军、缪开金编:《国际关系与国家安全》,人民出版社2012年版,第6页。

外承包工程、进行金融和实体投资的民众越来越多,大量中国劳工的脚印也遍布世界各地。然而,由于当今世界并不太平,部分国家和地区政局动荡,恐怖主义活动猖獗,一些当地政治势力利用我国海外公民作为相互斗争的筹码,以及劳务纠纷导致恶性暴力冲突,境外企业和外派员工、外派员工与当地雇员之间存在各种纠纷,以至于当前我国海外公民安全问题十分突出,并从整体上呈现出全球多点爆发、形势严峻复杂、政治高度敏感的特点。

再次,海外资产保障。在中国崛起的过程中,与能源资源需求急剧攀升相生相随的是经济急遽发展衍生的产能和资本双重过剩的压力。在产能过剩方面,根据世界公认的标准,小于75%已属于严重过剩,而2012年底,我国的钢铁、水泥、电解铝、平板玻璃、船舶产能利用率分别仅为72%、73.7%、71.9%、73.1%和75%①,而风电设备制造、光伏电池、多晶硅等新兴产业更是只有67%、57%、35%的低利用率。在产能过剩之外,我国还拥有全球最大外汇储备(2013年底外汇储备高达3.8395万亿美元),资本流动性过剩现象也比较突出,存在着长期通货膨胀、资产价格泡沫、局部性金融危机等诸多的潜在性风险。产能过剩和资本过剩日益成为制约中国经济健康发展的突出矛盾,传统依靠中国自我消化的化解方式显然已无法完全解决问题,而通过"走出去"实现产能输出和资本输出的应对思路则逐渐受到重视。② 2012年,中国同中亚国家的贸易额从建交之初的4.6亿美元增加到460亿美元,是21年前的100倍;③ 2013年,中国与东盟的贸易额达到了4436亿美元,十年来年均增长率超过20%;同年,中阿双边贸易额达到了2398亿美元,相比于2004年的255亿美元增长约8.4倍;④ 而从2003—2013年,中欧双边贸易额从1252亿美元飙升到5591亿美元,十年增长了4倍。⑤ 中国海外资产的急剧增长,也使得维

---

① 国务院:《国务院关于化解产能严重过剩矛盾的指导意见》(国发〔2013〕41号),2013年10月6日。
② 邹磊:《中国"一带一路"战略的政治经济学》,上海人民出版社2015年版,第117页。
③ 国家统计局:《中国统计年鉴2013》,中国统计出版社2013年版,第233页。
④ 王毅:《加强论坛建设,打造中阿关系"升级版"》,载《人民日报》,2014年6月4日,第21版。
⑤ 陈建:《投资将成中欧合作新引擎》,载《经济日报》,2014年4月10日,第4版。

护海外资产安全日益成为当前我国利益边疆安全维护中一个日趋重要的问题。

二、中国利益边疆的安全困境与防卫需求

如果说传统以领土、领海、领空为标志的硬边疆安全关系的是国家生存性安全，那么，以利益边疆为代表的新型软边疆安全则关系的是国家发展性安全。利益边疆不仅是国家根本利益之所在，而且还直接决定着中国经济社会的可持续发展，决定着中国整体性崛起所能够达到的高度。不过，毋庸讳言的是，当前中国利益边疆安全的形势却并不容乐观，甚至从总体上呈现出明显的脆弱性。

首先，海权力量的薄弱使得我国对事关国家发展的海上交通要道安全缺乏必要的威慑力和影响力，一些堪称我国海上生命线的交通要道深受海盗、海洋恐怖主义的威胁。如从红海、波斯湾到东非、印度海域、孟加拉湾，再到东南亚海域的广大区域都是中国海上交通黄金线路，而这些线路恰恰也是世界上海盗和海洋恐怖主义活动最为肆虐的地区。根据国际海事局数据，2009年，东南亚海域发生海盗案件（包括已实施或企图未遂）45起；远东地区（主要集中在中国海域，尤其是中国南海）为23起，印度次大陆29起，红海、索马里和亚丁湾附近海域的案件高达217起。这些地区的案件数目合计高达314起，还不包括未向海事局报告的案件，约占了2009年全世界海盗发生案件（406起）的77.3%。① 这些海盗、海洋恐怖主义活动对我国的战略性资源安全等构成很大的压力，尤其是随着中国陆地网格化反恐的全面升级，陆地恐怖主义生存空间日趋逼仄，存在开辟海上恐怖活动"第二战场"的可能。如果陆地恐怖主义与既有的海洋恐怖主义合流的话，那么，我国海上交通要道安全风险将存在进一步放大的可能。

其次，中国在崛起的过程中也遭遇到了一个后发性大国崛起难以避免的"光荣孤立"，国际社会对中国崛起的战略疑惧使得我国的海上交通要

---

① 胡波：《中国海权策：外交、海上经济及海上力量》，新华出版社2012年版，第77页。

道安全存在诸多不确定性风险。改革开放以来,随着中国经济的腾飞,中国辽阔疆域蕴藏的地缘政治力量不断向外投射,世界地缘政治格局逐渐开启了重构之途。中国不可阻逆的大国崛起引起了世界性大国和我国周边国家的战略疑惧,他们担心中国的崛起挑战既有的地缘政治格局,损害其既得利益,因而不断分进合流,相互勾连,布防海上,围堵和遏制中国崛起。中国虽然是一个海岸线漫长的大国,但除了台湾东海岸以外,却少有能直通大洋的通道。中国西进交通要道遭遇到了印度的扼守,而印度向来极为膨胀地将印度洋看作自家私产,对中国海洋权力向印度洋的投射有着天然的警惕;中国东向交通要道宫古水道、大隅海峡却又被日本视为围堵和遏制中国的重要海上关隘,日本有时甚至还置海上自由航行原则于不顾,公然在国际水道骚扰和阻碍中国船只及飞机的正常航行。① 更为重要的是,中国崛起引发地缘政治格局变迁和世界权力结构的位移导致了美国强烈的战略焦虑。虽然崛起的中国无意于挑战美国的全球性霸权,但美国却凭借其掌握的世界战略主导权,一以贯之地对中国这个潜在挑战者进行战略围堵、离岸平衡和预防性防御。因此,美国不断完善其在西太平洋构建的"第一、第二岛链",不仅在日常可以掣肘中国从近海出入大洋,更可以在战时凭借其压倒性海权优势,封锁中国的海洋交通要道,扼杀中国的对外贸易和石油进口。面对一些世界性大国和周边国家的战力优势和地缘优势给中国海上交通要道造成的战略压力,中国却显得比较被动,在涉及海上交通安全命脉的一些关键水域和交通要道上,中国一无补给基地,二无长期的军事存在,三无军事盟友,四无必要的影响力,又缺乏应对冲突和危机管控的基本工具,一旦中国海上交通要道出现被扼制的紧急情况,那么国家的战略安全将会遭遇到极大的威胁。②

再次,全球化将各个国家和民族纳入一个休戚与共、相互依存的"风险共同体",海外一些失败国家蕴藏的社会风险使得中国海外资本权益缺乏保障,海外公民的人身安全屡受威胁。改革开放以来,我国海外投资逐渐增长,但海外投资安全却遭遇东道国多重风险的深层次困扰,这些风险

---

① 胡波:《2049 年的中国海上权力:海洋强国崛起之路》,中国发展出版社 2015 年版,第 84 页。
② 胡波:《中国海权策:外交、海上经济及海上力量》,新华出版社 2012 年版,第 76 页。

既包括东道国局势动荡、非正常政权更迭的政治风险，又包括债务违约和宏观经济失稳导致的经济风险；既包括贸易保护主义、国际收支政策调整导致的政策风险，又包括罢工活动、恐怖袭击和各种犯罪活动导致的社会风险；既包括洪水、地震等自然风险，又包括毁约与非正常阻遏、汇兑损失等运营风险。① 而在我国海外公民安全方面，由于东道国国家失败或治理失控，针对我国海外公民人身安全和财产攻击的暴力行为屡见不鲜，索马里海盗绑架中国人质的事件常有发生；巴基斯坦、阿富汗、利比亚等国家内部动乱，中国员工多受其害；西班牙、意大利，以及南太平洋岛国，中国商人店铺被洗劫一空或纵火焚烧的案件时有所见；至于敲诈、勒索等不法行为更是司空见惯。再加上我国很多出境公民对境外环境缺乏足够的风险感知能力和防范意识，某些企业和个人存在违规违法违纪行为，一些民众身处他乡而不随俗，法治意识淡薄而不自知，修养欠缺而不自省，出现了大量的不文明行为，不仅给个人带来了安全风险，也在很大程度上导致了中国形象的集体蒙羞。

三、中国利益边疆安全的建构逻辑

在全球化时期，中国的国家利益外溢出本国疆域，开始呈辐射状向境外进行扩散，而中国维护利益边疆安全的努力却遭遇外生性风险和内源性压力的双重困境。中国崛起不被理解的痛苦使得国际社会始终对中国崛起之后的前景抱有各种疑虑，中国为自身和平崛起所做的理论自证迄今为止也并未得到国际社会的充分接纳，从而导致中国在维护国家利益边疆过程中存在的诸多外生性风险。而当前中国"非均衡性崛起"中的固有缺陷又构成利益边疆建构中的内源性风险。改革开放以来，中国虽然迈向国家崛起和民族复兴的历史性征程，但中国崛起整体格局，更近于一种硬实力张扬挺拔与软实力内敛困顿的二元并存格局。而且即便是硬实力的张扬挺拔，也主要是经济实力的一枝独秀，作为硬实力重要构成部分的军事力量的提升依然任重而道远。中国不断崛起的客观现实和崛起过程中的潜在困

---

① 李众敏：《中国海外经济利益保护战略刍论》，载《世界经济与政治》，2012年第8期。

境，使得我国的利益边疆不断凸显，而利益边疆的防卫却显得十分滞后。海上交通要道的脆弱、海外资产安全风险和海外公民人身安全威胁都成为影响国家发展和国家安全的重大隐患。在这样一种时代背景下，为了建构利益边疆的安全，我国就必须矫正以往利益边疆防卫中的短板，完成利益边疆的边界确定、实践重构和理论自证。这不但是全球化时期维护国家利益外溢的客观要求，而且也是一个区域性大国在不断崛起中应有的理性与担当。

其一，明确我国利益边疆的基本边界。维护利益边疆安全的一个基本前提就是厘清利益边疆的基本边界与范围。只有厘清了利益边疆外溢的基本范围，我们才能进一步去建构利益边疆的安全。全球化时期世界资本处于不断的流动之中，中国海外的国家利益也不断变动之中，与此相应的是国家的利益边疆也处于不断的动态盈缩之中。但在固定的时空领域之中，利益边疆的形态却是相对稳定的，这就要求我们在厘清利益边疆的基本边界之时，既考虑利益边疆的常态稳定性，又要考虑利益边疆与时俱进的动态变迁性。此外，在厘清利益边疆的基本边界之时，还要审慎地考虑我国利益边疆的限度。随着当前全球化的纵深推进，世界经济日益一体化，中国海外利益呈放射形向全球扩散，我们却并不能将全球范围都纳入国家利益边疆的范畴。如果我们单纯地认定，"我们的利益走向哪里，我们的安全边界就得走向哪里，我们的军事力量就得走向哪里"①，那么不但有模糊并放大我国利益边疆边界之嫌疑，而且也容易加深国际社会对中国崛起之后的安全焦虑与战略误判，更何况全球范围的军事力量抵达也远超中国既有的军事力量储备，即便军事力量增长足以比肩美国式军力"全球抵达，全球打击"的高度，我国军事力量的海外投射也应该是灵活多元和限度控制的。

在当前中国与世界的交相互动日益频仍的过程中，中国利益边疆安全的建构必须在国家利益边疆边界确认与全球安全信任中达成一个良好的平衡。面对国际社会对中国利益边疆外移和防卫力量提升的质疑，中国既不能傲慢地置之不理，更不能迫于压力让国家利益孤悬海外。"中国需要在

---

① 张文木：《论中国海权》，海洋出版社2014年版，第69页。

与国际体系的和平互动中，综合利用经济、外交、文化等手段加强与其他国家的沟通，明确利益边界，以重新建构彼此的身份和位置。中国需要尽快认识到世界大国的身份所赋予的国际责任与义务，中国也需要在与国际体系的互动中，让国际社会接受中国作为一个世界大国的基本利益边界。"① 在明确国家基本利益边界的基础上，中国还有必要按照海外不同利益对国家安全和国家发展的不同影响进行优先序列的认证和排序，进一步明确国家的核心利益边疆、重要利益边疆、一般利益边疆和边缘利益边疆②，并针对不同的利益边疆类型，进行相应安全力量的梯度配置，最大限度地从总体上维护利益边疆的安全。

其二，促进我国海权建设的转型与重构。在当今国际政治格局中，一个国家利益边疆的安全建构，是国家整体性硬实力、软实力和巧实力多元复合相互支撑的结果，而在国家多元的实力形态中，硬实力尤其是军事实力在很大程度上更具有基础性的意义。没有硬实力的支撑，仅仅靠外交威慑、国际斡旋和道德感召，利益边疆安全的建构难免存在向壁虚构的嫌疑。因此，利益边疆安全建构的需求决定了我们必须随着利益边疆拓展程度建构起相匹配的军事力量。而在当前国际社会"海陆空天电网一体化"的军事力量体系中，如果从实践效果、可行性和运作成本来考虑，海权的建构对于利益边疆安全的维护无疑具有更为重要的意义。从世界地缘政治历史大势来看，世界范围政治利益冲突集中在世界权力掌握者和对霸权秩序的挑战者之间，两者的基本目标都在于对世界的掌控，而掌控世界的核心在于控制世界市场和资源，连接世界市场和资源流动通道的又是海洋。海洋过去是、现在仍然是国家间政治利益争夺的集中地。③ 中国的和平崛起，虽然着眼于和平崛起与和谐世界，无意于谋求世界性霸权，但中国作为海洋权利极为巨大的发展中的大国，为了维护国家生存安全和发展安全，都必须掌控必要的海洋权力。

更何况地缘政治的规律也反复表明了，"在陆权强国与海权强国的对峙中，无论是进攻还是防御，陆权强国都处于明显的劣势。海权强国可充

---

① 胡波：《中国海权策：外交、海上经济及海上力量》，新华出版社2012年版，第76页。
② 杨成：《利益边疆：国家主权的发展性内涵》，载《现代国际关系》，2003年第11期。
③ 鞠海龙：《中国海权战略》，时事出版社2010年版，第43页。

分利用海上力量的机动性,迅速集结兵力,对陆权国家某一点进行致命打击;而相反,陆上力量难以快速聚集,即便能形成有力拳头,也将隔海而望洋兴叹,进攻效率因而大打折扣"①。历史上荷兰的崛起与没落,英国的辉煌与衰微,都与海洋权力的丧失密切相关。没有海洋权力,国家的生存与发展都将失去最基本的安全保障。因此,为了维护我国的国家安全与发展,当前我国为建构利益边疆安全而开展的军事战略转型首先就要求我们弥补海洋权力建设的历史亏空,提升海洋权力建设的力度与强度。

长期以来,我国作为一个陆海复合型国家,海洋边疆的太平无事和陆地边疆的不测之忧使得国家安全防卫的焦点始终放在陆地边疆而不是海洋边疆,我国地缘政治战略取向上也形成了"重陆轻海"传统,海权建设缺乏相应地历史智识的积累和支撑。近代以来,随着中国海洋危机的深重,以及海洋对于国家安全意义的凸显,我国对海洋的关注度开始逐渐提升,传统的国家安全战略也逐渐由"以陆制海"、"近岸防御"向"近海防御"进行转化。然而,随着当前我国利益越发深入地走向远洋和深海,仅仅局囿于"近海防御"战略已经不能满足国家利益边疆维护之需求了。面对我国利益弥散性向遥远大洋彼岸的辐射,维护利益边疆的客观现实决定了我国的海权必须实现转型与重构,即在海权建构的目标指向上,我国要由一个海洋大国走向海洋强国;在海权建构的战略转向上,我国要超越传统守土有责与近海防御的理念,逐步实现"近海防御型"向"近海防御与远海护卫型结合";在海权建构策略择取上,我国要超越传统"维稳优先"的海洋策略,摒弃"以权益换稳定"既有思维,实现"维权与维稳"兼顾,并在维护法定海洋权利的基础上,针对国家利益不断外向拓展的现实,逐步由"维护海洋权利"向"持有海洋权力"迈进。

其三,创制中国特色利益边疆理论。利益边疆是20世纪80年代中期美苏等大国为维护自身利益和确定战略控制范围而进行的理论创制。② 利益边疆理论创制的时代背景使其不仅在理论上带有浓重的殖民主义与零和

---

① 胡波:《中国海权策:外交、海洋经济及海上力量》,新华出版社2012年版,第100页。
② 于沛等:《全球化境遇中的西方边疆理论研究》,中国社会科学出版社2008年版,第350页。

对抗色彩，而且在实践指向上具有强烈的帝国思维和霸权意味。① 如果简单地移植此种理论并以此解释中国之客观现实，则不仅使我国利益边疆研究陷入思维被殖民的理论陷阱，而且将会更进一步导致国际社会对中国崛起的战略疑惧。倘若我们对中国利益边疆理论主体性表达问题选择性失明，单纯依靠硬实力去建构利益边疆安全又将会极大地增加国家政治成本和军事成本，而且学术研究面对现实世界凸显出来的重大问题不恰当的失语与缺席，也与学术研究的时代使命、现实关怀和道德担当相乖违。西方利益边疆理论的解读困境和中国利益边疆凸显的客观现实，决定了我们必须用"中国理论回答中国问题，用中国话语解读中国现实"，创制具有中国特色、中国风格和中国气派的利益边疆理论。

当前我国学界正在酝酿和草创的利益边疆理论，注重的是中华文明发展理论逻辑与中国和平发展实践逻辑的辩证统一，迥异于西方国家为谋求全球霸权和划分势力范围进行自我论证。首先，我国利益边疆的理论建构和实践追求，是对西方殖民主义和霸权主义的深层次去魅。我国利益边疆维护以国家安全和国家权益为指向，以和睦相处、和衷共济、和谐世界为原则，以军事力量的建构和辐射为保障，不会也无意于寻求世界性霸权。中国在利益边疆安全建构的过程中，追求不是一种绝对性和排他性的权力，而是凭借有限性的权力投射和克制性的军事力量，通过丰富而多元手法，不断建构国际社会对话协作的平台，促成国际社会的集体安全和共享安全。

其次，我国利益边疆的理论建构和实践追求，还应贯注着中华文化的传统伦理，洋溢着天人合一的宇宙观念，怀抱着协和万邦的阔大胸怀，充满着贵和尚中的宽容品格，秉持着和而不同的文化精神，彰显着人心和善的道德理念。中国数千年绵延不绝的文化基因和价值传统将为世界提供另一种完全有别于丛林法则的解读范式，也成为中国利益边疆理论本土性表达的最为重要的思想资源。在中华文化传统价值现代转换中创制的利益边疆，自觉摒弃"霍布斯恐惧"和"修昔底德陷阱"，追求国际行动的相互协作和国家利益的共生双赢。

---

① 朱碧波：《论我国边疆理论的言说困境与创制逻辑》，载《云南师范大学学报》（哲学社会科学版），2015年第1期。

最后，我国利益边疆的理论建构与实践追求，要致力于提升当前中国在世界规则制定的话语权力。长期以来，西方国家都垄断了国际话语权，中国崛起尤其是军事上的崛起在国际社会长期面临合法性危机。面对当前中国崛起困境和利益边疆维护难题，我们一方面要加强与其他国际成员的沟通，利用现行的国际规范和规则证明中国维护国家利益目标与手段的正当性与合法性，另一方面也要在当前国际社会规则的创制、修缮与重构中，更加注重中国精神、中国智慧和中国价值的注入，使之更加符合中国维护不断凸显利益边疆安全的需要。

国家视阈里的中国边疆观念[*]

| 周 平 |

疆域广阔且不同区域间存在差异显著的国家,往往从国家治理的角度,将国家疆域的边缘性部分界定为边疆,并采取特殊的方式加以治理。因此,边疆既拱卫着国家的核心区域,为其提供安全屏障和战略纵深,也是国家进一步发展的地理空间,对国家的发展和稳定具有根本性的影响。在地球表面已经分属于不同国家或为不同的国家所控制以后,尤其是在国家间的竞争愈演愈烈的情况下,边疆的意义就更为重大和突出。然而,边疆并非纯客观的存在,而是一定客观条件基础上主观认定的产物。因此,对于疆域广大的国家来说,科学规划国家的核心区、边缘区和外围区,以及对边疆进行恰当的界定、调整、开拓和治理,是国家治理必须面对的重大课题,其实质是国家总体治理中的空间运筹和空间谋划,属于国家治理中的地理空间管理范畴。而在此过程中,边疆观念发挥着极其重要的作用。尤其是占统治地位的边疆观念,对边疆及国家的治理和发展,发挥着根本性的影响。边疆观念是国家治理的总体谋划中一个极其重要并具有全局性影响的因素,存在于国家整体治理和国家战略层面,在政治文化的总体结构中占据着重要位置,并构成了国家的边疆理论的核心内容。

中国改革开放推动下的现代化快速推进已经持续30多年了,国家自身的状况及所处的外部环境都发生了巨大的变化,尤其是跨入新世纪以后,不仅实现了由国家建设时期向国家发展时期的转变,而且越来越融入

---

[*] 本文原载《政治学研究》,2012年第2期;《中国社会科学文摘》2012年第9期全文转载;人大复印资料《中国政治》2012年第8期全文转载。

世界，国家发展的外向度达到了前所未有的程度，并对世界发挥着越来越重要的影响。在国家发展面临着前所未有的内部条件和外部环境的情况下，我们必须以更加广阔的视野来看待边疆问题，构建一个适应国家发展需要的全方位的边疆理论，进而制定具有前瞻性的边疆战略，因而就有必要对中国的边疆观念进行全面的研究。本文就在国家视阈中考察中国边疆观念的变迁，在全面梳理边疆观念发展和演变过程的基础上讨论重构边疆观念的问题。

一、边疆观念在历史上的形成和演变

回溯历史可以看到，中国历史上的边疆观念最早形成于秦汉之际。它的形成及其随后的演变，都与王朝国家的统治和治理不可分割地联系在一起。王朝国家不仅根据统治和治理的实际构建边疆观念，也根据统治和治理的需要对边疆观念进行充实和调整，从而使边疆观念呈现出一个不断调整、变化的演变过程。而边疆观念本身，也在此过程中积淀了特定的历史内涵，变得越来越复杂。

建立于公元前221年的秦王朝，不仅在中国的国家发展史上具有划时代的意义，而且对中国的整个历史发展和民族发展都发挥着根本性的影响。秦王朝建立在七个诸侯国的基础上，是中国历史上第一个统一的中央集权制王朝，其疆域东至海，西至陇西，南至岭南，北至河套、阴山、辽东，是前所未有的庞大国家。

对于这样一个疆域辽阔的大国来说，如何建立起有效的统治和治理方式，是国家面临的头等大事，关乎国家的兴衰存亡。为了应对这样一个历史性的课题，秦王朝采取中央集权的方式配置国家权力，将全国划分为若干郡县并由中央委派官员进行具体的治理，以此实现对全国的有效统治。然而，辽阔的疆域内不同地域间的差异巨大，王朝国家必须区别对待，采取不同的治理政策。但秦王朝仅存在了15年，并未直接解决对地域差异极大的不同区域的有效治理问题。这个问题的解决，是在继之而起的汉代才逐步实现的。

王朝国家对不同地域进行区别对待的治理要求，得到了先秦存在的

"一点四方"和"五服"、"九服"观念的支持。先秦时期以中原为政治、经济和文化中心的社会现实，促成了人们以中原为中心向四周渐次推进的认识世界的方式，从而把外围区域划分为"四夷"（东夷、北狄、西戎、南蛮）。在这样一种认识周围世界的观念逻辑之下，便出现了"五服"和"九服"的观念。《尚书·禹贡》云："五百里甸服，百里赋纳总，二百里纳铚，三百里纳秸服，四百里粟，五百里米。五百里侯服，百里采，二百里男邦，三百里诸侯。五百里绥服，三百里揆文教，二百里奋武卫。五百里要服，三百里夷，二百里蔡。五百里荒服，三百里蛮，二百里流。"这就是所谓的"五服"。《周礼·夏官司马·职方》还提出"九服"说，大意是王畿为国家广阔辖地之中心，由王畿向四面扩展，每隔五百里依次为侯服、甸服、男服、采服、卫服、蛮服、夷服、镇服与藩服。

在这样的文化观念及其相应的认识论指导下，王朝国家在治理中便将中原确定为国家的核心区，将中原之外王朝国家统治能力所及的区域确定为边缘区——夷狄区，采取特殊方式进行治理。东汉时的班固就提出"内诸夏而外夷狄"，主张内外有别，"是以外而不内，疏而不戚，政教不及其人，正朔不加其国；来则惩而御之，去则备而守之。其慕义而贡献，则接之以礼让，羁縻不绝，使曲在彼，盖圣王制御蛮夷之常道也"。[①] 这个被特别区分出来的边缘性的夷狄之区，就是最早的边疆。换句话说，边疆就是王朝国家疆域内与核心区有着显著区别，并且需要采取特殊方式治理的区域。

这样的治理思维以及由此形成的边疆划分和边疆观念，在此后的各个王朝中得到了继承和发展。唐代的鸾台侍郎狄仁杰就在上疏中说道："臣闻天生四夷，皆在先王封疆之外。故东拒沧海，西隔流沙，北横大漠，南阻五岭，此天所以限夷狄而隔中外也。"[②] 正是在这样的继承和发展中，王朝国家的边疆观念得到巩固，并逐渐具有了稳定的内涵：首先，边疆是王朝国家统治的边缘性区域或王朝国家统治能力所及的外围性区域，王朝国家有必要在这些地方设置机构，实施政治统治并进行开发和经营；其次，边疆是华夏之外的其他民族生活的区域，有着完全不同于中原文化的

[①] 《汉书》卷94下《匈奴传·赞》。
[②] 《旧唐书》卷89《狄仁杰传》，中华书局1975年点校本。

夷狄文化，有待于中原文化的传播并对其开化；再次，边疆为山川阻隔，是远避之地，不易通达，人烟稀少，经济落后；最后，边疆是国家的外防区域和腹心区的缓冲地带，拱卫着国家的中心地带，是军事设防的重要区域，具有战略的意义和军事的意义。由此可见，在特定的政治和历史环境下被划分出来并界定的边疆，具有政治、经济、文化、地理和战略的多重涵义，是一个涵义复杂的概念。

在统治范围划分为核心区（即诸夏）和边疆（即夷狄）① 的基础上，王朝国家逐渐形成了对边疆进行特殊治理的思想，就是所谓的"守中治边"、"守在四夷"。按照这样的治理思想，边疆对于王朝国家来说既重要又特殊，应该采取特殊的政策和措施进行治理，边疆治理要围绕核心区的发展和安宁而展开。唐太宗就将核心区与边疆区喻为根干与枝叶的关系，"割根干以奉枝叶，木安得滋荣！"② 宋太宗则进一步提出："欲理外，先理内；内既理则外自安。"③ 在这样的总体思想指导下，各个王朝在具体的边疆治理中形成了朝贡与纳质、羁縻制与土司制、和亲与盟誓、教化与互市、设治拓道与屯垦移民等具体的治理方略。④

这些在特定的边疆观念基础上形成的边疆治理思想和方略，反过来又进一步巩固了边疆观念的地位，丰富了边疆观念的内涵，进而成为传统边疆观念的有机组成部分。因此，对中国历史上边疆观念的考察，必须给予这些内容必要的关注。不过，需要指出的是，历史上的边疆治理思想和方略，在道德的层面可能是乏善可陈的，但却在边疆治理中发挥了十分重要的作用，对国家的发展产生了深远的影响。从这个意义上说，历史上的边疆治理总体上是成功的，正因为如此，王朝国家才形成和保持了庞大的疆域。

然而，王朝国家的边疆并非一成不变，而是处于调整和变动之中，并对边疆观念造成了实质性的影响。王朝国家边疆的变动，主要体现于内部

---

① 这就是班固所说的"内诸夏而外夷狄"。
② 《资治通鉴》卷195《唐纪十一》，贞观十三年七月条。
③ 《续资治通鉴长编》卷30、卷32。
④ 关于王朝国家边疆治理的思想和方略，方铁教授有深入的研究和精到的论述，可参见笔者等著的《中国的边疆治理研究》（经济科学出版社2011年版）第二章"边疆治理的历史回顾"，该章为方铁教授所撰。

分界线的变动和外部边缘性的变化两个方面。首先，随着王朝国家边疆治理的持续进行并取得成效，边疆在经济发展和中华文化教化基础上构建起的与核心区同质的东西越来越多。这种同质性增加得最多的当属边疆与核心区分界线附近的地区。随着边疆与核心区分界区域同质性的增加，边疆与核心区的分界便缓慢地向外推移。其次，随着王朝国家自身的发展和边疆治理成效的显现，王朝国家的统治范围也出现了向外扩展的趋势，从而使边疆的外延线向外推移，拓展了边疆的范围。这在王朝国家边疆的发展中体现得极为突出。

在秦以后相当长的历史时期，王朝国家周边没有出现力量强大到能够与之抗衡的政治共同体。而王朝国家的君主又多有开疆拓土，扬威德于天下的雄心。强大的国力和辉煌的文明，不仅对周边的其他民族产生了政治上的吸引力、军事上的威慑力，也具有经济上的影响力和文化上的感召力，于是王朝国家周边的其他民族纷纷内附、归附、臣服、降服于中原王朝，愿意与华夏民族共同构建统一的政治共同体，而这些民族的政权也主动向中原王朝输诚纳贡，直接并入王朝国家或成为王朝国家的藩属。当然，当王朝国家由于种种原因而出现败落、衰微或分裂的时候，其中的一些民族就离中原王朝而去，甚至反目为敌，主动进犯。费孝通先生在论及中华民族的时候就说过：中华民族是历史上各民族结合而成的，"它的主流是由许许多多分散孤立存在的民族单位，经过接触、混杂、联结和融合，同时也有分裂和消亡，形成一个你来我去，我来你去，我中有你，你中有我，而又各具个性的多元统一体"①。在前一种情况下，王朝国家的统治范围就扩大，边疆的范围就向外延展；在后一种情况下，王朝国家的统治范围就向内缩小，边疆的范围就向内收缩。

但是，到17、18世纪，王朝国家与另外一个强大并不断向外扩张的国家共同体不期而遇并发生直接碰撞。1643年后的十年间，沙俄三次将势力扩张到中国的黑龙江流域。清王朝在1685年和1686年进行了两次反击，才使沙俄向东部的扩张受到遏制。在清政府的要求下，中俄通过谈判于1689年8月27日签订了《中俄尼布楚条约》。随后，又在1727年9月

---

① 费孝通主编：《中华民族多元一体格局》，中央民族学院出版社1989年版，第1页。

1日签订《不连斯奇条约》。① 通过这两个条约，王朝国家有了固定的边界，在中国开了以条约方式确定国家边界的先河。于是，世界近代以来民族国家的主权②观念就以一种特殊的方式从外部嵌入到王朝国家之中。王朝国家有了边界以后，长期存在的那种以中原为中心，由内而外划定边疆，把远辟的夷狄之区界定为边疆的传统观念受到了根本性的挑战。边疆不仅要由内及外地划定，也要由外及内地确定。边疆不仅具有内部分界线，也有了明确的外部边际线，向外推移的可能性大大降低甚至完全不存在了。这样的思维和做法，强化了从疆域的角度划定边疆的思维，使边疆的文化涵义得到削弱，地域的涵义开始增强，引起了传统边疆观念的根本性变化。自此以后，人们开始更多地从地域的角度看待和确定边疆了。

1762年，清王朝在分区测绘的基础上绘制完成了著名的《乾隆内府舆图》。此图作为清代疆域之依据，最终确立了中国的历史疆域，面积约1270万平方公里。庞大的疆域有了明确的外部界线，中国的边疆范围也就基本明确了。但是，鸦片战争后的半个多世纪，王朝国家在与西方民族国家正面碰撞中屡显颓势，并因此而进入了不平等条约时代。西方列强通过一系列的不平等条约割让了中国的大片土地，不仅让王朝国家丧失大片边疆，而且从反面向王朝国家和国人灌输了条约意识和通过条约确定边界的意识，从而进一步强化了以国界划定边疆的外部边际线的观念，也因此使中国传统的边疆观念逐步具有了某些现代的内涵。

二、民族国家构建与边疆观念的调整

20世纪初，中国的国家形态演变过程出现了根本性的变化，古老的中国开启了构建民族国家的历史进程，并逐步由王朝国家向民族国家转

---

① 通过条约确定国家的边界，这在中国国家发展史上是一个具有划时代意义的事件。至此，王朝国家统治范围和边疆有了具有法律约束力的边际线，既遏止了王朝国家边疆向外拓展的态势，也从根本上改变了自秦以来的边疆的形态。

② 边界是国家主权的外部界线，因而是国家主权的具体表现形式。国家主权是西欧王朝国家后期通过威斯特伐利亚体系确立的，但却被取代王朝国家的民族国家所继承，成为民族国家的根本内涵之一。关于民族国家的内涵和特征，可参阅笔者的《对民族国家的再认识》，载《政治学研究》，2009年第4期。

变。随着国家形态的根本性转变，在王朝国家背景下形成和长期沿袭的边疆观念发生了重大的改变，逐渐形成了与民族国家的国家形态和治理相适应的内涵。

民族国家首先出现于西欧，是取代王朝国家的新型国家形态，也是欧洲国家形态演变过程中的一个阶段，其根本内容是保证整个民族认同于国家的一套制度安排。① 在民族国家的制度优势全面显现、迅速扩张并逐步成为欧洲占主导地位的国家形态以后，一个以民族国家为基本政治单元和法律单元的世界体系也随之构建起来，并深刻地影响着世界。世界近代史以来的世界体系，就是民族国家的世界体系。在这样的背景下，其他形态的国家演变不仅要面对民族国家强大的示范效应，也面临着民族国家世界体系的巨大压力。面对如此态势的其他类型国家，要么促成国家形态的迅速转变，构建民族国家；要么独立于民族国家体系之外而独处一隅，甚至沦为西方民族国家的殖民地或半殖民地。

处于王朝国家发展高峰的清代康乾盛世，国力十分强盛，拥有约1270万平方公里的辽阔疆域。但在此后不到一个世纪的时间内，这个庞大王朝便在西方列强的巨大冲击下摇摇欲坠。这样的事实不仅说明落后是要挨打的，也表明古老的王朝国家无力与方兴未艾的民族国家正面抗衡。在西方列强的迎头痛击下首先清醒过来的那些先知先觉的人们，不仅学习西方的科学技术，也力图按照西方的民族国家框架改造传统的王朝国家体系，构建中华自身的民族国家。中国民族国家构建的历史进程开启于辛亥革命之际，完成于中华人民共和国的成立——中华人民共和国的成立标志着中国民族国家构建的基本完成。中华人民共和国就是中华民族的民族国家。②

作为取代王朝国家并与王朝国家存在本质区别的国家形态，民族国家从完全不同的角度看待和界定边疆，形成了完全不同于王朝国家的边疆观念。古老的王朝国家以王朝中央的所在地为原点确定核心区进而划定边疆，尤其强调边疆的文化涵义（华夷之别）和安全价值（拱卫核心区）。

---

① 关于民族国家，可参阅笔者的《对民族国家的再认识》和《民族国家与国族建设》，分别载于《政治学研究》2009年第4期和《政治学研究》2010年第3期。
② 关于中国的民族国家构建，可参阅笔者的《论中国民族国家的构建》（载《当代中国政治研究报告Ⅵ》，社会科学文献出版社2009年版）和《多民族国家的族际政治整合》一书（中央编译出版社2012年版）的第五章。

王朝国家都具有在自身实力基础上形成的拓展边疆的偏好，并根据王朝利益确定边疆的取舍，因而会在王朝强盛之际拓展边疆，也会在王朝衰弱之时收缩边疆，甚至以边疆的割让为条件来换取王朝的其他利益。民族国家则与此不同，基本上是以国家主权以及表现主权的领土、边界等具体的方式来确定边疆的，将边疆视为国家领土的边缘性并与核心区有明确差别的部分。① 并且，民族国家已经构建起一个稳定的并具有复杂的内部规则的世界体系。因此，民族国家间虽然存在着激烈的外部竞争，但民族国家的领土和边疆要受到国际环境和国际规则的制约，发生于边疆的领土和边界争端要通过相应的国际规则进行协商解决，至少在形式上是这样。

中国的民族国家构建是在内忧外患的环境下实现的。在此过程中，作为一个族体单位的中华民族②的形成具有决定性的意义，它构成了中国民族国家制度架构的主体和支撑。另外，在中国民族国家构成过程中，中华民国对边疆和边疆问题给予了高度的关注，并制定了相应的边疆政策。"国民党的历届全国代表大会及中央全体会议，涉及边疆民族问题的有32处"③，尤其是制定了被称之为《边疆施政纲要》的《关于加强国内各民族及宗族间融洽团结以达成抗战胜利建国成功之施政纲要》。在这些决议和政策中，边疆观念按照民族国家的要求悄然进行了调整，基本上是从国家领土的边缘性部分的角度来认识和界定边疆的，在一定程度上淡化了边疆的民族因素。另外，国民政府还将中国在历史上就已统辖的南海诸岛纳入了边疆的视野，将海洋边疆的内容添加到边疆观念之中，丰富了边疆观念的内涵。

中华人民共和国成立后，新的国家政权和执政的中国共产党，在民族国家的框架下对边疆观念进行了全面的调整。首先，将边疆置于国家主权

---

① 那些疆域面积较小或虽有较大疆域面积但区域间的同质化程度高而无法划定特定的边缘部分的国家，并没有明确的边疆。有些国家在历史上曾有核心区与外围区域的区分，而这种区分早已随着时间的推移而逐渐淡化甚至不复存在了，如法国。

② "中华民族"的概念，是梁启超在1902年的《中国学术思想之变迁之大势》一文提出的，随后得到中国各民族的认同。抗日战争胜利后，认同于中华民族这个族称并凝聚为一个整体能够以一个独立族体面貌出现，并在中华人民共和国成立时实现了与国家政体有结合，从而成为国族。在中华民族这个概念广泛传播以后，也常常泛指中国历史上存在并最终成为新的民族共同体有机组成部分的各个民族。不过，后一个意义上的"中华民族"，是一种统称或综称。

③ 马玉华：《国民政府边疆民族政策初探》，在《贵州民族研究》，2007年第5期。

和领土的框架下加以对待，从国家主权和领土结合的角度界定边疆，特别重视以边界为依据来划定边疆，因而就极为重视边界的划定，并采取灵活的方式解决历史上遗留下来的边界问题；其次，把边疆作为维护国家主权和领土安全的关键区域，采取大规模的实边、稳边行动①，全面加强边防和边境管理，把边境的安宁作为维护边疆稳定的重要环节；再次，在全面开展边疆政权建设和社会改造的基础上，从国家和民族整体利益的角度，对边疆进行了全面和持续的治理；最后，把边疆置于国际形势尤其是地缘政治格局的总体形势中来看待，注重运用国际规则来解决与我国边疆有关的国际争端。在这样一个调整和补充的过程中，当代中国逐渐形成了与民族国家框架和国际形势相适应的边疆观念。

当代中国在对边疆观念调整的过程中，民族的因素重新受到重视和强化，更多的民族②因素被加入到边疆观念之中，并且逐渐被凸显为边疆观念的核心内容。在这样的边疆观念中，民族因素与地域因素并重，于是便形成了一个文化因素与地域因素相结合的二元结构。因此，在论及边疆问题的时候，不论是官方的正式文件还是学术论述，"边疆民族地区"都被频繁地使用，甚至用"民族地区"来指称边疆。近年来国家层面推行并具有重大影响的"兴边富民"行动，就是由国家民族事务委员会在民族政策的总体框架下提出并推动实施的。这样一种特色鲜明的边疆观念，既与中国的少数民族大多居住于边疆及民族问题成为边疆问题中最为突出部分的现实有关，也与中国共产党对国内民族问题的重视并将其作为国家稳定的重要因素有关，同时也深受历史上边疆观念中将边疆与少数民族联系在一起的华夷之辨的影响，从某种意义上说，它是注重文化因素的传统边疆观念的成分在新形势下的延续。

中华人民共和国成立后，对海洋和海岛问题给予了高度的关注，并将

---

① 新中国成立初期在边疆的驻军、屯垦、移民、开发等，都是在宏大的边疆思维和一定的边疆战略的框架下实施的，对边疆及整个国家的稳定和建设发挥了重要的影响。

② 这里所说的民族，是中华民族形成和民族国家构建起来以后的民族群体，是中华民族的组成部分。作为国族的中华民族，是政治性民族；而组成中华民族的各个民族群体，是历史上长期存在并在新的国家形态中具有全新面貌的历史文化共同体，因而是文化民族。关于政治民族与文化民族的划分，可参阅笔者的《论民族的两种基本类型》，载《云南行政学院学报》，2010年第1期。

其纳入到边疆观念之中。1950年5月，中国人民解放军进驻了永兴岛。1951年8月15日，周恩来以外长的身份发表《关于美英对日和约草案及旧金山会议的声明》强调："西沙群岛和南威岛正如整个南沙群岛及中沙群岛、东沙群岛一样，向为中国领土……中华人民共和国在南威岛和西沙群岛之不可侵犯主权，不论美英对日和约有无规定及如何规定，均不受任何影响。"1958年9月4日，第一届全国人民代表大会常务委员会通过的《中华人民共和国政府关于领海的声明》规定："中华人民共和国的领海宽度为12海里。"但是，各种关于海洋边疆的观念，基本是基于民族国家的主权、领土而构建的，尚未从国家总体发展战略的角度给予海洋国土以重视。1982年通过的《联合国海洋法公约》明确了200海里专属经济区后，全球范围内"蓝色圈地"的冲击波对我国的海洋主权形成了威胁。在这样的背景下，我国的蓝色国土才越来越受到重视，海洋国土观才日渐清晰。对海洋边疆的重视，以及相应的海洋边疆观念的形成逐渐成为边疆观念的重要组成部分，构成了当代中国边疆观念调整的一个新亮点。

在新边疆观念基础上，国家开展了全面的边疆建设，并从治理的角度形成了有关边疆的新认识，进一步丰富了边疆观念的内涵。从现实的情况来看，当代中国的边疆治理有许多的经验和教训值得总结，尤其是缺乏一个完整的边疆治理战略和对海疆治理不够重视等值得注意，但从总体上看边疆治理的成效是值得充分肯定的。① 今天边疆的稳定和安宁，以及由于边疆与内地的分界线向外推移②而导致一些曾经被视为边疆的区域不再被当作边疆看待，都是边疆治理卓有成效的体现。

三、发展环境改变与边疆观念的重构

在当代中国发展的历史进程中，中共十一届三中全会的改革开放决定具有划时代的意义。在改革开放的推动下，中国的现代化以前所未有的速

---

① 关于当代中国的边疆治理进程和成效的分析，可参阅笔者的《中国的边疆治理研究》一书，经济科学出版社2011年版。
② 在持续而有效的边疆治理的条件下，一些曾经被作为边疆看待和对待的地区，由于经济、文化等与内地的同质性显著增强甚至趋于一致，而不再被作为边疆看待，从而导致边疆与内地的分界线向外推移。

度向前推进。在此过程中,整个国家的面貌发生了根本性的变化。跨入新世纪后,一系列巨大的变化已经将国家置于一个前所未遇的环境之中。在这样的形势之下,中国必须对传统的边疆观念进行调整和重构,构建与国家发展的形势和需要相适应的边疆观念,进而以一种全新的边疆观念为依托,拓展国家的发展空间,构建国家的边疆战略,服务于国家的持续发展。

实行改革开放的政策以来,中国的变化是巨大的和全方位的。但从边疆观念的调整和重构的角度来考察,国家发展阶段的转变及国家在全面融入世界过程中形成的对外依存度的提升,是十分值得关注的两个方面。正是这些重大的变化以及由此造成的新情况,成为促成边疆观念调整和重构的根本原因。

首先,跨入新世纪的门槛之后,在现代化"三步走"战略的第一阶段已经实现并向第二阶段转变,以及"人民生活总体上实现了由温饱到小康的历史性跨越"① 的基础上,中国已经由国家建设时期转变为国家发展时期。中华人民共和国成立后,国家长期处于全面建设时期,专注于建立国家制度、解决人民生活的温饱、探索发展道路、增强国家经济实力,以及争取国际地位等。而在国家发展时期,国家则特别重视制度的完善,人民生活的富裕,追求全面、均衡和持续发展,提高国家的整体实力(综合实力),巩固世界强国的地位,在国际事务中扮演重要角色并发挥越来越大的影响。

其次,国家变得越来越开放。2001 年加入 WTO,标志着中国全面地融入世界。中国已经成为世界经济政治结构中一个有机的组成部分,中国的国家利益和总体发展越来越依赖于世界经济政治体系,中国也对世界发挥着越来越重要的影响,同时,中国的行为和发展也越来越受制于既定的国际秩序和国际规则。大幅增长并且在经济发展中举足轻重的外贸以及超过 50% 的石油对外依存度,更是将中国发展的外部依存性在日常生活中不断地显现出来。中国的发展已经处于一种前所未有的外部环境之中。外部的环境和条件,对中国的进一步发展具有决定性的影响,甚至决定着国家

---

① 江泽民:《全面建设小康社会,开创中国特色社会主义事业新局面——在中国共产党第十六次全国代表大会上的报告》。

的未来。

在这样的条件下实现持续发展，国家既要处理好核心区的发展与边缘区域发展、陆地的建设和发展与海洋的开发和建设之间的关系，也要处理好领土范围内的建设与外部环境之间的关系。前者关系到国家的平衡发展和全面发展，后者则关系到国家的持续发展。这两个方面的问题都涉及国家发展中的空间配置和空间运筹，凸显了国家发展中的空间管理。而解决这样的问题，又牵涉国家疆域的边缘性区域、海洋国土以及直接影响国家利益的外围空间的维护和拓展问题，必须对国家的边疆观念进行调整和重构。

西方国家在发展的过程中也遇到了同样的问题，并且在探索和实践中走出了自己的路子。美国前总统里根的国家安全顾问丹尼尔·格雷厄姆曾经指出，在人类历史上，一个国家若能从人类活动的一个领域最有效地迈向另一个新的领域，就能取得巨大的战略优势。[1] 第二次世界大战后，尤其是20世纪后期全球化快速推进以来，以美国为首的西方国家加快了边疆拓展的步伐，"二战后美国总统杜鲁门、肯尼迪、约翰逊等人都是边疆扩张论的倡导者"，"美国已经认为世界上没有一个地区是与美国的利益无关的"[2]。欧洲则用一体化的方式来拓展民族国家的边疆。1991年，西欧12国在《马斯特里赫特条约》的基础上实现了边界开放，既创造了一种新形态的国家边界，也形成了一种特殊形态的边疆类型，为各国的发展赢得巨大的空间。在这样的条件下，西方的边疆观念也形成了新的富有挑战性的内容。1982年，美国在"高边疆"计划中论证了"高边疆"理论。"20世纪80年代中期，美国等西方大国从维护自身利益的需要出发确定战略控制范围，首先使用了'利益边疆'概念"[3]，并将这些理论逐渐地付诸于实践。

美国为首的西方国家的这些新边疆观念，已经在这些国家的边疆战略中发挥了实际的作用。目前，西方建立在这样的边疆观念基础上的边疆战

---

[1] 参见〔美〕丹尼尔·奥·格雷厄姆：《高边疆———新的国家战略》，张健志等译，军事科学出版社1988年版，第1页。
[2] 董欣洁：《冷战期间西方边疆理论的发展》，载《中国边疆史地研究》，2005年第2期。
[3] 于沛：《从地理边疆到"利益边疆"———冷战结束以来西方边疆理论的演变》，载《中国边疆史地研究》，2005年第2期。

略已经逐渐浮出水面，并对国际形势和地缘政治格局造成了深刻的影响。同时，这些关于新边疆的理论和观念，也对中国的发展形成实际的压力和潜在的威胁。对此，中国不仅应该警醒，也应该从中得到启发。如果边疆问题上拘泥于传统观念和教条式地固守某种原则而无所作为，我们就会错失历史机遇，并在以后的发展中不得不吞下失去可资利用的外部地理空间的苦果，迟滞国家的发展，处处被动。为了适应国家发展的需要，我们必须在边疆问题上与时俱进、因势利导并乘势而为，全面反思传统的边疆观念，并在此基础上对边疆观念进行改造和重构，构建适应国家发展需要的全方位的边疆观。

从中国的实际和其他国家边疆观念发展的现实来看，构建全方位的边疆观念，涉及两个根本的问题：一是如何将海洋边疆置于国家发展的总体框架中加以考察，重新定位海洋边疆及海洋边疆治理的地位；二是如何在领土边疆的基础上，确定国家能够对其产生实际影响并进行控制的地理范围或空间，即确立作为领土边疆之外拓展和延伸的新形态的边疆。这样的新形态边疆与领土边疆存在根本性的不同。如果说，领土边疆具有独享、排他、固定的特点，是硬边疆；那么，新形态边疆则具有多样性、变动性和共享性，是软边疆。其中，首当其冲的是战略边疆、利益边疆、信息边疆。因此，目前重构边疆观念，就是要重新认识海洋边疆、战略边疆、利益边疆和信息边疆，确立其应有的地位，使其成为全方位边疆观念中的重要内容。

海洋边疆属于传统边疆观念的范畴，但需要在新的全方位的边疆观念中重新定位。虽然中国在构建民族国家的过程中逐渐形成了某些海洋边疆的观念，并且在民族国家时代形成了明确的海洋边疆观念，但海洋边疆在边疆观念结构中处于一个无足轻重的地位，未受到足够的重视。因此，我们在讨论边疆问题时常常不涉及海洋边疆，海洋边疆被自觉或不自觉地排除在外。今天的南海问题凸显，与传统边疆观念中对海洋边疆重视不够有着相当大的关联。大国之路，始于海洋。今天的中国，不仅要高度重视海洋边疆，而且要将主权范围内的陆地边疆与海洋边疆结合起来，从国家总体发展的角度来看待、规划和治理海洋边疆。

战略边疆通常被看作"一国国力和影响力所能达到的、可控制的地理与空间区域，它是国家实力、战略意志以及国家战略能力的投射范围"①，与国家的安全和发展紧密相关。中华人民共和国成立之后，国家也在国家安全战略的构建中运用了战略边疆的思维。中华人民共和国成立初期对苏联的"一边倒"、"保家卫国"的抗美援朝、援越抗美及推动构建上海合作组织等，都贯穿着战略边疆的思维，体现着一定的战略边疆观念。但是，我们却没有形成明确的战略边疆观念。因此，在全方位边疆观念的构建中，必须根据国际形势、地缘政治环境和中国国家发展利益的要求，形成与西方霸权式的战略边疆观念相区别的新型战略边疆观念。

关于利益边疆，虽然"'利益边疆'的存在已是事实，并成为全球化时代维护国家主权和制订国家战略的重要基点"②，但真正明晰的界定尚未形成，更多地体现为一种思想意识和分析工具，甚至就是"国家利益在某一个特定的时空内划分的界限和范围"。随着融入世界的进程不断深化，在海外利益日益突出的情况下，"国家利益的边界必然随之向外延伸"③，国家也采取了实际的措施保护海外利益，如参加亚丁湾护航、利比亚撤侨、加强领事保护等，都具有利益边疆思维的特点。现在的问题是，必须根据国家海外利益的意义划分不同的圈层，如将其划分为核心区域、拓展区域、边缘区域等，确立海外利益格局的构成，并用国家的力量对其进行维护。

信息边疆是信息时代的国家为了在信息管理中行使主权而创设的概念。"国家主权在信息时代面临的突出问题之一，就是信息得不到传统的国家边界的保护。""哪个国家掌握了信息控制权，就可以随意地侵占他国的信息资源。如果一个国家的信息控制权丧失了，那就意味着这个国家主权的丧失，后果不堪设想。"在这样的情况下，"主权国家为了保护自身的信息资源同时获取和创造新信息的空间和领域"④，于是提出了"信息边

---

① 陈迎春：《战略边疆：助推中国和平发展的切入点》，载《世界地理研究》，2011年第6期。
② 于沛：《从地理边疆到"利益边疆"——冷战结束以来西方边疆理论的演变》，载《中国边疆史地研究》，2005年第2期。
③ 黄昆仑：《全球化时代的国家利益观》，载《解放军报》，2011年3月15日。
④ 于沛：《从地理边疆到"利益边疆"——冷战结束以来西方边疆理论的演变》，载《中国边疆史地研究》，2005年第2期。

疆"的概念。中国在发展中已经面临着在信息领域维护国家主权和安全的问题，而且由于意识形态的差异，这个问题更显突出。因此，中国必须确立自己的信息边疆观念。

除了海洋边疆以外，几种新形态边疆都是无形的，但能否构建起这样的新形态边疆，关键取决于国家力量的维护。只有国家力量所及和有效维护的情况下，国家从自身利益确定的相关领域和空间，才能成为国家的边疆。否则，就只能是一种仁者见仁、智者见智的空谈。当然，实际的构建是一个渐进的复杂的过程，但首先必须确立这样的观念。这也正是从边疆观念的角度讨论这个问题的意义之所在。

确立新形态边疆的观念，是对传统边疆观念的突破。而这样的突破，意味着中国边疆观念在新形势下的重构。适应国家发展需要的边疆观念的重构，不仅要具体探讨各种具体的新边疆观的内容，而且要把新的边疆观念与传统的领土边疆观念结合起来，同时要在一种更加宏大的视野中对领土边疆进行重新校正，尤其是要将陆地边疆与海洋边疆、高空边疆结合起来，将陆地边疆、海洋边疆与战略边疆、利益边疆结合起来。从总体上说，就是要把硬边疆与软边疆结合起来，使硬边疆能够有效支撑软边疆，使软边疆能够有效地服务国家的安全利益和发展利益，进而在全方位的边疆观念的基础上构建完整的国家边疆战略，从而为国家的地缘政治战略、军事战略和外交战略奠定基础。

四、中国边疆观念的"变"与"不变"

秦统一中国后，为了对庞大的疆域进行有效的统治和治理，将疆域的边缘性部分确定为边疆并采取特殊的政策治理，因而逐步形成了具有特定内涵的边疆观念。但是，边疆观念并不是一成不变的，它处于不断的调整和变动的过程中，因而形成了一个边疆观念演变的历史过程。在此过程中，边疆观念以及边疆理论、边疆治理的内涵也越来越丰富。

历史上边疆观念的重大变化，往往是最高统治者或中央政权主动调整的结果。但边疆观念之所以进行调整，是由于国家自身的状况和外部环境条件发生了重大的改变。当国家自身和外部环境发生重大改变时，国家为了实现有效的统治和治理，就必须调整边疆观念。而边疆观念的调整，往往引起国家总体治理中的地理空间格局调整。

中国自古以来边疆观念的重大变化，基本上都是在国家自身状况和外部形势发生了重大改变之后才逐步实现的，具有明显的滞后性。从实际效果来看，如果中央政府对国家自身状况和外部环境条件的变化具有及时和准确的判断，并根据形势适时调整或创新边疆观念，进而在此基础上制定恰当的边疆战略和边疆政策，就能够促进边疆治理水平的提升，给国家和人民带来福祉。相反，在国家自身的状况和所处的形势已经发生了变化，而国家的边疆观念僵化，不能适时调整，就不能制定恰当的边疆战略和边疆政策，影响边疆治理的绩效，进而影响到国家的发展。

中国的边疆观念在演变的过程中，也体现出一些倾向性的东西，或许可以概括为边疆观念演变的总体趋势：

第一，边疆观念逐渐由片面发展为全面。在整个王朝国家时期，中国的边疆观念都是指向陆地的，或者说，就是陆地边疆的观念，虽有某些海洋的认识，但尚未将其纳入边疆的视野。构建民族国家的过程中以及中华人民共和国成立以后，海洋边疆的观念越来越明晰，越来越受到重视；与此同时，高空边疆、地底边疆的观念逐步形成。进入 21 世纪以来，战略边疆、利益边疆、信息边疆等内容，逐步添加到边疆观念之中，边疆观念逐渐发展为一个全方位的、多向度的、立体化的观念。

第二，边疆观念逐渐由封闭走向开放。在王朝国家的前期，国家将疆域的边疆性部分确定为边疆，目的在于维护核心区的安全。随着王朝国家的巩固和发展，王朝逐步拓展了对疆域的认识，给予边疆以更大的重视，但总体上看，仍然将边疆视为国家安全的屏障，是一种内敛性的思维和观念。在构建民族国家之后，随着与外部世界联系的加强，并越来越受到民族国家世界体系的影响，边疆观念逐渐被置于全球视野之下，逐步形成从国家关系、地缘政治、世界格局的角度来看待边疆的思维和观念。

第三，边疆观念逐渐由感性转向理性。在中国漫长的历史过程中，由于边疆的开发和建设长期滞后，加之交通、通讯不发达，边疆往往被从感性的角度定位为遥远、偏僻、贫穷、落后、不开化、野蛮的地方，人们对其通常是望而远之、畏而避之，甚至谈边色变。但是，随着边疆的开发和建设，尤其是新中国成立后大规模的边疆开发和边疆建设，再加上交通的便利和通讯的发展，人们对边疆的认识逐渐改变，逐渐从国家的安全、稳定和发展的角度认识和看待边疆，理性的成分逐渐占据了主导地位。

第四，边疆观念逐渐由模糊发展到清晰。在边疆观念形成后相当长的历史时期内，边疆与核心区没有明确的分界线，更没有明确的外沿线，因而显得十分模糊。到了清代，随着边界的确立，边疆的外沿线逐步明确，但边疆与内地之间的划分仍不明确，边疆的范围仍然难以明确界定。但是，新中国成立后，尤其是随着边疆开发和建设的发展，国家版图内的边疆范围逐渐变得清晰起来，从行政区域的角度确定边疆的方式受到广泛认可，人们越来越多地从较具体的行政区域（如县）的角度去界定边疆。

第五，边疆观念由重视文化内涵逐渐过渡到注重治理内涵。在相当长的历史时期，边疆往往被视为异族生活的区域，将边疆视为异文化区、化外之地的思维和观念占据统治地位。边疆在相当大程度是被作为文化概念使用。到了当代，边疆仍与民族不可分割地联系在一起，被称为"边疆民族地区"。不过，在边疆观念演变的过程中，边疆一开始就具有的治理内涵逐渐凸显，并且越来越受到重视。今天，从国家治理的角度看待边疆的认识越来越明确，从国家治理的角度来界定边疆、治理边疆的认识和观念也将越来越受到重视。①

由于边疆观念不断的调整、变化，不同历史时代的边疆观念之间往往存在很大的差异，甚至迥然不同。在此过程中，边疆观念的积淀也越来越深厚，内涵也变得越来越丰富。今天，根据国家自身的状况和所处形势的变化而调整和重构边疆观念，从而形成与传统边疆观念不同的全方位边疆观念，将会使中国的边疆观念的内涵更加丰富。放眼未来，边疆观念还会继续演变，发生更为深刻和更为重大的变化。

不过，中国的边疆观念在演变的过程中也积淀了一些不变的内涵。这种不变的内涵，构成了中国边疆观念的价值底蕴，体现着中国边疆观念的本质。而这样的价值底蕴，是由数千年积淀下来的传统文化中的核心价值观念所决定，并体现着这样的核心价值观念。因为从本质上说，边疆观念

---

① 笔者就撰有《中国的边疆治理：族际主义还是区域主义?》（载《思想战线》，2008年第3期）一文，倡导从区域治理的角度来认识边疆，进而推进边疆治理。

不过是国家治理中关于特定地理空间区域的认识和看法，是一种国家治理的思想观念，是政治文化的重要组成部分。它植根于源远流长的传统文化并深受其影响，体现着传统文化的基本价值观。边疆观念要超越或摆脱传统文化的影响，都是不可能的。

美国边疆学派的创始人特纳在《边疆在美国历史上的重要性》一文中，不仅分析了美国在西进运动中对边疆的不断拓展，而且还论述了这个边疆拓展过程对美国精神的塑造。他指出："这种不断的再生，这种美国生活的流动性，这种向西扩张带来的新机会以及跟简单的原始社会的不断接触，提供了支配美国性格的力量。只有把视线从大西洋沿岸转向大西部，才能真正理解美国的历史。"其实，美国对边疆的拓展，不仅塑造了美国精神，也塑造了美国的边疆观念。所以，美国的边疆观念中总是包含着扩张的冲动，蕴涵着侵略性。按照这样的边疆观念，边疆不是固定不变的，而是不断"移动"的。为了实现自己的利益和追求，美国会坚定不移地将其他的国家、他人的家园纳入自己的控制范围，变成自己的边疆。美国今天提出的许多新边疆观念，都有这样的内涵，体现着这样的"美国精神"。

中国的边疆观念，则受到中国传统文化中那些基本价值观念的深刻影响，体现着中国精神。自从统一的王朝国家将核心区的外围定为边疆以来，划定边疆就是为了实现有效的治理。诚然，王朝国家对边疆采取了"守中治边"和"内诸夏而外夷狄"的治理之策，对生活于边疆的各个民族采取了恩威并用的手段，即所谓的"抚之以仁义，示之以威信"① 或"慑之以兵，怀之以德"②，"顺者以德服，逆者以兵临"③。但也要看到，在边疆各民族接受了王朝国家的统治以及边疆安定的情况下，王朝国家采取的是"抚之以仁义"、"怀之以德"以及"修文德以来之，被声教以服之"④ 的政策，广施德政，实施教化，促进了边疆和边疆各民族的发展。这些政策和手段的目的，都在于保持边疆的稳定和安宁，促进边疆与核心

---

① 《贞观政要》卷五。
② 《清太宗文皇帝实录》卷二十一。
③ 《清太祖武皇帝实录》卷一。
④ 《旧唐书》卷199下《北狄传》。

区、少数民族与汉族的和谐发展。这样一种包含着和谐主义的边疆观念，不仅持续到今天，而且通过"兴边富民"等一系列的政策体现其建设性。

而在与边疆直接相关的周边国家关系方面，建立在天下主义的世界观基础上的亲睦九族、协和万邦的"明德"① 思想更是发挥着根本性的影响。自古以来，中国以"亲睦"、"协和"的政策和方式对待周边四邻，以期在一种和谐的氛围中达成共赢。今天中国实施的"睦邻、安邻、富邻"的周边外交政策，就是这种影响的必然结果。在新形势下，中国在根据需要而重构新的边疆观念的过程中，必须借鉴西方国家率先提出的新边疆观念，以新的内容充实传统的边疆观念。但是，中国新型的边疆观念，也将包含着完全不同于西方的价值观念和道德内涵，是一种合作主义的边疆观念，在促进中国发展的同时有助于相关国家的发展。

---

① 《尚书·尧典》曰："克明峻德，以亲九族。九族既睦，平章百姓。百姓昭明，协和万邦。"

强化边疆治理　补齐战略短板*

| 周　平 |

国家既是人类创造的政治形式，也是政治地理空间单位。而作为政治地理空间单位的国家本身，又处于更大的地理空间格局中。因此，任何一个国家的发展都是在自身的及相关的地理空间中实现的。近年来，中国发展中的地理空间问题，也由于边疆问题而被凸显——中国的发展已经处于一个前所未有的全方位和立体化的地理空间场域之中。然而，从国家发展战略的角度来审视这个地理空间场域便会发现，边疆的发展明显滞后于核心区的发展，并因此而成为国家发展总格局中的短板。在这样的情况下，通过强有力的边疆治理来补齐这块战略短板，既是国家发展的必然选择，也是推进国家治理体系和治理能力现代化必须面对的重要课题。

一、国家发展面临复杂的边疆形势

中国边疆的形成，可以追溯至秦汉之际。秦统一六国后，虽然拥有前所未有的广大疆域，但疆域内不同区域的异质性十分突出。于是，秦便在实行郡县制的过程中，将边远的区域确定为边郡，并采取特殊的措施进行治理。承袭秦制的汉代，进一步采取专门的措施对疆域的边缘性区域进行治理，并使这样的政策和治理方式逐渐稳定和系统化，从而使王朝国家疆

---

* 本文原载《光明日报》，2015年6月10日。

域之边缘性部分与核心区的分隔逐渐固定化。于是，"边疆"概念便逐步形成，专门用来指称王朝国家疆域的边缘性区域。

在此后的历史中，大多数王朝都将边疆明确区分出来，采取特殊的措施进行专门的治理。然而，王朝国家的核心区往往随着国家政治、经济和文化中心的调整而变动，国家的疆域本身也会发生变化。因此，不同历史时期的边疆各有特点。但从整体上看，边疆是在以王朝中央所在地为中心和以王朝国家的传统统治范围为核心区的前提下确定的，因而被视为拱卫国家核心区的外围区域，是国家疆域中的远僻之地；边疆生活着其他的民族群体并远离国家政治中心，因而被视为少数民族地区，被赋予了丰富而深厚的文化和道德涵义，在国家政治和文化的差序等级中处于亲疏关系的远端；边疆及边疆的治理必须服从于和服务于核心区的利益。

辛亥革命在结束了中国王朝国家历史的同时，也在中国开启了构建民族国家的历史进程。中华人民共和国的成立，标志着中国民族国家构建的基本完成。中华人民共和国就是中华民族的民族国家。在巨大的历史和时代变迁及由此导致的冲击面前，中国的边疆观念和边疆形态也随之发生了改变：国家不仅按照民族国家主权原则把疆域界定为领土，进而从领土的角度来界定边疆，高度重视边界的作用和边界的划定，而且高度重视边疆在维护国家主权和领土安全中的作用，采取大规模的实边、稳边行动，并注重运用国际规则来解决与我国边疆有关的国际争端。

跨入21世纪以来，中国面临着前所未有的发展环境，国家的边疆形势也发生了重大的改变。经过由改革开放推动的现代化30多年的快速发展，中国的国家形势和外部环境都发生了根本性的改变，从而将中国的边疆形势凸显在一种新的环境之中。

一方面，中国在经过30多年的改革开放和快速发展之后，国家领土范围内不同区域之间的联系进一步加强，国家政治地理空间的整体性进一步凸显。与此同时，随着经济实力的增强和人民生活水平的提高，国家已经由全面建设时期转变为全面发展时期。在这样的情况下，将不同区域结合起来谋划，已成为国家整体发展的迫切要求。

另一方面，中国以从未有过的姿态和程度融入了世界，既深深地影响着世界，也受到世界的深刻影响。在这样的条件下，中国的国家利益不再局限于领土的范围，已经遍及全球。中国必须在一个更大的地理空间范围内维护自身的国家利益。与此同时，当代世界的国家疆域形态已经发生深刻改变。随着国家自身和人类活动范围的变化，超主权的疆域形态日渐凸显，一些西方大国已经充分地运用历史提供的机遇，拓展了国家的疆域，并构建了高边疆、利益边疆、战略边疆等新形态边疆，有效地维护和发展了国家利益。

面对形势变化对国家发展形成的刚性要求，中国必须在一个更大和更加广阔的地理空间范围内来谋划国家发展，从而以一种新的视角来看待国家的边疆。首先，在国家领土的范围内，不仅要将边疆与核心区或内地的发展结合起来，作为一个整体来看待并谋划发展。同时，要将陆地边疆与海洋边疆结合起来，将平面的边疆与空中边疆、底土边疆结合起来，凸显边疆的立体结构；其次，要确立中国的利益边疆、战略边疆，进而将领土边疆与这些新形态边疆结合起来，形成一个全方位的、立体化的边疆结构。

总之，今天的中国不仅有必要也有可能和能力，将领土的核心区与边缘区、陆地边疆与海洋边疆、平面边疆与立体边疆、领土边疆与新形态边疆结合，进行全面的审视、谋划和统筹。也只有这样，才能有效地实现国家发展。而这样一来，中国的发展和崛起，也就被置于一个宏大的立体化的空间场域中——国家发展和国家利益的维护，都必须在这样一个空间中实现。同时，只有在这样一个宏大的空间场域中进行谋篇布局，才能作好促进国家持续发展的大文章。党的十八届三中全会提出的国家治理体系和治理能力现代化的要求，也从国家治理的角度凸显了加强地理空间谋划的必要性。

二、边疆成为国家发展的战略短板

从古至今，边疆的界定与边疆治理都是相辅相成的。边疆是因为国家治理的需要而界定的，边疆治理则进一步巩固了边疆的区分，进而强化了边疆的存在。但从中国目前边疆治理及边疆发展的状况来看，虽然取得了巨大的成就，却与国家发展的要求之间存在一定的差距。

在历史上的边疆治理即王朝国家的边疆治理中，边疆治理都是围绕着核心区的治理而展开的。随着国家政治、经济和文化中心的移动，国家核心区及其治理在不断变化，国家的边疆治理便随着核心区及其治理的变化而不断调整，并服务于、服从于核心区的治理，甚至要为核心区的利益而作出牺牲。因此，边疆的治理水平和发展总是低于核心区，边疆的衰弱和边疆危机不时发生。

中华人民共和国成立后，国家按照民族国家的制度要求调整了对边疆的看法，加强了包括开发和建设在内的边疆治理。但是，在整个国家治理格局中，边疆治理受到重视的程度远远不够，甚至常常被边缘化。边疆治理在国家治理中长期处于从属地位。这一方面是由于传统的国家治理中的"核心—边缘"模式根深蒂固，国家治理中重核心区轻边缘区、重陆地轻海洋的思维发挥着深刻的影响，另一方面则是边疆治理受到国家发展水平和能力的制约。在国家能够动员的资源十分有限的情况下，国家不可能在边疆治理中投入足够的资源，只能让核心区或一部分地区首先发展起来。另外，在相当长的时间内，国家的安全形势处于严峻状态，边疆往往承受着较大的安全威胁。在这样的形势下，国家从战备的需要出发，不可能在边疆投入太多的资源。因此，国家的边疆治理基本上是针对陆地边疆的，进而将陆地边疆等同于"民族地区"，将边疆治理置于民族问题的框架下布局和实施。当前边疆治理的主要措施"兴边富民"行动，就是由国家民委推动的。

边疆治理的这种格局，在国家的区域发展战略中表现得为尤为突出。在新中国成立至20世纪60年代中期，国家经济建设的重心是在中部地带，重点发展重工业。毛泽东在《论十大关系》中专门谈到了沿海与内地的关系，但这里的"所谓沿海，是指辽宁、河北、北京、天津、河南东部、山东、安徽、江苏、上海、浙江、福建、广东、广西"，仍然是国家经济文化的核心区。从60年代中期到70年代末，国家以建设大三线为战略目标，将经济布局的重心放在西部地区，但重点是发展军工企业。改革开放以后，为了让一部分地区先富起来，国家实施"非均衡发展战略"，按东、中、西部三大地带序列分阶段、有重点地开展布局，并实行东、中、西部的梯度政策，在相当长的时期内优先发展沿海地区。到了20世纪末，才在继续沿海地区优势的同时，逐步加快中西部地区的发展。进入21世纪以来，国家实施西部大开发，加大对西部开发的力量，并实施"兴边富民"行动。诚然，在东部和西部都有边疆部分，但无论是东北部还是西部的发展，重点都不在边缘部分。只有"兴边富民"行动，才是针对边境的县和新疆生产建设兵团的边境团场的。

新中国成立以来，随着国家对边疆的开发和建设的重视，边疆的经济社会都得到了较快的发展，人民生活水平显著提高，边疆的面貌发生了巨大的改变，边疆的巩固和建设达到了前所未有的程度。如果从纵向比较的角度来看，今天中国陆地边疆的建设和发展的成绩是巨大的。但从整个国家发展的角度来看，或者从横向比较的角度来看，边疆与内地尤其是与沿海发达地区相比，边疆的滞后就十分明显了。而且，边疆与内地和沿海发达地区之间的差距还有进一步拉大的趋势。

进入21世纪以后，海洋边疆受到了高度的重视。在党的十六大提出"实施海洋开发"的问题之后，十七大和十八大分别提出"发展海洋产业"和"建设海洋强国"的要求，进一步从国家战略的角度加强对海洋边疆的治理。从目前的情况来看，海洋边疆的治理不仅相对于核心区的治理显得滞后，就是相对于陆地边疆的治理也显得滞后。今天中国海洋边疆面临的许多问题，与海疆治理的滞后不无关系。值得欣慰的是，十八大后的海洋边疆治理发展迅猛，势头良好。

关于利益边疆、战略边疆，尽管国外尤其是西方大国在理论和实践层面都在如火如荼地发展，我国却长期囿于传统的边疆观而避而远之。有意思的是，近年来军队首先发出了"中国的利益发展到哪里，军队保卫国家利益的行动就要拓展到那里"的呼声。在这样的情况下，中国的利益边疆、战略边疆的问题才得到凸显并逐渐转化为实际的行动。

总之，受制于各种主客观因素，边疆治理总体上处于滞后状态。因此，从国家总体发展来看，边疆的薄弱明显存在。这样的状况，不仅制约了国家整体实力的提升，而且还会引发更多的问题：一是不利于国家领土主权的巩固，甚至有可能导致国土被他国蚕食；二是多发的社会矛盾与民族矛盾纠缠在一起，边疆日渐增多的矛盾和冲突已经影响着国家的整体稳定；三是不能有效地维护中国的海外利益，限制了中国影响力的生成和发挥；四是影响了国家地缘政治战略的实施，不利于中国全球战略的构建。因此，从国家发展总体战略的角度来看，边疆已经成为国家发展的战略短板，制约着中国的崛起。

三、在国家战略层面重视边疆治理

既然今天中国的国家发展已经处于一个由核心区和边疆——包括陆地边疆、海洋边疆、空中边疆、底土边疆和利益边疆、战略边疆——组成的宏大的地理空间场域中，而在这样巨大地理空间中的边疆的治理和发展又相对滞后，并导致了边疆的薄弱，进而影响到国家发展总体目标的实现，那么，从国家战略的高度重视边疆治理及加强边疆治理，尽快补齐国家发展的战略短板，就成为必然的选择。而且，今天的中国也有能力和条件，全面地加强边疆治理。

从国家发展和国家治理的地理空间场域的角度来加强边疆治理，着眼的并不是边疆治理的某个或某些具体的方面，而是要从国家战略的角度或层面来考虑问题，即要提升边疆治理在整个国家治理格局中的地位，从而形成完整的边疆及边疆治理战略，进而持续增大边疆治理力度，并通过卓有成效的边疆治理来促进国家发展。同时，坚决摒弃将边疆问题或边疆治理置于民族问题的框架下研究和谋划和方式。从目前的现实来看，关键是要解决两个方面的问题：一是对边疆及边疆治理的认识问题，二是构建边疆及边疆治理的战略问题。

关于边疆的认识，具体又包括两个基本的方面：一是边疆的形态变迁问题，二是边疆在国家发展中的意义问题。首先，边疆的形态并不是一成不变的。纵观古今中外，凡是疆域范围较大且疆域内不同区域间存在较大差异的国家，都将疆域的边缘性区别界定为边疆，并采取特殊的政策进行治理。而国家疆域的形态又随着国家形态的变化和人类活动空间的拓展而变化。迄今为止，国家疆域已经经历过无主权疆域、主权性疆域（即领土）两个基本形态，目前又出现了非主权的疆域。与此相适应，边疆也有非主权边疆、主权性边疆（领土边疆）和超主权边疆（如利益边疆、战略边疆）等形态。在边疆形态快速变化的当今世界，一些国家已经根据边疆形态的变化及时调整边疆战略并因此而获得了巨大的利益。在这样的形势下，快速崛起的中国绝不能自囿于传统的狭隘边疆观，必须与时俱进和乘势而为。其次，在国家发展的不同阶段，边疆的意义是不一样的。今天中国的发展及所处的外部环境，已经改变了边疆作为国家发展的末端和边缘性部分的定位，并将其凸显为国家发展最有潜力的区域和新的增长极。从某种意义上说，中国的发展和在当今世界的地位，在相当程度上取决于边疆的巩固和发展。当然，这里所说的边疆，绝不仅仅是陆地边疆和海洋边疆。

从国家发展和国家治理的战略层面上来重视边疆治理，根本的问题是要制定完整的边疆战略和边疆治理战略。日渐崛起并融入世界和在世界范围及全球事务中发挥着越来越重要影响的中国，早已超越地区性大国的范畴，不仅已经是全球性大国，而且正在成为全球性强国。因此，中国应该构建完整而有效的全球战略。在这样的全球战略的基础上，再来构建自己的边疆战略和边疆治理战略。

国家边疆战略具有宏大的格局和丰富的内容，但必须包括以下内容：一是恰当地界定自己的陆地边疆、海洋边疆，以及太空边疆和底土边疆，尤其是要加强陆地边疆与海洋边疆的整合。许多看似有定论的问题，其实都有重新进行审视和斟酌的必要。如陆地边疆的内部边际线的划定，海洋边疆的主权管辖区域的划定等，都要从国家发展和治理的角度认真审视；二是合理界定利益边疆、战略边疆，以及利益边疆中的经济利益边疆和安全利益边疆的区分，并认真研究如何通过巩固的战略边疆支撑利益边疆等。

如果说国家的边疆战略要解决的是国家的边疆格局问题，那么，国家的边疆治理战略要解决的则是对各种形态的边疆的有效治理问题。从中国目前的情况来看，利益边疆涉及的主要是构建和管控问题，战略边疆主要涉及的是战略布局问题。而国家边疆治理的战略，主要是涉及陆地边疆的治理和海洋边疆的治理两个大的方面。作为国家层面的陆地边疆治理和海洋边疆的治理，必须确定边疆治理的战略地位、边疆的开发和建设规划、经济和社会发展的基本政策、边疆发展中的政策支持，以及内地支援边疆等若干具体的政策。这些都需要由中央有关部门牵头制定。

国家的边疆战略和边疆治理战略形成后，国家的经济发展战略和布局，包括经济安全、政治安全、军事安全等在内的安全战略，地缘政治战略，外交战略尤其是周边外交战略和军事战略等，都必须进行相应的调整，使其与之相匹配和相辅相成。

我国边疆治理的一般客体与特殊客体

| 方盛举　王志辉 |

一、边疆治理的一般客体

边疆治理是以政府为核心的多元主体为实现边疆的安全、稳定和发展，依法对边疆区域内的国家事务和社会公共事务进行管理和处置的活动及其过程。

边疆治理主体是多元的，不仅仅只是政府，但由于政府在国家和社会治理中的独特地位和优势，其在边疆治理中始终扮演着核心作用。除政府外，边疆治理主体还包括边疆地区的各种类型的社会组织，包括群团组织、志愿者组织、基层群众自治组织等等，它们在边疆治理的过程中也承担着不同的公共职责，发挥着独特的治理功能。

边疆治理的客体就是边疆地区客观存在的国家事务和社会公共事务。边疆的国家事务是指在边疆地区范围内与国家政权的稳定、巩固和发展具有直接相关性的事务，这些事务具有很强的政治属性，如国家政权建设、国防、国家政治安全；边疆社会公共事务是指在边疆地区与公众的民生改善具有直接相关性的事务，如经济调节、市场监管、社会管理、公共服务、环境保护等事务，这些事务具有很强的社会属性，而政治属性较弱。

边疆治理是一种理性的、自觉的国家行动，为了追求优良的治理效果，这种国家行动必然有完整的计划、合理的目标。不同的历史时期、不

---

* 本文原载《思想战线》，2015年第5期。

同的政治生态，决定了边疆治理的目标是不同的。当前，我国九个陆疆省区基本上都处于社会主义初级阶段的低层次阶段，这一阶段的边疆治理目标应该是安全、稳定和发展。安全目标就是边疆治理要始终为国家的发展进步提供全方位的安全环境和条件；稳定目标就是边疆治理始终要把边疆社会的和谐稳定作为重要的价值目标来追求；发展目标就是边疆治理要把实现边疆地区的科学发展、和谐发展和跨越式发展作为始终坚守的价值目标。

依法治理始终是边疆治理的根本方式。边疆治理的方式，就是边疆治理所采用的方法及其形式，即已经形成一定范式的方法。古今中外的政治实践证明，法治是政治文明的结晶，是政治文明的先进成果，是国家治理最佳的方式。现代国家的根本治理方式就是法治。同样，追求边疆治理体系及治理能力的现代化，必须以推进边疆治理方式的法治化为根本任务。

边疆治理是相对于腹地治理而言的，但边疆治理与腹地治理相比，是有很大差异性的。可以说，腹地治理所面临的全部事务，在边疆治理中几乎都会碰到。而边疆治理中所面临的很多事务，腹地治理中却不一定会碰到。可见，边疆治理所要管理和处置的国家事务和社会公共事务远比腹地治理复杂和艰巨得多。我们可以把边疆治理的客体划分为两个部分，一个是一般性事务，另一部分是特殊性事务。边疆治理中的一般性事务，是腹地治理也必然面临的事务，它们具有共同的属性，对其治理规律也是相同或相似的。而边疆治理中的特殊性事务，就是边疆地区特有的事务，其有自身特殊的内在矛盾性，对其治理也具有特殊的规律性。这些事务如边防、边境、边贸、边民、跨境民族、跨境婚姻等事务。正因为我国九个陆疆省区面临这么多特殊的国家事务和社会公共事务，所以才有系统而深入地研究和探讨边疆治理问题的需要。

边疆治理的一般客体，就是指边疆所要管理和处置的国家事务和社会公共事务中，与腹地具有相同或相似性的那一部分事务。不管是腹地，还是边疆，应该说大部分待管理和处置的公共事务是相同或相似的，没有本质属性的差别，其治理理念、治理制度、治理政策、治理方法等都是相同或相似的。我们为了研究的方便，就把这一部分事务称为边疆治理的一般客体。在市场经济条件下，可以把边疆治理的一般客体分为五大类型，每个大类下又可以进一步分为若干具体事务。

政治方面的事务有：干部管理、财政、国防、外交、打击犯罪与维护治安、政权建设、民族宗教等事务。

经济方面的事务有：经济发展规划与调节、国有自然资源的管理、国有资产管理、市场监管、税收征管等事务。

文化方面的事务有：意识形态、新闻出版、文学艺术、理论研究与智库建设等事务。

社会方面的事务有：国民教育、医疗卫生、人口与计划生育、科技、社会保障、就业服务、社区建设、体育等事务。

环保方面的事务有：环境污染的治理、生态保护与建设等事务。

以上公共事务，是整个国家范围内所共有的，不管是腹地的治理，还是边疆的治理，都必须把这些事务管理和处置好，这样才能保证全社会公共产品和公共服务的顺利供给，才能保证全体国民的福利得以实现和提高，才能保证国家治理体系得以存在和发展的正当性和合法性。需要特别强调的是，过去有学者认为边疆治理就是对边疆特殊问题的治理，这就把边疆治理的客体范围大大缩小了，这不利于从系统性角度来理解和看待边疆治理体系的全貌。所以，在这里我们把边疆治理的客体有目的地划分为一般客体和特殊客体，是想阐明两个观点：一是对一般客体的治理是边疆治理的基础和主要任务；二是对特殊客体的治理才彰显了边疆治理在国家治理格局中的特殊意义和价值。

二、边疆治理的特殊客体：边疆的开发与发展问题

边疆治理的特殊客体是指在国家治理格局中，只有边疆地区才具有的国家事务和社会公共事务，而内地要么没有这种事务，要么这种事务地位不突出。边疆治理的特殊客体，由于其有特殊的内在矛盾性，在治理过程中必须采用与腹地治理完全不一样的治理理念、治理制度、治理政策和治理方法。

区分边疆治理的一般客体和特殊客体就是为了凸显边疆治理在国家治理格局中的确具有特殊性，腹地治理和边疆治理不能搞"一刀切"、"一

个样",必须要坚持因地制宜、实事求是的治理原则。也就是说,我国的边疆治理具有自身特殊的规律性,只有充分地尊重这种规律性,才能获得良好的治理效果。

在我国边疆省区面临的国家事务和社会公共事务中,很明显有一部分事务要比内地更突出,这些事务或者是由于历史因素形成的,或者是由于地缘因素形成的,或者是外部力量介入造成的,总之,对这些事务的管理和处置没有达到理想的状态,使这些事务以尖锐的社会问题呈现出来,直接对边疆乃至整个国家的安全、稳定和发展造成了巨大威胁。其中,边疆的开发和发展问题是处于最重要的地位,是边疆治理的主要特殊客体。

边疆的开发和发展问题,是边疆人民对加快发展、改善民生的强烈愿望与现实中边疆经济社会发展水平较落后,不能满足人们愿望之间的全部矛盾问题。边疆人民对本地区经济社会发展水平落后的价值判断来自于与其他地区的比较,首先与发达国家相比,其次与周边相邻国家相比;再次与内地相比。根据我们长期的观察,边疆普遍的公众经常使用内地经济社会发展的程度来衡量边疆的发展水平;其次就是用周边相邻国家的发展程度来衡量自己的发展水平;把发达国家的发展程度作为衡量标准也存在,但并不普遍。可见,边疆人民衡量自身发展水平最核心的参照标准就是内地的经济社会发展程度。从这个角度看,边疆发展问题的实质,就是长期以来边疆经济社会发展水平远远落后于内地的发展,就是区域发展不平衡问题。当然这其中还夹杂着边疆省区内部区域发展不平衡、城乡发展不平衡等问题。

边疆与内地的经济发展水平存在很大差距。人均 GDP 是最能反映地区之间发展差距的一个统计指标。以 2013 年的统计数据来分析,全国人均 GDP 为 41804.71 元,31 个省市区人均 GDP 最高的是天津 101688.85 元。九个边疆省区从高到低分别为:内蒙古 67603.99 元,辽宁 61694.46 元,吉林 47017.24 元,黑龙江 38601.98 元,新疆 38113.92 元,广西 30709.10 元,西藏 26038.96 元,云南 25157.57 元,甘肃 24668.15 元。只有三个边疆省区超过全国平均水平,六个边疆省区全部在全国平均水平以下。边疆最低水平的甘肃与全国最高水平的天津相差 4.12 倍,作为典型边疆省区的云南、西藏与天津相比,也相差约 4 倍。如果把九个边疆省区看成一个体系，其人均 GDP 为 39956.15 元，经济总体发展水平在全国平均水平之下。边疆总体发展水平与我国最发达地区之间的发展差距为 2.5 倍。①

边疆人民生活水平与内地之间的差距也较大。农村居民家庭人均纯收入和城市居民家庭人均可支配收入，这两个指标是衡量地区间人民生活水平的主要指标。以 2013 年的统计数据来分析，农村居民家庭人均纯收入全国平均值为 8896 元，该指标最高的是上海 19208 元。九个边疆省区从高到低依次是：辽宁 10523 元，黑龙江 9634 元，吉林 9621 元，内蒙古 8596 元，新疆 7296 元，广西 6791 元，西藏 6578 元，云南 6141 元，甘肃 5108 元。东北三省在全国平均值以上，剩下六个省区均在全国平均值以下。农民人均纯收入全国最高的上海是边疆最低的甘肃的 3.76 倍，是西藏、云南的约 3 倍。如果把边疆作为一个整体来看待，边疆农民人均纯收入是 7810 元，最高的上海是边疆省区的约 2.5 倍；再看城市居民人均可支配收入，该指标全国平均值为 26955 元，最高的是上海 43851 元。九个边疆省区从高到低依次为：辽宁 25578 元，内蒙古 25497 元，广西 23305 元，云南 23236 元，吉林 22275 元，西藏 20023 元，新疆 19874 元，黑龙江 19597 元，甘肃 18965 元。九个边疆省区全部在全国平均值以下。全国最高的上海是边疆最低的甘肃的 2.3 倍。如果把边疆作为一个整体看，边疆城市人均可支配收入为 22039 元，上海城市居民人均可支配收入是边疆的约 2 倍。②

从上述几个典型的经济发展水平和民生改善水平的指标来看，我国边疆的经济社会发展水平明显比内地差很多。从世界各国国家治理的实践经验来看，一个国家范围内不同地区之间经济社会发展差距的长期存在，可能会造成以下后果：一是落后地区容易滋生出极端主义思潮，如地区分离主义、民族分裂主义、恐怖主义、极端宗教思想等等，这些思潮根据环境和条件的变化有转化为极端主义行为的可能性，这对国家整体安全会造成最大的威胁；二是容易为秉持霸权主义、强权政治和新干涉主义的国家进行渗透、颠覆、破坏等活动提供借口，这对维护国家的主权统一和领土完

---

① 数据来源于《中国统计年鉴 2014 年》，中国统计出版社 2014 年版。
② 数据来源于《中国统计年鉴 2014 年》，中国统计出版社 2014 年版。

整合会带来极大挑战；三是在市场经济条件下，落后地区的优质发展资源，特别是人才资源，容易流失到发达地区，造成落后地区落入发展陷阱，形成恶性循环的发展效应。如果国家治理活动不及时有效地加以干预，则很容易造成落后地区的"边缘化"、"边疆化"，这"两化"又将进一步加剧前面两种后果的形成；四是地区之间、利益群体之间经济社会发展差距的长期存在，是社会心理失衡产生的根本原因，社会心理失衡容易转化为人们的社会行为失范，对人们的社会行为失范控制不力，特别容易形成类型复杂的社会矛盾，一旦某些社会矛盾从局部地区、局部领域产生溢出效应，对不特定的群体产生影响，则转化成为社会公共问题。当大量的社会公共问题涌现出来，而政府治理能力又不济的情况下，社会动荡迟早会发生。社会不稳定处置不好，在某些势力的操纵下，会迅速转化为政治动乱。近年来很多国家的颜色革命就是依照这个逻辑发生的。

从以上分析可以得出一个结论：我国边疆的开发与发展问题是一个关乎国家前途命运的战略性、全局性问题，是一个重大的政治问题。正因如此，解决边疆的开发和发展问题就成为我国边疆治理首要的任务和课题。可以说，实现边疆经济社会的科学发展、和谐发展和跨越式发展，是我国边疆治理的第一要务。

三、边疆治理的特殊客体：民族问题

在民族理论研究中，民族问题是一个内涵比较复杂的概念，"民族问题既包括民族自身的发展，又包括民族之间，民族与阶级、国家之间等方面的关系。"① 可见民族问题至少包括四个方面的内涵：一是民族自身的发展问题，即一个民族的发展现状与其发展愿望之间的落差问题；二是民族之间的关系问题，即这个民族与那个民族之间因差异而导致的矛盾问题，二是民族与阶级之间的关系问题，即民族与阶级之间的区别、联系及相互作用问题；四是民族与国家之间的关系问题，即民族与国家的区别、联系及相互作用问题。

---

① 国家民族事务委员会、中共中央文献研究室：《民族工作文献选编（1990—2002）》，中央文献出版社2003年版，第37页。

在当前我国处于社会主义处级阶段的历史条件下，我国民族问题的实质就是不同民族之间的关系问题，包括：汉族与少数民族之间的关系问题、少数民族与少数民族之间的关系问题。

当前我国民族问题之所以依然存在，并且将长期存在，是以下因素造成的：一是我国56个民族在形成和历史演进中存在着自然属性的差异。由于民族是具有共同语言、共同地域、共同经济生活、共同心理素质的稳定的人们共同体。我国56个民族在历史上形成和发展赖以存在的地域环境、经济生活方式、语言、心理素质等都存在较大差异，造成时至今日，各民族之间依然存在语言、宗教信仰、风俗习惯等自然属性方面的差异；二是我国56个民族在各自的社会发展进程中存在着较大的社会属性的差异。民族的社会属性是指一个民族的生产方式、公共生活的组织方式、社会发育水平、文化发展程度等构成的社会关系状况和社会发展状况。我国56个民族在经济、政治、社会、文化等发展水平上显然存在着差异性，而且在有些民族之间这种差异还较大。

不管是自然属性导致的民族差异，还是社会属性造成的民族差异，都容易诱发民族之间的隔阂、矛盾、冲突，这就是民族问题。民族问题根据其社会影响的程度，可以分为隔阂型民族问题、矛盾型民族问题和冲突型民族问题。隔阂型民族问题的特点是不同民族之间存在着一定程度的不接纳、不理解、不信任、不认同现象（也就是我们经常说的轻视、歧视或蔑视现象），但这些现象对民族间的交往与合作并不构成破坏性影响。隔阂型民族问题仅仅存在于不同民族人们的心理层面或思想意识层面，并没有转化为大规模的行为；一旦民族间的不接纳、不理解、不信任、不认同等，从思想意识层面转化为行为层面的排斥、摩擦，对民族之间的交往和合作造成了一定程度的损害，这种类型的民族问题，就是矛盾型民族问题；当民族之间的不接纳、不理解、不信任、不认同程度较深，且导致了民族之间频繁的、大规模的对立和对抗行为，造成了民族之间交往和合作关系的中断，这种民族问题就是冲突型民族问题。

根据以上理论来考察我国的民族问题，很显然我国当前的民族问题是以隔阂型民族问题为主，矛盾型民族问题在一定程度上存在着，而冲突型民族问题是不存在的。

我国九个陆地边疆省区国土面积约577万平方公里，占我国960万平方公里陆地国土面积的60%。在中国大陆13.4亿人口中，少数民族人口约1.14亿，占大陆人口比例的8.49%。我国九个边疆省区的人口总量约2.82亿，其中少数民族人口0.66亿，占边疆总人口的23.39%。生活在边疆地区的少数民族人口占全国少数民族人口总量的57.89%。① 其中，广西、云南、西藏、新疆、内蒙古等五个省区的少数民族人口比例较高，都超过人口比例的20%以上。特别是西藏和新疆两个自治区，少数民族人口的比例分别占总人口的91.83%和59.9%，也就是说，在这两个自治区，汉族其实是当地的少数民族。总体上看，我国近六成少数民族人口居住在边疆地区，而且呈现出大杂居、小聚居的分布格局。处于小聚居状态下的各少数民族其民族特性是很容易保持和传承的，也就是生活在边疆的各民族之间的差异性是较大的，加上边疆少数民族均有自己的宗教信仰，且我国边疆至少有35个少数民族是跨境民族，与周边国家的相同民族跨境而居。边疆民族关系中既融入了宗教因素，又融入了国际因素，造成我国边疆的民族关系相当复杂。

新中国建立以后，我国政府在边疆对民族问题的治理遵循了先进的理念——民族平等、团结、共同繁荣理念；设计了较科学的制度——民族区域自治制度；实施了合理的政策——干部政策、帮扶政策、宗教信仰自由政策、语言文字政策、风俗习惯政策等，使以往那种冲突型的民族问题，逐渐得到根本治理，但由于民族间自然属性和社会属性的差异是长期存在的，民族间事实上的不平等也不是很短时间能够解决的，于是造成了隔阂型民族问题广泛地存在着。21世纪以来，受市场经济大潮的冲击，边疆各民族的利益主体意识和权利主体意识迅速觉醒，这使以利益争夺、权益维护为特点的矛盾型民族问题较快地滋生和蔓延。因此，当前我国边疆地区隔阂型民族问题和矛盾型民族问题是普遍存在的，若治理不当，或者治理失效，隔阂型民族问题将恶化为矛盾型民族问题，而现有的矛盾型民族问题则恶化为冲突型民族问题，这对维护边疆的民族团结、经济发展、社会稳定等是很不利的，甚至对整个国家的安全及其现代化事业都是不利

---

① 表中数据来源于中华人民共和国国家统计局：《2010年第六次全国人口普查地方人口数据公报》，http://www.stats.gov.cn/tjsj/tjgb/rkpcgb/。

的。因此，我国陆地边疆治理必须把有效治理民族问题作为一个极其重要的任务。

四、边疆治理的特殊客体：国家安全问题

所谓国家安全，就是国家的各个领域均不受内外破坏性因素的威胁，而按照既定的规则和秩序平稳运行的状态。国家的各个领域包括政治领域、经济领域、社会领域、文化领域、生态领域等。在特定的历史时期，每个国家的各个领域都会形成自身特点的规则和秩序，这些规则和秩序保证了这个国家的安定和谐、平稳发展。但是，由于人性中的恶，会使人类的个体或者群体滋生和发展出各种带有破坏性的思想观念及其行为，或者以渐进的方式侵蚀既定的规则和秩序，或者以激进的方式颠覆既定的规则和秩序，于是使作为人们普遍追求的国家安定和谐、平稳发展的状态遭受着威胁和破坏，这就是国家安全问题。

导致国家安全问题的因素来自内外两个方面。从国家内部来说，有自然资源贫乏、自然灾害多发、经济发展落后、财富分配不均、社会阶层流动性不畅、社会公平正义丧失、政府治理能力低下等；从外部来说，有殖民主义、霸权主义、强权政治、干涉主义等因素。当然，内部因素是根本，外部因素是条件，对国家安全威胁最大的还是内部因素，外部因素是重要的影响因素。

"当前我国国家安全内涵和外延比历史上任何时候都要丰富，时空领域比历史上任何时候都要宽广，内外因素比历史上任何时候都要复杂。"① 我国当前面临的国家安全问题极其严峻，国家安全挑战是全方位的，我国边疆地区的国家安全问题表现得特别突出。

边疆政治安全问题。对我国政权体系和政治秩序存在重大威胁的内部因素有："三股势力"（民族分裂主义势力、极端宗教势力、恐怖主义势力），国家分裂主义势力（"台独"、"藏独"、"疆独"、"港独"等），意识形态领域的封闭僵化思潮和全盘西化思潮，政权体系内的腐败问题，国

---

① 2014年4月15日，习近平在中央国家安全委员会第一次会议上的讲话。

外反华反共势力培植的"第五纵队"等。外部因素主要有：西方大国在国际关系中推行霸权主义、强权政治和新干涉主义政策，并很默契地配合国内形形色色"反体制"力量的活动，煽动诸如"颜色革命"、街头政治、暴恐活动等，对我国的政治稳定带来了很大威胁。在我国边疆省区由于政治关系比内地更为复杂，所以其面临的政治安全的挑战也最为艰巨，近年来震动国内外的多起政治事件大都发生在边疆省区，这就说明对政治安全问题的治理是我国边疆治理的重要领域。

边疆国土安全问题。国土包括陆地和海洋。在陆地国土安全方面，由于新中国建立后，我国与周边国家对有争议的地区展开了一系列的卓有成效的谈判工作，使大部分陆疆划界取得了进展，这为保证国土安全创造了基本条件。目前，国土安全面临威胁最大的是海洋国土的安全，在东海与日本的争端，在南海与菲律宾、越南、马来西亚等国家的争端日趋激烈。当然，陆地国土安全问题并没有完全得到解决，首先，我国与印度间的边界领土争端一直悬而未决；其次，朝鲜和韩国国内有些政治力量对我国控制的长白山地区存在领土诉求；再次，是我国与周边国家尽管进行了划界，但那只是初步的划界，在一些具体的边界地区仍然存在局部的争议，如以河流作为边界的地区，由于河流改道，造成了领土争端不断发生。有些边界的界桩遭到人为的位移或破坏，或者遭到自然力量（滑坡、泥石流、地震等）的位移或破坏，也造成了不少的领土争端。国土安全问题是一个典型的边疆问题，如何保证我国的每一寸国土不流失，是边疆治理的一个重要课题。

边疆军事安全问题。军事安全也称为国防安全，是一个国家为防备国外武装力量的侵略或颠覆，借助军事力量的威慑力和打击力，捍卫国家主权统一和领土完整，保障国家安全的状态。国家军事安全的程度取决于国家军事力量威慑力和打击力的大小。国家军事力量的威慑力和打击力越大，则国家的军事安全越有保障，相反，则国家的军事安全较为脆弱。在国防的三大领域（边防、海防、空防）我国实行的都是积极防御型的军事安全战略，而不是扩张型的军事安全战略，这就决定了我国陆地边疆是维护国家军事安全的重点区域。可以说，国家军事力量在边疆的建设越有成效，则边防越巩固。但长期以来，受制于我国经济发展落后的现实，我国国防现代化水平还较低，对陆地边疆来说，就是边防体系建设欠账较多。以我们现有的边防军事力量的威慑力和打击力，只能胜任边防的被动防御任务，还不能完全适应积极防御的战略要求。1962年中印边界冲突中，我们在取得军事斗争全胜的情况下，由于我军后勤保障能力弱，导致我军被迫撤出藏南地区，我国9万多平方公里的领土至今被印度非法占领，说明我国边防体系仍然脆弱，边疆的军事安全问题依然是我国边疆治理的重要客体。

边疆经济安全问题。所谓国家经济安全，是指经济全球化时代国家保持经济体系独立健康运行、整体经济福利不受重大侵害和根本威胁的状态。我国边疆省区对保障国家经济安全的价值非常重大。首先，边疆地区是国民经济持续发展的新引擎。我国腹地，特别是东部发达地区经过过去30多年的改革和发展，经济体系已经到了结构调整和发展方式转变的关键时期，在科技创新动力有限的情况下，这种经济发展方式的转变必然是一个长期的、艰苦的过程，加上东部发达地区主要以外向型经济为主，在欧美发达国家经济不景气的情况下，东部发达地区的经济发展速度也不可能较理想。也就是说，这一个时期东部发达地区对整个国家经济发展的推动力已经达到饱和状态。如果不开辟新的经济增长引擎，保持国民经济一定速度的增长，则国家的经济安全就会存在很大的隐患。我国边疆地区经济发展的程度普遍较低，在东部经济转型升级的阵痛期，完全可以成为东部传统产业转移的接续地，一方面可以帮助东部地区尽快完成产业的转型升级，另一方面也可以保证国民经济的发展速度不下滑；其次，边疆地区丰富的自然资源，也保证了国家经济的安全。九个边疆省区是我国自然资源相对丰富的地区，国家经济安全离不开自然资源的持续供给，加快边疆的开发步伐，就为国家经济安全提供了保障；再次，与我国接壤的周边国家的国情是人口多、资源丰富、经济落后、科技水平低。加快我国边疆地区与周边国家的区域经济合作，充分利用国内外两种资源、两个市场，对保证我国经济安全非常有利。

边疆文化安全问题。国家文化安全"是一个国家的文化不被其他文化侵蚀、取代或同化，保持自身的独特性、独立性、完整性并不断传承和发展的状态"[1]。一个国家的文化是这个国家的全体人民在长期的生产、生

---

[1] 陈大民：《捍卫国家文化安全》，载《求是》，2012年第16期。

活实践中逐渐积累下来的文明成果，表现为精神、制度和器物等三个层面。精神层面的文明成果主要是这个国家的人民普遍认同并追求的世界观、人生观、价值观和思想理论体系；制度层面的文明成果主要是这个国家及其人民自觉坚守和遵循的制度化的行为规范；器物层面的文明成果主要是这个国家的人民根据生产和生活的实际需要所创造出来的具有特定功能的工具。当今时代，国家文化安全问题之所以存在，根源于国际上"文化霸权主义"的客观存在，即一些西方发达国家为了巩固和强化自己在国际社会中的领导地位，而利用其在经济、科技、政治、军事、传媒等领域的领先优势，有目的、有计划地向其他国家推销其文化，以实现对他国的"西化"或"分化"。当一个国家的文化的独特性、独立性和完整性一旦遭到破坏，这个国家团结凝聚、奋发有为的精神基础将不复存在，国家很容易导致内耗和分裂，人民将很难找回民族自信和尊严。我国是一个统一的多民族国家，56个民族在长期的共同团结奋斗、共同繁荣发展过程中，逐渐形成了中华民族的"多元一体"格局。以中华民族的一体化发展为取向形成了国家的主流文化，以不同民族的独特的生产和生活方式为取向又形成不同民族、不同地域的亚文化。我国少数民族人口的六成生活在边疆。具有浓厚民族性、地域性特点的亚文化多元而丰富。不同类型亚文化的"小、散、弱"等特点，容易被国际上"文化霸权主义"所利用，造成这些亚文化被西方文化渗透、侵蚀和同化。如近些年来我国西部边疆国际性宗教（基督教、天主教、伊斯兰教等）的渗透非常严重。可见，我国边疆地区不仅客观地存在着，而且尖锐地存在着文化安全问题的挑战。

　　边疆的生态安全问题。国家生态安全是指一个国家的自然生态环境能够不受破坏或者少受破坏，从而为国家的生存和发展提供健康的生态环境条件的状态。国家生态安全包括水安全、土地安全、草原安全、森林安全、大气安全、湿地安全、地质安全、物种安全等。国家生态安全状况直接决定着国民的生活品质，制约着国家经济社会的发展程度。我国陆疆生态安全的特点是：一方面，生态环境较为脆弱。譬如西南边疆最突出的生态安全威胁是地质灾害、水土流失频发，森林的生态功能退化，水污染严重；西北边疆最突出的生态安全威胁是土地沙漠化、盐渍化，森林资源贫乏、草地资源破坏严重，沙尘沙暴天气频发；北部边疆最突出的生态安全威胁是草原数量减少、品质下降，草原生态功能退化；东北边疆最突出的生态威胁是土壤品质下降、水污染严重等。另一方面，边疆地区的生态安全不仅对本地区的生产和生活影响巨大，而且它承担着整个国家生态安全屏障的作用。如地处西南的广西和云南是我国生物物种最丰富的地区，对保障国家生物物种的安全作用很大；地处青藏高原的西藏是我国的"江河源"，对保障我国水安全至关重要；新疆国土面积广、开发潜力大，是我国土地资源安全重要保障；内蒙古面积广阔的草原和森林，是我国大气安全的重要保障；东北地区丰富的森林资源和黑土地资源，对我国农业生态安全发挥着重要作用。所以，在边疆治理中，有效治理生态安全问题，不仅对边疆人民生活品质的改善、生产的发展具有重大作用，而且对全国都具有直接的意义。

边疆的资源安全问题。国家资源安全是指一个国家维系其经济发展所需的自然资源供给的可靠性状态。自然资源包括矿产资源、生物资源、水资源、能源资源、土地资源等。充沛的自然资源是一个国家经济发展的前提和基础，如果国家发展所需要的自然资源不管从数量、还是质量都没有有效保障，不能满足持续性的供给，则说明国家存在着资源安全问题。当今世界大多数国家都存在着程度不同的资源安全问题。我国也是一个人均自然资源占有量比较低的国家，从主要自然资源人均占有率来看，我们的人均耕地只有世界人均水平的三分之一，人均水资源占有率只有世界人均的四分之一，人均森林资源只有世界人均的五分之一，人均石油天然气资源只有世界人均的十五分之一，人均矿产资源总量只有世界人均水平的58%，且大宗矿产资源如铁矿、铜矿等由于储藏量分散、开采成本高，都需要从国外进口。从上可见，决定我国经济能否长期安全发展的主要自然资源，面临极为严峻的形势，资源安全问题始终是关乎我国国家安全的重大挑战。我国陆地边疆的安全，又对国家资源安全起到重大影响作用，这是因为：首先，决定我国经济发展的主要自然资源大都分布和储藏于我国边疆地区。如我国大部分动植物资源、水资源、森林资源、耕地资源以及绝大部分能源资源分布在边疆九省区；其次，我国进口自然资源的很大一部分是从边疆陆路口岸进入的。中缅、中哈、中俄等石油管道及天然气管道，从周边国家进口的大量矿产资源等都要通过边疆省区的口岸进入内地。我国九个陆地边疆省区对整个国家资源安全的影响较大,所以,保障国家资源安全是边疆治理的重要任务。

当然在我国陆地边疆地区还存在着社会安全、信息安全、科技安全等方面问题,由于其和内地面临的情况相差不大,没有更多的特殊性,所以不再赘述。

五、边疆治理的特殊客体:政治认同问题

"所谓政治认同,即社会成员在一定的政治生活和政治发展中所产生的情感和意识上的归属感,具体体现为政党认同、国家认同、制度认同、体制认同、理想认同、政策认同、宗教认同,等等。政治认同既是把社会成员团结和组织起来的重要凝聚力量,又是激励和促进社会成员共同奋斗与前进的重要思想基础,同时还是社会成员共同遵循的价值目标和理想归宿。"[①]

政治认同问题,就是一定的政治共同体中的成员所具有的某种政治认同感达不到理想的状态,可能对政治共同体的基本生存和健康发展造成潜在的威胁。譬如一个国家的公民对国家的认同感不理想,就可能威胁国家的安全和稳定;一国范围内的公众对政权的认同感不理想,可能造成该国政权的危机;一国公众对某项政策的认同感不理想,可能造成该政策的流产或者执行不下去;公众对一个政党的认同感不高,可能导致这个政党的执政危机或者选举危机;公众对某种政治理想或政治价值的认同度不高,则容易导致这种政治理想或政治价值被虚无化。总之,政治认同问题是一个国家政治生活中始终存在,并对政治系统的健康运行直接产生重大影响的问题。

在我国陆地边疆地区,由于政治生态的复杂性,使生活在这一地区的公众的政治认同问题要比内地复杂得多。如这一地区生活着30多个跨境少数民族,这些少数民族群众就客观地存在着国家认同和民族认同孰先孰后的矛盾心态;我国少数民族大都有真切的宗教信仰,于是在宗教认同与

---

① 包心鉴:《当代中国的政治认同》,载《光明日报》,2014年4月9日。

国家主流意识形态认同之间又会产生一定程度的心理纠结；这一地区长期处于开发不足、发展不足的现实，各族群众的民生还较艰难，于是形成这一地区各族群众对政权的认同度和政策的认同度不理想；这一地区一直是西方反华反共势力进行渗透、颠覆的重点地带，争夺民心民意的思想文化斗争一直较为激烈，由于受反华反共势力的蒙蔽性宣传，加上我国边疆基层政权客观存在着一定的软弱涣散及腐败问题，基层宣传意识形态工作创新不足、效果较差，于是形成这一地区公众对执政党的认同度及政权的认同度不理想的状况。

总之，我国陆地边疆地区的公众对统一的多民族国家的认同、对中国共产党执政地位的认同、对人民政权合法性的认同、对某些公共政策合理性的认同等存在不足和缺陷，对边防巩固、边疆安全稳定、民族团结和睦等始终都是一种隐患。所以我国陆地边疆治理的一个重要任务就是要发展完善的治理机制，有效解决边疆各族群众政治认同问题，保证边疆各族群众的国家认同度、执政党认同度、政权认同度、政策认同度不断提高，为边疆的长治久安和繁荣发展奠定政治心理基础。

论我国边疆治理取向的调适与重构[*]

| 王砚蒙　朱碧波 |

"天下已定边未定，天下未乱边先乱"。在我国源远流长的国家治理历史中，边疆始终都是关系到国家安全和国家稳定的一个焦点性问题。历代王朝统治者文治武功的治边史，莫不以边疆稳定作为首要的目标诉求。中华人民共和国成立之后，地缘政治的复杂、国家利益的权衡和非均衡发展战略的实施，导致我国边疆治理中也呈现出非常明显的稳定诉求。改革开放之后，随着地缘政治格局的变迁、风险社会的来临和边疆社会的深刻转型，各种非传统安全问题和社会稳定问题层出不穷，尖锐地挑战了既有的边疆社会的秩序建构。有鉴于此，当前我国的边疆治理应该随着时代变迁和社会发展，捕获冲击边疆稳定的深层根源，不失时机地完成边疆治理取向的调适与重构，为边疆区域的和谐与稳定奠定坚实的基础。

一、传统边疆治理的稳定诉求

在我国古代的边疆想象中，独特的地理空间分布、复杂的地缘政治生态和奇异的民族文化习俗，导致中原王朝对边疆少数民族的种种误读，边疆污名化的现象十分突出。在中原王朝的等级秩序结构空间观中，中原区域是王朝和文明的生发之地，而边疆区域则是文明向野蛮过渡的边缘地带，是落后甚至蛮荒的异域空间和化外之地。中原王朝与边疆民族在认知

---

[*] 本文原载《云南社会科学》，2015年第4期。

上的歧异和文化上的异质，使得王朝政权与边疆政权在国家的历史演进中始终都存在着或强或弱的政治张力，并由此产生了朝贡与依附、博弈与竞争、对峙与战争等多种多样的关系形态。为了化解异域空间的边疆政权带来的安全压力，王朝统治者在边疆治理的过程中，对边疆少数民族"阻之以城塞，限之以居处，窒之以语文"，表现出明显的稳定诉求。中原王朝政权边疆稳定的目标诉求，使得大多数王朝统治者既无多事"夷狄"的政治野心，又无开发边疆的内在驱动。对于王朝统治者而言，穷兵黩武，用兵边陲，内耗国库，外致民怨，再加上天朝物产丰盈，边疆苦困，朝廷虽扬威于边疆，边疆却无补于朝迁，两相比较，难免得不偿失。而在边疆开发方面，王朝统治者更是消极慵懒。清王朝统治者甚至设置了种种阻禁边疆开发之政策。乾隆时期，为禁绝蒙古开发，乾隆颁令："其开垦地亩及典种之民人，交该地方官从重治罪，递回原籍。"① 在禁止西藏开发之时，乾隆又训谕："西藏乃极边之地，非内地可比，其生计风俗，自当听其相沿旧习，毋庸代为经理。"而王朝统治者之所以重视边疆稳定而看轻边疆开发，正如清人孙士毅直白之言："边氓之气宜静不宜动，此等番民羁縻之足矣，招募垦田，患有不可胜言者，子知其一不知其二也。"② 孙士毅对于边疆开发和边疆发展的看法，在王朝统治阶层中可谓"吾道不孤"。普遍而流行的边疆认知，使得王朝统治者往往倾向于以牺牲边疆发展为代价，换取边疆区域稳定③，"不使其失，亦不使其兴"，重控制而轻开发，重禁阻而少滋助。在康乾盛世时期，王朝政权尚且如此保守地看待边疆及边疆开发，就遑论历史上那些自顾尚且不及，更无余力以治边的王朝小国了。

王朝国家时代晚期，在内忧外患的冲击之下，中华民族面临数千年未有之大变局，并开始了由王朝国家向民族国家的艰难蜕变。中华人民共和国的成立，标志着我国民族国家建构的基本完成，也昭示着中华民族治边历史新时代的到来。然而，新中国成立之后，国家虽然意识到边疆开发对于国家建构的重要意义，却依然受制时代所限，并没有从根本上调整边疆

---

① 《大清会典事例》卷九七〇。
② 周蔼联：《西藏记游》卷四，1936年石印本，第41页。
③ 马大正：《中国边疆经略史》，中州古籍出版社2000年版，第271页。

治理的价值取向，依然将边疆稳定置于非常高端的地位。在建国之初，由于意识形态的隔阂、地缘政治的博弈和国家利益的歧异，我国北部、西北部和西南部都与周边国家处于紧张或对峙之中。在这些地方，国家出于备战的考虑，不但放缓甚至暂停了经济社会的开发建设，而且大量军队的驻扎，也需要当地经济上的保障，这就进一步消耗掉了边疆区域经济社会开发的资源。①

改革开放之后，我国采取优先发展东部地区，再进行西部大开发的非均衡发展战略，边疆发展在国家治理体系中并不具有极度优先地位，并且随着改革开放向纵深推进，传统总体性社会转型为现代异质性社会，计划经济体制转轨为市场经济体制，在社会转型和体制转轨的过程中，诸多传统社会所不曾经历的社会风险迅速滋生并日益凸显，严重挑战了既有社会稳定秩序。按照塞缪尔·亨廷顿关于现代化的经典阐释：现代性孕育着稳定，而现代化过程却滋生着动乱。② 一个高度传统化的社会和一个已经实现了现代化的社会，其社会运行是稳定而有序的，而一个处在社会形态急剧变动、社会体制急遽转轨的现代化行进中的社会，却充满着各种冲突和动荡。改革开放以来，中国社会转型过程中产生的各种稳定问题仿佛正是塞缪尔·亨廷顿理论的逼真注脚。在传统社会向现代社会的转型过程中，我国社会的异质性和多元性日趋凸显，民众原初被压制的利益意识、主体意识迅速觉醒，因为社会分层与社会分化而产生的利益分裂、情绪碰撞和矛盾对立成为整个社会普遍的常态。改革的辉煌与转型的阵痛，传统的扬弃与信仰的迷茫，逐利的驱使与越轨的躁动，成为当前我国时代发展的一个缩影。由于当前我国缺乏完善的社会矛盾调解机制和制度化的社会不良情绪宣泄渠道，各种社会矛盾和社会不良情绪不断滋生和累积，并通过各种难以预知的触发性事件爆发出来，社会群体性越轨事件逐年增多，涉事人数竟达数百万之众。这就使得社会稳定在国家治理体系中的地位更加提升，甚至成为"压倒一切的大事"。面对悬在头顶上的这样一把达摩克利斯之剑，地方政府在处理社会稳定问题时，无不战战兢兢，如履薄冰，严

---

① 周平：《中国边疆治理研究》，经济科学出版社2011年版，第171页。
② 〔美〕塞缪尔·亨廷顿：《变化社会中的政治秩序》，王冠华等译，上海人民出版社2008年版，第31页。

阵以待。

在我国边疆多民族地区，随着现代文明的强势植入，边疆社会也被裹挟进入了急遽的社会转型之中，再加上改革开放之后，中国大国崛起的态势日趋明显，开放而自信的中国开始加速融入世界，边境地区的跨境交流更趋频繁。在这样一种情况之下，现代市场文化对民族传统文化进行着强有力的解构，社会转型中民族地位的忧惧和各种地缘政治问题纠缠在一起，使得民族精英的文化焦虑、少数民族的国家认同危机，以及极端恐怖主义、宗教极端主义、民族分裂主义、跨国犯罪、走私贩毒、艾滋病传播等非传统安全问题相继滋生，并导致边疆区域从总体上呈现出传统安全与非传统安全、国内安全与国际安全、生存安全与发展安全、文化安全与社会安全问题错综交织的复杂格局。而更令边疆政府困扰的是，边疆区域复杂的社会问题，往往又与民族和宗教问题搅拌在一起，稍有不慎，就容易导致"社会问题民族化、民族问题政治化、政治问题国际化"的不良后果。边疆复杂的社会态势和其牵一发而动全身的社会敏感性，使得边疆治理长期以来都将社会稳定作为治边的最高目标。即便是在"发展才是硬道理"的时代标签和以"GDP论英雄"政绩考核压力之下，国家的边疆治策、边疆政府的政绩评价，甚至地方政府的干部配备，都把稳定作为最高的要求和最基本的考虑。在这样的思维框架下，边疆稳定成为地方政府无法逾越的一条红线，而边疆发展则作为次一级的概念不自觉地受到了淡化。

二、边疆稳定的当代困境

边疆是国家疆域的边缘性部分，在国家安全体系中扮演着军事屏障和战略纵深的重要角色，边疆稳定的意义自不待言。因此之故，我国的边疆治理，国家与政府一直以来都以十分慎重的态度来处理边疆稳定问题。然而，在国家与政府对边疆稳定倾注了无限关注的同时，却不无尴尬地发现，播下的是龙种，收获的只是跳蚤。在中国急遽的社会转型过程中，边疆社会的稳定问题依然以始料未及的速度前所未有地凸显出来，并严重地挑战边疆政府的秩序建构。在井喷的社会矛盾面前，边疆政府以政治权力为后盾的传统刚性维稳模式渐呈捉襟见肘之疲态。为了进一步地维持边疆稳定，边疆政府一直在风险意识、危机应对能力等诸多方面提升边疆治理的技术，但效果却并不尽如人意。这也说明仅仅只是治理技术层面的修缮与提升，并不足以建构边疆之稳定。边疆稳定的建构，需要我们重新审视稳定问题产生的深层根源，避免头痛医头，脚痛医脚，最大限度地从源头上对边疆稳定问题实行釜底抽薪式的治理。

按照马克思主义唯物史观的经典论断："人们奋斗的一切，都同他们的利益有关。"①"利益归根到底是人们全部行动和思考的出发点，利益作为社会斗争的焦点，在唯物史观中具有基础性的作用。"② 以马克思主义的唯物史观来考察我国边疆社会稳定问题，就会发现当前边疆社会稳定问题产生的主要根源依然在于边疆民众的利益问题，即国家整体性发展的同时，边疆民众的利益与福祉却未能得到均衡和恰当的提升。改革开放激荡下的现代市场文化以沛不可挡之势侵入边疆社会，唤醒了人们的利益意识，冲击和解构了传统道德文化的软性约制，而边疆的发展却并不足以满足人们的利益期待和发展期许，边疆民众在道德约制力淡化和急切地改变生存命运的强烈驱动之下，产生种种社会越轨行为，甚至违法犯罪行为，也就不足为怪了。此外，边疆贫困还导致了很多新型的非传统安全问题，如国家认同安全问题、宗教渗透问题、跨境婚姻问题、生态安全问题等等，这些问题或多或少都与边疆区域的贫困存在千丝百结的内在关联。可以说，就当前边疆社会形势而言，贫穷是边疆万恶之源。边疆区域的贫困，至少会滋生以下安全与稳定问题：

其一，弱化国家认同。国家认同是一个国家的公民对自己所属国家的国家主权、政治体制、传统文化、道德价值和历史里程的认可与接受。一个国家的公民对国家理性而虔诚的信仰是国家稳定和统一的重要基石，也是一个国家政治合法性的重要渊源。民众对国家的认同，尤其是对基本政治制度的认同，是降低一个国家治理成本和政治交易成本的重要途径。然而，公民对国家的认同并不是"原生的情感依恋"，而是"后天的理性建构"，国家认同的增长，是建立在国家治理绩效的优良和个人福祉增长的

---

① 《马克思恩格斯选集》第1卷，人民出版社1995年版，第187页。
② 《马克思恩格斯全集》第19卷，人民出版社1954年版，第406页。

基础之上的。从社会契约论的角度而论，国家的成立乃是人们基于自然状态下的种种不便让渡部分权利建构的结果。国家存在的唯一目的就是要维护民众的生命、保护民众的财产和增进民众的幸福。如果一个国家的地方经济发展长期滞后，民众幸福指数难以提升，那么，政府不但有违"社会契约"的嫌疑，甚至国家政权的政治合法性都难免受到质疑。从经济理性人的视角而论，"人们对任何一种制度安排和规范确立的认同程度，取决于这些制度和规范对其利益，尤其是经济利益的满足程度。中国的少数民族虽然有着很强的民族封闭性，但他们又是最务实的，他们对国家政治合法性的认同和政治权威的维护，往往取决于国家和政府所能给他们提供的经济利益和民族权利"①。显然，如果边疆少数民族的生存状况长期得不到改观，那么少数民族对国家治理绩效的质疑就会不断深化，少数民族的国家认同就会持续走低，在极端的情况下甚至会造成民族与国家的离异。

其二，妨害民族团结。我国边疆绝大多数地方都是少数民族聚居之地，对于边疆多民族区域的少数民族而言，他们拥有比核心区域更多丰富也更为多样的社会发展与社会幸福感知的参照体系。老一辈的民众更多地倾向于将当代边疆区域的经济发展与改革开放以前经济发展的绩效进行纵向比较，当前经济生活的改观与社会发展的推进促使他们对当前边疆区域的发展产生满足感并认同国家的发展。但是对于年轻的民众而言，社会流动的加快使得边疆区域诸多青壮年外出打工成为一种社会常态，他们不断奔赴国家其他区域寻求自我发展的机会，更可以因势趁便跨国流动。因此之故，他们不仅将边疆区域的发展与核心区域的发展进行横向比较，而且将边疆区域的社会现状与周边国家的边疆发展进行跨国比较，由此产生的任何心理落差都会促使他们产生强烈的相对剥夺感。这种负面性心理体验是边疆区域民众滋生反社会情绪的重要心理渊源，也是地方民族主义不断滋生的重要渊薮。譬如，边疆区域的一些智识精英往往就不自觉地将边疆区域少数民族落后的原因归咎于主体民族扶助的不到位。他们的想法和认知当然不免于偏颇与狭隘。但在中国民族多元一体的格局之中，主体民族与少数民族发展鸿沟长期存在，难以抹平，并且这种差距随着时间的流逝

---

① 邓成明：《试论少数民族地区贫困对我国民族关系的影响》，载《求索》，2001年第1期。

不见缩小的征兆反而有不断扩大的趋势，不管各个民族之间兄弟一体与渊源共生的理论论证多么美妙，少数民族在国家发展格局难免有边缘化之忧惧。虽然当前民族地区的相对剥夺感尚不足以影响我国民族团结与民族和谐的大局，但边疆区域的发展倘若不能及早谋划，边疆少数民族心理变迁倘若不能做到未雨绸缪和及时预警，那么，边疆区域因为区域发展差距过大而产生的负向效应必将成为影响我国民族团结与边疆稳定的一个潜在的重大隐忧。

其三，影响社会安全。中华人民共和国成立以后，我国一方面采取了以民族区域自治为基础的社会主义式的"肯定性行动"，另一方面又实施大量"以发展换忠诚"的经济扶植政策①，但并未从根本上改变边疆区域发展边缘化的困境。很多边疆区域，尤其是边境一带，绝大多数县域都具有贫困面广、贫困程度深和整体性贫困的复合型特质。边疆区域这种复合型的深度贫困成为诱发各种社会安全事件最重要的因素，在事关社会稳定与安全的贩毒、宗教渗透和极端暴恐事件上都有明显的反应。就毒品走私而言，我国云南临沧市某边境贫困村，由于生存困境长期得不到改观，村民形成了绵延数十年的"背药传统"（运送毒品），以致被世人称之为"背药村"，而村民甘愿犯天下之不韪，蹈死不顾，竟然只是为了每趟运送毒品的区区三五百元的工钱。就境外敌对势力的宗教渗透而言，边疆区域的贫困，以及政府公共服务的欠缺和碎片化，使得境外敌对势力得以在宗教关怀和福音传播的幌子下大肆对我边疆民众进行宗教渗透。他们通过"精细化的渗透计划和隐蔽化的渗透手法，有的放矢地针对我国边疆区域生存境遇欠佳寻求关怀的弱势群体、价值迷茫寻求慰藉的空虚群体、孤独索居寻求归属的寂寞群体，肆无忌惮地开展各种宗教渗透，严重地影响到了边疆民众的政权取向和政党取向，尖锐地挑战既有的政治秩序"②。此外，当前边疆区域的极端暴恐事件也与边疆贫困有着千丝万缕的联系。边疆区域各种非宗教因素如"贫富差距悬殊、各种形式的社会歧视与社会不

---

① 郑永年、单伟：《中国少数民族地区骚乱的原因剖析暨新加坡经验的启示》，见郑永年、林文勋主编：《21世纪的中国边疆治理与发展——第二届西南论坛论文集》，社会科学文献出版社2013年版，第177页。

② 朱碧波：《论我国边疆区域的宗教渗透与治理》，载《理论月刊》，2015年第3期。

公、就业机会匮乏、世俗化教育的衰退等等,都为极端宗教主义思想的传播提供了机会",边疆那些隐藏着"深刻的社会绝望和强烈的宣泄欲望"①的贫困的特定人群最容易染上极端恐怖主义思想的魔怔。

三、边疆治理取向的调适与转换

随着社会时代和边疆情境的不断发展,边疆贫困正在成为引爆边疆安全与稳定问题的源头。边疆的长治久安要求我们在边疆治理的过程中不失时机地调适边疆治理的目标诉求,凸显边疆发展的重要战略意义,实现边疆治理由"稳定取向"向"发展取向"的转换。边疆发展与边疆稳定是一个辩证统一的整体,边疆治理中边疆发展价值的彰显,并不意味着边疆稳定意义的淡化,事实上,只要当前国际社会和国家治理没有实现康德所谓的"永久和平"和老子所谓的"天下大同",边疆稳定始终都具有极端重要的意义。我们在这里强调边疆治理的目标诉求中要凸显边疆发展的价值,意在指明只有在边疆发展的基础上才能从根源对边疆稳定问题予以施治。随着中国的大国崛起和边疆治理研究的深入,越来越多的学者逐渐意识到,边疆发展的总体滞后已经成为当前国家治理的一个焦点性难题,从而开始致力于探讨边疆发展,并从边疆发展的内涵、方式,以及关键议题等方面作了深入的阐述。比如,范可认为,边疆发展不能狭隘地理解为经济发展,而应该以社会质量(social quality)为主要的衡量指标,倡导社会参与、社会信任,通过促进社会团结和增进社会福利来提升民众幸福指数。②罗崇敏主张,边疆发展应当采取递度推进和中心辐射相结合的发展方式。梯度推进是指社会发展趋势由发达地区向次发达地区再向落后地区次第推进;中心辐射是指边疆经济社会发展要培育若干个区域发展中心,并以此为轴心向周边地区扩散,驱动和引领周边地区的发展。③方铁则认为,边疆发展要解决好"援助人口较少民族与其他民族的关系",调适以

---

① 关凯:《被污名化的"边疆"——恐怖主义与人的精神世界》,载《文化纵横》,2014年第3期。
② 范可:《边疆发展献疑》,载《中南民族大学学报》,2011年第1期。
③ 罗崇敏:《中国边政学新论》,人民出版社2006年版,第46—47页。

民族身份为扶助对象的边疆支援战略和政策优惠体系，在边疆建设时，政府根据边疆区域的发展水平，对发达地区、欠发达地区和最不发达地区进行不同层次的扶助。①当前一批致力边疆学研究的学者对边疆发展的相关探讨无疑具有十分积极的意义。然而，边疆发展问题是如此复杂，以致关乎其探讨还远未有穷期。在这里，我们将会把边疆发展置于中华人民共和国国家治理60余载历史的宏大背景下，探讨边疆发展的主要症结和边疆发展的实现之道。

当前我国边疆区域的贫困，其内在深层次的原因十分复杂，但边疆独特的地理空间区位可以说是影响边疆发展的首要因素。我国的边疆，作为国家疆域的边缘性部分，处于政治格局的远端、经济中心的外围、交通体系的边缘、信息传导的末梢，受意识形态的感召和经济中心的辐射相对较弱，再加上边疆又是地理风貌奇异之地和少数民族聚居之处，边疆区域的地理特质、历史起点、传统文化、族体规模和发展能力等，都从深层次上影响和制约了边疆区域赶超型的发展，不仅使得边疆区域的后发优势难以凸显，反而使得边疆固有的资源禀赋欠缺日益放大。此外，在当代我国的区域发展与现代市场的资源配置中，边疆区域与核心区域并没有体现瑞典经济学家缪尔达尔"循环累计因果理论"的理想状况。按照缪尔达尔的理论解释，在一个动态的社会过程中，社会经济各因素之间存在着循环累积的因果关系。在初始阶段，各种生产要素，如资金、物质、能量、信息、人才，将向发达地区集中，并造成周边地区因人力、物力、财力的减少而降低发展速度，这就是市场的回波效应；而待到发达地区经济达到一定水平之后，各种生产要素又将会由发达地区（增长极）向外扩散，流向落后地区，从而促进外围地区发展的扩散效应。然而，中国改革开放30余年的区域发展状况，更多地体现为缪尔达尔的回波效应而未能呈现出所谓的扩散效应。在这样一种情况下，市场资本出于效用最大化的天然倾向，不断向国家核心区域聚积和累加，导致了核心区域与边疆区域形成了富者愈富、穷者愈穷的马太效应。

中国改革开放30余年的历史证明了，边疆区域与核心区域在生产要

---

① 方铁：《处理好边疆发展中的几个关系》，见宋敏主编：《边疆发展中国论坛文集（2010）·发展理念卷》，中央民族大学出版社2012年版，第68页。

素和资源禀赋的差距，以及市场经济本身存在的失灵风险，都使得不管是边疆区域的自我赶超，还是市场经济的自发调节，都不足以推动边疆区域与核心区域协调均衡的发展。边疆区域的跨越式赶超型发展，需要建构国家层面的发展战略，通过自上而下的高位推动和以人为本的底层情怀，综合协同地推进其发展。具体而言：

（一）国家层面的顶层设计

边疆发展战略的顶层设计是国家关于边疆建设的全面规划和总体部署，是边疆治理的核心和基石。面对边疆贫困已经羁绊了中华民族整体性崛起的客观事实，我国尤其要注重通过国家层面的边疆发展战略来推动边疆发展。我国20世纪末启动的西部大开发，就具有边疆发展战略顶层设计的意味。不过，基于东西部区域协调发展的西部大开发战略，后来被东部崛起、中部腾飞、西部大开发和东北老工业基地振兴的国家均衡发展战略所淡化，以至于当前边疆区域与核心区域发展的绝对差距依然存在不小的鸿沟。令人欣慰的是，随着当前"一带一路"国家战略的出台，我国边疆发展迎来了一个全新的契机。在"一带一路"国家战略的统摄之下，边疆的地位与身份发生了逆转性的嬗变，边疆身份从国家疆域的边缘性区域一举转换为国家开放的前沿阵地；边疆的定位也从单纯的军事要塞和战略要塞向复合型的经济要塞和社会要塞发生了重大转换。在"一带一路"国家战略之下，新疆被定位为丝绸之路经济带核心区，广西被定位为海上丝绸之路与丝绸之路经济带有机衔接的重要门户，内蒙古被定位为向北开放的窗口，云南被定位为面向南亚、东南亚的辐射中心。边疆区域的身份重构和定位转换，使得边疆区域在国家发展格局中的地位迅速凸显；国家发展的攻坚场域由核心区域向边疆区域的漂移，也在某种程度上意味着国家发展重心的外移。可以想见，"一带一路"的国家战略，将会极大地激发边疆发展的潜力，为边疆打开难能可贵的"筑梦空间"。

（二）自上而下的高位推动

"一带一路"国家战略的规划与出台，为边疆区域的发展赢来了前所未有的契机，然而，边疆区域若要抓住"一带一路"的重大契机，实现边疆发展的弯道超车，非要有国家与政府自上而下的高位推动不可。中国改革开放30余年的历史已经反复证明了，边疆区域的发展，不管强制性的社会制度变迁，还是政府驱动型的经济发展；不管是边疆发展活力的释放，还是边疆发展范式的转换，都需要国家在场（a state in society perspective），需要国家权力的介入与主导。这是由我国的国家体制和边疆情境所决定了的，这也是当代边疆区域能够突破发展瓶颈，实现赶超式发展的必由之路。反观历史，我国在新中国成立之初建立了中央威权型政治体制，国家权力高度集中于中央政府，中央政府主导国家资源的汲取、调动和权威性分配，地方区域的治理与发展离不开以中央政府为代表的国家权力的主导与驱动。新中国成立之后，边疆地区实现了强制性的制度变迁和纵向意义上的经济发展，都是国家权力大力介入和强势主导的结果；改革开放之后，东部沿海地区在短短30年的时间就实现历史性腾飞，这也是在全国一盘棋的国家治理格局下国家权力举全国之力建构的结果。同理，当代边疆区域赶超式发展，如果失去了国家权力自上而下高位推动与强势主导，边疆地区的发展是难以想象的，也唯有从国家层面强化财政转移支付力度、完善对口支援的体制机制，加大边疆发展的政策红利供给，边疆区域的发展才值得我们更进一步的期许。

（三）以人为本的底层关怀

长期以来，边疆区域的发展战略都是一种地理空间式的"区域主义"发展战略，不管是着眼于东西部协调发展的西部大开发战略，还是着眼于边境地区发展的"兴边富民"行动和沿边开放战略，都是缘于边疆区域与核心区域发展差距不断拉大而针对边疆贫困着意进行的开发与设计。这对于边疆发展固然有着十分积极的推进作用，但是，在另一方面，随着当前边疆社会的阶层分化不断凸显，由于资本天然的聚积效应和地方政府在社会资源的权威性分配中不自觉的马太效应，针对边疆区域的整体性扶贫开发的"区域主义"发展战略，在某种程度上并不足以保证边疆底层民众能够共享边疆发展之成果。而边疆底层民众弱势地位的固化，恰恰又构成了边疆各种非传统安全问题频发的渊薮。因此，当前边疆发展的优化决定了我国要在"区域主义"发展战略之外，还要辅之以针对社会底层民众进行特殊帮扶的"位差主义"救济模式，即国家以边疆社会分化产生的社会位差为依据，在社会资源分配中，理性而自觉对身居底层的最少受惠者予以特殊的倾斜性照顾,从而实现边疆扶贫开发"整体推进与精准到户"① 的有机结合。在边疆发展的体系中,如果说国家层面的顶层设计和自上而下的高位推动致力于边疆发展瓶颈的突破,那么,以人为本的底层关怀注重的则是边疆发展中"分配正义"问题的求解。也唯有解决了边疆发展和分配正义的问题,边疆治理的绩效才能得到更大程度的提升,边疆地区才有可能与其他地区全面同步建成殷实祥和的小康社会。

---

① 《中央民族工作会议暨国务院第六次全国民族团结进步表彰大会在北京举行》,载《人民日报》,2014 年 9 月 30 日。

中国的崛起与边疆架构创新[*]

| 周 平 |

国家在治理的过程中,往往把疆域中具有明显异质性的边缘性部分区分出来,并采取特殊的措施加以治理。国家疆域中这个被专门加以确定的异质性边缘性部分,就是所谓的边疆。边疆是在一定的客观条件基础上构建起来的。中国自秦代建立统一的中央集权制国家后,便将传统的统治区域作为国之根本的核心区,同时将王朝统治所及而又与核心区存在根本性差别的区域视为边缘性区域,即边疆。于是,一定的对边疆的认识和看法便逐步积累,从而形成边疆观念;同时,国家也会根据治理的需要,确定边疆的区域,并根据实际情况加以调整,从而构建了现实的边疆;再者,国家采取专门的政策和措施,解决由当时的历史情况凸显出来的边疆问题,开展边疆治理;最后,对边疆进行解释、说明和论证以及对边疆治理经验进行总结的系统化认识逐步积累,形成边疆理论。在某个历史时代,特定的边疆观念、边疆现实、边疆治理和边疆理论结合在一起,便形成一个边疆架构。国家的边疆构建起来以后,每个时代都会在继承前一代边疆架构的同时,又对其进行调整、补充或改造,使边疆架构的内容不断丰富,并对国家发展产生着深远的影响。当今中国的边疆架构,在继续历史上边疆架构的同时,也增添了新的内容。但从目前的情况来看,现行的边疆架构并不适应迅速崛起的国家的需要。因此,根据国家发展的需要,创新边疆架构和重建边疆架构,成为当代中国必然的选择。

---

[*] 本文原载《云南师范大学学报》(哲学社会科学版),2013年第2期;《高等学校文科学术文摘》2013年第3期全文转载。

一、历史上边疆架构的形成和演变

中国边疆的形成，包括对边疆的认识、从国家治理角度对边疆的区划，以及针对边疆的特殊治理措施等，都与统一的中央集权制国家的建立有着内在的联系。在统一的中央集权制国家建立之前，统一的国家政治共同体尚未形成，既无对疆域进行统一规划和治理的需求，也没有形成在对整个疆域全面规划基础上区分核心区域与边缘区域的可能性。但是，统一的中央集权制国家建立后，随着全国性行政区域制度郡县制的建立，在对辽阔疆域进行全面统治及管理基础上，区分核心区和边缘区的必要性和可能性就逐渐凸显出来。

秦王朝建立了统一的中央集权国家，将疆域划分为若干个郡县并由中央委派官员进行统治，具备了对广阔的疆域进行全面规划和治理的必要性和可能性，但短暂的秦王朝并未来得及解决对不同地区采取不同政策进行治理的问题。这个问题被留给了以后的朝代。

两汉在公元前及公元后各历时约两百年，连亘四个多世纪，为上承秦始皇下迄满清两千年来帝祚最长的一个朝代。王朝国家在政权日渐巩固和制度渐趋完备的同时，为了对辽阔的疆域在全面规划基础上加强治理，依照先秦存在的"一点四方"和"五服"、"九服"的观念，把与中原为中心的传统统治区域明确区别的"四夷"确定为王朝国家的边缘性区域，"内诸夏而外夷狄"。对如此一个特殊的边缘性区域，要"外而不内，疏而不戚，政教不及其人，正朔不加其国；来则惩而御之，去则备而守之"。① 国家疆域内的这个边缘性区域，就是事实上的边疆。其实，"在中国历史上，'边疆'是一个在很长的历史时期形成的概念。它最初只是泛指相对于中原地区的'四夷'，其地域并不确定"②。

在将"四夷"确定为边疆的基础上，汉代确立了"守中治边"、"守在四夷"的治边思想，即以王朝统治腹心所在的中原地区为王朝的中心，强调守中方可治边；"守中"之地与"四夷"之地有明确的划分；大多数

---

① 《汉书》卷94下《匈奴传·赞》。
② 成崇德：《清代前期边疆通论（上）》，载《清史研究》，1996年第3期。

封建王朝治边所追求的理想境界,是国家的腹心区安定繁荣,在边陲地区实现"守在四夷",做到"内华夏而外夷狄",以及"夷不乱华"。① 在此基础上,王朝对边疆开展了全面的治理,从而稳定了边疆,拓展和巩固了国家的疆域,"把匈奴的地方——大漠,西域的地方——今新疆地区,都纳入了统一中国的范围之内"②。

汉代在四个多世纪的时间内逐渐建立的一个由边疆观念、边疆划分、边疆治理组成的边疆架构,在长期实践中经过正反两个方面的经验和教训的检验和校正后,在唐代逐渐趋向于稳定。

唐代在中国历史上边疆架构演变过程中具有重要意义。唐王朝在坚持"内诸夏而外夷狄"思想,梳理了历史对边疆的看法,提出"天生四夷,皆在先王封疆之外"③ 的思想,将"先王封疆"确定为核心区,将"四夷"确定为边疆,形成了明确而全面的边疆观念的同时,以宏大的视野审视内地与边疆、汉族与少数民族的关系,将边疆防御体系与边疆民族地区的设制结合起来,独创了羁縻府州制度。同时,设立安抚、征讨并重的都护府,加强对羁縻府州的管理。唐代的统治者经过全面的规划,在实践上也十分主动,恩威并举,北破匈奴,和亲吐蕃,经营西南,全面治理边疆。"唐王朝鼎盛时期一度将周边众多少数民族及少数民族政权纳入到统一的多民族国家体系中,使这些民族和他们所居住的边疆民族地区成为统一多民族国家的一部分"④,从而使边疆的范围得到有效拓展,创造了"华戎同轨"的兴盛局面,使王朝国家的疆域大大超越了之前的朝代,形成了"东西九千五百一十里,南北万六千九百一十八里"的版图。

清代是我国边疆架构走向成熟的时期。"清朝政府在继承中国历代疆域的基础上,进一步完成了对边疆地区的统一,对边疆地区行使主权,进行有效的管辖",将"一个清晰完整的中国边疆展现在世界面前","在近代以前奠定了中国疆域的版图"。⑤ 西方学者也认为:"到了19世纪初年,中国主权有效控制范围比历史上任何时期都大,中国正处于政治、经济和

---

① 周平:《中国边疆治理研究》,经济科学出版社2011年版,第35页。
② 王钟翰主编:《中国民族史》,中国社会科学出版社1994年版,第8页。
③ 《旧唐书》卷89《狄仁杰传》,中华书局1975年点校本。
④ 管彦波:《唐朝的边疆局势及御边戍守体系的变化》,载《贵州民族研究》,2006年第6期。
⑤ 成崇德:《清代前期边疆通论(上)》,载《清史研究》,1996年第3期。

文化都开始发生质变的阶段。"① 此外，清代的边疆较之于之前，还有两个显著的变化：一是通过了《中俄尼布楚条约》和《不连斯奇条约》，"王朝国家有了固定的边界，在中国历史上开了以条约方式确定国家边界的先河"②；二是海洋边疆受到关注。"在形成陆疆防御体系的同时，清政府也完善了海疆的防御系统"③，建立了强大的水师。至鸦片战争前夕，清军水师兵额大约在 15 万—20 万左右。④ 在这样的边疆观念和现实边疆的基础上，王朝统治者"吸收前代的经验，制定了较为成功的边疆政策"⑤，系统地开展边疆治理：首先，建立和完善了边疆治理的机制和制度，在中央设置了主管边疆地区少数民族事务的中央机构理藩院，在地方根据不同的实际设立不同的机构，如在东北实行军府制，在西藏实行政教合一并设驻藏大臣，在其他地方实施盟旗制、伯克制等各具特色的制度，因俗设官，因俗而治；二是形成边疆治理的制度化规则，颁布了《蒙古律例》、《回疆则例》、《新疆条例》、《西藏通制》、《西藏善后章程》、《钦定西藏章程》以及《理藩院则例》、《大清会典则例》等边疆地区的法律条例；三是通过加强边疆海防，巩固政治统治，从事经济开发，推动边疆贸易，促进文化和教育，实施宗教管理等措施，进行了全面的边疆治理。

中华人民共和国成立后，我国的边疆架构进入了大调整的时期。自秦至清，中国都是王朝国家。辛亥革命前夕，我国开启了构建民族国家的进程。⑥ 中华人民共和国的成立，标志着中国民族国家构建的基本完成。中

---

① 〔美〕费正清：《剑桥中国晚清史》上卷，中国社科院历史研究所编译室译，中国社会科学出版社1985年版，第41页。
② 周平：《国家视阈里的中国边疆观念》，载《政治学研究》，2012年第2期。在该文中，作者还强调：王朝国家有了边界以后，长期存在的那种以中原为中心，由内而外划定边疆，把远辟的夷狄之区界定为边疆的传统观念受到了根本性的挑战。边疆不仅要由内及外地划定，也要由外及内地确定。边疆不仅具有内部分界线，也有了明确的外部边际线，向外推移的可能性大大降低甚至完全不存在了。这样的思维和做法，强化了从疆域的角度划定边疆的思维，使边疆的文化涵义得到削弱，地域的涵义开始增强，引起了传统边疆观念的根本性变化。自此以后，人们开始更多地从地域的角度看待和确定边疆了。
③ 成崇德：《清代前期边疆通论（下）》，载《清史研究》，1998年第1期。
④ 吴杰章等：《中国近代海军史》，解放军出版社1989年版，第9页。
⑤ 成崇德：《清代前期边疆通论（下）》，载《清史研究》，1998年第1期。
⑥ 关于民族国家，作者已有专门论述，可参阅作者的《对民族国家的再认识》（载《政治学研究》，2009年第4期）及《民族国家与国族建设》（载《政治学研究》，2010年第3期）两篇文章。

华人民共和国就是中华民族的民族国家。① 中国的国家形态由王朝国家转变为民族国家，这是国家形态演变中的巨大变化，边疆架构也被置于一个前所未有的国家体系中。在这样的背景下，国家的边疆架构根据形势的变化进行了全方位的重大调整，主要内容包括：（1）将边疆置于国家主权和领土的框架下看待和界定，形成了一种全新的边疆观；（2）更加重视海洋边疆，对海洋和海岛问题给予了高度的关注，并将其纳入到边疆观念之中；（3）国家将边疆作为维护国家主权和领土安全的关键区域，采取大规模的实边、稳边行动，全面加强边防和边境管理；（4）国家开展了全面的边疆建设，促进了边疆的巩固、稳定和发展；（5）把边疆置于国际形势尤其是地缘政治格局的总体形势中来看待，注重运用国际规则来解决与我国边疆有关的国际争端。

二、现行边疆架构面临着严峻挑战

正在崛起的中国，其自身的状况及发展的外部条件都与以往有了根本性的区别，已经处于一个新的历史条件之下。因此，根据国家发展的自身状况和外部条件（主要是外部依存性条件），重新审视现行的边疆构架就显得十分必要和迫切。在这样的重新审视中，现行的边疆架构与国家需要之间的矛盾也就必然地显现出来。

今天的中国，经过长期的建设和发展，尤其是改革开放推动下的现代化快速发展，经济持续快速增长，经济总量已经居于世界第二位，并且会在不远的将来超过美国而成为全球第一大经济体；随着社会财富的迅速增加，人民生活水平显著提高，综合国力全面提升；在小康社会目标基本实现后，全面的小康社会建设取得显著进展，并朝着全面建成小康社会的目标迈进；国际地位迅速提升，并对全球经济及其他国际问题的解决发挥着越来越重要的影响。这样的现实表明，我国国家建设的基本目标已经实现，正朝着全面发展的方向前进，我国已经由全面建设时期向全面发展时

---

① 关于中国的民族国家构建，可参阅作者的《论中国民族国家的构建》一文（载《当代中国政治研究报告Ⅵ》，社会科学文献出版社2009年版）和《多民族国家的族际政治整合》（中央编译出版社2012年版）一书的第五章。

期转变。

与此同时，随着全球化的不断深入，中国也越来越融入世界，发展的外部性特征越来越突出：中国的海外投资的数量和质量都在快速增长，而且对国家发展的影响越来越明显；在投资、商贸、文化交流过程中，国人的海外活动越来越频繁，居留海外人数大幅攀升；从海外进口的能源和战略性资源的数量越来越多，资源供给地和运输线的影响日渐突出；军事安全和其他非传统安全的外部影响越来越突出，国家安全越来越受制于境外因素。在这样的形势下，国家利益的实现和维护都不局限于领土的范围，国家的周边关系、地缘政治形势、国际关系格局等，在其中都产生着越来越突出的实质性影响。

在这样的背景下，国家发展对边疆观念、边疆的确定和调整、边疆的治理和理论论证等，都提出了新的期待。一方面，需要对领土范围的地理空间进行整体规划。为了实现全面发展和整体发展的目标，国家必须对领土边疆进行全面规划，不仅要加强对陆地边疆的开发和建设，而且要加强对海洋国土的规划、开发和利用；不仅要对平面边疆进行全面的规划和开发，而且必须关注领空、领太空、领底土的规划，尤其是对太空边疆、底土边疆要未雨绸缪，早作准备和规划。另一方面，要在全球范围内思考中国的利益疆界，加强对海外的人员、重要资源供应地和运输线的保护，提升对影响国家安全的外部因素的战略影响能力，增加对直接作用于我国的地缘政治格局的影响力。为此，就必须扩大国家疆域的视野，改变传统的国家疆域观，在排他性的领土疆域之外，构建领土外的新型疆域思维，思考和谋划国家的利益疆域、战略疆域。

中国的边疆架构在长期的发展中，每个时代都根据当时的形势和国家发展的需要进行了增补和改进。尤其是中华人民共和国成立后，边疆架构在民族国家制度下根据国家发展的需要，进行了重大调整。但是，现行的边疆架构毕竟是从远古走来，已经在王朝国家中持续发展了两千多年，带着非常深重的历史烙印。从现实需要出发来审视我国现行的边疆架构就会发现，现行的边疆架构远远不能适应国家发展的需要。

在边疆观念（观念形态边疆）的层面，边疆更多的是被视为国家领土的边缘性区域，未被作为影响国家发展并决定国家未来的重要部分看待，在边疆问题上的国家发展意识未得到应有的凸显;虽然逐渐走向开放,但更多地还是将边疆看作"边疆民族地区"。在许多人的观念中,所谓边疆就是新疆、西藏、云南、广西、甘肃、内蒙古等有国境线的省区。这样的边疆观念是偏狭的:一是只将边疆限定于陆地,未将陆地边疆与海洋边疆、空中边疆,领土边疆与非领土边疆联系起来看待;二是强调边疆的民族和文化内涵,而不重视边疆的区域和地缘政治特征,更没有将国家的边疆与地区局势和国际格局联系起来看待。

在实际边疆(现实形态边疆)的层面,边疆架构中虽然被植入了海洋边疆、新形态边疆等因素,但是,海洋边疆虽屡屡被提及,却未被与陆地边疆联系成一个整体,空中边疆则较多地是从主权的军事防卫角度认定,利益边疆、战略边疆等多还停留于学术讨论的层面。在具体考虑边疆问题的时候,特别是从国家政策层面涉及边疆问题的时候,所指的边疆基本是陆地边疆。在由国家民委联合国家发展改革委、财政部等部门倡议发起的"兴边富民"行动中,边疆仅被界定为与边界相连的135个陆地边境县(旗、市、市辖区)和新疆生产建设兵团58个边境团场。这样的现实边疆不仅是狭小的,而且是不完整的,各种边疆形态被分割开了,这与美国那样日益庞大、明确的边疆形成了鲜明的对照。

在边疆治理(实践形态边疆)的层面,国家虽然十分重视边疆治理,但是,国家并未在陆疆与海疆结合、领土边疆与非领土边疆结合,以及国家发展的整个地理空间布局的基础上形成边疆治理战略,也没有根据国家发展的整体需要对边疆治理进行持续推进。因此,实际的边疆治理,基本上是在陆地边疆的范围内进行的,最终甚至被压缩到具有边境线的一百多个县级政区;边疆治理常常被置于民族问题和民族政策的框架下讨论并组织实施,是一种族际主义取向的治理,而不是区域主义取向的治理;① 边疆治理的持续性不明显,因而显得时重时轻、时断时续;而且边疆治理常常是重稳定轻发展、重军事安全轻经济建设,稳定和发展、军事安全和经济建设两者相权时,后者都要服从前者。

在边疆理论(理论形态边疆)的层面,情况同样不容乐观。边疆理论

---

① 关于边疆治理的族际主义取向问题,可参阅作者的《中国的边疆治理:族际主义还是区域主义?》,载《思想战线》,2008年第3期。

既是对历史上的边疆观、边疆治理的经验和教训的总结，也是对边疆现实、边疆的构建和拓展、边疆对国家发展的意义等的理论阐释，同时也有赖于边疆研究的发展。但是，如前所述，在边疆的观念形态、现实形态和实践形态的诸多方面都有许多不完善的地方，甚至存在着明显的问题；而边疆研究，长期局限于陆地边疆，聚焦于民族问题，既不关注陆地边疆以外的边疆形态，也较少从地缘政治的角度考虑，这都不利于边疆理论的构建。所以，时至今日，我国也没有全面的、完整的边疆理论，更没有边疆战略和边疆治理战略的理论体系。边疆理论、边疆战略和边疆治理理论等，都明显滞后于实践发展的需要。

从总体上看，这是一种内敛式的边疆架构，没有跳出传统边疆的思维和框架。这样的边疆架构，与国家发展的形势和需要之间，存在着相当大的差距，无法为国家的崛起提供有效的支撑。可以说，我国现行的边疆架构，正面临着严峻的挑战。

而与此同时，我们可以看到，西方一些国家的边疆架构，尤其是美国的边疆架构，却随着形势的变化不断地调整和创新，不仅使边疆在移动中拓展，使美国的边疆"从大西洋西岸向太平洋东岸的移动、从北美大陆向海外进而向地球各个角落的延伸、从地球表面向外层空间的发展，是美国从北美'大陆边疆'向'全球边疆'的发展"①，而且提出了高边疆、底土边疆、利益边疆、战略边疆等概念，并将其逐渐付诸实践，走在了世界各国的前列。同时，这样的边疆架构创新，构成了美国军事战略和外交战略的基础，有力支持了美国的国家发展，巩固和提升了美国在世界上的位置。这正是美国快速崛起的一个"秘密"。这样的边疆架构创新，对我们来说，既是强有力的挑战，也很值得我们借鉴。

我国边疆架构中这样一种"现有"与"应有"之间的矛盾，如果不能得到有效的解决，就无法为国家的边疆治理和国家治理提供必要的支持，甚至会在边疆治理中错失良机，迟滞国家发展的步伐。

---

① 石庆环：《从"大陆边疆"到"全球边疆"——美国走向世界的历史进程》，载《辽宁大学学报》（哲学社会科学版），2005年第4期。

三、在创新中构建完整的边疆架构

正在崛起的中国,需要一个适应当前形势的边疆架构,而现有的边疆架构又无法满足这样的需要,那么,解决这个"现有"与"应有"之间的矛盾,就必须进行边疆架构的创新,并在创新中构建起一个适应形势需要的边疆架构。

国家边疆架构创新要付诸实践,首先就要对全球化及新的世界形势下的国家疆域有一个与时代相适应的正确认识,构建起一个全新的国家疆域观。

"疆域"概念形成于前主权时代,与国家这种政治形式相伴而生,通常是指国家一个国家权力能够有效影响和控制的地理范围。中国流传数千年的"溥天之下,莫非王土,率土之滨,莫非王臣"① 中的"王土",就是当时的国家疆域。在国家主权形成以后,疆域概念就逐渐被领土概念取代了。国家主权最早由让·布丹提出,并由胡果·格劳秀斯从国际法的意义上进行论证,但它的最终确立却是 1648 年的威斯特伐利亚体系。国家主权确立后,国家疆域便被纳入到主权的框架下进行解释,被视为国家主权管理的地理范围或地理空间。在主权时代,疆域往往被与领土等同起来看待,甚至被后者取代了。但是,细究起来,这两个概念还是有着本质区别的。"疆域"这个概念仍然有其"用武之地"。

20 世纪后半期,在全球化快速推进的同时,新的科学技术革命也在全球范围内迅猛发展。而这两个方面结合在一起,又成为一股有力的力量,推动着传统主权观向新主权观转变,以及新疆域观的形成。从时下的情况来看,新疆域观的影响正在逐渐显现。在新疆域观中,"新国家疆域的边界在某种意义上仅仅处于想象之中。虽然就其最终性质而言,它们都是一种物质存在,但至少就现有的观察而言,新国家疆域并不存在某种类似边界的东西,我们很难将它们进行物质上的定量。决定其边界的更多的是一个国家现有的综合实力而不是其光辉的历史。其次,新国家疆域实际

---

① 《诗经·小雅·北山》。

上是无形、无垠的,其权利形式主要表现为国家对其拥有和平开发、利用的法定权利"①。

在这样的形势下,我们既要坚守主权管辖的疆域,即国家的领土——它是排他性的,必须运用国家的力量去维护和捍卫,也要看到,目前已经有许多国家在主张非主权或超主权性质的疆域,并努力拓展这样的疆域。对此,我们也不能在国家疆域问题上思想僵化,不应该排斥非主权性质或超主权的疆域理论。既要重视领土疆域,在传统的陆地疆域、海洋疆域、空中疆域基础上,重视太空疆域、底土疆域,也要从国家利益、国家战略的角度看待边疆,形成新的利益疆域观、战略疆域观。但是,对于一个国家来说,非领土或超领土的疆域,不属于主权的范畴,是非排他性的。因此,我们在新型国家疆域问题上要妥善处理好与其他国家的关系,在维护自身利益的同时,也不损害其他国家的主权和权利,并有利于其他国家的发展。

与此同时,传统的国家发展观也需要让位于新的国家发展观。到目前为止,国家的发展大抵经历自由开发、重点建设和全面发展三个阶段。在自由开发阶段,有利于经济发展的区域首先受到重视和开发,逐利动机驱动下的经济资源向这样的区域聚集,这样的区域便首先发展起来,并走向繁荣;在重点建设阶段,国家政权成为推动建设的重要力量,并在统筹兼顾的前提下,根据国家建设的目标确定若干个建设重点,在资源配置中倾向于该重点区域,从而促进这个区域的快速发展;在全面发展阶段,国家需要对疆域内的各个部分从国家发展的角度进行全面的地理空间规划,进而采取特殊措施推动边缘性区域的开发和建设,以便实现国家全面发展的目标。在这一阶段,国家疆域内那些曾经边缘的区域,就可能成为建设和发展的前沿或重点。中国在实现了由国家建设时期向国家发展时期转变之后,已经处于全面发展阶段。国家必须对疆域内的各个地理空间进行全面规划和管理,充分利用和全面调配各种发展资源,促进国家的全面发展。于是,对疆域内各个区域的地理空间管理,不仅被提上了国家发展的议事日程,而且成为国家发展中必

---

① 刘小冰:《中国国家疆域的宪法定位》,载《学海》,2004年第3期。

须研究的重大课题。

在上述国家疆域观和国家发展观的指引下，为了实现国家全面、可持续的发展，国家边疆架构的改革和创新势在必行。不过，这样的改革和创新是一个十分复杂的系统工程，既涉及基于主权和领土的边疆架构的调整和创新，也涉及新形态边疆的认识和构建。

一方面，必须根据国家发展的新形势，对传统的基于主权和领土的边疆架构进行重新审视，并在此基础上对边疆架构进行必要的调整和创新。这样的调整和创新，涉及许多具体的方面：

一是要充实陆地边疆。在我国的边疆演变中，陆地边疆始终是传统边疆的核心部分。历史上的边疆治理就是针对陆地边疆的，所有的边疆治理方略也是在治理陆地边疆的过程中形成的。但从目前的情况来看，陆疆的战略地位并没有受到重视，而且范围也在逐渐缩小。另外，边疆治理基本上被置于民族问题的范畴和框架下，受到了很大的限制。陆地边疆的相关认识、实际范围和治理等，与国家发展的期待之间，显然是存在差距的。边疆架构的创新，必须要从陆地边疆开始。其中，首先要重新认识陆地边疆的地位和意义。我国幅员辽阔且地域间差异性很大，因此，确定较大范围的陆地边疆具有客观基础。而且，陆地边疆除了资源丰富的经济意义及拱卫核心区的战略意义外，与地缘政治的关联度极高，地缘政治战略的意义重大。形势已经将陆地边疆对整个国家发展的重大意义逐渐凸显出来。因此，必须在国家战略的意义上，保持（划定）较大范围的陆地边疆。[①] 其次，要加强对陆地边疆的开发和利用。长期以来，出于军事安全和稳定的考虑，边疆的开发和建设受到很多限制或未受到足够重视。其实，这样的思维和做法是经不起推敲的。倘若我们通过开发和建设促进陆地边疆发展以后，与周边国家深入的经济文化联系（尤其是周边国家在经济上对我国边疆区域的发展产生了某种依赖），不仅可以避免军事冲突和战争，也能成为实现边疆稳定的有效手段。只要转换思维，陆地边疆可能从国家发

---

① 国家推出的"西部大开发"，意义在促进实际意义上的陆地边疆的发展。从这个意义上说，所谓的"西部"不过是国家重新划定的陆地边疆。如果国家根据形势的变化划定一个更加广大的陆地边疆，更有利国家的发展与边疆的建设和巩固。

展的末端转变为前沿。最后,在边疆治理中,要坚持区域主义的取向①,按区域进行治理,会取得比长期以来形成的族际主义的治理更大的效果。

二是巩固海洋边疆。我国有着广阔的海洋国土,但不仅开发和利用十分有限,而且长期疏于管控。这也是在我国南海岛礁问题上产生争端的一个重要原因。② 中国在崛起的过程中,再也不能任由这样的状况延续下去了。海洋边疆是中国领土的重要组成部分,是国家未来发展的重要区域。大国之路,始于海洋。国家要高度重视海洋边疆,从大国崛起的角度看待海洋边疆,更重要的是将这种重视落实到海洋边疆的开发利用和管理上,落实到建设海洋强国的实际行动中。

三是重视空中边疆和底土边疆。空中边疆包括天空和太空两个层面。在传统边疆架构中,领空这个层面受到了重视和有效利用。但领空之上的太空如何利用和管控,值得关注和研究。"太空疆域(天疆)既不是一个有形的空间,也不依赖于一国的领陆、领海、内水而存在。它被称为继陆、海、空后的'第四空间'或'第四疆域'。从世界范围来看,新一轮太空竞赛的核心是利用天疆,确保制天权。"③ 国家间的边疆争夺已经在太空和外太空全面展开。中国也应该确立自己的太空边疆或高边疆。另外,随着人类开发和利用地底资源能力的增强,底土已经被一些国家置于边疆的架构中进行规划和保护。中国也应该未雨绸缪,对自己的底土边疆进行认证,并制定底土边疆保护、防卫和开发利用的计划。

另一方面,必须根据国家发展面临的新形势,并借鉴一些国家的成功经验,研究新形态边疆观念,进而实现创新。首先,要在全球范围内明显界定中国的国家利益,明确国家的利益边疆,进而确定领土外部国家利益的保护措施;其次,要根据国家利益的范围和重点,确定国家的战略范围,部署国家的战略投送能力,构建国家的战略边疆;再次,在国家的信

---

① 关于边疆治理中的区域主义取向,可参阅本人的《中国的边疆治理:族际主义还是区域主义?》,载《思想战线》,2008年第3期。
② 对海洋边疆疏于管控,既有能力问题,也有认识问题,还有战略问题。由于疏于管控,导致我国许多岛礁被占,海洋国土流失。这样的状况,再也不能继续下去了。否则,中国就无法实现真正的崛起。
③ 刘小冰:《中国国家疆域的宪法定位》,载《学海》,2004年第3期。

息安全问题越来越突出，影响日渐显现的情况下，要研究建立信息边疆的可行性和有效方式。

总而言之，应该在边疆架构的创新中，凸显边疆架构的开放性、整体性、现实性、全面性、建设性，构建一个从陆地边疆到海洋边疆，从平面边疆到立体边疆，从领土边疆到非领土边疆的全方位的完整边疆架构，以适应国家发展的需要。

四、国家需要边疆及边疆治理战略

中国边疆架构的创新，除了集中于边疆观念、边疆现实、边疆治理和边疆理论等核心内容之外，还应该包含边疆战略和边疆治理战略的创新。换句话说，边疆战略和边疆治理战略的创新，也是中国边疆架构创新必须涉及的重要内容。

"边疆架构"是一个描述和分析国家关于边疆的认识、现状和实践的概念，主要指一个由国家主导性的边疆观念、边疆的确定和调整、边疆治理以及作为对这些方面进行总结和概括的系统化认识的边疆理论构成的整体，其意义在于把握一个国家在边疆问题上认识和实践的总体面貌。边疆战略则是一个国家在应对周围环境（尤其是竞争对手国）挑战和形成的压力的情况下，根据国家自身的状况和外部环境的形势而制定的关于边疆的划定、范围调整、结构形态，以及维护（捍卫）边疆的力量（含战略投送能力）配置的总体方案；边疆治理战略是基于边疆战略而制定的关于边疆的开发、建设、重大边疆问题的解决，以及各种形态边疆的开发利用和相关矛盾解决的总体方案。边疆战略和边疆治理战略，都具有应对性、全局性、谋略性、实践性的特征，是边疆问题上的国家意志形式，是边疆实践的方案。从这个意义上说，边疆战略和边疆治理战略是边疆架构应用于实践的形态。只有实现了边疆战略和边疆治理战略的创新，中国的边疆架构才是完整、全面和现实的。

中国边疆战略和边疆治理战略的构建，首先，要研究一些国家的边疆拓展，以及由此造成的地缘政治格局的改变和对中国的影响。目前，一些国家（尤其是西方大国），在全球范围内肆无忌惮地进行边疆拓展，导致全球范围内边疆争夺的加剧。中国的疆域（尤其是利益疆域和战略疆域）也受到影响甚至挤压。面对这样的形势，中国要制定相应的应对方案；其次，要对领土边疆（尤其是海洋边疆）的维护、开发建设、管控及资源利用，制定一个基于国家发展总体考虑的具有可持续性和操作性的方案；再次，在一些西方国家大肆拓展和构筑利益边疆和战略边疆的条件下，中国也不能墨守成规，必须制定有关自己的利益边疆和战略边疆构建的具体方案；最后，要将领土边疆方面的战略与非领土边疆方面的战略结合起来，构建一个各个方面相互配合并分步推进的总体方案。

在传统的边疆架构中，边疆被局限于陆地的范围，其对国家发展的意义尽管重大但毕竟是有限的。而在现代的边疆架构中，边疆是一个三维甚至四维的立体概念，既是基于国家主权管辖的领土范围，也超越于领土而在一个更大的空间内展开。这样的边疆，对国家发展的影响就大大超越于传统的边疆架构。基于这样的边疆架构而构建的边疆战略和边疆治理战略，其影响也是空前的，甚至对国家发展具有决定性的意义。美国能够崛起并称霸世界，在很大程度上就是因为它从"西进运动"起，就在一步步地制定边疆战略和边疆治理战略，将这样的战略置于十分重要的位置，一步步地付诸实施。

我国如果在科学论证基础上建立起具有可行性的边疆战略和边疆治理战略，也将会为国家各种形态的边疆的确定（调整）及相互间关系的构建、边疆的维护和安全保障、边疆对国家发展的支撑、国家的安全保障的构建等提供总体性的依据，从而使各个方面的工作在各自展开的同时又相互配合，在分步推进时又保持步调一致，边疆的开发建设和保卫与国家发展和国家实力的提升保持平衡并对后者提供支持，充分发挥完整的立体化边疆在国家发展中的作用。

恰当的边疆战略和边疆治理战略，还是国家制定外交战略和军事战略的基础。较大规模的国家的发展，都存在一个"核心—边缘"模式。核心区域是国家资源和力量的聚集中心，乃国家之根本；边缘地带是核心区域的外围地带，为核心区域的发展提供支持和安全保障。边疆就是这样的外围地带。旨在为国家发展构建良好外部环境和安全保障的外交战略和军事战略，必须与针对这个外围地带的划定、维护和利用的边疆战略和边疆治理战略相结合。在利益边疆、战略边疆受到高度关注并对国家发展具有实质性影响的今天，外交战略和军事战略如果脱离边疆战略和边疆治理战略，或缺乏这方面的基本考虑，那是不可想象的。

中国边疆观的挑战与创新*

| 周 平 |

中国的民间语言和官方用语中,"边疆"都是一个使用频率极高的词汇。在国家的法律、执政党和政府的政策性文件中,"边疆"概念不仅被经常性地使用,而且还有专门针对边疆和边疆问题的政策。"边疆"概念看似简单,其实却蕴涵着在长期的历史过程中积淀的有关边疆的认识和看法——边疆观。内涵丰富的边疆观在中国的国家治理尤其是边疆治理中的影响十分深远,并成为中国传统政治文化的重要组成部分。然而,在两千多年的边疆实践中形成并发挥重要影响的边疆观,在今天却面临着严峻的挑战——对于已经处于国家发展新阶段并日益融入世界的中国来说,传统的边疆观不仅无法为今天的边疆的实践提供积极的引导作用,甚至成为了消极因素和思想桎梏,制约着适应国家发展要求的边疆战略的构建。面对中国的发展形势,以及一些国家依凭不断创新的边疆观而制定的边疆战略促成国家快速发展的现实冲击,在边疆观和边疆问题上墨守成规、故步自封,不仅会滞后国家发展,而且会错失历史提供的难得机遇。面对这样的形势,中国必须在边疆观上进行创新,进而构建适应国家发展要求的新边疆观。这既是国家治理和国家发展的紧迫需要,也是当前政治文化建设的重要任务。

---

* 本文原载《云南师范大学学报》(哲学社会科学版),2014年第2期。

一、历史上边疆观的形成及其内涵

中国的边疆观在历史上源远流长。早在秦汉之际,中国历史上的王朝就开始在国家疆域内划定边疆,并采取特殊的政策对其进行治理。在长期的边疆及边疆治理实践中,对边疆的认识、看法便逐渐积淀下来形成了具有特定内涵的边疆观。这样一种内容丰富的边疆观,在深刻地影响着国家的边疆政策和边疆治理的同时,也在国家的边疆实践及边疆治理中巩固、充实,从而成为了中国传统政治文化的重要内容。

公元前221年秦统一六国后,王朝国家便面临着如何治理庞大疆域的重大现实课题。秦王朝在将国家权力集中于中央并建立起中央集权的国家权力体系的同时,将庞大的疆域划分为郡县这样的行政区域进而委派官员进行治理。在此过程中,为了对疆域内远僻的区域进行针对性的统治和治理,便依据此前长期存在的"一点四方"和"九服"的观念,将远离王畿之地和处于统治疆域之边缘的郡确定为边郡,采取特殊的措施进行治理。① 然而,秦王朝的历史较短,还未来得及全面解决疆域边缘部分的治理问题就被汉朝取代了。全面承袭秦代统治体系和制度安排的汉王朝,进一步在明确王朝疆域的核心区与边缘区的区别基础上,将核心区外围的边缘性疆域划定为边远疆土,有目的、有计划和系统化地制定专门政策对其进行治理,不仅将秦代初现端倪的边疆思维和边疆治理体制做实,而且将其进一步扩大和充实。此后的历代王朝,也大都从国家治理的需要出发,仍然将疆域的边缘部分专门区分出来并采取特殊措施加以治理,并在此构架下增添了新的内容。在这样的历史过程中,"边疆"也就逐渐凸显了出来。

将王朝疆域的边缘性区域确定为边疆并采取特殊措施治理的做法,在国家疆域的拓展中不仅被发扬光大,而且在边疆的有效治理和国家的统一过程中发挥了重要作用。秦统一中国后,国家疆域的拓展持续了相当长的时间。中国历史上的疆域拓展主要是通过两种方式实现的:一是在王朝国

---

① 周平:《国家视阈里的中国边疆观念》,载《政治学研究》,2012年第2期。

家基于强大的国家实力和辉煌文明形成的国家影响力、文明感召力和军事威慑力的作用下，周边的其他民族群体纷纷归附、依附、内附于王朝国家，这些民族群体生活的区域也就被纳入到王朝国家的疆域版图，王朝国家的疆域因此而得到拓展；二是周边其他民族群体入主中原，控制了王朝国家统治体系和成为王朝国家的统治者以后，便将原先的统治区域归并到王朝国家的疆域版图，从而导致王朝国家的疆域扩大。但是，不论是哪种类型的疆域拓展，王朝中央大都采取秦汉以来的边疆体制和边疆治理格局，将核心区以外的边缘性疆域确定为边疆，采取特殊的措施进行治理。因此，王朝国家疆域的拓展以及边疆的扩大，又进一步巩固了王朝国家划定边疆的思维和制度。

值得注意的是，王朝国家将疆域的边缘性部分划定为边疆的做法本身并不是目的，这样做的目的在于对这些与核心区存在明显异质性的区域采取专门或特殊的政策来进行治理。实现对边疆的有效治理进而达成国家的全面治理，才是王朝国家划定边疆的目的之所在。回顾中国历史上的国家治理，边疆治理及其方略是其中十分重要的部分，并在国家统一和疆域拓展中发挥着独特的作用（遗憾的是，这方面的研究虽已进行多年并取得了突出的成就，但却还远远不够）。中国历史上统一、稳定的王朝，都在边疆治理方面积极作为，有的王朝对此作出了重大的贡献。长期持续的边疆治理实践，不仅进一步巩固了边疆制度，充实和丰富了边疆思维，也使统治者和知识阶层中的边疆观念更加明朗和稳定。

王朝国家时代的边疆是基于王朝国家有效治理的目的而确定的，王朝国家的国家实力的盛衰变化时有发生，因此，王朝国家时代边疆的盈缩变化便不时发生。在此情况下，边疆与核心区之间的分界线时常变化，边疆的外沿线更是处于变动之中。在中国王朝国家发展的相当长的时期，王朝国家是没有边界的。① 国家的边疆基本上是由内而外地划定的。中俄签订《尼布楚条约》和《布连斯奇条约》后，中国才开始与其他国家划定边界，

---

① 边界是与国家主权之间存在不可分割的联系，并蕴涵着国家主权的内容。它不仅是主权国家领土的界限，由相关国家通过条约来确定，而且是国家主权管辖的分界线。因此，边界以国家主权体制的确立为前提。在国家主权确立前，并不存在真正意义上的边界。一些学者用主权、边界等概念来描述和分析中国王朝国家前期的边疆，不仅不准确而且具有某种时空混乱的意味，实在不宜提倡。

开始由外而内地划定边疆，并逐渐接触到国家主权和相关问题。但是，历史上长期形成的由内而外地划定边疆的思维并没有因此而根本改变。

从总体上看，中国历史上的边疆观，是在国家面对庞大且不同区域间的异质性特征突出的疆域进行治理的实践中，对核心区和边缘区有针对性地采取不同治策和方略的基础上，以及国家疆域以特殊的方式进行拓展的过程中逐渐形成的。换句话说，这样的边疆观是王朝国家边疆演变过程和边疆治理实践的主观反映，在中国传统政治文化的形成和发展中占有重要地位。这样的边疆观反过来又在国家发展和边疆治理中发挥着重要作用，尤其是在国家的统一和国家疆域拓展方面，发挥了独特的作用。诚然，边疆观和边疆治理中的某些内容，放在今天道德评价的平台上也许会受到诟病。但是，历史事实的价值只有在其当时所处的具体历史时空中才能作出正确的评价。而且，政治评价与道德评价的标准本身也存在根本性的差异。用今天的道德标准去评价历史上的边疆及边疆治理实践的做法，更是有失公允。

在长期的历史过程中形成的边疆观，其内涵是十分丰富的。许多研究中国边疆问题的学者，从不同的角度对中国边疆进行的界定中也揭示了边疆观的许多内涵。但从总体上看，中国历史上的边疆观总是包含着以下内容：一是边疆是在以王朝所在地为中心，并将王朝国家统治的传统范围确定为核心区的前提下确定的，因而被视为拱卫国家核心区的外围区域，是远僻的蛮荒之地；二是边疆生活着与核心区的汉族不同的其他民族群体并远离国家政治中心，因而被视为少数民族地区，被赋予了丰富而深厚的文化和道德涵义；三是边疆在政治和文化的差序等级中处于末端或亲疏关系的远端，因而在王朝国家的统治和治理战略中的地位和受重视的程度远低于核心区，远离核心区的海洋边疆更是不受重视甚至是被漠视；四是边疆通常被视为核心区战略安全和军事安全的屏障，是国家的军事设防之地，所以国家通常采取"守中治边"、"守在四夷"等治理策略；五是边疆及其治理必须服从于、服务于核心区的利益，这样的战略地位决定了边疆稳定的意义远高于发展，因而其发展的要求总是从属于稳定的要求，并在特定条件下被束之高阁，甚至连边疆的某些区域都有可能被舍弃。

二、传统边疆观面临的挑战及应对

中国历史上的边疆观已经历了两千多年。它与王朝国家的边疆形态、边疆治理和边疆政策不可分割地联系在一起。这样的边疆观不仅是在王朝国家的制度体系下形成的,而且是为王朝国家的边疆治理服务的。但是,在中国由王朝国家转变为民族国家以后,尤其是中国的国家发展形势改变以后,这样的传统边疆观就变得越来越不适应形势的要求了,越来越面临着严峻的挑战。

传统边疆观在近代以来面临的第一次真正意义上的挑战,来自于民族国家的构建。中国的民族国家构建肇始于20世纪初期,标志是辛亥革命推翻了中国历史上的最后一个王朝,并由此结束了中国王朝国家的漫长历史。此后,中国的民族国家构建经历了内部的国族构建和外部的抵抗异族入侵,最终在民族独立的基础上完成。中华人民共和国的成立,标志着中国民族国家构建的基本完成。中华人民共和国就是中华民族的民族国家。①作为全新的国家制度体系,民族国家的构建对传统的边疆观造成了巨大的冲击。

在巨大的历史和时代变迁及由此导致的冲击面前,传统的边疆观已经无法以原状继续存在下去了。于是,传统的边疆观在民族国家构建起来以后,根据形势的需要,进行了重大的增补——主要是增加了反映时代特征和民族国家特点的内容,比较突出的有以下几个方面:一是按照民族国家主权原则界定疆域——把疆域界定为国家主权的管辖区域,即领土,进而重视体现领土主权的边界在边疆界定中的意义,因而就十分重视边界的划定,并采取灵活的方式解决历史上遗留下来的边界问题;二是高度重视边疆在维护国家主权和领土安全中的作用,采取大规模的实边、稳边行动②,

---

① 关于中国民族国家构建的分析和论述,可参阅作者的《论中国民族国家的构建》(载《当代中国政治研究报告Ⅵ》,社会科学文献出版社2009年版)及《多民族国家的族际政治整合》(中央编译出版社2012年版)。

② 中华人民共和国成立初期,国家在边疆的驻军、屯垦、移民、开发等,都是在宏大的边疆思维和一定的边疆战略的框架下实施的,是富有成效的边疆治理实践,对边疆及整个国家的稳定和建设发挥了重要的影响。

全面加强边防和边境管理，把边境的安宁作为维护边疆稳定的重要环节；三是按照民族国家的要求，把边疆置于国际形势尤其是地缘政治格局的总体形势中来看待，注重运用国际规则来解决与我国边疆有关的国际争端。

传统的边疆观经过了上述调整和改造以后，尤其是按照民族国家的要求增添了新的内容以后，不仅内容更加丰富了，而且适应性得到了增强，进而在国家的边疆维护、边疆安全、边疆开发和边疆建设中发挥了积极的作用。然而，以上的调整和改造并不是根本性的，并未实现传统边疆观的更新。这一方面是由于传统的边疆观已经存在和运行了两千多年，并且与中国的传统文化——尤其是传统的政治文化——紧密地融合在一起并形成完整体系，因此，在传统政治文化体系没有改变或结构松动以前，将边疆观独立出来单独进行更新是难以做到的；另一方面，也与传统边疆观受到挑战的强度直接相关。中国的民族国家构建在中华人民共和国成立时就基本完成，但王朝国家的影响十分深厚并长期存在，民族国家制度体系的完善是一个过程，民族国家融入世界体系的步伐由于多种因素的影响而比较缓慢，因此，民族国家的构建对传统边疆观形成的挑战是逐步地释放的，较短时期内的冲击十分有限。

在传统的边疆观并未被新边疆观取代的情况下，人们仍然以国家的经济、政治和文化中心为圆心，以国家的核心区为立足点，来看待和界定边疆；视边疆为远僻和经济文化落后之地，以及少数民族地区——边疆常常被等同于"少数民族地区"，甚至用"边疆少数民族地区"来指代；[1] 在国家治理的总体战略中，边疆都要服务于和服从于内地，边疆治理中的重稳定轻发展意味十分明显；边疆问题常常被纳入到民族问题的框架进行研究和决策，国家目前最为重要的边疆政策"兴边富民行动"，就是由国家民委推动和促成的。在这样的边疆观及相应的边疆治理思维影响下，边疆基本上被局限于陆地，主要是指陆地边疆，海洋边疆很少被提及，新形态边疆的问题在决策层面上更是付之阙如。边疆在国家发展中的意义未能得到恰当的认识，边疆治理在国家治理的整体格局中被置于从属地位，边疆

---

[1] 周平等：《中国边疆治理研究》，经济科学出版社2011年版，第412—413页。

开发和建设的滞后性十分明显，边疆与内地在发展中的差距逐渐被拉大。①

可是，跨入21世纪以来，传统的边疆观遇到了更为严峻的挑战。这样的挑战，是由于国家发展的新形势和新要求导致的。一方面，中国经过了改革开放推动下的现代化30多年的快速发展，"已经由全面建设时期向全面发展时期转变"②，因而国家在发展中更加注重整体性的发展和综合国力的全面提升。在这样的发展形势下，国家领土范围内的陆地边疆和海洋边疆不仅成为最有潜力的区域，而且对国家的战略安全、地缘政治战略发挥着越来越突出的影响。另一方面，中国融入世界的程度达到了前所未有的水平，不仅给世界予重大的影响，也深受国际形势尤其是地缘政治因素的影响。在这样的形势下，中国的国家利益已经不局限于领土的范围，已经大大超越于领土的范围而遍及全球。在这样的条件下，中国维护国家利益的行动，不仅不能只从核心区的角度谋划，而且也不能只在领土范围内谋划。这就表明，中国必须在一个更大和更加广阔的地理空间的范围内来考虑国家发展，从而以一种新的视角来看待国家的边疆。如今，在实现中国梦的进程中，国家治理体系和治理能力现代化成为全面深化改革的根本目标，以一种更加广阔的政治地理空间思维来看待边疆和边疆治理，就显得更为必要和迫切。

在这样的情况下，越来越不适应国家发展形势的传统边疆观，已经成为国家发展中的制约因素，影响了国家治理的总体战略的实施，甚至直接成为适应国家发展要求的边疆战略构建的障碍，影响了中国的稳步发展和崛起。另一方面，国际形势和周边地缘政治环境提供给中国的发展机遇既难得也十分有限，国家发展形势提供给中国调整边疆观念和边疆思维的时间窗口也是稍纵即逝的。在这样的严峻挑战面前，应对的选择只有一个，那就是通过坚定而有效的创新而构建适应国家发展要求的新边疆观。同时，在构建新边疆观的过程中，根据现实的环境条件和要求，对传统边疆观进行全面的改造，将其合理的成分保留于新边疆观之中，与新边疆观中

---

① 近年来边疆地区的民族问题、社会矛盾及社会政治稳定问题呈上升态势，其原因是十分复杂的，但与边疆的开发和建设滞后不无关系。

② 周平：《中国的崛起与边疆架构创新》，载《云南师范大学学报》（哲学社会科学科学版），2013年第2期。

的其他成分一起发挥作用。

三、国外主流边疆观的演变及启示

在中国已经越来越深刻地融入世界的今天，不论是讨论中国的边疆治理，还是讨论中国的边疆问题和边疆观，都不能离开国际环境和国际形势；分析中国边疆观尤其是新边疆观的构建，不仅必须关注国外的边疆观及其演变，而且应该从对国外主流边疆观的梳理中获得必要的启示和借鉴。

放眼世界，相当数量的国家都将国家疆域的特定部分界定为边疆，并形成了自己的边疆战略，通过有效的边疆治理促进了国家发展的例子也不胜枚举。但是，边疆的形态虽然具有突出的多样性，从根本上说都是国家的疆域的边缘性部分。边疆的形成、划定、调整和治理，都是与国家本身不可分割地联系在一起的。而国家本身不过是人类创造的政治形式，它也是不断地发展变化的。在人类社会发展的不同阶段，国家采取了不同的形式，从而形成了国家形态演进的历史进程。而不同的国家形式及国家间关系，导致了国家占有地理空间的方式不同，国家的疆域形态具有相当大的差别，因而形成了不同的边疆形态。边疆形态的演变过程本身，就体现着一定的边疆观。因此，通过对历史上不同边疆形态的考察，可从一个侧面观察到边疆观念的变化。

"欧洲的国家形态演进具有典型的意义，在此过程中各种国家形态依次登上历史舞台，形成了一个完整的国家形态演进过程。"[①] 到目前为止，欧洲国家在形态演变中大致经历了城邦国家、罗马帝国、中世纪普世世界国家、王朝国家、民族国家这样一些形态。伴随着西方国家形态的演变以及国家间关系的变化，西方国家的边疆形态也在不断地变化。从总体上看，西方国家的边疆在演变的过程中，其形态大致可概括为三种类型：一是殖民地边疆，二是领土边疆，三是多元边疆。

殖民地边疆形态在西方国家的发展史上广泛而长期地存在，并且还可

[①] 周平：《多民族国家的族际政治整合》，中央编译出版社2012版，第13页。

细分为多种更加具体的形态。当某些或某一类型的国家通过军事征服而对外扩张，占有和控制其他国家的疆域，对这些国家实行殖民统治，并将其占有或控制的其他国家的疆域作为自己国家的边疆（frontier），殖民地边疆就出现了。那些对其他国家实施殖民统治的国家，也由此而成为帝国。因此，殖民地边疆是通过对其他国家实行殖民统治而形成的边疆形态。但具体来说，殖民地边疆又可分为古代殖民地边疆和近代殖民地边疆两种类型。

古代殖民地边疆由古代国家通过对其他国家的军事征服和殖民统治而形成。在古代国家发展史上，特定国家凭借自己强大的经济实力和军事实力对其他国家的征服，在将被征服的国家变成自己的殖民地并对其实行殖民统治之后，将被征服国家的疆域并入自己的疆域版图，并将其视为自己的边远疆域时，这些区域就成为了殖民地边疆。古代殖民地边疆，以古罗马的殖民地边疆为典型。罗马共和国也正是由于对其他国家的征服和殖民统治，才将自己变成一个庞大的帝国。

近代殖民地边疆由近代民族国家通过对其他国家的殖民统治而形成。近代以来，西方那些率先取得民族国家形态的国家，通过资本主义经济的发展和民族国家的制度体系而大大增强国力后，便重拾历史上帝国对外侵略扩张的手段，对其他国家进行军事征服并将其变成自己的殖民地，进而将其他国家的疆域作为自己的边疆，即所谓的海外边疆。而这些帝国主义国家通过这些殖民地边疆的掠夺，国家的实力得到极大的提升。英国就是这样的典型。昔日的"日不落帝国"，正是通过庞大的殖民地边疆才成就了"日不落"的"荣耀"。

领土边疆与民族国家的主权体制之间存在着不可分割的联系。领土是国家主权管辖的地理范围。正是由于有了国家主权，尤其是主权体制的确立，国家疆域才逐渐转化为领土，其界限由主权国家通过条约确定的边界而划定。所以，领土、边界不仅与国家主权紧密地联系在一起，而且是国家主权的体现形式。而国家主权原则是由王朝国家时期的威斯特伐利亚体制确立的。民族国家继承了王朝国家的主权制度，并将其内涵于自己的制度体系中，从而使其成为民族国家制度的基本特征。[①] 随着民族国家的建

---

① 周平：《对民族国家的再认识》，载《政治学研究》，2009年第4期。

立和普遍化，领土也逐渐取代了疆域而成为国家政治地理空间的主要形态。民族国家领土的边缘部分，或新获得的领土便成为国家的边疆。不过，只有在第二次世界大战以后，尤其是帝国主义的殖民体系瓦解以后，民族国家的主权体制才在世界范围内被广泛接受，并成为国际社会的基本规则。因此，在此之前的相当长的历史时期内，殖民地边疆与领土边疆在西方列强那里常常是并行不悖的。帝国主义殖民体系瓦解，以及主权成为国家间相互关系的基本规则后，领土边疆才成为边疆的主要形态。

在民族国家时代，通过拓展领土边疆而为国家发展提供条件并促进国家发展，是国家发展的重要方式，并极具战略意义。在这方面，美国的例子就颇具代表性。"一部美国历史，是不断拓展'边疆'的历史。"正因为如此，"美国能够在短短的两百多年里，从英属北美13个殖民地壮大为一个独立的民主共和国、从一个位于大西洋西岸的孤立国家演进为一个影响巨大的世界大国、从一个并不先进的农业国发展成为一个世界顶级的工业强国"①。

世界进入全球化时代以来②，日渐深入而广泛的全球化在对国家的行为及活动方式造成深刻影响的同时，也深刻地影响到国家对地理空间的控制方式，导致国家占据或控制地理空间的方式发生了重大的变化，出现了超越主权的控制方式，即国家在自己主权管辖范围之外的其他地理空间进行不具主权管辖性质的占有或控制，以实现或维护自身的利益。这种超主权的控制并不具有主权的性质，但却是凭借国家的硬实力和软实力而实现的。这样的控制大致有三种情形：一是对尚未属于具体的主权管辖区域的占据或控制，如对"地球公地"的控制；二是对已经属于具体主权管辖区域的控制，即对他国领土的控制；三是对并不存在主权归属的太空的控制。于是，国家疆域形态逐渐多样化，利益疆域、战略疆域、太空疆域逐

---

① 石庆环，《从"大陆边疆"到"全球边疆"——美国走向世界的历史进程》，载《辽宁大学学报》（哲学社会科学版），2005年第4期。

② 20世纪90年代以后，全球的国家和地区之间的联系在深度和广度方面出现了迅猛发展和根本性的变化，从而使得人类生活在全球的范围内展开和发展成为必然。人类社会生活发生了前所未有的变化。于是，用以描述这种变化的"全球化"一词广泛流传并炙手可热。导致如此深刻变化的"全球化"形成、充分显现并发挥影响的历史时段，就是全球化时代。然而，虽然全球化特征的充分凸显是在20世纪90年代以后，但充分体现全球化的这些因素或特征是在第二次世界大战后逐渐形成的，因此，全球化时代的开始可以追溯到第二次世界大战。

渐浮出水面，海洋疆域有了新的内涵。在这样的背景下，新的边疆形态也逐渐凸显，利益边疆、战略边疆、太空边疆或高边疆、底土边疆的概念逐渐出现在一些国家的边疆战略中。此外，信息边疆、经济边疆、文化边疆的概念也逐渐出现和被频繁使用。于是，边疆形态多元并存的局面逐渐形成。一些国家，尤其是美国，充分运用或极力去获得与传统的边疆不同的新形态边疆的活动也日渐突出，并因此获得了巨大的国家利益。

国外边疆形态及其蕴涵的边疆观演变的过程表明：国家的边疆形态并非一成不变的，而是随着时代的变化而变化；抓住历史提供的机遇而主动调整自己的边疆观，进而通过对边疆的占有和治理而促进国家发展的国家，都获得了极大的发展；在边疆问题上墨守成规，国家就可能丧失历史机遇，错失良机。面对西方大国富有扩张性的边疆观的形成并付诸实践，我们也不能自缚手脚，拘泥于传统的边疆观。崛起的中国，也需要学习和借鉴西方的边疆观并顺势而为。

四、新边疆观的内涵、特点及要求

传统边疆观面临着严峻挑战，对其增添某些内容而作的修修补补的调整并无法满足国家发展的要求，因此，只有通过卓有成效的创新而构建新的边疆观，才能适应国家发展的需要。同时，国外边疆观的演变和一些国家不断调整自己的边疆观，进而制定恰当的边疆战略，促进国家发展的事实也启示我们，只有根据国家发展的形势和世界潮流，适时更新自己的边疆观，才不会错失历史提供的发展机遇。

但是，边疆观内涵和意义并不简单，边疆观的创新和新边疆观的构建，所涉及的理论问题和现实问题都十分突出。只有以科学的态度来对待这些问题，并形成符合实际的理论判断，才能实现新边疆观的构建。其中，以下三个方面的问题具有特别重要的意义：

首先，要在国家疆域问题上形成正确的认识。任何国家都必须占有或控制一定的地理空间范围。因此，国家不仅是人类创造的政治形式，也是政治地理空间单位。国家占有或控制的地理空间范围，就是国家的疆域。国家的疆域并不是一成不变的，相反，它随着国家政治形式的演变和人类活动范围的变化而变化。在前民族国家时代,国家的疆域缺乏明确的界定,往往依国家实力的变化而变动。民族国家确立国家主权体制以后,国家的疆域依主权而界定,其主要形态是领土。但是,第二次世界大战后由于大量民族国家的形成,国家拥挤成为引起越来越多关注的重要政治现象①,国家的边疆争夺日趋激烈。而与此同时,随着科学技术的快速发展,人类活动范围也迅速拓展。在这样的形势下,领土疆域已经不能满足国家发展对地理空间范围要求,于是,超主权的疆域形态随之凸显并受到了越来越多的重视,且形成了若干新的疆域形态。随着疆域形态的变化,作为国家疆域之边缘地区的边疆的形态,也随之发生了根本性的变化。

其次,必须借鉴国外典型的边疆理论和观念。国家的边疆与国家的疆域是连在一起的。随着人们对疆域的认识的变化,边疆观也会随之变化。第二次世界大战以来,一些西方大国不仅积极参与国家间的边疆争夺,而且根据国家疆域形态的变化而提出许多新的边疆概念和边疆理论,如高边疆、利益边疆、战略边疆、底土边疆、信息边疆等。这些国家在提出新的边疆理论和观念以后,便制定相应的边疆战略,将新边疆理论和新边疆观付诸实践,并且取得了不错的成效,有效地维护了自己的国家利益。对于这样的现实,对其进行意识形态的批判并避而远之,并不是明智的选择。今天这个时代,抱着某种意识形态的偏见自作清高,只能是作茧自缚并自损利益。我们不仅应该也完全可以借鉴国外的边疆理论和边疆观念。

最后,要准确把握国家发展对边疆观的要求。经过改革开放推动下现代化快速发展了30多年的中国,已经发生了巨大的改变。而这样的变化,绝不是经济总量跃居世界第二这样的简单判断所能表达的。经过30多年的快速发展,中国已经由国家建设时期转变为国家发展时期,全面发展、整体发展已成为必然的要求。与此同时,在世界全球化的今天,中国已经快速地融入世界,并且这样的融入已经达到了前所未有的程度。因此,不论是确定中国的发展还是界定国家利益,只着眼于领土的范围尤其是只盯着国家陆地领土的核心区的思维和内敛式的边疆观,不仅已经过时而且其负面的影响十分突出。今天中国的发展,对国家占有和控制的地理空间范

---

① 关于国家拥挤的论述,可参阅作者的《边疆在国家发展中的意义》,载《思想战线》,2013年第2期。

围提出了新的要求，也对如何看待和界定边疆提出了新的要求。面对这样的现实，必须通过对疆域和边疆的重新认识，构建适应国家发展需要的新边疆观。

在这样的基础上构建的边疆观，必然与传统边疆观之间存在着本质的区别，因而具有三个显著的特点：第一，是将中国置于世界格局中，从中国与世界的关系中界定边疆。今天来看待和界定边疆，从国家核心区的角度看待边疆，将边疆看作"边疆少数民族地区"等，都明显不适应形势的要求。许多将中国的边疆孤立起来，把边疆看作邻近边界的区域的做法，也显得狭隘。与此相反，新边疆观有更加广阔的视野，从中国与世界的关系中，尤其是要根据国家疆域观发展变化以后的国际形势来看待和界定边疆。第二，是从多个角度全方位地看待边疆，从而形成完整的边疆观。首先，是将陆地边疆与海洋边疆结合起来，将平面边疆与立体边疆结合起来；其次，是领土边疆与非领土边疆结合起来，即将领土性的排他性的硬边疆与非领土的不具排他性的软边疆结合起来。通过这样的结合，形成一种多元化的完整的边疆观。第三，是将边疆置于国家发展的总体布局，全面凸显边疆对于国家发展的意义。过去一谈到边疆，总是不免将边疆视为远僻落后之地，让边疆的开发与建设服务于、服从于核心区的发展，对边疆的忽视显而易见。新边疆观则在重新审视边疆的基础上，彻底改变忽视边疆的地位和意义的做法，高度重视边疆在国家发展中的意义，要通过对边疆的维护和有效的治理而促进国家发展。

作为一种全新的边疆观，在具有丰富的内涵和显著的特征同时，也内在地包含着若干基本体现新边疆观本质的要求：

一是要重新审视陆地边疆，把陆地边疆作为国家发展的新增长点，加强对陆地边疆的治理。传统边疆观将边疆视为核心区的支撑和安全屏障，没有将陆地边疆作为国家发展的重要区域，甚至在国家危难时通过放弃边疆而换取核心区的安全。这样的观念和思维定势必须抛弃。同时，要在科学的空间运筹基础上重构陆疆治理战略，将陆疆作为国家发展的新增长域，并以陆疆发展及其与周边国家的利益交融来主动谋求地缘政治安全。

二是要重视海洋边疆，构建完整海洋边疆架构。大国之路始于海洋。在传统边疆观的影响下，海疆管控和治理不力及海疆衰弱，迟滞了我国崛起步伐，也是诸多海洋问题的渊薮。随着国力增强，须将沿海、大陆架、海洋、岛屿、堡礁结合，统筹经济战略、资源战略、军事战略、安全战略、地缘政治战略，构建完整海疆架构，促进海洋经济，保障海疆安全。

三是要全面维护利益边疆，把利益边疆的构建作为国家边疆战略的重点。在国家利益遍及全球及一些大国已构筑利益边疆并在全球掀起"新圈地运动"的背景下，必须厘清国家的海外利益格局，构筑利益边疆，并据此确定国家的安全战略和外交战略。

四是要充分认识战略边疆的意义，努力构建国家的战略边疆。随着国家安全形势日益复杂和严峻，不仅要高度重视战略边疆的构建，而且必须将战略边疆与利益边疆结合起来，以战略边疆支撑利益边疆。

五是要适应形势的变化，适时探索确立其他边疆形态的可能性。在一些西方国家探索太空边疆、底土边疆、信息边疆、经济边疆和文化边疆，并逐步将这样的边疆观念引入国家战略的情况下，我们也必须探索在我国确立这些边疆形态的可能性和必要性。

六是要整合各种边疆形态，构建完整的边疆体系。须将内部疆域与外部疆域整合为完整的场域空间，进行运筹和谋划；在统筹陆疆与海疆、领土边疆与利益边疆、现实边疆与战略边疆的基础上，确定国家发展与安全的战略支点和重点，构建完整的边疆体系。

五、结语

对于一个快速发展并融入世界的中国来说，边疆绝不只是意味着国家的边缘和局部，而是事关国家全面发展和崛起的重要区域。边疆治理已经成为国家治理中关乎国家持续发展的重大问题。边疆观对边疆认识和边疆实践发挥着根本性的指引，因此，应该从国家治理和国家发展的角度来看待边疆观。

随着中国的崛起和日渐融入世界，中国形成于王朝国家时期并延续数千年的传统边疆观，虽然仍有广泛的影响，但已经不适应形势的变化和国家发展的要求。如果在此问题上仍然故步自封、抱残守缺，就会失去重新规划国家边疆的良机。边疆观的创新和新边疆观的构建，不仅必要而且紧迫，必须从国家发展的全局来尽早谋划。

通过创新而构建新边疆观，并不意味着对传统边疆观的彻底否定或抛弃，而是要对传统的边疆观进行扬弃，继承其积极的合理的因素，并将其在新的架构中加以重新整合，使其能够在新边疆观中继续发挥积极的作用。

新边疆观的构建，是政治文化建设庞大工程中的重要内容，它展开为一个过程。要使这个过程尽快取得实效，就必须以实际的行动来充实这个过程。一方面，国家要根据新边疆观来谋划并构建国家的边疆战略，开展边疆治理；另一方面，学界尤其是边疆研究领域的学者，要关注边疆观的研究和创新，进而依据新边疆观来界定边疆，拓展边疆研究的视野和领域，在边疆和边疆治理中形成新的解释理论，进而构建适应国家发展要求和体现时代特征的边疆理论和边疆治理理论，在边疆问题上形成中国特色的理论体系。

图书在版编目(CIP)数据

国家的疆域与边疆/周平主编.—北京：中央编译出版社，2017.4
ISBN 978-7-5117-3059-6

Ⅰ.①国…
Ⅱ.①周…
Ⅲ.①边疆地区-行政管理-中国-文集
Ⅳ.①D63-53

中国版本图书馆 CIP 数据核字(2016)第 162569 号

国家的疆域与边疆

| 出 版 人：葛海彦
| 出版统筹：董　巍
| 责任编辑：侯天保
| 责任印制：尹　珺
| 出版发行：中央编译出版社
| 地　　址：北京西城区车公庄大街乙 5 号鸿儒大厦 B 座(100044)
| 电　　话：(010)52612345(总编室)　　(010)52612339(编辑室)
| 　　 (010)52612316(发行部)　　(010)52612317(网络销售)
| 　　 (010)52612346(馆配部)　　(010)55626985(读者服务部)
| 传　　真：(010)66515838
| 经　　销：全国新华书店
| 印　　刷：北京时捷印刷有限公司
| 开　　本：787 毫米×1092 毫米　1/16
| 字　　数：426 千字
| 印　　张：27.75
| 版　　次：2017 年 4 月第 1 版第 1 次印刷
| 定　　价：100.00 元

| 网　　址：www.cctphome.com　　邮　箱：cctp@cctphome.com
| 新浪微博：@中央编译出版社　　微　信：中央编译出版社(ID：cctphome)
| 淘宝店铺：中央编译出版社直销店(http://shop108367160.taobao.com)　(010)55626985

凡有印装质量问题，本社负责调换，电话：(010)55626985